Diseñados PARA AMAR

MIGUEL ÁNGEL NÚÑEZ

FORTALEZA
EDICIONES

Introducción

Hacer un libro pasa por diversas etapas. En un primer instante, el escritor está de tal modo entusiasmado con el proyecto que no ve la hora de comenzar. Cuando inicia el proceso de escribir, las ideas van fluyendo y se agolpan de una manera maravillosa en la mente. Luego, van saliendo esas palabras que estaban allí latentes y van cubriendo el papel blanco. Sin embargo, cuando se ha iniciado el trayecto, comienzan a aparecer curvas peligrosas, en las que por momentos pareciera que la empresa se va a ir a un barranco. De pronto, se hace difícil avanzar, y es como ir cuesta arriba. Hay momentos de alegría, cuando se da con el concepto exacto. Otros instantes son de frustración, cuando no se encuentra el vocablo que permita expresar con precisión una idea. Cuando han pasado los meses, y el libro ya ha sumado muchas páginas, comienza a desearse con ansias que llegue el momento en que se pueda decir: ¡Llegué! ¡Terminé! Los últimos tramos son algo semejante a una pesadilla; se avanza, pero no se llega. Se sueña con dar el toque final. Cuando definitivamente el libro se termina, vuelven la alegría y el entusiasmo iniciales. Es como si fuera recién el comienzo. Es el momento en el que hay que hablar con los editores y pensar en el arte. Y ahora comienza otra ansiedad: saber cómo será recibido ese "hijo" que ha nacido de la pluma del escritor. Es el momento de la verdad. Pero, cuando el libro sale, deja de ser del que lo ha escrito, en cierto modo, y pasa a ser propiedad común; son las ideas del que ha escrito, pero ahora llegan a otras mentes y se funden en la interioridad de otro ser humano. Para ese momento ha nacido este libro. Para el instante sublime en que abres sus páginas, y comienzas a soñar e imaginar lo que alguien en solitario escribió pensando en aquel momento en que alguien leería lo que otro ha pensado en la soledad de su mente.

Este es un libro de esperanzas. Creo en los sueños. Soy un convencido de que las utopías aún son realizables: Amar y ser amado. Construir un matrimonio. Lograr estabilidad en el tiempo. Proyectarse hacia la eternidad en hijos que expandan nuestros idearios. Vivir la tranquilidad y el solaz que otorga la plenitud. Sentir que no hay mejor lugar en el mundo que nuestro hogar. Vivir las delicias del cielo anticipadamente, en la intimidad de nuestra familia. Todas esas ideas están en este libro, y son una invitación a que tú también, querido lector, dondequiera que estés, pases por esa maravillosa experiencia de descubrir que aún es posible soñar en que los ideales pueden hacerse realidad.

3

Dejo en tus manos el fruto de mis pensamientos, para que en algún momento lleguen a ser tus propios pensamientos. Aquí están mis sentimientos, para que juntos podamos vibrar con la misma cuerda. No son solo ideas; es la razón de mi vida, es un sueño, es la certeza de que el matrimonio fue diseñado por el Creador para que los seres humanos fuéramos inmensamente felices, tan dichosos que nada ni nadie pudiese pensar siquiera que tanta dicha es posible.

Un abrazo afectuoso.

Miguel Ángel Núñez

Agradecimientos

Un libro no se escribe solo. Está formado por múltiples experiencias y por personas que nos acompañan en el camino. Agradezco a:

Mery, mi amada esposa, que siempre me acompaña, y por la paciencia que tiene al tener a un esposo que se despierta a las más inusitadas horas de la noche porque tiene que anotar una idea con desesperación, para que no se escape, para frustración de ella, que a mi lado me soporta resignada. Luego, porque tuvo la gentileza de leer y criticar de manera implacable lo que aquí está escrito. Mucho de este libro es fruto de sus deseos de que algunas ideas salieran mejor escritas; cualquier error es mi responsabilidad, no de ella.

A Mery Alin y Alexis Joel, mis hijos, por darme cientos de ideas; porque sus preocupaciones son mi mejor banco de originalidad. No solo me bombardean con preguntas, sino también tienen la temeridad osada de la juventud de discrepar y disentir, y eso es la mejor escuela para afinar las ideas y procurar dar en el blanco.

A los cientos de matrimonios que durante estos años pasados han tenido la confianza de acercarse y volcarnos su vida, y dialogar en torno a sus crisis y sus victorias. En el proceso de orientar y dar consejos, sin duda, el más beneficiado he sido yo.

A Dios, quien con su maravillosa gracia nos da la esperanza de seguir adelante pese a las vicisitudes, brindándonos la seguridad de que no hay mal tan grande que, en su amor, no tenga solución.

---

*Todos los textos utilizados en esta obra han sido extraídos de la versión Reina-Valera de 1960, por ser la de más amplia difusión en castellano, salvo donde se indique lo contrario, con las siguientes abreviaturas:

DHH: Versión *Dios habla hoy*
RVA: Reina-Valera Antigua
RVR 95: Reina-Valera, revisión de 1995
NVI: *Nueva Versión Internacional*

Índice

Diseñados para amar

"Procurad, pues, los dones mejores. Mas yo os muestro un camino aun más excelente [...] El amor". 1 Corintios 12:31; 13:4.

Me encanta el diseño.

No soy arquitecto, pero me gusta cómo en una construcción, todo está pensado hasta el más mínimo detalle. Es verdad que, para un lego, ver el plano de un edificio es, en muchos aspectos, un enigma chino; sin embargo, me cautiva el saber que todo eso ha salido de la mente de una persona.

Cuando puedo contemplar por primera vez una hermosa edificación, me quedo sorprendido viendo cómo se alza aquella estructura en un lugar en el que antes no había nada. Es como estar ante la presencia de un milagro, porque todo aquello estuvo, en algún momento, en la mente de alguien que soñó con cada aspecto de esa obra. El arquitecto la diseñó con un propósito, y eso la hace más cautivante.

Lo mismo sucede con el ser humano. Cuando contemplamos lo que Dios hizo, el gran Arquitecto divino, no nos queda más que asombrarnos.

Dios nos formó con un propósito sublime, nos diseñó para que fuéramos capaces de amar. El amor es lo que convierte al ser humano en un ser especial. Toda su mente, su emoción y su vida adquieren sentido ante la presencia del máximo don concedido por Dios a la raza humana: La capacidad de amar.

Cuando alguien se priva a sí mismo del amor, se está perdiendo el elemento constituyente, su razón de ser, la esencia más significativa de su ser. El amor nos pone por sobre todas las criaturas existentes, que aun cuando pueden tener sensaciones no pueden experimentar lo sublime y magnífico que es saberse amado y amar a otro ser humano.

En el diseño de Dios, la facultad de amar nos hace absolutamente distintos de todo lo que existe.

El ser humano es mucho más que un ser racional o emocional; es alguien con capacidad de amar. En el amor, se produce una síntesis magnífica entre el pensar y el sentir. Ninguna otra criatura goza de ese atributo. Es como para estar permanentemente agradecido. Por esa razón, desde que el ser humano tiene conciencia de ello, a lo que más canta es al amor.

¿Estás agradeciendo a Dios todos los días por poder amar? ¿Te estás privando a ti mismo del inmenso don del amor?

---

*Todos los textos bíblicos utilizados en este Libro han sido extraídos de la Biblia, Versión Reina Valera revisada de 1960. (**Nota de los editores.**)

Un noviazgo permanente

"Toda tú eres hermosa, amiga mía". Cantares 4:7.

Friedrich Nietzsche definió el matrimonio como "una larga conversación". Invitaba a los varones a preguntarse: "¿Crees poder tener una agradable conversación con esta mujer hasta la vejez?" y agregaba: "Lo demás del matrimonio es transitorio, pues casi toda la vida en común se dedica a conversar". 1 Por observación, pudo constatar que "un buen matrimonio se funda en el talento de la amistad".2

Nietzsche no era psicólogo, pero vislumbró lo que a John Gottman y sus asociados, de la Universidad de Washington, les demoró 16 años corroborar, y es que "los matrimonios felices están basados en una profunda amistad".3

Una de las palabras más repetidas de Cantar de los Cantares es "amigo" y "amiga". La amistad logra que dos personas distintas puedan generar un lazo que hace que sus vidas se entrecrucen de tal modo que se hacen necesarios el uno para el otro.

He trabajado por años como pastor de jóvenes, y me admira la capacidad de diálogo de los enamorados. Seguramente yo viví exactamente lo mismo; pero, al verlos a ellos, mi corazón da un vuelco de alegría. A veces observo a algunas parejas conversar animadamente durante horas, y pareciera que el tiempo no pasa. ¡Tienen tanto para decirse! ¡El tiempo no alcanza para descubrir las miles de facetas del amado!

Esto, que era natural en el noviazgo, se deja morir en muchos matrimonios, y se van distanciando hasta el grado de convertirse en desconocidos. A mi consulta vienen muchos varones y muchas mujeres que han llegado a un grado tal de tensión en sus vidas matrimoniales que simplemente se les vuelve insoportable estar juntos. Una de las estrategias que uso para poder llegar a su mente pasando por el corazón es hacerles escribir, en cuadernos individuales, lo que recuerdan de su noviazgo. Inevitablemente, se refieren a las largas horas que pasaban conversando, a cómo el tiempo se iba y no importaba el reloj; simplemente, la necesidad de estar juntos.

¿Por qué esa sensación de descubrimiento se pierde? Simplemente, porque la dejamos ir; no cultivamos el don de conversar.

"Ganar dinero y tener relaciones sexuales son objetivos de las parejas superficiales. El objetivo de hombres y mujeres verdaderamente accesibles y cariñosos es el de compartir pensamientos y sentimientos".4 El matrimonio es una permanente conversación. Un diálogo que no se agota con los avatares del día. Una conversación distendida y agradable, que se sustenta en la necesidad de estar con el otro.

¿Cuánto tiempo dedican a conversar como pareja? El tipo de conversación ¿versa sobre cosas superficiales o sobre sentimientos profundos? Cuándo piensas en una amistad verdadera, ¿viene a tu mente tu esposo o tu esposa?

Renovación
constante

"Los ríos todos van al mar, y el mar no se llena; al lugar de donde los ríos vinieron, allí vuelven para correr de nuevo". Eclesiastés 1:7.

La rutina es fatal para una relación de pareja. Siempre las mismas conversaciones, los mismos lugares, las mismas actitudes. No hay sorpresas. No hay nada que lleve vitalidad y aventura a la relación. Una pareja que se deja enmohecer por lo rutinario termina muriéndose. El amor exige innovación y descubrimiento. El ser humano, en su constitución mental y física, necesita cambios. Lo que no cambia se petrifica y convierte a las personas en seres sin capacidad de asombro, que terminan viéndose a sí mismas con amargura y a sus parejas con resentimiento.

Una de las razones del desencanto con la pareja y la familia es precisamente constatar el alarmante fracaso de tantas personas que no son capaces de mantener vivo el amor.

En el contexto de la rutina, el acto sexual se convierte en algo mecánico, sin fuego ni las sutilezas que da el descubrimiento frente a lo novedoso. El amor, para algunas parejas, es una mala palabra o una tontería de esas de las que hablan las telenovelas. De hecho, me resulta relativamente común encontrar a parejas que se refieren a la relación matrimonial como "el mundo real", donde mueren todas las ilusiones y los mitos que construyeron antes de casarse.

Por extraño que parezca, si una pareja se mantiene constantemente aprendiendo, puede mantener la alegría juvenil del primer año de casados de manera permanente.

Algunas ideas que pueden servir para renovar la relación y no caer en la rutina:

- Tengan una luna de miel. Un momento a solas, sin hijos, sin celular, sin e-mail; solo ustedes, y nadie más. No necesita ser un lugar lejano. Basta un lugar tranquilo y acogedor. No tiene que ser caro; si no tienen dinero, un camping y una carpa es suficiente. Dos días bastan.
- Lean libros que los motiven a descubrir nuevas formas de relacionarse. Compren, por ejemplo, libros sobre sexualidad. No esos libros baratos que no sirven para nada. Libros escritos por especialistas. Mi esposa y yo leímos hace unos días *El acto matrimonial... después de los cuarenta*,[1] y realmente lo disfrutamos, aparte de reírnos y aprender.
- Dense un tiempo, como pareja, para estar solos todas las semanas. Tres horas como mínimo. Un momento para dialogar, jugar, ver una película, etc. Lo que sirva para mantener la relación viva.

Como estas, hay muchas otras. Que les vaya bien en este descubrimiento de nuevas formas de decir: Te amo.

11

Voluntad para seguir

"Mira que te mando que te esfuerces y seas valiente". Josué 1:9.

Si alguien me hubiera descrito cuan difícil sería estar casado, no sé, con certeza, si habría dado ese paso crucial.

Un matrimonio tiene momentos de solaz y plenitud, que sirven de refuerzo y dan solidez a las parejas. Pero, también hay instantes de amargura, que son tan difíciles de enfrentar que quien crea que esos momentos son como paseos de fin de semana no tiene la menor idea de su magnitud.

¿Cómo se sobrevive a los tiempos difíciles? ¿Cómo se sortean las dificultades? ¿Qué salva –finalmente– a un matrimonio en conflicto?

Una y otra vez he comprobado que los matrimonios se sostienen porque uno de los dos, o ambos, ha decidido seguir luchando pese a todo.

Ser valiente no es estar libre de miedo. El valor significa seguir adelante aunque se esté aterrorizado. Esforzarse en ser valiente implica ser constante, no bajar los brazos, no tirar la toalla, ni dejarse vencer.

Los conflictos matrimoniales derrotan o se superan en la voluntad. Siempre hay esperanza cuando aún se quiere continuar. Siempre es posible hacer algo cuando existe el deseo explícito de intentarlo de nuevo y continuar luchando; de decir la frase del peregrino:

–Un paso más, solo un paso más.

Cuando se decide no seguir luchando, no hay nada más que hacer. Los matrimonios no se pueden mantener a la fuerza. Es fundamental la voluntad de querer seguir intentándolo.

Cuando trato a matrimonios en crisis, lo primero que pregunto es:

–¿Qué quieren? ¿Qué desean hacer?

Si uno de los dos o los dos manifiestan que ya no quieren seguir luchando, les hago ver que, no importa qué orientaciones les dé, eso no servirá, porque no tienen voluntad para continuar.

Todo esto me ha llevado a creer que no hay problemas insolubles en un matrimonio; solo hay personas que dejaron de luchar o no quieren bregar más.

Mientras exista la voluntad de continuar, siempre habrá un rayo de esperanza que le permitirá, a esa pareja, finalmente encontrar el camino que los saque de sus perplejidades. Cuando se dejan inundar por el desánimo y bajan los brazos, no hay nada más que hacer. No se puede avanzar a la fuerza.

¿Estás luchando aún o estás dejando caer los brazos?

Orden de prioridades

"¿Qué provecho obtiene el hombre de todo el trabajo con que se afana debajo del sol?" Eclesiastés 1:3.

Millones de personas hacen esfuerzos titánicos para ser buenos profesionales y conservar sus puestos de trabajo. Sin embargo, muchos de ellos no ponen el mismo empeño en proteger sus matrimonios. Apenas surgen dificultades, están pensando en romper la relación y buscar el divorcio, lo que no hacen cuando se encuentran con problemas en sus fuentes laborales. Incluso hay quienes soportan por décadas malos trabajos, pero no están dispuestos a luchar para mejorar malos matrimonios. Esto resulta paradójico y hasta absurdo.

Lo que hay aquí es una evidente disminución de la importancia de la vida matrimonial y una creciente tendencia a creer que la realización personal pasa, en primer lugar, por el desarrollo profesional. El asunto es ¿de qué vale un buen trabajo si a la larga pierdes a tu familia?

A fin de cuentas, lo único permanente es la familia y la pareja. Cuando se pierde a los hijos y al cónyuge, no queda nada. Los recuerdos laborales, en el contexto de familias fracasadas o matrimonios desechos, no son mucho consuelo; al contrario.

Conozco a personas que hacen esfuerzos denodados por estar al día en sus profesiones. Buscan participar en cuanto seminario exista a la mano, para poder ser competentes en su trabajo. Se esfuerzan por mantenerse activos y solicitados en sus empleos, aun al costo de dejar a su familia a un lado. Sin embargo, cuando a esas mismas personas se les sugiere que participen en algún seminario de enriquecimiento matrimonial o en terapia para parejas, reaccionan creyendo que es una pérdida de tiempo. Es frustrante ver que tienen energías para algo temporal, como es el trabajo, que no dura para siempre, pero no son capaces de invertir tiempo y energías en algo permanente, como es la familia y el matrimonio.

Algo anda muy mal en una sociedad y en un individuo cuando esto sucede. Su escala de prioridades está muy dañada cuando el empleo tiene preeminencia por sobre la familia y el matrimonio. Es a costa de muchos dolores, lágrimas y sufrimiento como se aprende que esto es un error, aunque en algunos casos, cuando se dan cuenta, ya es demasiado tarde.

¿Qué quiere Dios en su plan? Pues, algo muy simple: Que establezcamos las prioridades como corresponden. Primero, Dios; segundo, el cónyuge; luego, los hijos; y, finalmente, el trabajo. Cuando ese orden se altera, todo se echa a perder.

¿Cuáles son tus prioridades? ¿Pones el mismo esfuerzo en tu matrimonio que en tu trabajo?

Luna de miel

"Cuando alguien fuere recién casado, no saldrá a la guerra, ni en ninguna cosa se le ocupará; libre estará en su casa por un año para alegrar a la mujer que tomó". Deuteronomio 24:5.

Hay expresiones extrañas para nombrar situaciones que todos conocen. Por ejemplo, la frase "luna de miel". ¿Has visto una luna hecha de miel? No solo no existe, sino también es absolutamente absurdo pensar en algo así.

La expresión viene de los Teutones de Alemania, quienes por superstición celebraban los matrimonios solo cuando había luna llena. Luego, durante treinta días seguidos, los recién casados debían beber licor de miel con el fin de desinhibirse sexualmente. De allí la frase se popularizó en Occidente, y es una expresión que a todos evoca un momento especial de alegría e inicio.

Ahora, más allá de que la expresión tenga un origen tan pueril, es importante pensar en la relevancia del inicio.

A menudo suelo decirles a las parejas que preparo para casarse: Inviertan menos dinero en la fiesta y en la boda, y más en la luna de miel. Como no es un discurso que se escucha a menudo, suelen preguntarme las razones de mi consejo, y les señalo algunos elementos que todos los recién casados deberían considerar, y también los que ya llevan años casados y que necesitan poner a punto su relación, volver a empezar.

En primer lugar, el inicio marca el proceso posterior de una pareja. No me refiero solo al aspecto sexual, que es importante, sino al proceso que se genera a partir de las decisiones que toman en esos primeros momentos que empiezan a vivir juntos. Es tan importante el asunto que, en tiempos bíblicos, cuando alguien se casaba, se lo eximía de la guerra y de cualquier responsabilidad durante un año, para que se dedicaran como parejas uno al otro. ¿Te imaginas? ¡Una luna de miel de un año y con gastos pagados! ¡Me habría gustado vivir en ese tiempo... solamente por eso!

En segundo lugar, las parejas precisan momentos de soledad completa. Los inicios de un matrimonio son claves, a fin de establecer criterios posteriores para su vida de casados, al tener una actitud de compañerismo y estar con la expectativa fresca.

Finalmente, cuando se invierte en una buena luna de miel, con un buen hotel, un buen descanso, se estarán diciendo a sí mismos cuan importante es la relación matrimonial y la pareja. Por eso, recomiendo que cada seis meses, al menos, toda pareja tenga una "nueva luna de miel", aunque sea de dos días.

¿Cuando fue la última vez que tomaste un descanso para ir de "luna de miel"?

Fantasía y realidad

"Ahora vemos por espejo, oscuramente; mas entonces veremos cara a cara. Ahora conozco en parte; pero entonces conoceré como fui conocido". 1 Corintios 13:12.

Hay un contraste enorme entre la fantasía y la realidad. Muchos idealizan de tal modo a su pareja que cuando se encuentran verdaderamente con quien va a compartir la vida con ellos enfrentan serias dudas acerca del matrimonio y la pareja. Algunos descubren tarde que se han casado con una persona distinta de la que creían.

Esta situación se produce porque, aunque se ven ciertas evidencias antes del matrimonio, muchos deciden creer que una vez casados eso va a cambiar o va a ser distinto. Otros, simplemente, se niegan a creer en las evidencias que observan.

Las razones del sentimiento de frustración son varias. En algunas ocasiones, se descubren rasgos de carácter que no eran evidentes antes o no les dieron importancia: desconfianza, actitudes de dominación, terquedad, capricho, etc., conductas que van surgiendo y entorpecen una relación. Otros se dan cuenta tarde de que están casados con personas que tienen un nivel distinto de desarrollo y metas muy diferentes, lo que provoca una sensación de fracaso al darse cuenta de que, de un modo u otro, deberán postergar algunos de sus planes o renunciar definitivamente a ellos.

Otros se sienten presionados por lo que se espera de ellos al casarse. Se sienten ahogados por la responsabilidad. Formar un matrimonio es una decisión que radicalmente cambia totalmente nuestras vidas.

La tendencia generalizada, en el mundo en que vivimos, es a excusar su decisión y optar por romper la relación e iniciar otra. Una de las razones por las que existen tantos divorcios es simplemente porque las personas se dan cuenta de que la realidad es muy distinta del sueño.

Sin embargo, aunque en algunos casos es posible pensar que la separación es la mejor salida, por ejemplo, cuando descubrimos que nos hemos casado con una persona violenta, con problemas graves de adicciones o con rasgos de personalidad enfermos, en general, el divorcio no soluciona los problemas de fondo.

En parte, el problema es la persona, que tuvo evidencias antes y aun así decidió seguir con aquella relación. Iniciar otra pareja no necesariamente le dará el respiro que necesita; al contrario, es probable que vuelva a cometer el mismo error.

Ninguna pareja debería romperse sin darse la oportunidad de buscar ayuda que les permita decir: "Al menos, lo intentamos". Siento que muchos dejan caer los brazos rápidamente y no se atreven a pedir consejo. No hay matrimonios insalvables; solo personas que decidieron no salvarlos.

¿Estás haciendo todo lo posible por salvar tu matrimonio? ¿Has pedido ayuda?

Lo verdaderamente
importante

"Goza de la vida con la mujer que amas, todos los días de tu vanidad que te son dados debajo el sol, todos los días de tu vanidad; porque esta es tu parte en la vida, y en tu trabajo con que te afanas debajo el sol". Eclesiastés 9:9.

El versículo está escrito como una orden perentoria: "Goza de la vida con la mujer que amas" no es una visión machista; solo un padre que le escribe a su hijo.

Una de las ironías de esta vida nuestra es que muchas personas sobreviven, pero no viven. En otras palabras, tienen la capacidad de respirar, pero no logran darle a sus vidas un contenido que las haga felices.

Uno de los elementos básicos para ser feliz, en el diseño de Dios, es vivir en pareja. La Biblia señala claramente que "no es bueno que el hombre esté solo" (Gén. 2:18). La soledad maltrata el alma. Hace que las personas, aunque tengan muchos bienes materiales, en el fondo no tengan nada. Lo que da plenitud y alegría a la vida es la compañía de una persona que sea nuestra contraparte y nos ayude a experimentar el gozo de vivir.

La vida es fugaz. Llevo casado 22 años con Mery, y han sido como dos días. El tiempo ha avanzado tan rápido que me cuesta trabajo entender, de pronto, que tengo una hija en la universidad, que ya es joven adulta, y un hijo en plena adolescencia. La fugacidad de los momentos, a veces, nos hace perder de vista la necesidad de rescatar en todo esto lo importante.

Muchos se afanan por acumular posesiones de tal modo que se olvidan de vivir. Hace años, conversé con un hombre rico que, en el afán de conseguir lo que tenía, había perdido a su esposa y a sus hijos, que habían terminado por abandonarlo. Con tristeza, me decía:

–Tengo todo, pero en el fondo no tengo nada. Puedo comprar la compañía de cualquier persona, pero a las personas más importantes para mí no las puedo tener a mi lado. Es una ironía; me siento como el más pobre y miserable de los seres humanos.

No habría cambiado su lugar por nada en el mundo. Esa es la ironía de muchos que, teniendo riquezas, están pobres del afecto de una persona que sea su compañera o su compañero.

El consejo del sabio es "goza"; hazlo mientras tengas tiempo, ocúpate en ser feliz mientras puedas. Cuando destruyes a tu pareja en el camino por alcanzar posesiones, tarde o temprano te quedas irremediablemente solo y con una sensación de vacío que ni todo el oro del mundo puede llenar. Tuya es la elección de dónde pones tus prioridades hoy.

¿Estás haciendo lo importante? ¿Estás gozando la vida con tu cónyuge? ¿Sigues el consejo bíblico?

Seguir luchando

"Todo aquel que lucha, de todo se abstiene; ellos, a la verdad, para recibir una corona corruptible, pero nosotros, una incorruptible". 1 Corintios 9:25.

En una época en la que tantos matrimonios fracasan, encontrarse con una noticia así es simplemente una sorpresa. En Taiwán, en el año 2003, vivían Yan Wang y su esposo Liu-Yung Yang, y son probablemente el matrimonio que más años ha durado casados. Han estado unidos en matrimonio durante 85 años. ¡Casi un siglo!

Juntos han vivido dos guerras mundiales y otros tantos conflictos. Han visto el renacer del Comunismo y el Capitalismo. Muchas cosas han pasado, y ellos han quedado.

Han sido incorporados en el libro Guiness de los Récords, como el matrimonio más longevo del que se tenga noticia.

Yan Wang nació en el año 1900, un año después de su futuro esposo. Se casaron en el año 1917 siendo todavía unos adolescentes. De su unión, han surgido ciento diez descendientes, entre hijos, nietos, bisnietos y tataranietos.

¿Cuál es el secreto para que un matrimonio perdure tanto tiempo? Seguramente, algunos dirán: La atracción, circunstancias favorables, la capacidad de complementarse, etc. En realidad, el factor crucial es la voluntad. Decidir dar la pelea para que la relación resulte. Es un secreto a voces que, para que un matrimonio sortee las más variadas y difíciles circunstancias, necesita querer seguir luchando y buscando, de todas las formas posibles, la manera de mantener la llama del amor ardiendo.

Hoy, asistimos a una verdadera parodia del matrimonio. Muchos ni siquiera se casan; simplemente, conviven, con la idea de que si no resulta pueden romper fácilmente la relación, sin darse cuenta de que con esa actitud están creando precisamente las condiciones emocionales que permiten la ruptura.

Se necesita la voluntad de continuar, aunque a veces suceda que sientan que ya no hay más por lo cual luchar. Si se dan por vencidos y no siguen luchando, no hay nada más que hacer; aquel matrimonio va a fracasar.

Cuando encuentro un matrimonio que ha durado más de tres décadas casados, no puedo resistirme a preguntarles su secreto. Casi invariablemente, me dicen que no ha sido fácil, pero, decidieron creer que valía la pena seguir intentándolo.

Si una pareja no quiere seguir luchando, ni el mejor consejero matrimonial, ni aun Dios, pueden lograr que permanezcan unidos; es una cuestión de voluntad.

¿Estás poniendo todo de tu parte para que la relación resulte? ¿Estás consciente de que el día que bajes los brazos habrá poca esperanzas para ustedes?

Compromiso

"Mejor es que no prometas, y no que prometas y no cumplas". Eclesiastés 5:5.

Marta* era una mujer joven, hermosa y llena de vida. No soportó más, y se puso a llorar mientras me decía:

—No sé qué hice. Él, simplemente, ya no me quiere.

Julio* soportando las ganas de llorar, me decía:

—Llegué a mi casa, y simplemente me entero de que ella se fue, que no quiere estar más conmigo, que no desea seguir luchando.

Sonia* me decía:

—Ahora no es lo mismo que antes. Él es indiferente conmigo. Le da lo mismo lo que haga o no; simplemente, no se interesa.

Quisiera haber inventado estos testimonios, pero son reales. Todos son de personas que un día se casaron ilusionadas con tener la oportunidad de amar y ser amados.

Sin embargo, de pronto un día se dieron cuenta de que el cónyuge ya no quería vivir con ellos. En más de alguna ocasión he hablado con las esposas y los esposos que se han marchado, y algunas de las respuestas han sido:

—Me aburrí de esperar que hubiese un cambio en nuestra relación.

—Me voy, porque tengo derecho a ser feliz, y con ella no lo soy.

—Si no resulta, ¿para qué seguir luchando?

—El matrimonio es una cárcel, y todos quieren salir del encierro. Yo no soy diferente.

Todas estas respuestas esconden un común denominador: Falta de compromiso.

Esa historia de que el matrimonio es para toda la vida ya no está presente en la mente de muchas personas. Pareciera que conceptos como "compromiso", "indisolubilidad" y "hasta que la muerte nos separe" ya no son vitales y necesarios. Ahora, la consigna pareciera ser:

—Hasta que surja el primer problema.

Existe un gran temor al compromiso. Cuando alguien se compromete realmente, no está pensando en irse, sino en quedarse para dar pelea y buscar las causas profundas de su situación. No puede haber calidad en un matrimonio que no se compromete para toda la vida. Para lograr calidad en el compromiso, cada uno de los miembros de una pareja debe estar dispuesto a poner todo de su parte para que resulte. No es fácil, pero no imposible, porque el amor verdadero es compromiso.

¿Estás realmente comprometido con tu cónyuge?

---

* Todos los nombres son ficticios.

Proteger el
matrimonio

"¡Esfuérzate, y hazlo!" 1 Crónicas 28:10.

Cuando una relación de pareja se deteriora, se pone en riesgo el presente y el futuro de la pareja, pero también el pasado. Las parejas se unen con muchas expectativas. Cuando son felices, suelen recordar el pasado con cariño; los momentos buenos priman en lugar de los malos. Se alegran de pensar en lo bien que se sentían al principio, lo emocionante que fue conocerse y lo mucho que se admiraban. Cuando hablan de los tiempos difíciles, lo que destacan es la forma en que enfrentaron juntos la adversidad.

Sin embargo, cuando una pareja va mal, la historia se reescribe, pero destacando lo negativo. Les resulta difícil recordar el pasado, no logran traer a la memoria momentos buenos y cuando piensan en el cónyuge no afloran sentimientos positivos hacia él; al contrario.

Cuando una pareja llega a esta situación, se está al borde de un fracaso casi inevitable. En la superficie, puede parecer que no pasa nada: No discuten, no muestran desdén, hablan con calma... Pero lo cierto es que el matrimonio está clínicamente muerto. La indiferencia de uno hacia el otro es la evidencia más concreta. Algunas personas huyen del matrimonio divorciándose. Otras lo hacen simplemente viviendo vidas separadas bajo el mismo techo. La convivencia se convierte en una realidad tormentosa.

John Gottmann –especialista en parejas–[6] sostiene que existen cuatro etapas finales que señalan la muerte de una relación:

1. Considerar que los problemas matrimoniales son tan graves que ya no hay vuelta atrás.

2. Sentir que hablar es inútil y que no hay nada más que hacer.

3. Llevar vidas separadas.

4. Sentirse solos, y buscar tener una aventura extraconyugal, que en realidad es un síntoma de la crisis de un matrimonio, y no la causa de su deterioro.

A lo largo de todos estos años de ser consejero matrimonial, he visto a cientos de parejas llegar en estas condiciones; sin embargo, cuando están dispuestos a intentarlo una vez más y dejar que la acción de Dios lime asperezas y provea nuevos caminos, muchos de ellos logran revivir lo que estaba prácticamente muerto.

Siempre hay esperanza cuando ambos deciden luchar.

¿Está muriendo tu matrimonio? ¿Quieres luchar? ¿Quieres sentir que hiciste el último esfuerzo e intentaste todo lo posible?

La acción,
extensión del pensamiento

"Porque cual es su pensamiento en su corazón, tal es él". Proverbios 23:7.

En la mente surgen los actos. Nada es azaroso en la conducta humana. El pensamiento es lo que condiciona nuestras acciones. De pronto, creemos que nos surgen espontáneamente algunas conductas, pero no es así; al contrario. Son producto de un proceso que se gesta lentamente en nuestros desarrollos mentales, que van elaborando día tras día lo que luego termina siendo una forma de vida.

Solemos minimizar la importancia que tienen nuestros pensamientos, creyendo que lo que hacemos surge de circunstancias atenuantes o de situaciones que están fuera de nuestro control. La realidad es otra. Lo que sucede a nuestro alrededor es simplemente el marco de referencia; la conducta que emprendemos es de nuestra exclusiva responsabilidad, y eso ocurre aunque a menudo olvidamos cómo se generó tal o cual conducta. Simplemente, olvidamos que lo que pensamos genera un proceso, que al igual que un efecto dominó, va permitiendo el desarrollo posterior de todo lo que somos.

Henry Thoreau escribió que "lo que un ser humano piensa de sí mismo es lo que determina, o más bien indica, su destino". En otras palabras, no llegamos más allá de nuestros pensamientos. Lo que ocurre en nuestra mente no es para ser tomado a la ligera. Si alimento mis pensamientos de mitos y prejuicios mi vida será modelada por eso. Del mismo modo sucede si elaboro conceptos y criterios a partir de nociones falsas o inexactas.

Muchos matrimonios se destruyen por no darle la importancia a su mente. Lo que alimenta el pensamiento construye la vida. Si nos la pasamos observando telenovelas, novelas rosa, quimeras absurdas y otra serie de productos fantasiosos, seguramente aquel material terminará por afectar la relación que mantengo con mi cónyuge.

Si no leemos, a la larga resultamos peligrosos. Como diría Miguel de Unamuno, "mientras menos se lee, más peligroso se es", simplemente, porque quienes son malos lectores son buenos acumuladores de mitos y prejuicios. Alimentan su mente con la ignorancia, y eso es traspasado a sus conductas.

¿Estás alimentando tu mente con información que te permita crecer? ¿Entiendes la importancia de cultivar tu mente para construir tu pareja?

La historia de
una ceremonia

"Tú, Jehová Dios, lo has dicho, y con tu bendición será bendita la casa de tu siervo para siempre". 2 Samuel 7:29.

Hasta el siglo XII, los matrimonios no eran oficiados por sacerdotes. Era un asunto netamente familiar. Ni siquiera se realizaban las bodas en la iglesia. La mayoría de las ceremonias matrimoniales eran oficiadas por los padres o por el varón más importante del clan, y se realizaban en el campo, o frente a las casas de los que iban a casarse.

Sin embargo, desde mediados del siglo XII entró en plena vigencia una ley eclesiástica conocida como "ley canónica", y se introdujeron dos cambios cuyos efectos perduran hasta hoy; por una parte, la Iglesia Católica presionó para que las personas se casaran en presencia de un sacerdote, en una audiencia pública con testigos, y que la ceremonia tuviera lugar en el templo, más específicamente, a las puertas de las iglesias. Siglos después, las bodas comenzaron a ser realizadas en el interior del templo frente al altar.

Por otro lado, a partir de esta fecha, se introdujo la costumbre de que no era absolutamente necesario realizar una boda con el consentimiento paterno; bastaba la voluntad mutua de los contrayentes.

Muchas personas creen que siempre las bodas se celebraron en un templo; pero, tal como señalamos, la historia muestra otra cosa.

En cierto modo, esta restricción se puso para poner orden en una situación que a veces se prestaba para abusos; sin embargo, se le dio al matrimonio un sentido que no tiene y que no aparece en ninguna parte de la Biblia, y que derivó más tarde en el dogma del matrimonio como sacramento.

Me hubiera gustado más la época en que los padres celebraban las bodas de sus hijos, más allá de que hoy aceptemos solo como válido el que los clérigos y los pastores las realicen. Sin embargo, en el contexto original, tenía un sentido de participación en una fiesta que era, a la vez un compromiso familiar, cosa que hoy parece no estar en la mente de muchos.

Por otro lado, una tendencia de hoy es convertir a las bodas en una ocasión tan formal que de pronto se pierde el sentido de alegría que existe.

El argumento de que la boda debe ser celebrada únicamente en un templo porque allí está la presencia de Dios no tiene asidero lógico ni bíblico. ¿No está acaso Dios en todas partes? En particular, las mejores bodas que he dirigido y participado han sido en parques, en el contexto de una naturaleza que invita a la alegría y la paz. Lo importante es entender que el matrimonio debe gozar de la bendición de Dios.

¿Qué sientes respecto de la bendición de Dios para tu matrimonio?

El anillo de matrimonio

"Sus manos, como anillos de oro engastados de jacintos". Cantares 5:14.

Con pequeñas diferencias, en la mayoría de los países occidentales se utiliza una costumbre que se difundió desde, por lo menos, el siglo XVIII, y es la de llevar un anillo de bodas. Con el tiempo, fue evolucionando a la forma en que tiene actualmente la argolla de bodas.

A partir del siglo XIX, se instauró la moda de llevar el anillo de matrimonio en el cuarto dedo de la mano izquierda, porque supuestamente a ese dedo llega una vena directamente del corazón.

Por otra parte, se le dio un sentido a la forma circular del anillo, significando eternidad, continuidad y amor por siempre; en un círculo que supuestamente no debería acabar.

Muchos se han preguntado por la validez de esta costumbre: pero, en suma, no tiene mayor importancia que otras costumbres. Es, simplemente, un símbolo que se impuso. Bien podría haber sido un collar o un pendiente.

A veces nos olvidamos de que estos símbolos no son más que eso: distintivos que no tienen más sentido que ese. Señalar un momento especial en la vida de dos personas.

Con anillo o sin este, las parejas deberían señalar con su vida y la forma en que actúan que han hecho un compromiso de por vida, que debería cambiar significativamente sus vidas.

Una boda no cambia a las personas a menos que tomen decisiones que se reflejen en cada aspecto de sus vidas. Las ceremonias de compromiso, sean religiosas o civiles, lo único que hacen es ratificar decisiones que se han tomado antes. Hacen oficial lo que ya es un hecho: la decisión de dos personas de vivir el uno para el otro.

Olvidar este hecho hace que los contrayentes no entiendan el inmenso poder que tiene sobre sus vidas la decisión. De hecho, lo que diferencia a un matrimonio de otro es, precisamente, cuánto están dispuestos los cónyuges a respetar su palabra y hacer todo lo posible para mantener el compromiso a cualquier precio.

¿Estás viviendo el compromiso que reflejan tus anillos? Sin anillo o con él, ¿eres coherente con el estado de casado(a) que decidiste tener? ¿Eres consciente de que el matrimonio, en el fondo, se refiere a lealtad y compromiso?

Regalo continuo

"Mejor es reprensión manifiesta que amor oculto". Proverbios 27:5.

Antes de casarse, muchos novios gastaban grandes cantidades de dinero en regalos y presentes para su novia, y viceversa. Ambos buscaban la manera de expresar su amor de distintas maneras. Chocolates, tarjetas, flores, invitaciones a cenar, ropa, peluches, libros y una gran cantidad de otras expresiones de amor eran utilizados diariamente para mostrarle al otro cuán importante era para sus vidas.

Por otro lado, muchos novios –varones y mujeres– procuraban mantener una imagen atractiva, preocupándose por la ropa que habrían de usar cuando se encontraran con su pareja o cómo habrían de oler. Gastaban en ropa, perfumes y aditamentos para parecer bien.

Incluso, muchos novios cuidaban las palabras y los gestos que usaban; esto, con el fin de no provocar ningún sobresalto ni desencanto a su novia.

Esto lo sabemos todos; el problema es que muchos matrimonios, una vez que se formaron, sufren una metamorfosis extraña. Como por arte de magia, se eliminan los obsequios y las atenciones; ya no existe la misma preocupación en relación con la imagen de sí mismo, y tampoco se ocupan en cuidar su forma de hablar y expresarse. El mensaje que se transmite es que ya me casé, conseguí lo que quería; ¿para qué me voy a preocupar?

La verdad del asunto es que una vez que una pareja se casa necesita invertir más en mantener la relación. Lo que muchas parejas no han aprendido es que la relación matrimonial debe renovarse diariamente. Es preciso conquistar todos los días. No sirve una expresión de cariño aislada, porque viene a ser como una gota de agua en un océano. Una demostración de afecto demostrada de vez en cuando es simplemente una muestra de desafecto. El amor se vivencia todos los días y, para que pueda adquirir solidez, es necesario que se manifieste diariamente. Todos los días hay que decir, de una u otra forma, que se ama. No hay que darlo por hecho. El amor se agiganta en la expresión, no en el silencio.

Comprar flores, tarjetas, chocolates u obsequios no es un gasto; es una inversión. Estamos poniendo dinero en el banco del amor y asegurándole a la persona que más amamos que es importante para nosotros. El cónyuge necesita saber que lo amamos, y lo que hacemos o regalamos es evidencia concreta de que hablamos en serio.

¿Cuándo fue la última vez que le hiciste un obsequio inesperado a tu esposa(o)? ¿Cuándo le dijiste que la(o) amabas solo por el placer de decirlo?

Una etapa radical

"Mejor es que no prometas, y no que prometas y no cumplas". Eclesiastés 5:5.

En la antigua Grecia, las mujeres calculaban su edad a partir de la fecha de su matrimonio, no de la fecha de su nacimiento. Muchas hoy estarían contentas con esta práctica; por lo menos, conozco a una docena de amigas que harían una celebración si esta práctica se convirtiera en tradición.

Sin embargo, al margen de que la costumbre se imponga o no, hay una idea, en está práctica, que no está de más analizar.

Cuando nos casamos iniciamos un nuevo período en nuestra existencia; de hecho, ese momento marca el inicio de toda una vida distinta de todo lo que realizábamos anteriormente. Por lo menos, en ese sentido, dicha práctica podría tener una significación extraordinaria.

Hoy celebramos los llamados "aniversarios de bodas". Sin embargo, no tienen el mismo impacto que tenía en Grecia el señalar que en el momento en que me casaba comenzaba a vivir de nuevo.

El matrimonio es la experiencia más significativa del ser humano. No es extraño que la mayoría de las ilustraciones bíblicas, directa o indirectamente, se refieran al matrimonio. Eso porque, cuando nos casamos, adquirimos un estatus social distinto del que teníamos hasta ese instante; porque señala una experiencia definitiva en nuestra vida. No podemos seguir siendo los mismos de ahí en más.

La unión física, espiritual y emocional con otra persona supone un cambio radical en la vida de un ser humano.

Probablemente, el no haber entendido esta radicalidad del matrimonio hace que muchos banalicen la relación matrimonial, sin darle la importancia que tiene.

Una persona que se une a otra mediante el matrimonio adquiere un compromiso que tiene mayores alcances y significación que un contrato civil, comercial o religioso. La persona, a partir de ese momento, es definida por y a través de su experiencia matrimonial.

Un buen o un mal matrimonio, además, tienen alcances insospechados en las generaciones posteriores. Puede ser un factor altamente positivo o convertirse en un eslabón deteriorado en la larga cadena de las descendencias.

¿Estás dándole al matrimonio la importancia que tiene? ¿Entiendes que el matrimonio tiene que cambiar y modificar toda tu vida? ¿Comprendes el impacto para las generaciones posteriores de tener un mal o un buen matrimonio?

Un diseño perfecto

"No os dejéis engañar: [...] ni los afeminados, ni los homosexuales [...]
heredarán el reino de Dios" 1 Corintios 6:9, 10, Biblia de las Américas.

Génesis 1 y 2 establece un principio fundamental: Dios es el Creador. ¿Qué implica esta idea?

Si hay un Creador, hay un diseño inteligente, existe una lógica y es posible encontrar en lo creado un sentido claro.

Las consecuencias de este planteamiento son radicales. Si la Creación tiene un diseño inteligente, solo va a funcionar bien siempre y cuando se actúe dentro de ese esquema específico.

Del mismo modo que no podemos esperar que una lapicera funcione con agua o un motor con arena, porque el inventor los diseñó de otra forma, la Creación va a estar bien en la medida en que se respeten las leyes y los principios establecidos por Dios. Solo así se alcanzará felicidad y plenitud.

Entendido esto, es preciso decir que Dios creó una pareja humana heterosexual. En el diseño divino, la relación de pareja sexual se circunscribía a un varón y una mujer. Hoy, decir esto ha llegado a ser "políticamente incorrecto" en varios países. Cada día se extiende más la idea de que la vinculación de un varón con una mujer no es exclusiva. También se supone admisible la posibilidad de parejas homosexuales.

Sin embargo, por muy políticamente incorrecto que sea, la situación que viven parejas del mismo sexo que deciden ser parejas sexuales, la Biblia la cataloga simplemente como pecado. Y, aunque algunos quieren ver en esta postura bíblica un rasgo de homofobia, la realidad es que es coherente con un modelo que no admite otra posibilidad que el encuentro sexual de un varón y una mujer en el estado matrimonial.

El pecado ha traído distorsión a la relación sexual. Sin embargo, eso no significa que el varón y la mujer, motivados por el amor y en el entorno matrimonial, no puedan llegar a gozar plenamente de la vida marital tal y como Dios lo planeó en un principio.

Un varón y una mujer que vivan dentro de los principios y las leyes que Dios creó serán plenos, por muy difíciles que sean las circunstancias. Con paciencia otorgada por el don del Espíritu Santo, lograrán superar las dificultades más arduas que les toque vivir. Aunque vivan momentos de disfunción sexual, con la ayuda de Dios y con la información adecuada, lograrán salir adelante.

¿Estás viviendo dentro del diseño que Dios estableció? ¿Entiendes que solo seremos felices si vivimos dentro del esquema divino?

El misterio del amor

"Grande es este misterio; mas yo digo esto respecto de Cristo y de la iglesia."
Efesios 5:32.

En muchas formas, la relación entre un varón y una mujer es un misterio. De ser dos desconocidos, de pronto están inmersos en una vorágine de sensaciones que los arrastra más allá de su comprensión. No es algo que se lleve por la lógica, simplemente; en algún momento, dos personas desconocidas se interesan una en la otra.

La mayoría de las personas no recuerdan el momento exacto en que comenzaron a interesarse en aquel que hoy es su cónyuge. Hay algunos que trazan el momento exacto; sin embargo, hay, en muchos, más imaginación que realidad.

Lo cierto es que nos vamos envolviendo en situaciones que nos hacen interesarnos por alguien, y nuestras fantasías acerca del amor parecen encajar con aquella persona.

No sé el momento exacto en que me interesé por Mery. Sí recuerdo con claridad la primera vez que pregunté por ella, aunque debería haberle preguntado a otro. Estábamos en el comedor del colegio, y a mi lado estaba un compañero de pieza que se había convertido en un muy buen amigo. Estábamos conversando, y de vez en cuando miraba hacia la mesa en la que estaba sentada Mery. De pronto, ella soltó una carcajada que le iluminó el rostro y me atrapó esa sonrisa espontánea. Le pregunté a mi amigo, que en ese momento se sonreía por un chiste de otro de los comensales que estaba frente a él. Yo me acerqué un poco y le dije en susurro, para que los otros no me escucharan:

–¿Sabes quién es esa chica que se está riendo allá, en esa mesa?

–A continuación le señalé, con el rostro el lugar en el que Mery, que aún se reía, se encontraba.

Él miró hacia donde le indicaba. Vi que se le fue la sonrisa de su rostro. Me observó a mí y luego, mirándome muy serio, me preguntó:

–Sí sé quién es; ¿por qué?

Me sentí un poco incómodo por su forma de preguntar, y simplemente le dije:

–Es que me interesa saber quién es; eso es todo –respondí a la defensiva.

–Es mi hermana –me dijo él, ahora más serio.

Creo que Erick no lo supo en aquel momento, pero yo sí lo comprendí: dejaríamos de ser solo amigos, y algún día nos convertiríamos en cuñados.

Enamorarme de Mery fue un proceso que se inició por el impacto de su sonrisa, que aún hoy, después de 27 años, todavía me sigue impresionando. Llevamos 22 años de casados, fuimos novios durante 1 año y amigos durante 4. La conozco como a nadie en el mundo, y aun así sigo creyendo que muchas cosas de nuestra relación son misteriosas.

¿Puedes recordar aquel detalle por el cual te interesaste en tu cónyuge por primera vez? La vida está hecha de memoria y semblanzas; ¿qué recuerdos guarda tu amor?

El gran clan

"Pero Rut dijo: No insistas que te deje o que deje de seguirte; porque adonde tú vayas, iré yo, y donde tú mores, moraré. Tu pueblo será mi pueblo, y tu Dios mi Dios". Ruth 1:16.

Cuando me casé con Mery, me di cuenta de que también me había casado con Enid, Augusto, Erick, Víctor, Marcos, sus hermanos, y con Liana y Augusto, sus padres. Debo admitir que, en ocasiones, hubiese querido haberme casado solamente con ella, pero eso no es posible. A la inversa, ella no tardó en admitir que al casarse conmigo también lo hizo con mi familia. Esto es así porque venimos de un entorno familiar que, nos guste o no, lo llevamos con nosotros cuando vamos caminando hacia el altar el día de nuestra boda.

Los problemas de nuestras mutuas familias, querámoslo o no, nos han afectado. En algunos casos, más allá de lo que hubiésemos querido.

El matrimonio es una institución que lejos de disminuir nuestro trasfondo familiar lo aumenta. De pronto, nos convertimos en familiar de una cantidad de personas que hasta ese momento eran unos perfectos desconocidos. Sin darnos cuenta, de pronto estamos opinando sobre problemas familiares, ayudando a tomar decisiones o ayudando en situaciones que, hasta hace un tiempo atrás, nos eran indiferentes.

Es verdad que el mundo moderno ha traído un gran aislamiento a muchas parejas, atomizándolas en una familia mononuclear; pero la mayoría de las personas, cuando se casa, adquiere un valor agregado a su relación: el contacto con personas que ahora pasan a representar algo más que personas conocidas. Se convierten en parientes políticos.

Lo extraordinario de esto es que así lo planeó Dios. Él ideó que los seres humanos no fuéramos totalmente independientes, sino que estableciéramos relaciones de interdependencia. La familia es como una red interconectada en múltiples nexos.

Es verdad que no a todos los parientes que nos toca llegamos a amarlos plenamente; lo más que hacemos con algunos es tolerarlos. Sin embargo, en la mayor parte de los casos, se convierten en personajes cotidianos de las fiestas familiares, de los acontecimientos sociales que se vinculan con la familia, e incluso en las situaciones de enfermedad y sufrimiento son las personas que nos interesan.

Lo ideal es que aprendamos a valorar este entramado de relaciones como un don de Dios para nuestras vidas, para que aprendamos a crecer. Los hermanos de nuestra esposa o esposo no tienen por qué ser una carga, a menos que lo permitamos; pueden muy bien ser una gran ayuda para el fortalecimiento de nuestra relación.

En nuestro caso, mi cuñada, esposa del hermano mayor de Mery, se ha convertido en una de nuestras mejores amigas... vino con el paquete, pero se convirtió en alguien entrañable. Esa es otra más de las bendiciones de estar casado con la mujer que amo.

La familia de tu esposa(o) ¿ganó un(a) hijo(a) o la(o) perdió?

De rutinas y vida

"He aquí que yo hago una cosa nueva; pronto saldrá a luz; ¿no la conoce-réis? Otra vez abriré camino en el desierto, y ríos en la soledad". Isaías 43:19.

En muchos aspectos, la vida matrimonial es una aventura. Tiene ese sabor de lo inesperado e impredecible. En algunas ocasiones, hay situaciones agradables; y, en otras, momentos que es mejor olvidar. Pero, no deja de ser estimulante. Nos recuerda, a cada paso, que estamos vivos. Una aventura siempre está marcada con situaciones que estimulan al descubrimiento y a la pasión por encontrar algo nuevo.

Uno de los peligros que atenta contra los matrimonios es la rutina, todo lo contrario de una aventura. Las personas que no están constantemente buscando nuevas cosas que hacer y descubrir finalmente se quedan inmovilizadas en una situación que es similar a estar muertos en vida. Muchos lo hacen conscientemente, aunque sin ser capaces de evaluar adecuadamente las consecuencias de sus acciones.

Conocí a un matrimonio que llevaba cuarenta años de casados. Estaban en la playa; observaba cómo se miraban con ternura, y hacían chistes y sonreían todo el tiempo. En algún momento, se dieron cuenta de que los observaba, y como estaba a corta distancia les pregunté a boca de jarro:

–¿Cómo lo hacen?

–Hacer qué –dijo el anciano con una mirada pícara.

–Mantenerse como si fueran novios.

–Pues –dijo él mientras la miraba–, cada día es diferente. Hace mucho tiempo que tomamos la decisión de no aburrirnos. Siempre estamos buscando nuevas cosas para hacer juntos.

Luego, me contó que estaban aprendiendo a bailar flamenco y juntaban cada peso que tenían, porque querían visitar el Caribe. Siempre habían soñado ir, pero hasta ahora no habían podido.

Mientras los miraba caminar en dirección al mar tomados de la mano, pensé que esas dos personas tenían más inteligencia emocional que muchas otras que conocía y que habían dejado que la rutina las aplastara al grado de no tener más deseos de seguir viviendo.

Puede que no suceda hoy, ni tampoco mañana; pero, si no deciden salir de la rutina en que están muchos matrimonios, sucumbirán en las aguas anodinas del sinsentido que produce esa sensación de estar haciendo siempre lo mismo, sin lugar para la novedad ni la aventura.

¿Estás haciendo algo para salir del sopor rutinario de todos los días? ¿Hay algo qué quieres hacer, y te retienes solamente por miedo al cambio y a lo novedoso?

Vivir el cambio

"Cuando yo era niño, hablaba como niño, pensaba como niño, juzgaba como niño; mas cuando ya fui hombre, dejé lo que era de niño". 1 Corintios 13:11.

Las personas cambian; es imposible otra cosa. Es evidente el cambio físico; basta con que nos miremos al espejo. Sin embargo, hay un cambio que es más sutil y que, a la postre, es más dramático y se refiere al ámbito afectivo y a nuestras facultades cognitivas.

Cuando niños, somos por naturaleza afectuosos y expresamos con naturalidad lo que sentimos. Sin embargo, a medida que pasa el tiempo, y por diversas razones, aprendemos a esconder nuestros sentimientos. Muchas veces, el medio enseña que no es correcto expresar determinadas cosas porque no es "políticamente correcto".

En el nivel cognitivo, no solo nuestras capacidades intelectuales van cambiando sino también, nuestros intereses varían. De niños sentimos una curiosidad insaciable por los más diversos temas; pero, a medida que avanza el tiempo, nuestra capacidad de asombro disminuye, y llega un momento cuando son pocas las cosas que nos sorprenden.

Esto, que es evidente y que lo reseña la psicología del desarrollo, también se visualiza de una forma explícita en el matrimonio.

Muchas veces, he escuchado la expresión:

–No es la persona de la cual me enamoré; ahora es distinta.

–Y, sí –respondo invariablemente–, no nos casamos con estatuas, sino con individuos que cambian todo el tiempo.

Aceptar el cambio es parte de la vida. Convivir con el cambio es un proceso que nos fortalece como personas. Aprender que las personas cambias gustos, costumbres, hábitos, ideas, etc., es parte del proceso normal del crecimiento. Cuando pretendemos que alguien no cambie, que siga pensando y sintiendo lo que pensó cuando era niño o adolescente, estamos no solo pidiendo un imposible, sino algo que no es justo.

Cuando obligamos a alguien a actuar siempre del mismo modo, lo que estamos logrando, en realidad, es matar su naturalidad y forzarlo a ser de un modo que no es natural. Las personas tienen que cambiar e ir transformándose en el tiempo. Es lo natural; incluso, en el ámbito de las creencias y los valores esto es válido. Las percepciones en relación con lo que se cree o lo que se considera valioso pueden variar, sin duda.

Un matrimonio que crece positivamente aprenderá a vivir el cambio de manera normal. Una pareja que realmente se ama comprenderá que no debe forzar al otro a ser de un modo u otro que no sea el que le es propio... incluso cuando los valores y las creencias que sustenta el otro no sean algo que comparto plenamente. Es lo justo.

¿Estás aceptando el cambio en tu cónyuge de manera natural?

El romance
de la vida

"Mas Dios muestra su amor para con nosotros, en que siendo aún pecadores, Cristo murió por nosotros". Romanos 5:8.

Hay muchas formas de expresar que se está verdaderamente enamorado. Algunos regalan flores, otros envían tarjetas con motivos amorosos, otros se dan el trabajo de construir adornos especiales.

Algunos, cuando se casan, se olvidan de mantener viva la llama del amor, y dejan de enviar flores, chocolates, tarjetas y obsequios. Esa es una mala señal. Cuando una pareja entra en una etapa de conformismo en su relación, están de alguna forma permitiendo que su amor comience a morir. El amor es como una fogata que hay que alimentar permanentemente; de lo contrario, se corre el peligro de que se apague.

Las excusas para no ocuparse de mantener viva la relación son muchas; pero, por muy sofisticadas que sean, no sirven. Una buena excusa es, a menudo, como un atajo sin salida: tarde o temprano, tienes que enfrentarte con la realidad de que lo que no hiciste en el momento correcto te va a impedir avanzar de manera adecuada.

En ocasiones, he escuchado –especialmente de mujeres– su frustración frente a cónyuges que son fríos, insensibles, poco cariñosos y que no expresan ternura de ninguna forma.

Suelo bromear a las parejas que atiendo, diciéndoles un juego de palabras: "Si no se expresa afecto, eso tiene efectos que reflejan grandes defectos".

El que ama debe vivir para amar; expresar su cariño de mil y una formas, para no dejarle dudas a la persona que ama que ella o él es alguien especial y significativo en su vida. Cuando eso no se hace, la vida de pareja se vuelve monótona, y tarde o temprano se enfría.

Una cena a la luz de las velas. Salir juntos a la orilla del mar a contemplar una puesta de sol. Enviar al cónyuge un telegrama urgente que diga "Te amo". Sacarse una fotografía juntos y mandarla a estampar en una remera. Conseguir una patente para el auto que tenga las iniciales de ambos. Hay muchas otras formas. Expresar, decir, hablar y no quedarse callado es lo más natural cuando hay amor verdadero.

¿Se imaginan si Dios nunca expresara su amor por nosotros? ¿Qué seguridad tendríamos de que nos ama? Él nos muestra su amor. Dios se ocupa activamente en decirnos, de muchas formas posibles: "Te amo". ¿No deberíamos hacer lo mismo?

Quien no expresa amor a la persona amada ¿ama realmente?

¿Estás expresando que realmente amas? ¿Buscas el romance de la vida?

Sin secretos

"Tus manos me hicieron y me formaron; Hazme entender, y aprenderé tus mandamientos". Salmo 119:73.

No hay secretos. Lo que debe ser aprendido es parte de la realidad de alguien.

Me agrada acercarme a las personas que les ha ido bien en su vida matrimonial para consultarles sobre la razón de su experiencia. Las respuestas que me dan son variadas, pero, casi todas esconden algunos elementos comunes. Los más repetidos son:

Tolerancia: No se casaron para ser cambiados ni para cambiar a otro. Aprendieron a vivir con las pequeñas y las grandes diferencias. Se acomodaron al que amaban de tal modo que no forzaron una forma de vivir que los hiciera sentir incómodos.

Alegría: Aprendieron a vivir cada día con una sensación de alegría, dando gracias a Dios y a la vida por el privilegio del amor. Esa sensación de estar viviendo una experiencia maravillosa y agradable les hizo observar la realidad con optimismo y sintiendo que siempre hay una solución para todo, aunque no la vieran en algún momento.

Confianza: Construyeron su relación sobre la base de la confianza. Eso significa que nunca sospecharon del otro, ni siquiera cuando hubo situaciones aparentes para desconfiar. Entendieron que la relación de pareja se construye sobre la confianza, no sobre los celos.

Aprendizaje: Son personas que no se envanecieron en la experiencia. Entendieron que debían estar abiertas, todos los días, a aprender algo nuevo que las ayudara a enriquecer su vida matrimonial. No solo leyeron constantemente libros que las ayudaran a crecer sino también consultaron, preguntaron y supieron estar atentas a aprender.

Compromiso: Comprendieron, desde un comienzo, que una relación de pareja no es un paseo de fin de semana. Es necesario estar al lado de quien se ama bajo toda las circunstancias, sean buenas o malas, agradables o desagradables; hicieron un compromiso de superar juntos las más variadas circunstancias.

Amistad: No cimentaron su relación en la atracción sexual ni en los incentivos externos, como seguridad económica o estatus social. Entendieron con claridad que solo podrían salir adelante si se mantenían unidos como amigos; personas que se necesitaran permanentemente una a la otra para dialogar, crear mundos, compartir universos.

Espiritualidad: Finalmente, pero no lo menos importante: Aprendieron a depender vivencialmente de Dios, y eso se trasladó a su experiencia cotidiana. La relación con Dios les permitió vivir cada uno de los aspectos reseñados anteriormente.

No hay secretos. Si alguien quiere aprender cómo vivir un matrimonio de éxito, basta preguntarle a quien está viviendo un buen matrimonio. Seguramente va a tener varias respuestas; pero, al menos, se centrarán estas características presentes.

¿Estás viviendo la plenitud de tu vida matrimonial? ¿Necesitas algún cambio?

Lo primero es lo primero

"Buscad primeramente el reino de Dios y su justicia". Mateo 6:33.

La vida consiste en establecer prioridades. Elegir qué será más o menos importante es la tarea fundamental del ser humano. El tipo de elección que hagamos determinará lo que lleguemos a ser y el tipo de vida que desarrollemos.

La formación que tenemos es un factor determinante en las elecciones que hacemos y, por ende, en la vida que elegimos vivir.

Las prioridades son el factor determinante en el éxito o el fracaso en muchos aspectos de la vida de las personas.

En relación con la pareja, lo que elijamos como prioritario marcará totalmente la relación entre los cónyuges.

¿Qué es lo primero y qué viene después?

De acuerdo con la Biblia, es prioritario buscar a Dios y su justicia (Mat. 6:33). Dios debe ser quien guíe nuestras vidas.

Luego, la prioridad que irá en segundo lugar después de Dios será el cónyuge.

En tercer lugar, si se tienen hijos, ellos ocuparán el lugar de privilegio después de nuestro cónyuge.

En cuarto lugar vendrá el trabajo y todo lo demás.

Cuando estas categorías se alteran, también ocurre que la familia y el matrimonio sufren un traspié, y a la larga terminan fracasando.

Conozco varones que han hecho de su trabajo el centro de su vida. Al final tienen algo con qué subsistir, pero se han quedado sin hijos y sin esposa.

Algunas mujeres, de manera poco sabia, han puesto a sus hijos en un lugar que no les corresponde, desplazando a sus esposos a un lugar secundario, y luego terminan llorando amargamente por dicha elección.

Las prioridades que elegimos nos delatan. Establecen con claridad cuáles son nuestros valores y cómo estos ordenan nuestra vida.

Elegir mal es optar por el fracaso. Una buena elección de prioridades nos dará el equilibrio que nuestra vida necesita.

Nunca nos equivocaremos si seguimos el esquema bíblico de prioridades: Dios - cónyuge - hijos - trabajo - todo lo demás.

Ese orden es lo que garantiza crecer con equilibrio y alcanzar la plenitud que Dios desea para nosotros en su diseño perfecto.

¿Estás ordenando tu vida de acuerdo con prioridades adecuadas?

La mejor forma
de vivir

"Pues como EL joven se desposa con la virgen, se desposarán contigo tus hijos; y como el gozo del esposo con la esposa, así se gozará contigo el Dios tuyo". Isaías 62:5.

La Biblia es atípica, porque no tiene empacho en hablar del matrimonio con total transparencia y honestidad. Distinto de lo que suelen hacer tantas personas que supuestamente buscan la verdad, pero que sin embargo están tan embebidas de nociones prejuiciosas que finalmente terminan dañando o tergiversando el sentido correcto de la relación conyugal.

Esposo y esposa deberían gozarse uno con el otro de tal forma que uno y otro sean plenos. El plan de Dios implica que la pareja vive un continuo gozo. Alegría en su comunicación. Plenitud en su sexualidad. Gozo en cada instante compartido.

La vida matrimonial consiste en compartir momentos agradables, para guardarlos en el cofre sagrado de la memoria para que cuando vengan momentos difíciles esos recuerdos sirvan de atizador, para seguir viviendo con la seguridad de que el instante malo es pasajero, porque se han tenido tantos momentos pleno, que esos dan la seguridad de que se volverán a repetir.

Dichosos los que ríen, porque tendrán un recuerdo para cuando vengan las lágrimas.

Felices los que se abrazan, porque cuando estén solos podrán sentir la huella profunda de los brazos del amado rodeándolos cuando nadie pueda hacerlo.

Plenos los que besaron, porque sus labios tendrán mucho más que palabras para reproducir; serán como campanas que podrán tintinear una alegría inigualable por todos lados.

Satisfechos los que pudieron ser escuchados de manera plena por el amado, porque el saberse escuchado es la mejor forma de decir que la vida ha valido la pena de ser vivida.

Radiantes han de sentirse aquellos que despertaron al lado del ser amado. Han podido percibir, de un modo fugaz y resplandeciente, lo que será saberse eterno y pleno para siempre.

No hay mejor forma de vivir que la que entrega el matrimonio. Pero, para vivir esta maravillosa oportunidad, no hay lugar para egoísmos ni vanidades. El amor solamente admite la abnegación, el sacrificio y la entrega; todo lo demás sobra.

¿Estás viviendo plenamente tu vida matrimonial? ¿Gozas de la vida matrimonial siguiendo el plan de Dios?

Obediencia para vida

"No os unáis en yugo desigual con los incrédulos; porque ¿qué compañerismo tienes la justicia con la injusticia? ¿Y qué comunión la luz con las tinieblas?" 2 Corintios 6:14.

Hay consejos bíblicos tan claros que de no hacerles caso pasamos por tozudos.

La unión entre un cristiano y alguien que no lo es no solo resulta lógicamente incorrecta, sino también va en contra de un consejo claramente establecido por Dios.

Es posible que no estemos de acuerdo con la opinión de un amigo, que difiramos con los argumentos dados por un escritor, que no apoyemos una idea popular, etc., pero, cuando no estamos conformes con lo que Dios mismo dice, en ese caso, demostramos falta de sabiduría; porque Dios, en su infinito amor, nunca nos va a dar una orientación para perjudicarnos, y siempre lo hace en el contexto de que sabe lo que es mejor para nosotros.

¿Por qué razón Dios no propicia matrimonios entre personas creyentes y no creyentes? Hay varias razones:

Riesgo. Cada vez que unimos nuestros intereses a alguien que no ama a Dios por sobre todas las cosas ponemos en riesgo algo más que nuestra estabilidad emocional en esta tierra; simplemente, nos ponemos en el terreno del enemigo de Dios y arriesgamos perder el don más maravilloso que existe: el cielo.

Sentido común. Es una verdad obvia que el agua y el aceite no se juntan. Para que se logre unir al agua con el aceite, una de los dos elementos debe variar su constitución molecular; pero, en dicho caso, se convierte en otra cosa. Lo mismo sucede en la pareja.

Modo de vida. Ser cristiano no es un saco que me pongo para un acontecimiento formal, es un estilo de vida que permea toda mi existencia. Cada aspecto de mi vida está condicionado por el ser cristiano. No se puede compartir un estilo de vida cristiano con el de un no creyente. Son distintos, y chocarán inexorablemente en algún momento.

Plenitud. Para que las personas sean felices completamente, necesitan entender que la vida es mucho más que sobrevivir. Se necesita un sentido, un propósito orientador de la existencia. ¿Cómo se puede alcanzar dicho ideal cuando los objetivos son tan distintos entre un cristiano y alguien que no lo es?

Soledad. Suelo decirles a los jóvenes o las señoritas que eligen como compañero(a) a alguien no cristiano que tarde o temprano se quedarán solas(os) en lo más importante, que es la vida de principios y valores. No lograrán compartirlos y al final tendrán que bregar solitarios en la educación de los hijos, en la orientación de la vida, y terminarán cediendo en aquello que es vital, para simplemente no sentirse solitarios. ¿Valdrá la pena?

¿Has sido obediente a Dios? ¿Entiendes la ley de la siembra y la cosecha? Si ese es tu caso, no olvides leer la meditación de mañana.

¿Qué hacer si me equivoqué?

"Mas buscad primeramente el reino de Dios y su justicia, y todas estas cosas os serán añadidas". Mateo 6:33.

Ayer mencionábamos las implicaciones de obedecer el mandato divino de no unirse en matrimonio con personas que no son cristianas.

Se dan dos situaciones. Una, la de personas que se casaron aunque sabían que existía el mandato, y la de aquellos que llegaron a ser cristianos cuando ya estaban casados y su cónyuge no aceptó a Cristo como ellos. Las respuestas son distintas para cada caso.

Hoy trataremos la situación de aquellos que fueron porfiados(as) a pesar del mandato bíblico.

En primer lugar, lo que la persona tiene que hacer es reconocer y aceptar que fue desobediente al consejo divino. Esto es fundamental; es el primer paso (Sal 51:3).

Habiendo reconocido la falta, el segundo paso es confesar el pecado ante Dios (1 Juan 1:9). Sin confesión no hay remisión ni restauración.

El tercer paso consiste en aceptar las consecuencias del error. Muchas personas creen que, habiendo confesado Dios, eliminarán los resultados de su conducta, pero no es así. Para nuestro crecimiento y para que no nos convirtamos en presuntuosos, Dios no elimina las consecuencias de nuestra mala acción.

Finalmente, hay que buscar redención y sabiduría en Dios, quien nos puede enseñar a actuar.

¿Qué espera Dios que entendamos?

1. Que hay que establecer prioridades. Por sobre todas las cosas, el cristiano debe poner en primer lugar a Dios, aunque eso le ocasione problemas con su esposo(a). Es necesario obedecer a Dios antes que a los seres humanos (Hech. 5:29).

2. Que no hay que esperar de un no cristiano conductas cristianas. Muchos se impacientan porque su esposo(a) no actúa de acuerdo a principios cristianos. La Biblia sostiene que solo al espiritual se le puede demandar una conducta tal (1 Cor. 2:14).

3. Que debes mantenerte con el no cristiano(a) mientras que sea posible. Es probable que tu vida pueda causar un impacto en el otro y finalmente convertirte en el medio de salvación; sin embargo, debe ser mientras no pongas en riesgo tu propia salvación (1 Cor. 7:12-15).

Ninguno de estos consejos es fácil de seguir, pero es el precio de haberse casado con alguien que no ama a Dios. Dios nos puede ayudar a fin de tener la fuerza para continuar; aunque por momentos la situación resulte insoportable, a él debemos recurrir para pedir la fortaleza que necesitamos.

¿Estás dispuesto(a) a seguir estos consejos?

Monogamia

"Marido de una sola mujer". 1 Timoteo 3:2.

Nunca he podido entender cómo logran hacerlo los bígamos; es decir, las personas que se casan y, con engaño, viven con dos o tres personas a la vez. Todo el tiempo fingiendo y engañando.

Lamentablemente, esto no ocurre solo en ambientes no cristianos. Aún me sorprende la historia que escuché, de primera, fuente acerca de un hombre que durante doce años vivió con una mujer y, al mismo tiempo, con su esposa. Logró mantener el engaño durante todos esos años. A una mujer la había convencido de que era camionero y que debía viajar durante algunas temporadas; y a la otra, debido su labor pastoral, supuestamente debía ausentarse a reuniones y actividades ligadas con la misión.

El engaño se acabó el día en que fue sorprendido arreglando tranquilamente el jardín de la casa de la mujer que creía que estaba casada con un camionero. El hombre que lo reconoció no se quedó tranquilo hasta averiguar lo que pasaba y, finalmente, como la mentira tiene "patas cortas", la verdad salió a la luz.

En la mayoría de los países occidentales, el estar casado con más de una persona al mismo tiempo es considerado un delito. La bigamia es condenada, porque se supone que se forma y se fortalece mediante la mentira y el engaño, y se burla de la buena fe de las personas que, con honestidad, creen estar casándose con alguien no comprometido.

El problema se produce en el concubinato, tan común en nuestros países. Es decir, el que una persona casada tenga otra mujer con la cual esporádicamente vive, y con el conocimiento y a veces el consentimiento de su propia esposa.

En un contexto en el que los valores se pervierten, muchos consideran esto un mal menor, bajo el entendimiento que los varones son "infieles por naturaleza" y no pueden vivir en un estado "monógamo", concepto que es defendido por antropólogos y evolucionistas, pero que nada tiene que ver con el planteo bíblico acerca del matrimonio.

Muchos justifican alegando que en la Biblia no hay ninguna observación explícita en contra de la bigamia o la poligamia. Sin embargo, lo que estas personas olvidan es que el registro bíblico está lleno de historias que muestras las consecuencias nefastas de apartarse del ideal divino de la monogamia. Hay muchas cosas sobre las cuales la Biblia no se pronuncia abiertamente, pero, explicita sin duda las consecuencias de vivir un diseño contrario al de Dios.

¿Entiendes la importancia de crecer en una relación con una sola persona? ¿Entiendes el valor del diseño de un matrimonio monógamo?

Sobre gustos...

"Pues como el joven se desposa con la virgen, se desposarán contigo tus hijos; y como el gozo del esposo con la esposa, así se gozará contigo el Dios tuyo". Isaías 62:5.

Cuando Mery y yo estábamos de novios, un día le pregunté inocente e ingenuo:
–¿Qué quieres hacer hoy?
–Vamos al cementerio –me dijo ella alegremente.
–¿A qué? –respondí alarmado.
Ella sonrió y me dijo sin más:
–Es que me gustan.

En ese momento, pensé seriamente que tal vez había elegido a la persona equivocada, porque probablemente ella no estaba bien de la cabeza.

La acompañé a regañadientes. Me parecía un paseo macabro y tétrico.

Me llevó tiempo entender que su gusto se relacionaba con la tranquilidad, las flores y los epitafios.

Han pasado los años. Aún no me logran gustar totalmente los cementerios. Sé, además, con total certeza, que mi esposa no está loca (salvo por mí). He recorrido –como fiel esposo– más cementerios de los que quisiera. En cada ciudad donde hemos estado, esa ha sido una de las visitas obligadas.

Pero, ¿por qué he ido? ¿Por qué razón he leído cientos de epitafios? ¿Por qué conozco tantas y variadas flores? Simplemente, por ella, por mi esposa. El amor hacia ella ha sido más fuerte que algún temor oculto de mi parte. El amor implica entrega sin condiciones y la decisión expresa de hacer feliz al otro.

El matrimonio es una relación consensuada, en la que el marido y la esposa prometen hacerse felices mutuamente. Uno y otro eligen darse a sí mismos y dejar sus anhelos personales a un lado, con el fin de hacer feliz al otro.

No sé si alguna vez me llegarán a gustar los cementerios; pero, más de una vez, en alguna ciudad extraña, al pasar por un camposanto, no he podido dejar de sentir nostalgia, pues, paradójicamente, ese lugar me recuerda al ser humano que más amo en este mundo.

Alguien dijo alguna vez que para Adán el paraíso era el lugar donde estuviera Eva, y es cierto: el que ama no desea estar en ningún otro lugar que no sea al lado de quien ama, aunque eso signifique ir a lugares extraños o realizar actividades que no necesariamente sean de tu agrado.

¿Amas de tal forma que estás dispuesto a acompañar a tu cónyuge a lugares tan inusuales como un cementerio, solo por el gusto de estar con él o ella?

Comunicación real

"Los oídos están abiertos, pero nadie oye". Isaías 42:20, La Biblia de las Américas.

Hay una gran diferencia entre "hablar" y "dialogar". Lo que muchas parejas llaman comunicación no es más que ruido. Simplemente, no logran dialogar.

Para que exista diálogo, es fundamental que las personas que intentan comunicarse asuman actitudes que permitan, efectivamente, la posibilidad de darse a entender y comprender por el otro plenamente.

Sin embargo, la buena o la mala comunicación es solo un síntoma de una buena o una mala relación. No es la panacea para solucionar los problemas matrimoniales; simplemente, es un termómetro que indica en qué situación están ambos.

Muchos hablan, pero no comunican. Emiten sonidos o expresan gestos, pero no logran que la otra persona llegue a entender de manera plena lo que está pretendiendo decir.

Para que el diálogo se produzca de manera efectiva, la pareja debe entender que hay tres pasos previos: Respetar, escuchar y empatizar.

Sin respeto al derecho del otro a expresar sus puntos de vista, no hay comunicación posible. Cuando no aceptamos que la otra persona tenga opinión propia y la descalificamos, la ignoramos o simplemente somos indiferentes a sus planteos, hablar de comunicación es un contrasentido. El respeto es básico. Aunque la opinión sea contraria a mis creencias y principios, el otro tiene derecho a expresarlas.

El segundo paso es escuchar. Escuchar no es solo oír de manera mecánica, sino que implica un esfuerzo intencionado para entender lo que el otro está intentando transmitir. Cuando escuchamos, ponemos todo de nuestra parte para poder comprender inteligentemente lo que la otra persona está intentando comunicarnos. De no ser así, la comunicación no se logrará.

Finalmente, es necesario un último, paso que consiste en empatizar con lo que otro ser humano nos plantea. La empatía es el acto intelectual consciente que nos permite ponernos en la perspectiva del otro, para de ese modo lograr situarnos en su órbita emocional y psicológica.

Solo cuando se den estas tres condiciones, las parejas podrán comunicarse verdaderamente. De otro modo, únicamente será ruido emitido por personas que intentan decir algo que no llega verdaderamente a la mente del interlocutor.

¿Te estás comunicando verdaderamente? ¿Respetas, escuchas y empatizas?

Alegría para correr el camino

"Y éste, como esposo que sale de su tálamo, se alegra cual gigante para correr el camino". Salmo 19:5.

El versículo de hoy es extraño, y más cuando se lo pone en el contexto en el que está escrito. Lo que el salmista está admitiendo es la importancia del tálamo. El "tálamo" es una palabra antigua para referirse al dormitorio, especialmente a la cama conyugal.

En este contexto, la pregunta siguiente no ociosa: ¿Para qué sirve el encuentro sexual en la pareja?

Toda persona necesita energía y ánimo para vivir cada día. Precisa, además, sentirse respetado y amado de manera plena. La vida sexual dichosa colabora para este fin y logra que, quien vive dicha experiencia, "se alegre cual gigante para correr el camino" (Sal. 19:5).

No conozco mejor productor de energía que una vida sexual plena. Por esa razón, todas las razas y las culturas enfatizan la importancia de la sexualidad. Si fuera solamente un encuentro cuyo único fin fuera la procreación, ¿por qué tanta filosofía, reflexión y análisis?

Pero, es mucho más. Es el momento más auténticamente humano. El instante más especial que los humanos podemos gozar.

Muchas religiones han incorporado la sexualidad de una manera natural y sin conflictos. Pero el cristianismo medieval ha tenido dificultades para ver en la sexualidad un don de Dios. Al contrario, es una de las religiones que más prejuicios y preconceptos ha sembrado en torno a la sexualidad. Es como si, de todos los tabúes, la sexualidad fuera el predilecto de los cristianos. De hecho, solemos mirar con más desdén los pecados sexuales que otros que son igualmente dañinos.

Debemos aprender a gozar de todos los dones otorgados por Dios. La sexualidad está dentro del plan de Dios, y no solo para la procreación sino también para la alegría, la pasión, la sensualidad, la atracción y el aprecio.

El cuerpo humano es hermoso. Gozarnos en las funciones que Dios diseñó para ese cuerpo extraordinario no solo es sabio sino también damos gracias al Creador cada vez que podemos gozarnos con las bendiciones del cuerpo recibido. Negar la sexualidad es negarnos a ser humanos que deben gozar también de su cuerpo, de manera plena y natural.

El salmista no solo es sabio sino también demuestra agradecimiento y sentido común. Agradece, indirectamente, el privilegio de alegrarse como un gigante para salir a correr el camino. Las personas que no gozan de manera natural y plena su sexualidad terminan siendo personas que no pueden gozar plenamente de la vida ni ser naturales como para correr el camino de manera equilibrada.

¿Estás gozando de tu tálamo? ¿Vives plenamente el don de la sexualidad?

Un sello maravilloso

"Ponme como un sello sobre tu corazón". Cantares 8:6

Al nacer su única hija, una mala praxis médica le provocó una parálisis. Hoy, pasa mucho tiempo postrada. No puede mantener su cuerpo levantado. Necesita un complicado aparato, que la mantiene sentada. Mueve sus manos. Afirma bien la cabeza. Pero, no es eso lo que sorprende al conocerla. Es su amplia sonrisa. Su picardía juguetona. Esa sensación contrastante de estar ante la presencia de un paralítico que merece compasión pero que, por el contrario, prodiga simpatía. No hay señal de autocompasión. Su hija la acompaña con solicitud, para atenderla en lo que necesita. Estoy sorprendido. De pronto, su rostro se ilumina con un brillo especial y sus ojos adquieren una luz distinta. Alguien ha entrado en el cuarto. Como estoy de espaldas a la puerta, no lo veo enseguida. Luego, ella radiante, se dirige a mí y me dice:

–Le presento a mi esposo.

Hay, en sus palabras, una sensación de triunfo. Transmite confianza. Es una seguridad cálida, sin altanería y convincente. El hombre, antes de acercarse a mí, se dirige a ella, y le besa la frente y le acaricia –al pasar– el rostro.

De pronto, me siento un extraño. Tengo la sensación de estar invadiendo un terreno sagrado. Los veo sonreírse mutuamente. Solo son segundos, pero en mi mente todo se desarrolla como en cámara lenta. Cuadro tras cuadro voy entendiendo lo que sucede. Soy testigo de una historia de amor que supera barreras que invalidan. Frente a mí hay dos personas que se aman incondicionalmente.

"Ponme como un sello sobre tu corazón" (Cant. 8:6). Es la voz del amor que clama. Es la solicitud de alguien que le pide al amado: "Que en tu corazón no haya lugar para nadie más".

El amor es exclusivo. El que decide amar excluye cualquier afecto de su vida que no sea el del amado. Su mente solo abrigará pensamientos y sentimientos de amor para el que ama.

Puede ser que, de pronto, sintamos atracción hacia alguien; es imposible que no suceda. Pero, cuando nuestra mente está sellada por el amor, no hay lugar para abrigar sentimientos o pensamientos que nos alejen de ese amor.

Quien ama lo hace sabiendo que participa de una dimensión superior a su comprensión. El amor es aire de eternidad en nuestras vidas.

¿Amas incondicionalmente? ¿Existe, en tu relación de pareja, la misma electricidad que la de los protagonistas de la historia de esta mañana? ¿Haz puesto a tu amado o tu amada como un sello en tu corazón?

Admiración y aprecio

"Como el lirio entre los espinos, así es mi amiga entre las doncellas". Cantares 2:2.

Estaba en el aeropuerto a la espera de mi avión. No podía leer, así que observaba a los pasajeros mientras me paseaba. Las personas conversaban, leían o dormían semirrecostadas en sus asientos. Observé a un hombre con un diario. Le daba una ojeada a las páginas, pero insistentemente miraba la entrada. Volvía a leer y rápidamente levantaba los ojos, para mirar al mismo punto. De repente se paró y, con una gran sonrisa, se dirigió a la puerta, donde una mujer se acercaba con los brazos extendidos para abrazarlo. Se besaron tiernamente. Y, mientras hablaban, no dejaban de sonreír.

Sentí envidia. Por un instante, percibí el lenguaje del amor expresado en aceptación, deseos de estar con el amado y la exclusividad de una relación que no admite un tercero.

La imagen del lirio entre espinas es poderosa. El lirio es una flor frágil. Rodeada de espinas, parece más delicada. Sin embargo, lo que admira el esposo no es la fragilidad sino el contraste. Ninguna otra mujer lo atrae de la misma manera.

El verdadero amor se construye en la exclusividad. Una mujer necesita tener la certeza de que es la única en la vida del varón que ha elegido. Y, viceversa, los varones necesitan saber que no hay nadie más que ellos en la vida de la mujer que han escogido.

John Gottman, luego de 16 años de investigación acerca de qué hace que una pareja pueda mantenerse unida sin temer al divorcio, descubrió que existen siete reglas de oro en una buena relación. Una es la admiración y el aprecio. "El cariño y la admiración son antídotos contra el desprecio".[7] Cuando se admira, se aprecia; y, cuando esto sucede, el amado aparece ante nuestros ojos como entrañablemente necesario.

La admiración y el aprecio se cultivan. Si destacamos los aspectos negativos de nuestro cónyuge, indefectiblemente desarrollaremos una actitud de desprecio. Si, por el contrario, enfatizamos lo positivo, provocaremos una reacción distinta en nuestra mente. Nuestra esposa o nuestro esposo nos aparecerá con un matiz positivo.

Un hombre me dijo que el mejor regalo que había recibido el día de su boda se lo dio su suegro: Un reloj de bolsillo, con una inscripción que decía: "Dile algo hermoso cada día, y te amará siempre". A partir de allí, había desarrollado el hábito de hablarle de manera afectuosa a su esposa. Supongo que no se admirarán si les digo que es una mujer extraordinariamente feliz y transparente. Un lirio entre los cardos.

¿Cuándo fue la última vez que le dijiste a tu esposa o tu esposo lo importante que era para ti? ¿Qué salen de tus labios normalmente, reproches o elogios?

A amar se aprende

"Así que, no os afanéis por el día de mañana, porque el día de mañana traerá su afán. Basta a cada día su propio mal". Mateo 6:34.

Todo lo que nos sucede en la vida nos prepara para los grandes hitos de nuestra existencia. Lo que elegimos ser y lo que optamos por vivir está directamente relacionado con las experiencias tempranas que tuvimos en nuestra vida. El amor es una respuesta a lo que hemos sido en el pasado. Aprendemos a amar por imitación. Seguimos patrones aprendidos de otros. Nuestros padres o quienes tuvieron una mayor influencia en nuestras vidas nos enseñaron a amar. Nos mostraron cómo se ama. Nos dijeron, de hecho y de palabra que lugar ocupaba el amor en sus vidas.

Llevamos impreso a fuego en nuestras mentes las experiencias tempranas que modelaron nuestra existencia. No es posible que nos abstraigamos que somos hijos de alguien y surgimos en un contexto sociocultural determinado. Como decía José Ortega y Gasset: "Yo soy yo y mi circunstancia; si no la salvo a ella, no me salvo yo".[8]

Lo que sucede a nuestro alrededor no es epidérmico. Penetra profundamente en nuestra vida. Nuestra circunstancia es parte constituyente de nuestra esencia. No seríamos lo que somos sin el contexto en el que hemos vivido.

A amar se aprende, porque nadie nace amando. Crecer en amor implica crecer en sentido y significado. Es un proceso que nos lleva toda la vida.

Nuestra niñez es nuestro condicionante, pero no nuestro destino. Explica por qué hemos llegado a ser lo que somos, pero no nos determina a ser de un determinado modo. Eso lo elegimos.

La *resiliencia*, un concepto de física incorporado a la psicología, nos dice que las personas tienen la capacidad de superar las situaciones difíciles que les toca vivir. Unos tienen mayor *resiliencia* que otros, pero lo que nos ha sucedido no tiene por qué ser determinante en nuestra existencia.

Muchas parejas explican sus dificultades para amar por las experiencias traumáticas que tuvieron; sin embargo, no valoran adecuadamente las decisiones que van tomando. No se dan cuenta de que, aunque vivieron situaciones difíciles, el presente y el futuro no tiene por qué ser un destino. Al contrario. La fuerza de nuestras elecciones puede modelar lo que nos ha de ocurrir.

Sin duda, a amar se aprende, pero eso puede ser un proceso que comencemos hoy, si no aprendimos ayer.

¿Estás dejando que tu pasado condicione tu presente y tu futuro? ¿Estás entendiendo que tus decisiones son las que han de modificar lo que vivas hoy?

Un compromiso
sagrado

"Porque la mujer casada está ligada por la ley al marido mientras éste vive". Romanos 7:2.

En todas las culturas, las bodas son momentos esperados y felices. Las ceremonias varían de un lugar a otro, pero en general tienen elementos comunes. Siempre hay alguien considerado una autoridad (religiosa o civil) que oficia, los contrayentes realizan un compromiso que incluye votos o promesas mutuas, y siempre se realiza la ceremonia frente a testigos.

En el antiguo Israel, las ceremonias matrimoniales eran oficiadas por los padres. Ellos eran los encargados de representar a Dios ante la pareja. Los jóvenes que se casaban hacían un pacto de ayuda mutua y de fidelidad.

Hoy los padres asisten como testigos, aunque no son los encargados de representar a Dios; eso sucede porque se impuso la tradición de que las autoridades religiosas sean las que dirijan las bodas. No vamos a juzgar si está bien o mal; lo que corresponde establecer es que lo importante es el pacto que la pareja hace frente a Dios. Es una promesa de mutua ayuda y compromiso. Dos personas que, viniendo de raíces distintas, deciden prodigarse cuidados mutuos y compañía basados solo en el lazo del amor.

La razón por la que hacemos el compromiso frente a Dios es porque entendemos que necesitamos ratificar el pacto frente a alguien absolutamente trascendente. Dios actúa como garante de una unión voluntaria de dos personas que entienden, que en el diseño del Creador, el enlace de una pareja fue considerado como necesario para el buen desarrollo y equilibrio del ser humano.

Es cierto que muchas personas consideran que el matrimonio es un contrato civil; por esa razón, suelen darle más importancia a la ceremonia frente a un juez de paz. Sin embargo, esto no es lo que establece la Biblia. De hecho, la tradición de una ceremonia civil es mucho más reciente en el tiempo que el pacto religioso. A partir de la Ilustración, se impuso la idea del contrato; pero, antes se consideraba que casarse ante Dios era no solo un acto sagrado sino también suficiente.

Hoy asistimos a una debacle moral en relación con el matrimonio. Muchos se casan por el registro civil y por la iglesia; pero, en el fondo, no actúan como si estuvieran casados. El pacto no es importante. Incluso, para muchos que cohabitan antes de estar legalmente casados, las ceremonias civil y religiosa no son más que un trámite sin mayor sentido en sí mismo.

El asunto es que la ceremonia religiosa frente a testigos le da, al pacto, una trascendencia que es la que precisamente hace que los contrayentes asuman el compromiso con más fidelidad.

¿Entiendes la importancia de la ceremonia religiosa? ¿Conoces de su valor?

43

Un **pacto**

"Porque Jehová ha atestiguado entre ti y la mujer de tu juventud, contra la cual has sido desleal, siendo ella tu compañera, y la mujer de tu pacto". Malaquías 2:14.

En el año 1522, en el Misal de la Iglesia Anglicana de Inglaterra, se introdujo una fórmula que aún hoy es repetida por todos aquellos que se casan, los votos matrimoniales que aún siguen sonando hermosos y siendo repetidos por miles de novios en su ceremonia nupcial, con variantes de un culto a otro:

"Te tomo como esposa (esposo) a partir de este día, en lo bueno y en lo malo, en la riqueza y en la pobreza, y prometo amarte y respetarte hasta que la muerte nos separe".

Originalmente, la fórmula incluía una sección en la que la esposa prometía "obedecer" en todo a su marido, expresión que ha sido quitada de la mayoría de las fórmulas nupciales, por considerarse que dicha expresión rompe el equilibrio de equidad en la relación de la pareja.

La fraseología de este voto compromete a ambos contrayentes a vivir de tal modo que estén dispuestos a acompañar a sus cónyuges en todo momento y bajo cualquier circunstancia.

Un matrimonio no es un arreglo comercial. Tampoco es una relación empresarial, que exija unilateralmente obediencia.

El matrimonio es un pacto entre dos personas que deciden amarse mutuamente y dar lo mejor de sí mismas para que el otro sea feliz. Es un puente de ida y de vuelta.

El pacto entre esposos consiste en dar lo mejor de sí mismos al otro, esperando que el otro hará exactamente lo mismo.

Cuando el pacto no se cumple, la relación no es equilibrada y va camino al fracaso.

Muchos matrimonios fracasan cuando no entienden que la relación matrimonial se basa en una relación de reciprocidad en la que esposo y esposa deciden mutuamente dar lo mejor de sí mismos para que el pacto se cumpla.

Amar, acompañar, y estar en las buenas y en las malas es parte del pacto. Respetar, proteger y ayudar es un elemento crucial de este pacto.

Cuando la Iglesia Anglicana creó estos votos, sabía lo que estaba haciendo, y era darle fuerza en las palabras a algo que se suponía válido desde la perspectiva bíblica.

El problema es que hoy muchos se casan sin entender plenamente el significado de los votos de compromiso que asumen.

¿Eres consciente de los votos que hiciste al casarte? ¿Los cumples?

Amor y compromiso

"No debáis a nadie nada, sino el amaros unos a otros". Romanos 13:8.

La ironía dice que "el amor eterno dura tres meses". Mueve a risa, pero no lo es cuando entendemos que, en realidad, refleja tristemente lo que sucede con tantas personas desencantadas del amor y del matrimonio.

Son cada vez más los jóvenes que deciden que el matrimonio no es una buena idea, que es mejor vivir relaciones casuales antes que otras que tengan esa carga tan comprometedoramente emocional que lleva la frase: "Para toda la vida". Algunos prefieren cambiarla por otra que dice: "Hasta que el amor se acabe".

Al empezar la relación con la sensación de que no es un compromiso que deba esperarse que dure de manera permanente, no existe la misma entrega que existiría si pensáramos que la relación de pareja es algo por lo cual hay que luchar arduamente para que prospere.

El amor es comprometerse con la felicidad de otra persona. Y, aunque esto puede resultar abrumador, es lo único que permite que la pareja pueda gozar de estabilidad a largo plazo. Es un compromiso recíproco, un puente de ida y de vuelta, un pacto en el que ambos se comprometen incondicionalmente con el otro.

El amor implica abnegación. Es decir, dejar nuestros intereses particulares en segundo plano, porque estamos entregados de tal modo a otra persona que esa renuncia es agradable en función del amor. Eso no implica anularnos, porque esto es recíproco. Ocupados en hacernos mutuamente felices, no nos preocupa equivocarnos.

El amor exige transparencia y honestidad plena. No podemos decir "te amo" y actuar como si eso fueran meras palabras sin sentido. El que ama se compromete a que sus acciones acompañarán cada una de sus palabras. Amar significa que procuraremos recordar al otro, de una u otra forma, la importancia que tiene para nuestras vidas.

Cuando se ama, no hay lugar para la falta de compromiso. El amor deja fuera el egoísmo. De hecho, no se puede ser egoísta y a la vez amar; una cosa y otra se autoexcluyen. El amor es, siempre, un acto de renuncia a sí mismo.

Entender esto puede llevar toda la vida, pero es necesario si realmente queremos amar de verdad y con la fuerza que se necesita, en un mundo que solo vive una parodia a la cual llama, equivocadamente, amor, cuando en realidad no es más que sensiblería barata.

¿Estás seguro de que amas? ¿Podría pasar tu amor la prueba del compromiso y la abnegación?

El amor es todo lo que hay

"Ahora permanecen la fe, la esperanza y el amor, estos tres; pero el mayor de ellos es el amor". 1 Corintios 13:8.

Hace algunos años escribí un libro que se titula *Amar es todo*.[9]

En uno de mis viajes, me enfrenté con la disputa de alguien que me decía de manera airada:

–Amar no es todo.

No suelo contender ni entrar en conflictos especulativos; así que, simplemente le respondí con unas preguntas:

–¿Qué haríamos sin amor? ¿Qué existiría sin amor? ¿Qué haría Dios sin amor?

Emily Dickinson, la extraordinaria poetisa estadounidense, en uno de sus poemas, escribió: "Todo lo que sabemos del amor es que el amor es todo lo que hay". Parece un juego de palabras o un trabalenguas, pero, en realidad es una de las verdades más solemnes que los seres humanos debemos enfrentar y aceptar. El amor es el sustento de todo lo que existe. Sin amor, finalmente no tenemos nada.

No hay lugar donde esta verdad tenga más sentido que en el contexto de las relaciones interpersonales y, especialmente, en el contexto del matrimonio. El amor es el círculo de oro que rodea una pareja. Sin amor, ninguna relación puede perdurar. Solo el amor y la capacidad de amar son lo que hace que las parejas puedan durar.

Muchas cosas cambian con el tiempo. Las personas se van volviendo ancianas. Las circunstancias ambientales cambian. Se mudan las sociedades. Se eligen nuevas amistades. Se adquieren nuevos hábitos. Sin embargo, lo que siempre permanece estable en el tiempo es el amor. Sin amor, seríamos robots. Máquinas sin la capacidad de sentir y crecer.

Eso de que el "amor se va", "el amor se acaba" o "el amor nos deja" son tonterías inventadas por quienes no han entendido la permanencia del amor y no están dispuestos a pagar el precio del amor, que implica siempre: ENTREGA, ABNEGACIÓN Y SACRIFICIO.

Estas son las características del Cristo esposo que ama a la iglesia esposa. El mismo que caminó por las polvorientas calles de Palestina, el que nos muestra que no es posible el amor si no nos entregamos completamente al amado, si no renunciamos a nosotros mismos, al grado de estar dispuestos a sacrificarnos.

El amor, ciertamente, es todo lo que hay; pero, para que perdure, debe pasar el cedazo de la voluntad que decide entregarse, negarse a sí mismo y sacrificarse. Cuando esto no se encuentra, el amor es solo otro lindo verso.

¿Amas realmente o lo que vives es solo una imitación barata del amor?

La vida antes que el amor

"Yo he venido para que tengan vida, y para que la tengan en abundancia".
Juan 10:10.

Violeta Parra fue una de las folcloristas más importantes que ha producido la República de Chile. Sus canciones han sido tarareadas en muchos idiomas. Una de sus composiciones más famosa es: "Gracias a la vida". Fue grabada en el año 1966. Es un canto a la vida; pero, en forma especial, es una canción de amor. Dice, en algunas de sus estrofas:

"Gracias a la vida, que me ha dado tanto: / Me dio dos luceros que cuando los abro/ Perfecto distingo lo negro del blanco./ Y en alto cielo su fondo estrellado./ Y en las multitudes al hombre que yo amo".

"Gracias a la vida, que me ha dado tanto./ Me ha dado el sonido y el abecedario./ Con él las palabras que pienso y declaro./ Madre, amigo, hermano, y luz alumbrando/ La vida del alma del que estoy amando".

"Gracias a la vida, que me ha dado tanto./ Me dio el corazón que agita su mano/ Cuando miro el fruto del cerebro humano./ Cuando miro el bueno tan lejos del malo./ Cuando miro el fondo de tus ojos claros".

Es un canto de celebración de la vida; pero, por sobre todas las cosas, una manera de decir que la vida es hermosa porque tenemos a alguien a quien amar.

Lo triste de esta canción es que Violeta Parra, en el mes de febrero de 1967, se suicidó. Sus biografías dicen que lo hizo por no ser correspondida en el amor que sentía por un joven europeo.

¿Vale la pena celebrar la vida y quitársela porque no se tiene lo que se ama? ¿Qué es más valioso: la vida o un amor no correspondido? No tengo derecho a juzgar a esta mujer; pero, solamente puedo decir que, por sobre el amor, hay un valor superior, que es la vida, y la calidad de vida que nos permite seguir viviendo pese a que no todo sale siempre como lo planeamos ni lo deseamos.

Muchos no llegan a matarse, pero se convierten en muertos en vida, porque la persona que aman no les corresponde de la misma forma. Se convierten en verdaderos zombis del amor. Personas que existen, pero que en el fondo es como si no estuvieran.

Eso no vale la pena, por mucho que nos parezca lógico. No vale la pena arruinarse la vida porque alguien no nos ama lo suficiente como para arriesgar y dejar todo por nosotros. El amor está cargado de libertad. Forzar la elección es, simplemente, no entender el amor.

¿Estás viviendo de tal modo que dejas al otro elegir sin presión de ningún tipo? ¿Estás valorando de tal modo tu vida que entiendes que no vale llorar por el amor no correspondido?

El amor ama hasta el sacrificio

"El amor es sufrido". 1 Corintios 13:4.

Alexander Graham Bell inventó el teléfono, ese extraordinario aparato que nos permite contactarnos con cualquier lugar del mundo en cualquier instante. Sin duda, el invento ha variado mucho a través de los años, hasta hacerse cada vez más sofisticado y eficaz; pero, el principio sobre el cual se construyó sigue vigente.

Pocos saben cuál fue la raíz de tal inventiva. Graham Bell estaba enamorado de su esposa. Vivía solamente para ella. Sin embargo, su felicidad no era completa porque ella padecía de sordera congénita. Con el propósito de traerle algún alivio a su amada, comenzó a experimentar con formas de poder comunicarse con ella. Un día, vio a dos niños jugar con dos latas de conservas a las que habían atado un hilo, y se le ocurrió la idea sobre la que se construye el teléfono: la conducción del sonido por medio de un alambre.

Su esposa no sanó, pero su invento revolucionó las comunicaciones de los seres humanos. Su búsqueda resultó en algo de mucha utilidad para millones de personas.

Cuando se ama, nunca se realizan acciones estériles. Siempre, de alguna forma, las personas logran que sus vidas se conviertan en existencias con sentido y propósito. El amor crea y renueva todo a su paso. Vuelve a las personas mejores individuos.

La pareja es el mejor invento de Dios y la relación ideal para la expresión del amor. El que ama vive dentro de los planes de un Dios que se solaza en ver la alegría de los amantes. Dios contempla con regocijo el amor y la pareja. Él sabe que cuando alguien ama está experimentando un don que procede de un diseño magnífico y extraordinario.

Una de las formas de saber que se ama es que la persona amada siente que su esposo o su esposa está dispuesto a correr todos los riesgos para que sea feliz y pleno. Pablo lo dice, afirmando: "El amor es sufrido" (1 Cor. 13:4). El que ama no busca su propio placer o gratificación sino que busca hacer que el otro sienta que es la persona más importante del mundo y no deja a un lado ninguna forma posible de expresarlo.

El amor recorre las distancias más largas para expresar lo que siente. El que ama no mide las consecuencias para sí mismo cuando está en juego la persona que ama. El amor es un milagro que hace que las personas se transformen totalmente. El amor es un don de Dios, que no permite que la vida sea rutinaria.

Una evidencia concreta del amor es el sacrificio. Quien no está dispuesto a darse por entero a quien ama, al grado de sufrir, si es necesario, en realidad, no ama. El ejemplo máximo es el de Jesús, que estuvo dispuesto a entregar su propia vida.

¿Estás seguro de que amas verdaderamente? ¿Entiendes la relación que existe entre amor y sacrificio?

Evidencias de amor

"Por sus frutos los conoceréis". Mateo 7:16.

A menudo me preguntan: ¿Cómo sé si estoy enamorado?

Es una pregunta difícil, porque está marcada por nuestros sentimientos. Solemos ser muy objetivos con otros, pero tremendamente parciales a la hora de autoevaluarnos. Siempre es más fácil apuntar al extraño que mirarse al espejo. Nadie quiere escuchar algo que lo saque de su habitual rutina o que lo convenza de que lo que está haciendo está mal. Por esa razón, la respuesta no es sencilla.

La Biblia establece un principio válido para el amor: "Por sus frutos los conoceréis" (Mat. 7:16). Cuando hay amor, se nota. Las evidencias son incuestionables. El problema es entender el tipo de evidencia.

Pablo lo expresa de una manera simple y profunda. Él dice que el amor es un fruto de la acción de Espíritu Santo (Gál. 5: 22). En otras palabras, el amor real no nos surge de manera espontánea sino como una consecuencia de nuestra relación vivencial con Dios. En el texto, en la mayoría de las versiones, luego de esa frase aparece una coma; sin embargo, desde el punto de vista gramatical. Lo que corresponde son dos puntos. Eso porque, a continuación, el texto pasa a detallar las evidencias del amor.

El texto dice: "Pero el fruto del Espíritu es amor". ¿Cómo sé si hay amor? Muy simple, cuando hay amor hay: "alegría, paz, paciencia, amabilidad, bondad, fidelidad, humildad y dominio propio" (Gál. 5:22, 23 NVI).

Si te la pasas llorando, eso no es amor; es tortura. Si, en vez de paz, vives con angustia, eso es suplicio. Si cada vez que te equivocas la persona que dice amarte arma un escándalo, eso es martirio. Si en vez de actos de bondad, aquel que dice amarte te trata como un estropajo, sin cuidado y sin sensibilidad hacia tus sentimientos, eso no es amor, sino necedad. Si el ser humano que amas considera que no está mal coquetear con otros y no cree que aquello sea infidelidad, allí no hay amor, sino simpleza. Si es arrogante contigo y te trata como un ser inferior, eso es vanidad. Si tu compañero(a) no es capaz de dominar su lengua ni sus actos, y sostiene que todo aquello es amor, no te equivoques, eso es simplemente pasión.

El amor es claro. Es transparente. No deja equívocos. Está lleno de alegría, de paz, de paciencia, de actos de bondad, de gestos amables, de expresión continua de fidelidad, de humildad y de control de sí mismo. Si eso no sucede en tu relación, llámalo como quieras, pero no te equivoques diciendo que es amor.

¿Podrá pasar la prueba tu relación si la comparas con las evidencias del amor de este versículo?

¿Amar o gustar?

"Maridos, amad a vuestras mujeres, así como Cristo amó a la iglesia, y se entregó a sí mismo por ella". Efesios 5:25.

Hay expresiones que suelen utilizarse como si fueran intercambiables, a tal grado que a veces no somos capaces de establecer claramente cuándo es adecuado utilizar una expresión y cuándo otra. Por otro lado, es importante diferenciar las palabras, porque con ellas pensamos, y son las que condicionan nuestro pensamiento.

Algunas palabras para referirse al amor son "gustar", "querer", "desear", y "atraer". Son utilizadas como sinónimas de amor. De hecho, hay personas que nunca usan la palabra "amar" y siempre utilizan estos otros vocablos, a fin de escapar del compromiso que significa amar de verdad.

En el amor hay un alto índice de autoafirmación personal. Si esto no se entiende, es probable que no se logre comprender el sentido que tiene el uso de las palabras. Se ama a la esposa y a los hijos porque significan algo para nosotros totalmente distinto de nuestros amigos.

Eso ha llevado a algunos autores clásicos a sostener que en todo amor hay un grado de egoísmo. ¿Cómo determinar la autenticidad del amor? El amor es dar; por esencia, no piensa de manera prioritaria en sí mismo. ¿Cómo estar seguro de que eso que sucede en una relación amorosa es una acción genuina y auténtica? Es muy fácil equivocarse; estar viviendo algo cuando en realidad se pretende de otra cosa.

Todo amor verdadero se brinda siempre, sin esperar nada a cambio. Cuando se "ama" esperando recibir algo, se está ante la presencia de otra acción. El amor ama porque ama. La más clara demostración de esto es cuando se ama a alguien teniendo la convicción absoluta de que aquella persona no podrá devolver lo que recibe.

Alguno podrá decir: Sí, esto es para personas excepcionales como la madre Teresa de Calcuta o Mahatma Gandhi, pero para personas normales no es así, menos para marido y mujer. Sin embargo, allí está el error; precisamente lo que hizo excepcionales a dichas personas fue su capacidad de amar como personas normales. Fueron personas de carne y hueso, que tomaron decisiones no comunes, no populares, no mayoritarias, pero con una fuerza y una convicción que las hizo maravillosamente excepcionales.

En un matrimonio, si no hay abnegación –es decir, negación de sí mismo– no puede haber amor genuino. El esposo renuncia a sí mismo por la esposa y la esposa a la inversa. Es lo que expresa el reconocido pasaje de Pablo cuando compara el amor de un esposo con el amor de Cristo, que se sacrifica por la iglesia (Efe. 5:21-31).

¿Amas o gustas? ¿Amas o quieres? Una cosa y otra no son lo mismo.

El amor:
un lugar seguro

"Mejor es la comida de legumbres donde hay amor, que de buey engordado donde hay odio". Proverbios 15:17.

La poetisa Emily Dickinson escribió que "el amor es siempre un lugar seguro". Una frase de un verso de uno de sus poemas que describe de manera sencilla y profunda una de las características más sobresalientes del amor, la emoción que produce a quien es impactado por su influjo.

El amor vuelve seguros a los inseguros y les da paz a quienes padecen de angustia. En muchos aspectos, el elemento emocional crucial del amor es que provee la sensación de tranquilidad mental que produce el saberse amado.

Una persona que ama y es amada vive un estado de seguridad emocional que no lo provoca ninguna droga ni somnífero. De hecho, he conocido a personas que han sufrido migrañas, insomnio y sensaciones de angustia que han experimentado cambios radicales una vez que se han enamorado. Hay una explicación fisiológica para todo aquello, pues el amor da sensación de alegría, lo que aumenta la producción de endomorfinas en el cuerpo, que proveen un estado placentero.

Más allá de la situación netamente biológica, una persona amada es, emocionalmente, más espontánea, segura y confiada que alguien que no es amado.

El amor es "un lugar seguro", y en ese sentido la poetisa tiene toda la razón. Por esa causa, cuando se rompe el amor y los enamorados se enfrentan a alguna separación o ruptura, la vida humana se convierte en algo muy difícil de sobrellevar. De hecho, una de las causales mayores de estrés está relacionada con el divorcio.

Casarse hace bien. La seguridad emocional brinda contención. El amor provee un mecanismo que nos protege de la nostalgia, la depresión y la angustia. Cuando hay tristeza, melancolía y pena, en dicha relación no hay amor. El amor nos hace mejores.

Las personas solteras tienden a enfermarse más, a sufrir depresiones, a ser aprehensivas y desconfiadas. El porcentaje de solteros que atenta contra su vida es mayor que el de los casados.

Por otro lado, el número de casados que sufren problemas mentales o psicológicos es menor que el de los solteros. Por esa razón, casarse por amor hace bien. Nos da seguridad y nos ayuda a vivir en equilibrio... justamente lo que Dios deseó cuando planeó esta institución.

¿Te sientes seguro(a) y contenido(a) en tu matrimonio? ¿Hay algo que debes hacer?

¿Clases de amor?

"No abandones nunca el amor y la verdad; llévalos contigo como un collar. Grábatelos en la mente". Proverbios 3:3, Dios habla hoy.

La palabra "amor" posee varios significados posibles. Muchas expresiones asociadas con "amor" provienen de los griegos de la época clásica, quienes tenían por lo menos cinco palabras para distinguir los diferentes aspectos del amor dentro del matrimonio.

En primer lugar está el amor como deseo sexual. Se utilizaba la palabra *"epitimia"* que expresaba un fuerte deseo. Significa poner el corazón en algo, anhelar, codiciar. Cuando se la usa con sentido negativo, se traduce como "codicia". En un sentido positivo, se traduce "deseo". En el matrimonio, el esposo y la esposa deben tener un fuerte deseo el uno por el otro, que se exprese en el deleite de vivir mutuamente una sexualidad sana.

Luego estaba la expresión *"eros"*, que comunica la idea de idilio. Se ha pensado que eros se refiere solo a lo físico, por causa del uso de la palabra "erotismo", pero eso no es así. *Eros* no se refiere siempre a lo sensual, sino que incluye el anhelo de unirse con el ser amado y el deseo de llegar a ser uno con él. El amor erótico es romántico, apasionado y sentimental. A menudo, es el punto de comienzo del matrimonio, y es la clase de amor de los enamorados, del cual se escriben canciones y al cual se dedican poemas.

También se usaba la palabra *"storge"*, que podría describirse como una relación compuesta de afecto natural y el sentimiento de pertenecerse el uno al otro. Este amor, al cual se hace referencia en el Nuevo Testamento, es el que comparten padres e hijos, y hermanos entre sí. Este tipo de amor, en el matrimonio, satisface la necesidad que tenemos de pertenecer; de ser parte de un círculo estrecho, en el que las personas se cuidan y son leales unas a otras.

La cuarta clase de amor se expresa mediante el verbo *"phileo"*. Es el amor filial, que aprecia y tiene afecto por el ser amado. Es un amor de relación, camaradería, participación, comunicación, amistad. Mientras que lo erótico hace amantes, lo filial hace amigos que disfrutan de la cercanía y del compañerismo, que comparten mutuamente pensamientos, sentimientos, actitudes, tiempo, intereses, planes y sueños. Un matrimonio sin amor filial es insatisfactorio y, a la postre, hace de las uniones relaciones frías y sin emoción.

Finalmente *"agape"* que expresa el amor desinteresado. Es el amor abnegado, que tiene la capacidad de dar sin esperar que se le devuelva nada. El amor desinteresado valora y sirve, en contraste con el amor filial, que aprecia y disfruta. Sin abnegación, hay sentimiento, pero no amor. El amor es la base de la vida y lo que hace que las personas puedan mantenerse unidas pese a las diferencias o las crisis normales de la existencia.

De un modo u otro, todas estas facetas del amor deben estar presentes en el matrimonio, y hay que tener cuidado de que así sea.

¿Qué énfasis hay en el amor que experimentes en tu relación matrimonial?

Lo único permanente

"Y ahora permanecen la fe, la esperanza y el amor, estos tres; pero el mayor de ellos es el amor". 1 Corintios 13:13.

El 14 de febrero se celebra, en casi todo el mundo, el "Día de San Valentín" conocido también como el "Día de los Enamorados", o "Día del Amor".

Como sucede en muchas festividades, no está muy claro el origen de esta tradición; solo se sabe que en el año 1969 la Iglesia Católica la incluyó en el Santoral, para recordar a dos santos cristianos, uno de ellos San Valentín, martirizado por el emperador romano Claudio II.

La historia dice que San Valentín fue sacrificado porque se dedicó a casar parejas aun cuando el Emperador lo había prohibido. Al parecer, el dirigente romano tenía la creencia de que los soldados casados no eran tan buenos y eficientes como los solteros. Por esta razón, Valentín fue ejecutado por oponerse a una orden imperial.

Lo que es un hecho, más allá de saber o no la raíz de esta fiesta, es que es una linda celebración, en la que no solo se intercambian regalos (negocio para comerciantes), sino también nos acordamos de la importancia del amor y de las personas que son más trascendentes en nuestras vidas.

El amor nos hace diferentes. Nos transforma. Nos convierte en personas con un sentido de alegría y paz, que no da ninguna otra experiencia.

Hay un momento en la película "Mejor imposible", protagonizada por Jack Nicholson, en el que ante el pedido de la mujer de sus sueños de que le dijera un piropo o un elogio, él piensa un momento y le dice:

—Tú haces que quiera ser mejor.

Esa es la esencia del amor. Cuando se responde al amor, se logra que las personas se sientan transformadas y capaces de cualquier cosa. El amor produce una sensación de plenitud que hace que las personas sepan que hay esperanza de algo diferente.

El amor es un invento de Dios. En su diseño para la raza humana, planificó un principio en el que se mezclan sentimientos, valores, emociones profundas, sensación de aprecio y dignidad. Es la mejor invención de Dios, la que le da sentido a toda la vida humana. Quien experimenta el amor "prueba el exilir de los dioses", según un poeta romano, y tenía razón. Quien experimenta la sensación de amar y ser amado vive algo único, reservado exclusivamente para la humanidad.

Es como dijera la Biblia, el amor es lo único que permanece, porque es lo que le da sentido a todo lo que existe, incluso a Dios que "es amor" (1 Juan 4:8).

¿Vives el gozo del amor? ¿Experimentas esa sensación de plenitud al amar?

Sin garantías

El amor: "No busca lo suyo". 1 Corintios 13:5.

El amor es un producto sin garantías. Es como tirarse de un rascacielos sin saber con qué te vas a encontrar abajo: un colchón mullido o el frío pavimento. El problema es que nunca lo vas a averiguar a menos que estés dispuesto a correr el riesgo.

Sin embargo, contrariamente a lo que piensa una gran cantidad de personas que está renunciando al matrimonio y a la vida en pareja por no tener garantías, el amor tiene grandes probabilidades de perdurar, si tiene la debida calidad. El amor, que no es mera pasión o apetencia, sino que implica la búsqueda constante de un auténtico encuentro con otro ser humano, supera, en buena medida, los riesgos de ruptura provocados por los vaivenes del sentimiento.

Amar es para valientes, no para quienes se dejan guiar por sentimientos de poca monta o pasajeros.

Quien ama lo hace sobre la base de creer en la posibilidad de que su historia será diferente, porque va a trabajar para que así sea.

Vivimos en una época de hedonismo. La búsqueda de lo placentero ha reemplazado al ideal de sacrificio y entrega. Sin embargo, el hedonista vive constantemente en un laberinto con callejones sin salida, porque la felicidad no está en la búsqueda constante de placer para sí mismo sino en la renuncia que implique abnegación. En otras palabras, negación de sí mismo para la felicidad de otro. Cuando dos personas que se aman deciden lo mismo sí, el amor tiene garantías, y produce todo el placer que buscaban solos y que nunca encontraron en soledad.

Cuando se ama lo permanente y eterno, es fácil encontrar el amor verdadero. Se busca algo imperecedero, no que pase al primer viento tempestuoso.

Cuando me encuentro frente a una pareja que estoy aconsejando o preparando para el matrimonio, o pidiéndoles los votos matrimoniales, no dejo de pensar que todas tienen ante sí la posibilidad de ser felices y superar sus desavenencias, siempre y cuando estén dispuestos a renunciar a sí mismos y volcarse en el otro para buscar que el cónyuge sea pleno. Solo en la abnegación se encuentra el amor verdadero, ese que perdura y no sufre los vaivenes del tiempo.

Dios es el que da la capacidad de amar. Dios provee el milagro del amor. Dios nos capacita para la abnegación. Amar es, en primer lugar buscar a Dios.

¿Estás siendo abnegado? ¿Está tu amor preparado para los vaivenes tempestuosos? ¿Estás buscando a Dios lo suficiente?

El amor
que transforma

"Vestíos de amor, que es el vínculo perfecto". Colosenses 3:14.

Mis padres se divorciaron cuando yo era un adolescente. Al mismo tiempo que eso sucedía, salí a estudiar a un colegio cristiano distante a tres mil kilómetros de mi hogar. Mi madre tuvo, en un corto tiempo, dos pérdidas: un esposo y un hijo.

Creo que, en muchos aspectos, esa situación hizo de mí lo que soy hoy en día. Me obligó a hacerme planteos y me hizo ser solidario con las mujeres abandonadas y abusadas.

Por otro lado, he luchado toda la vida para no parecerme a mi padre. Al menos, en ese aspecto; porque, como en un cuadro de claros y oscuros, hay características en él que son encomiables y dignas de imitar: el tesón, la honradez, el hacer siempre bien el trabajo, etc.

Cada experiencia que vivimos nos marca. Deja huellas indelebles en nuestra vida. Es lo que forma nuestra personalidad y le da el fondo a nuestro carácter.

Suponer que el pasado no tiene nada que ver en la formación de una persona es, simplemente, banalizar la vida. Todo ser humano es una conjunción de hechos complejos. En la vida de todo individuo se mezclan la historia, la herencia y las experiencias ambientales. Como en un crisol, todas las situaciones vividas van siendo mezcladas, dando forma a nuestra individualidad.

Al casarnos, llevamos con nosotros todo lo que somos; aquello que resulta fácil de comprender y lo que se torna difícil aun para nosotros. No podemos dejar a un lado lo que hemos vivido.

El amor tiene la característica de pulir lo que ha crecido como tosco y desarreglado.
El amor hace olvidar las experiencias pasadas.
El amor consuela a quien ha debido sufrir por causa de quienes debían protegerlo.
El amor es la mejor cura para quien ha necesitado con urgencia confiar.
El amor es el antídoto para la conciencia culpable.
El amor es la única esperanza para quien ha perdido el sentido para su vida.
El amor es el remedio para el corazón cansado y desanimado.
El amo es la mano de Dios abrazándonos a través de un ser humano.
El amor, en suma, transforma y hace que reinterpretemos todas las experiencias pasadas.

¿Estás dejando que el amor te transforme? ¿Estás amando de tal modo que puedas convertirte en el bálsamo que tu cónyuge necesita?

El amor es para expresar

"Mejor es reprensión manifiesta que amor oculto". Proverbios 27:5.

El amor sin expresión no es amor.

Cuando amamos, hemos de decir que amamos; nuestro rostro, nuestros labios, nuestros gestos; cada cosa que hagamos y digamos ha de expresar que amamos. De otra forma, nadie nos creerá.

El amor sin expresión es, simplemente, teatro, que nada tiene que ver con el sentido correcto del acto de amar.

La vida toda es expresión de algo; nada está en silencio. El universo desecha el vacío y cada cosa, en cada instante, nos dice algo.

Si actuamos en concordancia debemos aprender a expresar amor. Dios, con cada gota de rocío, con cada brisa de aire, con cada murmullo de estío, nos dice que nos ama, porque sabe bien que el ser humano necesita escucharlo y saberlo a cada instante. Es parte de su diseño emocional-afectivo.

Cuando seamos capaces de expresar amor la vida nos devolverá ese gesto con alegría, veremos una sonrisa reflejada en el rostro del amado y, como tierra fértil regada cuando es tiempo, en nuestra vida surgirán nuevos bríos, nuevas fuerzas, veremos multiplicadas las bendiciones, porque el amor, el verdadero amor, que se da con liberalidad y honestamente, siempre recompensa con su gracia bienhechora a quien lo otorga.

Por eso, no hay que decir "te amo" y luego cometer el error de no volver a mencionarlo; por el contrario, es necesario repetirlo hasta el cansancio, agotarse diciéndolo, que nos crean locos, pero locos que amamos.

Es tan importante y necesario porque precisamos la presencia de otra persona en nuestra vida; de alguien que nos haga sentir que somos extraordinariamente especiales en su existencia; alguien que nos saque del sopor diario y nos transforme en seres especiales por la vara maravillosa del amor.

Porque "una persona podrá confiar todos los secretos que quiera a las dóciles páginas de su diario personal, pero solo puede conocerse a sí misma y experimentar la plenitud de la vida en el encuentro con otra persona".[10]

El amor sin expresión es injusto. No permite el desarrollo pleno de algo hermoso, que queda relegado en las galeras del egoísmo o el miedo, que a fin de cuentas son las dos caras de la misma moneda.

¿Estás expresando que amas? ¿Cuál es la expresión más común en tus labios en relación con la persona que amas? ¿Sabe tu cónyuge cuán importante es para ti?

Amor que da sentido

"Todo lo hizo hermoso en su tiempo; y ha puesto eternidad en el corazón de ellos". Eclesiastés 3:11.

Si el amor no existiera, habría que inventarlo.

Es lo que le da sentido a todo. El mundo adquiere mayor consistencia y significado cuando se ama.

Me cuesta entender cómo es posible que algunos vayan por la vida sin amor y sin sentir la necesidad profunda de amar.

Solo el amor hace que las personas sientan que son valiosas, importantes e imprescindibles. El amor convierte a los individuos en seres con un sentido de la realidad totalmente diferente. Les otorga el raro don de ver más allá de las apariencias y de reconocer en las situaciones más inverosímiles una señal prodigiosa, algo que para quienes no aman no pasa de ser un hecho fortuito.

La alegría del que ama no se compara con nada. Probablemente por esa razón sea la emoción más buscada por los seres humanos.

Dichosos los que aman; han, con ese hecho, bebido un poco de eternidad y tenido una vislumbre anticipada del Edén.

La persona que no ama es solo un transeúnte de este mundo; alguien perdido en el sendero... sigue por inercia un camino sin rumbo. Solo el amor hace que todo adquiera valor y que lo que parecía intrascendente se convierta en señal de prodigio.

Cuando alguien comienza a amar, se transforma. Modifica su forma de pensar, de ser, de vivir, de soñar. El amor convierte lo trivial en espectacular. Quien ama sabe, por una experiencia que no puede explicar, que la dicha hace que todo se convierta en extraordinario.

Dios lo sabe. Al crearnos, nos dio ese aire fresco de eternidad con el propósito de que experimentáramos la alegría de sabernos creados para ser eternos. Solo el amor permite esa vislumbre. Solo quien ama puede anhelar vivir por siempre. La vida no le parece rutinaria, sino henchida de una alegría incomparable.

Quien no ha experimentado este sentimiento de plenitud irá por la existencia consumido por una falta de sentido que le impedirá, trágicamente, experimentar la alegría de ser. Tal vez por eso, la falta de amor se transmuta en envidia y rencor hacia aquel que experimenta lo que al otro solo le parece fiebre de paso.

Si se es desdichado, solo la falta de amor lo explica, porque hasta el dolor más grande es tolerable y hasta soportable en un ambiente donde el amor manda. Solo el amor convierte el horizonte más oscuro en un cuadro de colores.

¿Has experimentado esa vislumbre de eternidad que da el amor? ¿Eres dichoso amando? Tu vida ¿tiene sentido a la luz del amor?

Decidir antes que sentir

"Toma una decisión". Isaías 16:3, NVI.

Nos casamos por amor –la mayoría de las personas– y nos mantenemos unidos por la misma razón –un gran número. Sin embargo, amar no es cuestión de pasión o química. Es algo mucho más profundo y complejo.

El que ama decide. Aunque no tenga plena conciencia del momento y la forma en que esa decisión tuvo lugar. No se puede amar sin decidir. El que ama voluntariamente elige que sus afectos estén plenamente volcados hacia otra persona.

Algunos actúan como si el amor los golpeara de repente, dándoles un mazazo sobre la cabeza, dejándolos inconscientes; pero, no es así como lo presenta la Biblia.

Dios decide "hacer llover sobre justos e injustos" (Mat. 5:45) porque ama. En otras palabras, aunque emocionalmente quisiera una cosa, ha decidido amar; por esa razón, no guía su accionar por sentimientos pasajeros sino por decisiones permanentes.

Es la misma lección para nosotros. El que decide amar elige dar lo mejor de sí mismo a otra persona, aun contra sus deseos y ambiciones personales. Incluso, contraviniendo sus propios sentimientos.

El amor puede más que el sentimiento, porque el sustento del amor verdadero es la voluntad.

En el mundo en que vivimos, esta verdad parece haberse olvidado. Los sentimientos han tomado el lugar de la voluntad. Pareciera que es más importante sentir que decidir. Por esa razón tenemos tantos fracasos y gente que deambula de una pareja en otra sin encontrar un punto de equilibrio que le permita decir: Llegué; encontré lo que andaba buscando.

Me gusta mucho dialogar con personas que llevan muchos años casadas. Siempre ando en la búsqueda de respuestas a la pregunta: "¿Cómo lo hicieron? ¿Cómo han durado tanto tiempo?"

Indefectiblemente, la respuesta viene de manera similar, y dicha con palabras diferentes es la misma: En algún momento, decidimos que seguiríamos a pesar de todo y que haríamos el mejor esfuerzo para que lo nuestro funcionara.

Hoy, muchos inician el estado matrimonial suponiendo que si no funciona la relación se rompe y se busca otra. Así sin más, como si se tratara de un auto o una computadora. Se cambia si no sirve...

Quien obra de este modo se priva del gozo de saber que el amor es una decisión que se toma día tras día.

¿Qué estás haciendo para decidir amar día tras día? ¿Qué guía tu amor?

Incapaz de amar

"No hay justo ni aún uno". Romanos 3:10.

Ayer hablamos sobre el fundamento del amor: la voluntad. Hoy vamos a agregar otro elemento para completar el cuadro.

Si el amor no se basa en el sentimiento ni en la emoción, tiene que sustentarse en algo menos precario, y eso es la capacidad de decidir. Sin embargo, allí nos encontramos con un problema. Vivimos un momento de la historia que, en el mundo cristiano, llamamos "después del pecado", con la comprensión de que no estamos viviendo el ideal que Dios deseó y planificó para sus hijos en el origen.

Un principio básico, para el cristianismo, es que el ser humano hereda no solo características físicas determinadas sino también recibe una herencia de contaminación pecaminosa. Nacemos "pecadores" aun cuando no hayamos "pecado". En otras palabras, al momento de nacer traemos la semilla del mal en nosotros, que de un modo u otro se va a desarrollar en nuestra vida.

El planteo de Pablo, en el sentido de que "no hay justo, ni aun uno" (Rom. 3:10), simplemente ratifica lo que todos los seres humanos conocen por experiencia: todas las personas, independientemente de raza, cultura o sexo, desarrollan el pecado.

Reconozco que esta visión del ser humano es más bien pesimista. A diferencia de la filosofía de Rousseau que sostenía que los seres humanos nacen como "tabla rasa", es decir, buenos por naturaleza y que la sociedad es la que finalmente los contamina, los cristianos creemos al revés. El ser humano, con tendencia hacia el mal, termina por contaminar su entorno.

En este contexto, también la voluntad humana está contaminada por el pecado. Eso implicará que el ser humano optará con egoísmo. Elegirá por motivos distintos de los correctos. Visto así, y entendiendo que el amor se define por dar y no recibir, el ser humano será incapaz de amar de manera natural.

Allí entra a tallar un elemento milagroso. El hombre no puede amar a menos que un poder superior a él lo capacite para hacerlo. "Dios es amor" (1 Juan 4:8), y solo él es capaz de otorgar la capacidad de amar. El ser humano, naturalmente, puede sentir, emocionarse y vivir el paroxismo de la pasión: sin embargo, de manera natural no podrá amar a menos que Dios le dé esa capacidad. Es lo que expresa Pablo cuando dice que "el fruto del Espíritu es amor" (Gál. 5:22). En síntesis, el amor se reduce a un asunto espiritual de conexión con Dios.

¿Entiendes que el amor nace en Dios y que a menos que te relaciones con él no podrás amar de manera plena?

Remanente que ama

"Así también aun en este tiempo ha quedado un remanente escogido por gracia". Romanos 11:5.

El Remanente es un concepto fundamental en la teología cristiana. Sugiere que, a través de toda la historia del cristianismo, ha habido un grupo de personas que se ha mantenido fiel a Dios a pesar de todas las apostasías del entorno.

Muchos se sienten parte del Remanente. Sin embargo, eso no basta. Es necesario que cada aspecto de la vida esté relacionado con ello.

El sentirse parte del pueblo de Dios confiere responsabilidades. Hace preciso que las personas vivan, en sus experiencias cotidianas, el significado de la pertenencia al pueblo.

Uno de los dramas de muchos que sienten que pertenecen al pueblo elegido por Dios es que viven vidas dobles; una pública y otra privada. En la iglesia y en las actividades religiosas, suelen ser espirituales y estar llenos de energía religiosa; pero, cuando llegan a su hogar, someten a sus familias a situaciones reñidas con lo que creen y lo que sostienen.

He conocido a personas que se dicen del Remanente y que, sin embargo, son violentas con sus familias; malos empleadores; estrictos en el pago del diezmo pero ladrones de impuestos; etc. Este tipo de vida lo ven los hijos y el cónyuge, y tarde o temprano su entorno familiar termina por no creer lo que afirma en público.

Ser miembro del Remanente implica vivir como Cristo vivió. El amor de un esposo y una esposa que son parte del pueblo de Dios será distinto, en el sentido de que estará pleno de principios y características que no se encontrarán en otra pareja.

Un varón o una mujer que son parte del Remanente amará de tal modo que sus vidas se caracterizarán por la abnegación, el dominio propio, la honradez y la fidelidad. Sus vidas serán sinónimo de plenitud y felicidad. No se dejarán llevar por caprichos. Su amor será tan auténticamente original que las personas, al observarlos, querrán imitarlos o al menos intentarán averiguar de dónde viene tal fuerza de carácter.

El amor de Cristo, en la vida de un hijo del pueblo de Dios, da a la mirada una frescura que nada puede imitar. Su amor provee una sensación de confianza y de paz. Y eso porque se tiene un amor que procede de lo alto, puro y sin contaminaciones egoístas. Eso hace que las parejas del Remanente sean auténticamente distintas, precisamente por pertenecer a un pueblo elegido y privilegiado con la gracia de Dios.

¿Te comportas como miembro del Remanente? ¿Amas teniendo a Cristo como ejemplo?

Amar sin rutina

"El amor es sufrido". 1 Corintios 13:4.

Día tras día hay que amar. El amor debe manifestarse de mil formas distintas, de tal manera que cada día sea una fiesta de la imaginación y el sentimiento.

Quien ama con rutina, en realidad, no ama. El amor siempre se descubre a sí mismo. Amar es un acto de continua revelación, de sorprenderse frente a la vida, de beber cada sorbo de existencia con la alegría que da el saberse parte de la existencia de otra persona.

Migno McLauglin escribió que "para lograr un matrimonio feliz, es necesario enamorarse muchas veces, siempre de la misma persona".

El engaño que ha traído la Posmodernidad es la idea de que la felicidad está en el cambio permanente de los afectos. Sin embargo, la realidad es lo opuesto. La profundización de la afectividad implica constancia y esfuerzo. La creatividad del amante exige que esté permanentemente alerta a la posibilidad de entender lo que sucede en el interior del ser amado.

El que ama está al servicio de aquel que ama. Entregarse consiste en darse a sí mismo por el amado. Es un ejercicio continuo de la voluntad para experimentar la abnegación, que consiste en posponerse a sí mismo por el amado.

Lo paradójico es que solo cuando se vive de esta forma las personas finalmente logran experimentar el amor en total plenitud. Solo cuando dejas de perseguir la autosatisfacción y procuras satisfacer a la persona que amas, empiezas a vivir con plenitud la vida de amor que tanto anhelas. Solo dando se recibe. No es de otra forma.

No obstante, no es la lógica con la que se gobierna este mundo ni la forma en que se relacionan muchas parejas. Al contrario, ven al matrimonio como una fuente de obtención de algo gracias a que otra persona lo provee. Muy pocos entienden que es una relación en la que se obtiene sólo en la medida en que se invierte, no de otra manera.

Cuando se ama por los motivos correctos, que se basan en la abnegación y no en el egoísmo, las parejas crecen y se fortalecen. Cuando eso no sucede, la relación se convierte en una interacción vacía de propósito. La falta de sentido hace que la vinculación se vuelva vacía, sin rumbo, rutinaria y, a la larga, frustrante.

Solo el amor hace que el sol ilumine cada día la vida de quienes se aman. Ese amor, que renace cada día para iluminar la vida de los amantes, es lo único que hace que una relación permanezca en el tiempo y no se fosilice.

¿Estás amando realmente? ¿Estás amando de tal modo que tu relación no se quede vacía de sentido y propósito?

Individuos, no clones

"Pagad a todos lo que debéis: [...] al que respeto, respeto; al que honra, honra". Romanos 13:7.

"Fuimos creados como individuos insustituibles, diferentes de todos los que han sido antes o serán en el futuro. Este es un pensamiento que atemoriza a las personas inseguras, que no han comprendido que para Dios cada persona en el mundo es un individuo con talentos único y exclusivos" (Paul Fairfield).

Vivimos una sociedad que tiende hacia la uniformidad. Se considera los "promedios" como norma del accionar humano. Se crean "estándares" de acción. Se modelan "estilos" de ropa, comida y objetos. Todo ese tiende a la aniquilación del individuo.

Lamentablemente muchos trasladan estos patrones de conductas a sus relaciones de pareja. Algunas frases que parecen inocentes, en el fondo, esconden una carga de significado que, en suma, resultan ser totalmente apabullantes para la dignidad humana:

*"Las mujeres son emocionales; no se puede confiar en ellas".

*"Los varones son racionales; eso significa que no se puede esperar de ellos reacciones que son más comunes en las mujeres".

Los "son así" y "no es de varones" o "...de mujeres" es tan común que no nos damos cuenta de la insensatez que hay detrás de dichas expresiones que, expuestas en todos los tonos, en el fondo son insultantes para la inteligencia humana, porque invalidan el factor más importante de la identidad de los seres humanos: ser únicos. Individuos irrepetibles. No ser copias o clones de otros que han existido antes.

Cada persona tiene su propia historia y composición genética; eso implica que, por definición, está llamada a componer su propio camino y a desarrollar sus propios senderos de acción.

Me molesta profundamente cuando alguien que se supone inteligente viene con la consabida frase: "Los varones son..." o "Las mujeres actúan de ese modo". Basta solo con leer un libro de antropología comparada para darse cuenta que de un grupo social a otro los seres humanos cambian tan radicalmente que, de pronto, sorprende que se consideren todos hermanos de una sola especie.

Toda persona tiene el derecho inalienable de elegir sus propios valores, construir sus propias metas, desarrollar sus propios sueños. Cuando nos casamos, no lo hacemos para que otro cambie lo que somos, sino para compartir nuestras individualidades y construir juntos una historia que será diferente a la de otros porque estará formada por dos seres humanos también distintos.

¿Estás respetando la individualidad de tu pareja? ¿Eres consciente de que al anular a tu cónyuge eliminas de su vida lo que lo distingue como ser humano, su individualidad?

Amor rosa

"El amor nunca deja de ser". 1 Corintios 13:8.

La novela rosa ha transmitido desde siempre un concepto acerca del amor romántico que, en muchos sentidos, impide que se experimente el amor de manera adecuada y sin mitos. Uno de los prejuicios presentados es que cuando hay problemas es que la pareja no se ama o que dejó de hacerlo. Mientras estén bien y las cosas marchen más o menos pacíficas, hay amor. Al primer problema, se invoca la falta o la ausencia del amor. Eso convierte a la experiencia amatoria en una cuestión de vaivenes e inconstancia, como olas del mar que van y vienen.

Las canciones populares están plagadas de este concepto: "Te, amé pero ahora no te amo más"; "Te odio; no sé cómo antes te amé".

Si esto fuera cierto, ¿cómo entender que la Biblia diga que el amor nunca deja de ser? La respuesta habitual es que ese versículo se refiere a un amor sobrehumano, inalcanzable para las personas normales. Sin embargo, no es lo que el contexto dice. Al contrario, está expresando la idea de que el ser humano es capaz de amar y de experimentar ese tipo de amor que se describe en ese impresionante capítulo.

Lo real es que la pasión va y viene. Los sentimientos son efímeros y superficiales. El amor, que no es pasión y sentimiento, perdura. Sin embargo, a lo que llamamos amor, en la mayoría de los casos, no es tal, sino mera emoción y sentimentalismo rosa.

El amor es un principio que se sustenta en la decisión. El ejercicio de la voluntad hace que el amor perdure en el tiempo. Las personas deciden amar. El sentimiento es la manifestación externa de lo que se ha decidido.

Hoy, donde lo sentimental y lo emotivo tienen más importancia que la voluntad y la capacidad de decidir, este no es un discurso muy popular. Sin embargo, sostener que el amor se fundamenta en la emoción y el sentimiento es darle una base demasiado precaria a algo que aparece como el fundamento del accionar humano.

Nadie ama para dejar de hacerlo. El amor se nutre de eternidad. No se ama para un día. Para poder experimentar este tipo de amor, se necesita comprender la verdadera fuerza de la voluntad. La elección diaria y permanente de la persona a la que hemos decidido amar. Educar para la voluntad es una de las necesidades fundamentales de la época actual. Enseñar a elegir y hacerse responsable de las decisiones que se toman.

El amor se sustenta en la voluntad. Se ama porque se decide, no porque fuimos atrapados por una flecha de cupido; creer esto último lo único que hace es limitar o anular nuestra responsabilidad.

¿Estás amando por voluntad o por sentimiento? ¿Qué guía tu vida, la emoción o la capacidad de decidir?

63

Un amor tan grande

"El amor es sufrido, es benigno". 1 Corintios 13:4.

Una mujer estaba casada con un oficial de la marina estadounidense. Su vida transcurría entre la rutina de la casa y el trabajo. A sus 40 años, creía haber logrado la paz que todos buscan cuando se casan. No tenían hijos; sin embargo, estaban tranquilos, prodigándose amor uno al otro.

Un día, el esposo anunció que lo trasladaban a Japón. Debía ir por algunos meses. Si decidían dejarlo definitivamente, él la mandaría a buscar. Tras la partida, los primeros meses las cartas llegaban regularmente todas las semanas. Sin embargo, después de algunos meses, las cartas comenzaron a escasear. Hasta que un día llegó la carta devastadora. Él le contaba que había conocido a alguien, que se sentía muy solo, y que había decidido quedarse y quería el divorcio. Ella se quedó con la carta en las manos, sin atinar a hacer nada. Las lágrimas fluyeron espontáneas. Pasó varios días como aturdida, hasta que un día se armó de valor y escribió una carta. Le decía que su misiva había sido el dolor más grande que había recibido en su vida; sin embargo, sentía que había pasado momentos muy felices junto a él. Lo único que le pedía era que no perdiera contacto, que se siguiera comunicando. No serían esposos, pero él había sido su amigo; no quería perder la amistad que habían tenido sin sobresaltos.

Poco a poco se reanudaron las cartas. Luego, llegaron las primeras fotos de los niños que nacieron. Un par de años después, llegó una carta que anunciaba que estaba muy enfermo. Luego, descubrieron que la enfermedad era terminal. Él volcó en las cartas sus miedos por sus hijos. Cuando ya era seguro que él iba a morir, ella le dijo que se haría cargo de los niños, si él quería.

Cuando él murió, ella recibió a dos criaturas que se convirtieron en su sombra. Sin embargo, con el tiempo entendió que no era justo criar a esos niños sin su verdadera madre. Leía entre líneas la angustia de ella, que había quedado en Japón y que vivía pendiente de sus hijos. Así que, contó su historia a un periodista, que la ayudó a conseguir una visa especial para que la mujer viniese a vivir con ella. El día que fue hasta el aeropuerto estaba nerviosa. Vio que salían todos los pasajeros. La última en bajar era una menuda joven que, en su rostro, denotaba preocupación. En ese momento entendió que, aunque ella estaba intranquila, aquella jovencita, que bien podría ser su hija, estaba aterrada. Corrió a abrazarla y, desde ese día, la trató como si hubiese sido su hermana menor. Al final de la historia, ella dice: perdí a alguien que amaba, pero recibí tres regalos para amar.

Si esto no es amor verdadero, ¿qué es? ¿Estarías en condiciones de amar así?

Mucho más que un ser sexuado

"Y creó Dios al hombre [ser humano] a su imagen, a imagen de Dios lo creó; varón y hembra los creó". Génesis 1:27.

La Biblia dice: "Y creó Dios al hombre a su imagen, a imagen de Dios lo creó; varón y hembra los creó" (Gén. 1:27). Es el primer elemento que surge de las Escrituras cuando explica la esencia de la humanidad. Varón y mujer creados a imagen de Dios. En otras palabras, la humanidad ha de ser entendida a partir de Dios y no a partir de seres inferiores. Eso le da a la humanidad una dignidad única.

Por otro lado, la Biblia señala que Dios no es un Ser solitario sino un ser que se goza en la relación (Gén. 1:26). El "hagamos" del versículo señala a un Dios que no piensa en solitario. Por esa razón, debido a que el ser humano –masculino y femenino– fue creado para tener comunión con Dios, no podía funcionar adecuadamente como seres aislados. Creados a la imagen de Dios, fueron diseñados como seres sociales.

Por otro lado, fueron creados como iguales e idénticos entre sí en dignidad y valor, y esto hace posible que logren una comunión íntima entre ellos, que no es posible con otros seres. Sin embargo, también fueron diseñados distintos entre sí, por lo cual es necesario tener en cuenta otra realidad, es decir, la sexualidad humana, elemento básico y fundamental de la identidad de cada persona.

Al hacer énfasis solamente en el aspecto biológico de las diferencias entre varón y mujer, no se alcanza a comprender cabalmente el sentido de la humanidad; solo se percibe un aspecto. Pero, cuando se toma en cuenta el aspecto relacional de la sexualidad, se ve al varón y a la mujer desde una perspectiva distinta. Fueron creados a imagen de Dios (su ser personal), y diseñados como varón y mujer (su identidad sexual); por lo tanto, su relación va más allá de la experiencia de intimidad física. En cierto modo, circunscribir la relación sólo al plano físico es alterar y desfigurar el sentido más profundo de la vida humana.

La relación entre un varón y una mujer tiene dos aspectos fundamentales. El primero tiene que ver con la identidad sexual. Si la persona va a experimentar la sexualidad en el contexto del diseño divino, tendrá que aceptar su sexo y estar agradecida de ser varón o mujer.

El segundo aspecto va más allá de la propia identidad sexual, y se refiere a la manera en que nos involucramos con el sexo opuesto. Es importante que entendamos que la interdependencia de un varón y una mujer es esencial para que podamos crecer como seres humanos.

¿Comprendes la profundidad de lo que implica ser un ser sexuado?

Sexo y amor

"Por esto dejará el hombre a su padre y a su madre, y se unirá a su mujer, y los dos serán una sola carne. Grande es este misterio; mas yo digo esto respecto de Cristo y de la iglesia". Efesios 5:31, 32.

Vivimos en una época hipersexualizada. La sexualidad nos aborda en todos lados. A cada instante nos vemos sometidos a estímulos que apelan a la sexualidad. En este contexto, es fácil a veces confundir las cosas.

Sexo y amor no necesariamente van de la mano. Es posible tener experiencias sexuales sin amor. De hecho, millones de personas han convertido la sexualidad simplemente en un contacto físico, más que en la relación entre dos personas.

Sin embargo, cuando la sexualidad está desprovista de amor, se convierte a la larga en una mera sensación física desprovista de sentido. Muchos experimentan su sexualidad vacíos de significado porque han perdido de vista un principio esencial: el amor.

Cuando se ama, el encuentro sexual adquiere un sentido profundamente enriquecedor. Permite que las personas se aprecien como valiosas en sí mismas, y no como meros medios de obtención de placer momentáneo.

Dios creó el sexo.   Lo hizo para, que en el estado matrimonial, el varón y la mujer encontraran un medio de satisfacción y comunicación no comparable con nada que hayan experimentado antes. Fue dado para ser ejercido solamente en el matrimonio. Cuando la sexualidad se practica fuera del estado matrimonial, va perdiendo su riqueza constitutiva. Va haciendo que los recuerdos de experiencias sexuales impidan llegar a un verdadero encuentro con nuestro cónyuge.

Tú esposa o tu esposo es un regalo de Dios. Amar es un obsequio divino, que tiene por objeto ayudarnos a experimentar la belleza del amor celestial. En el encuentro profundo y abierto con nuestro cónyuge, tenemos una vislumbre de lo que significa plenamente el amor de Dios.

De hecho, la Biblia compara la unión sexual entre el esposo y la esposa con la relación que él establece con la iglesia. Un misterio que no podremos resolver plenamente, pero que nos permite vislumbrar que tiene un sentido profundamente espiritual. La solicitud que Cristo tiene para con la iglesia es la misma que debería tener el esposo con la esposa. Respetar, dignificar, ennoblecer, cuidar, valorar, proteger, etc., son algunos de los conceptos que la Biblia utiliza para referirse a la relación entre él y la iglesia, y deberían ser los principios, frutos del amor, que guíen la conducta de esposo y esposa.

¿Qué carácter tiene la sexualidad en el contexto de tu matrimonio? ¿Qué valor le asignas a tu esposa o tu esposo en este contexto? ¿Hay dignidad, nobleza, desprendimiento, abnegación, cuidado, en la relación que ambos establecen?

Amor en el ciberespacio

"El que no ama, no ha conocido a Dios; porque Dios es amor". 1 Juan 4:8.

Meetic es un *sitio* web creado en 2001 por Marc Simoncini. Lo que partió como una idea en la que nadie creía se ha convertido en un negocio millonario. En dos años, la empresa tiene a más de tres millones quinientos mil usuarios registrados en todo el mundo. Recibe más de quince mil visitas diarias y genera ganancias por más de cinco mil millones de euros cada año.

¿Qué tiene de extraordinario el *sitio*? Simplemente, es una empresa pensada con el fin de servir de nexo para que personas de todo el mundo puedan conocerse y llegar a relacionarse como pareja. En otras palabras, es una "casamentera electrónica". El ciberespacio une a personas de las más diversas nacionalidades.

Quien desee hacerse socio, facilita una serie de datos, gustos y preferencias personales. Puede subir fotos y hasta un video. Todo ello constituye el perfil del usuario, lo que da la chance de consultar su gigantesca base de datos. Todo este procedimiento es gratuito. Pero, cuando alguien desea contactarse con otra persona, en ese caso, debe pagar.

Es una agencia matrimonial que ofrece más de tres millones de posibilidades de elección, lo que le da a la persona un gran abanico de posibilidades.

¿Por qué tantas personas utilizan sus servicios? Por una simple razón: el amor nunca pasa de moda. Por diseño divino, tenemos necesidad de amar y ser amados. Todos los seres humanos quieren conocer a una persona que sea la que colme sus expectativas para convertirse en su compañero o su compañera con la que pase el resto de su vida.

El peligro de este tipo de servicios es perder de vista el verdadero sentido del amor, que se funda no solo en la atracción química hacia otra persona, sino también en la voluntad de querer hacer a otra persona feliz. El amor es fuerte; sin embargo, es a la vez muy delicado. Hay que cuidarlo y darle el lugar adecuado; de otra forma, puede fácilmente terminar en algo muy distinto de lo que se esperaba. Para poder amar, es preciso conocer; y en este tipo de servicios se tiende al autoengaño y a creer que el perfil es tal como la otra persona lo presenta. Pero, se necesita tiempo para establecer si existe coherencia entre lo que la persona dice y lo que hace, y eso no se logra a la distancia sino solo cara a cara.

Amar sigue siendo una buena idea. El amor es un don de Dios. Para quienes creemos en el amor, pensamos que es el mejor invento de Dios. Él sonríe con cada pareja que se ama de verdad. Pero, también sufre cuando ve a tantos que pierden el rumbo viviendo una pantomima del amor verdadero. Solo se puede experimentar el amor verdadero y perdurable si la fuente del amor es Dios, y es allí donde fracasa la mayoría de las personas que creen en la ilusión de la autogestión absoluta del amor.

¿Entiendes que el amor se sustenta en una relación previa con Dios?

Respirar

"El que ama a su mujer, a sí mismo se ama". Efesios 5:28.

Amar es como respirar. Te das cuenta de que amas cuando se te quita el aire. Cuando sientes que la capacidad de seguir exhalando e inhalando depende de su sonrisa o de la forma en que te mira.

Por amor, la gente ha estado dispuesta a las mayores proezas, porque simplemente el amor hace que sus protagonistas se vean movilizados a una serie de acciones que, en situaciones normales, no estarían dispuestos a emprender.

*Una mujer recorre medio continente con el objeto de estar solo unos instantes al lado de la persona que ama. Regresa luego de un breve contacto con su amado.

*Una mujer decide contraer matrimonio con la persona que ama, a sabiendas de que él está muy enfermo y que morirá dentro de poco tiempo.

*Un hombre decide sacrificarse por la mujer que ama, dejando a un lado sus planes personales para que ella, en secreto reciba una contribución a fin de que pueda continuar sus estudios.

*Un esposo dona uno de sus riñones a su esposa, con la cual milagrosamente son compatibles, para que ella pueda continuar viviendo.

Todos estos casos tienen un común denominador. Cuando se ama, las personas actúan más allá de lo razonable. Suelen emprender acciones que de otro modo nunca harían. Sencillamente, las motiva el amor.

El amor da, a los amantes, el aire para respirar. Les otorga la capacidad de vivir cada día con un nuevo propósito. No hay caminos largos para el que ama.

Sin embargo, toda esta capacidad surge por un poder sobrehumano. Nos gusta creer que los seres humanos somos autoproductores de este misterioso don. Pero, la verdad es que su fuente es divina. Y, aunque alguno pueda no estar conectado vitalmente con la Deidad, todos los seres humanos fuimos hechos a imagen de Dios y llevamos "una chispa de divinidad" en nosotros, lo que nos hace buscar dentro de nuestro diseño ese misterio maravilloso que es la capacidad de amar.

No hay persona más triste que aquel que no ama. Es como una planta sin agua, que poco a poco se va secando y muriendo. Es un desierto en medio de un vergel. La vida del que ama se enriquece minuto tras minuto. Cada aspecto de lo que hace está teñido de ese amor que le permite seguir viviendo. Por esa razón, debemos buscar permanecer en el amor, que es finalmente lo que nos concede la razón de vivir.

¿Eres consciente de la importancia de amar? ¿Sabes con certeza de dónde viene el amor?

El amor que protege

"Mi amado me habló y me dijo: ¡Levántate, amada mía; ven conmigo, mujer hermosa!" Cantares 2:10, NVI.

Los libros de filosofía suelen ser fríos. Sin embargo, hay una dedicatoria en uno que cada vez que la leo me emociona. Está escrita por el autor, dirigida a su esposa, y dice: "Crece fuerte, mi compañera... tú puedes estar de pie. Firme cuando caigo; que yo puedo conocer. Los fragmentos destrozados de mi canto vendrán al fin a ser una fina melodía en ti. Cuando yo pueda decir a mi corazón que tú comienzas donde pasando yo me marche, y sondea más".[11] Esta dedicatoria me dice que, más allá del razonamiento y la especulación filosófica, lo que realmente necesitamos, como humanos, es la compañía de una persona que decida amarnos incondicionalmente.

La soledad es una tragedia que convierte a los solitarios en personas aisladas de la humanidad. Dios dice: "No es bueno que el hombre esté solo" (Gén. 2:18).

Dios creó a la pareja humana para que se acompañaran. Eso no es estar uno al lado del otro físicamente, sino estar de tal modo ligados que uno sirva de consuelo, protección y refugio para el otro. Cuando un varón y una mujer deciden prodigarse amor, comienzan a entender el sentido más profundo de la relación matrimonial. Salomón lo expresa en su testamento ideológico, diciendo: "Mejores son dos que uno" (Ecl. 4:9). Luego, agrega: "Si dos duermen juntos, se abrigarán mutuamente. Pero, ¿cómo se abrigará uno solo?" (Ecl. 4:11, RVR 95), y remata con este concepto extraordinario: "y si alguno prevaleciere contra uno, dos le resistirán; y cordón de tres dobleces no se rompe pronto" (Ecl. 4:12). He conocido matrimonios que comparten la misma casa, la misma mesa y la misma cama, pero, se sienten solos. ¿Por qué? Simplemente uno de ellos o los dos olvidaron que su primer deber, como marido y mujer es ser compañeros.

Los compañeros se ayudan. Gustan de pasar tiempo juntos. Les agrada ver a la persona que los hace sentir menos solos en este mundo. El primer deber del esposo para con la esposa, y viceversa, es ser compañeros mutuamente. Cuando Dios dice "no es bueno", está diciendo que, en su diseño, eso no existe. Dios nos creó para compartir. El matrimonio es, sobre todo eso, darnos en una relación de mutua compañía, donde apaguemos con nuestra presencia real la soledad natural que se siente al vivir.

¿Eres compañero de tu esposa o tu esposo? ¿Sientes que estás solo aunque compartes tu vida con alguien a tu lado? ¿Qué crees que ha pasado? ¿Cómo puedes remediar la situación?

Una mano maravillosa

"La mano de nuestro Dios es, para bien sobre todos los que le buscan".
Esdras 8:22.

Muchas veces me he sorprendido en la noche, medio dormido, buscando a tientas, en la oscuridad, la mano de Mery, mi esposa. En más de una ocasión me he despertado con su mano sobre mi pecho.

Son 22 años de dormir a su lado. Es mucho más del tiempo que estuve junto a mis padres. No quiero pensar lo que sería el no tenerla junto a mí.

Su mano me da paz. Me tranquiliza. Produce en mí la sensación de que, estando a su lado, todo está bien. Definir el amor con la sensación de tener su mano rodeando mi mano es la mejor forma de describir lo que siento.

Si alguien me pregunta qué es lo que más recuerdo de mi esposa, les diré que es dormirme sintiendo sus manos entrelazadas con las mías. Si fuera artista, pintaría sus manos cubriendo mis manos y, así, haría que perdurara ese gesto que me da paz.

Muchas veces he pensado que Dios tiene formas maravillosas de mostrarnos su amor. Esto que he descubierto de mi relación con Mery es un símil de lo que Dios quiere que entendamos en la relación que él establece con nosotros.

Dios habla de muchas formas. El matrimonio fue su invento para mostrarnos cuán grande es su cariño hacia nosotros. Su mano es como la mano del ser amado que reposa sobre nuestro pecho. Él está con nosotros en cada momento para mostrarnos cuán grande es su amor. Su incondicionalidad no tiene parangón. Está siempre a nuestro lado, mostrándonos cuán importantes somos para él. Por esa razón inventó el matrimonio; para que, en la relación de amor de la pareja, los seres humanos puedan tener un atisbo de lo que es su gran amor por sus criaturas.

Cuando una pareja se ama, en esa sola actitud se vivencia, aunque de un modo imperfecto, lo que significa la relación de Dios con sus hijos. No es casual que la metáfora que elige la Biblia con preferencia para mostrar lo que significa la unión de Dios con sus hijos sea la relación de pareja. Dios quiso que así fuera. Su mejor invento es el matrimonio. Es lo primero que hizo al formar al ser humano. Antes de mostrarle las maravillas de su creación, los hizo vivir el privilegio de ser pareja. Lamentablemente, muchos han banalizado tanto esta relación que han perdido de vista la admirable sensación de descubrir, en la pareja una vislumbre maravillosa de Dios.

¿Estás entendiendo que tu esposa o tu esposo es un regalo de Dios? ¿Estás construyendo una relación de amor que te permita vislumbrar el inmenso amor de Dios por ti?

La historia de nuestro matrimonio

"Instruye al niño en su camino, y aun cuando fuere viejo no se apartará de él". Proverbios 22:6.

La vida nos va dejando marcados. Todo lo que nos pasa cuenta. Estamos llenos de marcas indelebles, que no somos capaces de entender ni explicar. Somos lo que hemos vivido. Si hiciéramos una historia de cada momento que hemos experimentado, veríamos que cada gesto, dolor, sonrisa, actitud, ha dejado una señal en nosotros que, de alguna forma, ha condicionado lo que hemos llegado a ser.

En particular, la infancia y la adolescencia son los momentos cruciales de la vida humana. Allí están inmersas muchas de las razones de por qué somos lo que somos. En cada vida hay una historia cuyas raíces casi siempre se extienden hasta momento en que comenzábamos a vivir y empezábamos a entender.

A muchos les cuesta entender cuando les digo que sus problemas matrimoniales comenzaron en su niñez. Se quedan mirándome como si lo que dije hubiese sido una bobería. Pero –aunque parezca absurdo– no lo es. Cada experiencia por la que atravesamos nos prepara, para bien o para mal, para lo que viviremos en el futuro.

Si los modelos que recibimos en nuestra niñez temprana y en la adolescencia no fueron los mejores, es probable que no tengamos la suficiente capacidad para elegir correctamente a quien nos ha de acompañar toda la vida.

Suelo creer que algunas personas no deberían haberse casado, al menos con la persona que eligieron. No porque sean personas malas ni con intenciones equivocadas, sino porque las experiencias que vivieron no los ayudan a estar suficientemente preparadas para ayudarse mutuamente. No es que no puedan aprender, pero, el costo afectivo y emocional suele ser alto, y no todos están dispuestos a emprender; el viaje –a veces doloroso– del reaprendizaje.

Cuando iniciamos con alguna persona el delicado proceso de descubrir las raíces de sus temores, sus ansiedades, sus prejuicios y sus emociones encontradas, inevitablemente afloran experiencias tempranas y, en su mayoría, relacionadas con las familias de origen. Hay historias de todo tipo, que van mostrando cómo las personas han sido configuradas en lo que son a partir de los elementos positivos y negativos que las han modelado y las han formado. Es verdad que los seres humanos elegimos; pero, nuestras elecciones siempre están dentro de un contexto.

La historia personal es importante para entender lo que somos. Sin esa historia, sería imposible comprender por qué decidimos ser lo que llegamos a ser. Toda pareja debería saber el pasado del otro, solo para entender, nunca para juzgar.

¿Conoces suficientemente bien a tu cónyuge para entender por qué es como es?

71

Dejarse influenciar

"De ella recibe el bien y no el mal todos los días de su vida". Proverbios 31:12.

He vivido al lado de Mery más años de los que estuve con mis padres. Hace 22 años que es la primera persona que veo cada mañana y la última que observo antes de dormirme. No sé qué haría si ella no estuviera.

La vida matrimonial se compone de pequeños momentos que van consolidando una relación.

John Gottmann, en sus estudios sobre matrimonios de éxito, ha declarado que uno de los factores que permite la estabilidad de una pareja es lo que él llama "dejarse influenciar".[12] En otras palabras, permitir que la esposa o el esposo sean una influencia en nuestra vida.

A la mayoría de las mujeres esto le resulta natural. Crecen siendo formadas con la idea de que el esposo ha de ser un factor importante en su desarrollo como persona.

Sin embargo, los varones no desarrollan naturalmente la capacidad de entender que su esposa ha de ser un elemento importante para modelar de su vida. La mayoría actúa como si no necesitara a nadie más que a sí mismo.

Los esposos que se privan a sí mismos de ser influenciados por sus esposas pierden el privilegio de crecer como individuos integrales. Dios pensó que no era bueno que varones y mujeres estuvieran solos; por esa razón creó el matrimonio.

Si el marido, conscientemente o marcado por su cultura, no deja que su esposa influya en él entonces, no podrá alcanzar un desarrollo pleno como varón y como ser humano.

Acerca de quien se escribe el texto de hoy –una mujer– sabe muy bien, y por experiencia, lo que implica para una mujer el saber que su marido la dejará ser una influencia en su vida. Ciertamente, ella le dará "bien y no mal todos los días de su vida".

Dejarse influenciar implica entender que no se tienen todas las respuestas, que no importa qué haya sucedido, siempre es posible aprender, y que dos mentes piensan mejor que una.

Tal vez va siendo hora de que nos dejemos de tonterías, y marido y mujer se influyan mutuamente... especialmente los varones. Es la forma de crecer. Dejar que eso pase requiere voluntad, pero también madurez.

¿Estás permitiendo que tu cónyuge influya en ti? Si eres varón, ¿estás dejando que tu esposa sea un factor de influencia positiva en tu vida o te dejas guiar por los dictados de una cultura que supone que tú tienes todas y las mejores respuestas?

Hablar para comunicar

"La lengua de los sabios adornara la sabiduría; mas la boca de los necios habla sandeces". Proverbios 15:2.

En la época del noviazgo, esperábamos ansiosos que llegara el momento de encontrarnos con nuestra amada. No nos importaba el frío ni las inclemencias climáticas. Cuando debíamos vernos, hacíamos lo posible para no faltar. Y luego, había diálogo, conversación permanente de mil y una cosas. Cada incidente era desentrañado hasta el último detalle. Nos preguntábamos hasta lo más mínimo de lo que nos ocurría. Era un "constante conversar".

Luego vino el matrimonio y, cuando se supone que habría más tiempo para dialogar con intimidad, sucede misteriosamente algo extraño: muchos dejan de conversar, y sus vidas se convierten en rutinarias y carentes de emoción. Los quehaceres de todos los días llenan su tiempo de tal modo que no hay espacio para hablar de lo realmente importante. Lo trivial llena sus horas. Este el primer síntoma de que el matrimonio está entrando en una etapa de fosilización afectiva que, paulatinamente, puede destruir la relación.

John Powells, psicólogo cristiano, en su libro *¿Por qué temo decirte quién soy?*[13] sostiene que existen varios niveles de comunicación:

El nivel más común es el de la trivialidad. La conversación gira en torno a asuntos sin trascendencia: el tiempo, los acontecimientos cotidianos, etc. No hay transmisión de sentimientos ni emociones; solo se comunica algo impersonal, que nos demanda el mismo esfuerzo afectivo que tendríamos al conversar con un extraño de algo que, en el fondo, no nos importa.

Un segundo nivel, igual de impersonal, es conversar sobre otros. Es la conversación que gira en torno a chismes de las vidas de quienes nos rodean. En algunos momentos se comunican emociones, pero, en general, es transmisión de informaciones banales. Si no hubiera otras personas, muchos estarían condenados al silencio, pues no tendrían de qué hablar.

Un tercer nivel ligeramente mejor es la comunicación periodística. Se comentan situaciones que van más allá del diario vivir. Acontecimientos nacionales y mundiales llenan la conversación; sin embargo, aun cuando es posible un diálogo en el que existe una gran cuota de emoción e incluso apasionamiento, todavía no se ha llegado al nivel de comunicación profunda.

Un cuarto nivel se refiere a la transmisión y la comunicación de ideas. En este punto, es posible comprometerse afectivamente. Es el nivel de comunicación que tenemos con personas que, de un modo u otro, mantienen una relación filial cercana y ante las cuales no tememos exponer nuestras convicciones más profundas. Sin embargo, aunque este último nivel de diálogo es mejor que los tres primeros, aún no estamos en el ámbito del mejor diálogo. Antes de enunciar qué hacer y cuál es la mejor forma de comunicación, sería interesante que se autoevaluara qué tipo de comunicación se sostiene.

¿Sientes que realmente estás comunicándote con tu pareja? ¿Qué te falta?

Comunicación real

"Gozaos con los que se gozan; llorad con los que lloran". Romanos 12:15.

Ayer reflexionamos en que hablar no es necesariamente comunicar. Muchas parejas conversan, pero en realidad no comunican. Se necesita algo más que lo trivial, cotidiano y discusión de ideas.

El nivel en el que realmente se produce una comunicación verdadera es en la transmisión de emociones y sentimientos. Esto se alcanza cuando no tememos parecer vulnerables o débiles. Simplemente, exponer con plena libertad quienes somos, con todas las tonalidades claras y oscuras de nuestra personalidad. Es desnudarnos emocionalmente.

Lamentablemente, muchos matrimonios en raras ocasiones experimentan este nivel de comunicación. Para poder llegar a establecer un nivel de comunicación profunda, algunos consejos son fundamentales:

1. Dense tiempo para comunicarse en un ambiente tranquilo y que no tenga distracciones. Apaguen el televisor, salgan de la casa, vayan a un lugar solitario. Para comunicarse, hay que generar un espacio propicio; de otro modo, no se logra.

2. Eliminen de su conversación lo trivial. Hablar de otros o comentar situaciones periodísticas no es comunicar. Dialoguen sobre lo que creen o piensan, y luego agreguen sus sentimientos más profundos respecto de lo que están hablando. Cuando no se tiene práctica en este tipo de diálogo, un buen ejercicio es que ambos escojan un libro juntos, lo lean por separado, y luego vayan compartiendo las ideas y los sentimientos que les generó la lectura.

3. Nunca, por ninguna razón, cuestione un sentimiento o una emoción de su cónyuge frente a una situación que a usted no le provoca la misma reacción. Hacerlo eliminará la posibilidad de comunicarse de manera adecuada y creará barreras para una futura comunicación profunda. Simplemente, póngase en el lugar de su cónyuge y trate de entender por qué experimenta dicha emoción.

4. Hagan una cita. Así como solían hacer cuando estaban de novios. Prepárense para ir y vayan con la disposición de alguien que está por descubrir a otro ser humano. La experiencia será tan valiosa que todo otro diálogo será considerado pueril y sin valor.

Este tipo de comunicación nos dará empatía para entender qué está pasando en la vida de nuestro cónyuge. No se puede crecer en una relación sin un diálogo fluido, que permita a ambos entender y ponerse en la situación del otro.

Los matrimonios que experimentan este tipo de comunicación profunda son los que sobreviven a las grandes crisis; simplemente, hay lazos profundos que los unen y sirven de muro contra la tempestad.

¿Estás experimentando este tipo de comunicación? ¿Qué esperas para comenzar?

Escuchar

"Guarda silencio y escucha". Deuteronomio 27:9.

Dios nos dio dos oídos y una sola lengua; el mensaje es obvio: hay que escuchar más y hablar menos. El que ama aprende a escuchar incluso cuando su pareja está en silencio.

Es importante aprender a decir las cosas en el momento adecuado; es esperar el momento más propicio para decir algo. El matrimonio debería ser el lugar y la relación que nos permita ser más auténticos. Debería ayudarnos a plantear las cosas de tal modo que nos sintamos libres de ser.

Para crear el clima apto para la comunicación, se deben dar señales claras. Hace algún tiempo, mi esposa estaba conversando con un amigo de la familia que atravesaba problemas en su propio matrimonio. Entré a la casa en el instante mismo en que él le preguntaba a ella:

−¿Qué es lo que te da tanta confianza de contar con Miguel?

Cómo había entrado por la cocina, ellos no me habían visto. Al escuchar la pregunta me quedé en silencio, obviamente interesado en la respuesta. Ella, simplemente, dijo:

−Porque siempre da muestras de estar dispuesto a escucharme. Por ejemplo, si está viendo televisión, por muy interesado que esté en lo que está viendo, apaga el televisor y me pone atención. O, si está trabajando en la computadora, deja enseguida lo que está haciendo y me atiende.

Nunca me había dado cuenta, hasta ese momento, lo importante que aquellos gestos podrían ser; me parecían normales. Ahora entiendo que son fundamentales. No solo importa escuchar, sino también hay que dar muestras fehacientes de que se tiene la intención de escuchar. Los cónyuges aprenden a leer las motivaciones y las intenciones que hay detrás de las conductas de cada uno.

Si nos damos tiempo para escuchar a extraños que a veces nos dicen algo no interesante, cuanto más deberíamos hacerlo con el cónyuge. Si ocupamos horas en ver una película o un partido de fútbol, que es una acción trivial, ¿cómo no vamos a detenernos horas a escuchar a alguien que, supuestamente, es muy importante para nosotros?

Si realmente nos interesa el cónyuge, haremos los ajustes necesarios para estar con él o ella cuando nos necesite. Escuchar y estar atento para hacerlo es una señal clara de que el matrimonio es algo importante y que, por sobre todo, la persona con la cual compartimos la vida ocupa un lugar central en nuestras existencias.

¿Es tu cónyuge una persona importante para ti? ¿Cuánto tiempo ocupas en escuchar?

Amigos de verdad

"El que cubre la falta busca amistad; mas el que la divulga, aparta al amigo". Proverbios 17:9.

Los amigos son los hermanos que elegimos y, en muchos aspectos, son personas que enriquecen de tal modo nuestras vidas que sabernos sus amigos nos hace mejores personas.

Muchas parejas, cuando se casan, olvidan esta lección y realizan algunas acciones que no solo son necias, sino también, a la postre, se convierten en autodestructivas.

Por ejemplo, muchos obligan a sus cónyuges a dejar sus amistades de toda la vida. En muchos aspectos se comportan como niños pequeños, haciendo berrinches por no estar dispuestos a compartir con nadie el amor hacia ellos. Privar al esposo o a la esposa de sus amistades es como pedirle que deje de ser quien es. Con dicha actitud, lo único que provocamos es que nuestra pareja se sienta desdichada.

Tampoco es buena idea obligar a elegir al cónyuge con esas manipulaciones dignas de malas comedias: "O ellos o yo". Así no funciona; habitualmente las amistades están desde mucho tiempo antes que conozcamos a la persona que se convierte en nuestra pareja.

Actuar con celos porque el cónyuge se interesa por otra persona no solo es absurdo, sino también a menudo muestra una faceta de egoísmo que no es únicamente equivocada sino, además, es necia.

Una persona que se une a otra en una relación de pareja acepta al otro como es, con todo lo que eso significa. Con él o ella vendrá una historia que nosotros no hemos compartido, sino que forma parte de su vida personal, que la ha formado hasta ese instante.

Lo ideal es que puedan decir: tus amigos, mis amigos y nuestros amigos. Después de 22 años de casados, Mery y yo conservamos muchas de nuestras amistades originales. Algunos de ellos siguen siendo más amigos de ella que de mí y viceversa. También hemos adquirido amigos en común, que han enriquecido nuestra vida. Sin embargo, nunca hemos interferido en la amistad que cada uno ha decidido tener. Esa no es una tarea matrimonial; no es ni justo ni correcto interferir en las decisiones del otro en este sentido, salvo si dicha amistad pone en riesgo al matrimonio por problemas colaterales. En ese punto, lo más obvio es resolver el problema buscando la raíz, pero en ningún caso creer que se soluciona con el control de uno sobre el otro.

¿Eres consciente de que cada persona tiene su propia historia y que los amigos son parte de ella? ¿Estás respetando las amistades de tu cónyuge del mismo modo en que esperas que sean respetadas las tuyas?

Prevenir antes que lamentar

"Acuérdate de tu Creador en los días de tu juventud: antes que vengan los días malos, y lleguen los años de los cuales digas: 'No tengo en ellos contentamiento'". Eclesiastés 12:1.

Roxana y Alexis parecían buena pareja. Todo iba bien hasta que nació su primer hijo. El niño nació enfermo. Pasó su primer mes en el hospital. Tendría complicaciones congénitas de por vida. En ese momento, se distanciaron. Él reclamaba que ella se centró en el niño y ella que él la dejó sola. A los dos años, se separaron.

Sofía y Marcos solían llevarse bien, hasta que él anunció que había perdido el trabajo. Marcos salía a buscar trabajo, pero, con más de 40 años de edad le costaba encontrar. Con el tiempo, Sofía se puso intolerante. Le exigía cada vez más. Hasta verlo en casa sentado en un sofá comenzó a molestarle. Las discusiones se incrementaron. Al cabo de un año, sin que Marcos encontrara trabajo, ella lo dejó.

Muchas parejas se separan cuando sobrevienen las crisis. Se alejan cuando deberían estar unidos. No es la crisis la que los separa, sino que el problema que enfrentan evidencia un proceso de deterioro que se ha iniciado mucho tiempo antes.

Las parejas deben prevenir. Nadie está exento de vivir momentos difíciles; sin embargo, si se toman ciertos recaudos, es posible estar preparados. ¿Qué hacer?

Cultiven la amistad. El compañerismo y la amistad mantienen unida a una pareja. Mientras más amigos sean mejor preparados estarán. Los amigos se mantienen como tales aun en las circunstancias más difíciles, porque se conocen y aprecian.

Pasen tiempo juntos. Las parejas que comparten en actividades recreativas, sociales, lúdicas y de solo diálogo crean un "cofre de recuerdos felices", que es como un depósito emocional que les permite sortear momentos difíciles. Saben lo que han tenido, así que no les es complicado suponer que vendrán tiempos mejores.

Sean honestos. Muchas parejas no hablan. A menudo esconden sus sentimientos. Alexis confesó que se fue porque se consideraba tan incapaz de hacer algo que le pareció que era un estorbo. Esta aseveración parece un absurdo, pero no lo es para quien lo está viviendo. Al saber Roxana lo que sucedía, reaccionó diciendo: "Me lo hubiese dicho; habríamos buscado la forma de que no se sintiera al margen".

Sean realistas. Los matrimonios construyen una relación a partir de lo que tienen. Sofía se negó a aceptar que sus condiciones de vida tenían que cambiar y que no podría tener el mismo nivel de gastos de antes. Lamentablemente se fue. Al cabo del tiempo, la situación de Marcos cambió y sus ingresos fueron superiores a los de antes; pero, ínterin, su relación se arruinó irremediablemente y sin sentido.

¿Te estás preparando para las crisis?

* Los nombres son ficticios.

La realidad que no se habla

"Permanezca el amor fraternal". Hebreos 13:1.

Hace algunos años, a Mery y a mí nos invitaron a una reunión de universitarios. Habían invitado también a otros matrimonios. Circunstancialmente, éramos la pareja que llevaba menos tiempo de casados.

Nos sentaron a todos por orden de "supervivencia". Es decir, desde los que llevaban más tiempo casados hasta los que recién nos iniciábamos.

El que dirigía comenzó a hacer preguntas a los matrimonios, comenzando por una pareja de ancianos que estaba en el extremo opuesto de nosotros. Preguntó sobre el significado del matrimonio y qué sentían por la persona con la que se habían casado. A medida que iban hablando las parejas, yo me iba poniendo nervioso y me movía de un lado a otro en mi silla, impaciente.

Cuando llegó nuestro turno, Mery me cedió el micrófono. Tal vez para tener más espacio a fin de darme un pellizcón o un codazo en las costillas para hacerme entrar en vereda... cosa muy común en esa época en la que aún no había inventado esas miradas de hielo que literalmente me dejan helado.

Miré a todas las parejas, luego al joven que esperaba mi respuesta, y dije:

—Yo no sé en qué mundo han vivido las parejas que nos precedieron. No dudo de que sus matrimonios sean buenos. Pero lo han presentado como si todo fuera miel sobre hojuelas. Así que, los admiro, porque en realidad no sé cómo lo hacen. Mi realidad es distinta, completamente diferente.

A continuación, miré fijamente a Mery y luego a la concurrencia, y señalándola dije:

—Amo entrañablemente a Mery, pero permítanme decirles que en estos años que llevamos de casados he querido estrangularla más de una vez.

Los jóvenes que escuchaban soltaron una carcajada. Las parejas que habían hablado antes se quedaron mirándome muy serios, como diciendo:

—¿De qué estás hablando? Vas a desanimar a la concurrencia.

Mery no me dio un codazo, porque estratégicamente me puse fuera de su alcance. Pero, creo que allí comenzó con esas miradas de hielo.

Quien diga que el matrimonio es todo el tiempo comer manjares sobre galletas, simplemente, no entiende de qué se trata. Amamos, pero eso no significa que no existan desavenencias. Nos gusta estar con nuestra pareja, pero hay veces en las que simplemente nos parece insoportable. Nos gusta su compañía, pero en ocasiones quisiéramos estar completamente solos. Eso es normal.

¿Estás idealizando tu relación al grado de perder objetividad?

En la salud...
y en la enfermedad

"Pero el alimento sólido es para los que han alcanzado madurez, para los que por el uso tienen los sentidos ejercitados en el discernimiento del bien y del mal". Hebreos 5:14.

"Compartir la vida puede significar compartir patologías médicas". Esa es a la conclusión, a la que arribó un equipo de investigadores médicos dirigido por la Dra. Julia Hippisley-Cox.[14] El estudio, que se realizó con ocho mil parejas comprendidas entre los 30 y los 74 años, comprobó que los cónyuges de un matrimonio tienden a sufrir las mismas enfermedades y no solo las de carácter infeccioso.

El grupo de médicos británicos entendió, finalmente, lo que se suponía, es decir, que compartir un hogar también implica tener en común una dieta, un estilo de vida y ciertas condiciones medioambientales.

Esto, que es cierto en el aspecto de la salud física, también es verdadero en el aspecto psicológico. En los años que llevo atendiendo parejas, compruebo cómo se van contagiando mutuamente de los mismos miedos, ansiedades y conflictos internos.

Del mismo modo, la pareja comienza paulatinamente a traspasar sus mutuas tendencias y convicciones religiosas. Puede ser que en algún momento tengan desavenencias respecto de las ideas que han desarrollado, pero, en algún momento, terminarán sintiendo de manera similar.

El asunto es muy sencillo. Los seres humanos aprendemos más por imitación que por acción racional. La mayor parte de nuestro aprendizaje es imitativo. Esto, que suele considerarse una verdad inapelable, muy pocas veces se la aplica al estado matrimonial. Una pareja que vive junta comparte no solo un lugar para dormir. Van por la vida compartiendo todo. Eso, tarde o temprano, los convierte en camaleones. Se vuelven del color del otro.

Me sonrío al pensar en algunos matrimonios de ancianos que conozco. Los miro y no puedo menos que sonreír al ver cómo llegan a parecerse tanto. No solo en el aspecto físico algunos, sino también en las mismas formas de reaccionar y actuar. Es como si fueran, después de tanto tiempo juntos, hermanos gemelos.

Por esta razón es tan importante estar atentos, porque no solo se nos terminará pegando lo bueno, sino también las manías, los desaires y las tendencias negativas terminarán siendo parte de nuestra vida; salvo que dialoguemos con cautela entre los dos, y le pidamos constantemente a Dios que nos dé la capacidad de discernir correctamente entre lo que está bien y lo que está mal.

¿Entiendes la necesidad que tienes de estar en conexión con Dios todos los días para que él te oriente adecuadamente en lo que debes decidir?

Una promesa

"Cumple lo que prometes." Eclesiastés 5:4.

Cuando la tristeza se instala en la vida de una persona, la perspectiva de las cosas cambia. Es como si de pronto miráramos la realidad con lentes oscuros y todo se volviera de un color diferente del que es real.

La tristeza modifica nuestras perspectivas y hace que la realidad sea definida en función de dicho estado de ánimo.

Por eso, es peligroso tomar decisiones trascendentales en un estado deprimido. Se corre el riesgo de no ponderar bien la situación y elegir un camino no adecuado.

Hay muchas razones para ponerse triste. Sin embargo, la razón más común en la relación matrimonial está relacionada con los sueños rotos. Muchos creyeron, al casarse, que serían felices y plenos. Sin embargo, hay muchas personas –más de las que quisiéramos conocer– que se sienten engañadas y frustradas. Los ideales que tenían respecto de lo que sería la relación de pareja han sido destrozados por actitudes y conductas que nada tienen que ver con las promesas hechas ante Dios el día de la boda.

De hecho, especialistas en depresión suelen sostener que el fracaso matrimonial es una de las causas de mayor estrés emocional. Esto sucede porque está en el centro mismo de la vida afectiva e implica un mayor desgaste que otras circunstancias cotidianas.

¿Cómo se llega a esta situación? De las muchas razones que dañan los sueños y los ideales trazados, la falta de compromiso es una de las causas más comunes. Muchas personas no asumen la responsabilidad que implica vivir aquello con lo cual se han comprometido. Para muchos, simplemente, las palabras dichas ante el altar no son más que una mera fórmula sin mayor importancia.

Amar significa comprometerse con otra persona. Un compromiso que implica hacer todo de nuestra parte para que el cónyuge sea pleno y feliz. Nadie tiene por qué llegar a sentir que sus expectativas con respecto al matrimonio se han roto cuando se cumple el compromiso de darse por entero al otro. Sin compromiso no hay matrimonio que dure en el tiempo ni amor que permanezca.

En cierta ocasión, un periodista le preguntó a Paul Newman, el famoso actor de cine que, en forma extraña a la moda impuesta en la industria cinematográfica, se ha mantenido casado con la misma persona por más de treinta años, cuál era la razón de que su matrimonio haya perdurado tanto tiempo. El hombre, con una sonrisa, simplemente contestó:

–Hice una promesa, y la cumplo.

¿Estás cumpliendo tu palabra? ¿Estás comprometido con la felicidad de tu cónyuge?

Cambiar las metáforas

"El que halla esposa [o esposo] halla el bien, y alcanza la benevolencia de Jehová". Proverbios 18:22.

Una de las metáforas preferidas para referirse al matrimonio es afirmar que es una "empresa". Pero, por mucho que dicha analogía nos parezca verdad y que en la repetición hayamos llegado a creer que no tiene nada de malo formular un planteamiento así, lo cierto es que esconde algunos conceptos que son causa de la destrucción de muchos hogares y del sentido correcto de lo que es una pareja en el contexto de lo que Dios creó.

Para empezar, las empresas tienen motivaciones temporales. En otras palabras, sus objetivos son inmanentes a este mundo. Quieren producir para ganar, y lograr estabilidad económica y social en el contexto de lo terreno. Sin embargo, el matrimonio, en sí mismo, es una institución que tiene objetivos –según el plan del Diseñador divino– que trascienden a este mundo. Sus alcances son eternos. Sus consecuencias podrán medirse en la eternidad. Las personas casadas arriesgan su salvación al dejarse influenciar negativamente por su cónyuge o al tomar decisiones, en el contexto matrimonial, que impliquen alejarse o acercarse a Dios. No hay institución humana que tenga parangón con el matrimonio en lo que se refiere a influencia de "vida para vida".

Por otro lado, en toda empresa existe una organización piramidal en la que hay un jefe y una cantidad de subordinados que tienen el objetivo de servir a los objetivos de la empresa, según los dictados de quien administra. Sin embargo, dicho planteo es contrario al concepto bíblico de que, en el Señor, "no hay varón ni mujer" (Gál. 3:28) o de que los que adoran a Cristo no aceptan el concepto de que uno es superior al otro (1 Cor. 11:11, 12); al contrario, se "someten uno al otro" (Efe. 5:21). Sin embargo, dicho concepto está tan profundamente arraigado que solemos referirnos a los maridos como "jefes de hogar"; suponiendo que, si él es el que manda, todos han de obedecerle.

Estas metáforas, tan repetidas de generación en generación como si fueran verdades marcadas a fuego, son simplemente reflejo de los errores que se han introducido en la institución matrimonial. Una persona que de verdad cree en esto tenderá a actuar en concordancia, y finalmente traerá mucho dolor a sí mismo, a su cónyuge y a sus hijos.

En un hogar en el que Dios es el Señor, el gobierno no es democrático, sino teocrático. En otras palabras, marido y mujer se someten mutuamente bajo los dictámenes de Dios. No hay, entre ellos, una relación de unilateralidad, sino por el contrario, entre ellos procuran vivir de tal modo que puedan traer –en primer lugar– gloria a Dios. Y, ciertamente, no se glorifica a Dios cuando tratamos a quienes amamos como si fueran sirvientes nuestros.

¿Tratas a tu esposa como si fuera una persona a tu servicio o como una compañera de ruta que tiene tus mismos derechos?

¿Quién manda en casa?

"Someteos unos a otros en el temor de Dios". Efesios 5:21.

–¡Sin rodeos, por favor! ¿Quién manda en casa? ¿Quién obedece a quién?

La mujer que me preguntaba lo hacía con ansiedad. Su matrimonio no andaba bien y lo menos que quería oír era el viejo discurso del sometimiento de la mujer.

Mi respuesta fue, simplemente:

–Ni el marido ni la mujer: Dios.

Se quedó mirándome incrédula; y a continuación, como no reaccionaba, le contesté.

Perdemos el tiempo con discutir quién manda a quién. Cuando utilizamos la Biblia con el fin de buscar excusas para un determinado comportamiento que tenemos, sencillamente estamos acomodando la Escritura a un prejuicio previo que hemos desarrollado.

Los verdaderos líderes –de acuerdo al mandato de Cristo– no demandan obediencia. Solo aman.

A muchos varones les gusta leer Efesios 5:22 y 23, donde Pablo dice que el marido es cabeza de la mujer, con lo cual cometen dos errores. El primero es que no analizan qué significaba para el apóstol y sus lectores el concepto de "cabeza". Y, segundo, se olvidan del versículo 21, que está íntimamente ligado al 22.

La exigencia perentoria de Pablo es que debe existir una interacción de sumisión mutua entre marido y mujer, basada en el amor. Con este planteamiento, Pablo desafió a toda una cultura que veía a la mujer no como un ser humano con derechos sino solo como un bien del cual se podía disponer a discreción.

El mandato de Pablo a las mujeres, por otra parte, es que se sometan a sus maridos, y define dicha relación de sometimiento a la luz de Cristo como cabeza de la iglesia, la cual es su cuerpo y él es su Salvador (vers. 23). Del único modo en que el varón es cabeza de la mujer es de la manera en que Cristo lo es de la iglesia, al punto de que está dispuesto a dar su vida por salvarla.

Se le solicita a la esposa que entregue sus intereses, derechos y poderes a un esposo que le demuestra –tal como Cristo a la iglesia– día tras día, que la ama al punto de que, como marido, está dispuesto a renunciar a todo para que su matrimonio funcione. En ninguna parte del pasaje ni de la Biblia se le pide a la esposa obediencia al marido. La sumisión mutua no tiene que ver con obediencia sino con entrega voluntaria por amor a alguien que nos demuestra que nos ama incondicionalmente.

¿Cómo pueden aplicar el concepto de hoy a la relación que mantienen en el interior de su hogar? ¿Tú –marido– tratas a tu esposa como Cristo a la iglesia? ¿Tú –esposa– tratas a tu esposo como la iglesia a Cristo?

Colaboración, no subordinación

"De modo que si alguno está en Cristo, nueva criatura es; las cosas viejas pasaron; he aquí todas son hechas nuevas". 2 Corintios 5:17.

En el modelo machista se propugna, entre otras cosas, modelos estáticos: las mujeres y los varones ocupando roles inamovibles y con una supuesta base biológica absoluta.

Se supone que las mujeres nacieron aptas para realizar determinadas tareas y los varones otras. Esto es cierto en algún sentido. Los varones no estamos diseñados para gestar hijos ni para amantarlos. Muchos han querido ver en esto una situación de disparidad que haría que varones y mujeres no pudiesen compartir roles entre ellos.

Es verdad que la mujer, físicamente, está capacitada para determinadas funciones que el varón no, pero esto no significa automáticamente una diferenciación de roles estáticos y que se relacionen fundamentalmente con jerarquía y subordinación. Porque, esa es la consecuencia más inmediata de la postura machista: supuestamente, varones y mujeres tienen roles inamovibles; pero, en dicho modelo, el varón siempre termina siendo el jefe y la mujer la subordinada.

En realidad, en el diseño divino, las diferencias físicas entre los sexos fueron hechas para la colaboración, el complemento y la ayuda mutua; en ningún caso para la competencia, la anulación del otro y la unilateralidad de la cooperación.

Dios diseñó a una pareja que participaran juntos en el proceso de engendrar un hijo, pero también en el desarrollo de ese ser humano. La idea divina era la colaboración mutua, no roles estáticos. Del mismo modo, cuando Dios nombra administrador de la creación al ser humano, no lo hace diciendo que es labor del varón sino de la pareja humana.

No hay ningún indicio bíblico que haga suponer que, en el diseño original, Dios pretendía la subordinación de la mujer de manera arbitraria y como parte de un plan inteligentemente pensado.

El varón y la mujer deben aportar, a la relación de pareja, lo mejor de sí mismos cada uno, haciendo lo que es mejor de acuerdo con las características naturales de cada uno. Dios pretendió que se ayudaran mutuamente, en un clima de igualdad, respeto y dignidad.

Cuando se defienden los roles inamovibles, en realidad se está apoyando un modelo que no dignifica a la mujer y, a la postre, destruye el equilibrio original de lo que Dios planeó. La respuesta que suelen plantearme es que después del pecado las reglas cambiaron. Sin embargo, aunque hubo cambio, fue en el contexto de algo que no fue la voluntad divina. Cuando aceptamos a Cristo, debemos regresar al Edén y plantearnos qué quiso Dios en su origen. Vivir de otra forma es un autoengaño y una negación de la idea original de Dios.

¿Estás entendiendo la dignidad de ser mujer? ¿Respetas plenamente a tu esposa sin exigirle subordinación arbitraria a ti?

Las dos caras de la misma moneda

"Hombre y mujer los creó; y los bendijo, y les puso por nombre Adán el día en que fueron creados". Génesis 5:2, NVI.

Las interpretaciones de la Biblia y el sentido teológico asignado al cuerpo humano influyeron notablemente en la relación entre los varones y las mujeres en el mundo occidental, impactado por el cristianismo posbíblico.

Por ejemplo, los primeros padres de la iglesia, siguiendo una interpretación dualista, supusieron que la erección masculina era la esencia del pecado; y la mujer, como su fuente, llegó a ser la causa, objeto y extensión de lo pecaminoso.

Esta interpretación dualista, que se sostenía sobre la base de la separación del cuerpo y el alma, convirtió a la relación entre los sexos en una relación de sujeto-objeto, en el cual la mujer, como el "sexo objeto", fue utilizada –literalmente– solo por lo carnal, desconociendo en ella cualquier otra cualidad distintiva. Su función fue utilitaria: solo producir y criar hijos.

Basta con abrir cualquier libro de historia para darse cuenta de que esta situación ha sido repetitiva, confirmando la descripción que hizo Dios de lo que habría de ocurrir como consecuencia del pecado.

El varón y la mujer –en la perspectiva de Dios– han de relacionarse de tal modo que ambos sean complemento para el otro. En ningún caso se debe suponer que uno u otro sexo sea superior al otro. Dicha interpretación solo lesiona una relación que ya de por sí resulta compleja por el mero hecho de ser dos personas de sexo diferente.

Mujer y varón son las dos caras de la misma moneda: la humanidad. Ambos fueron creados por un Dios que consideró que la humanidad debería tener dos voces, para expresar de manera distinta la expresión de su amor. La pareja humana es la muestra patente de que Dios se complace en la diversidad, y en ningún caso eso supone desmedro de uno en relación con el otro. Suponerlo sería seguirle el juego al enemigo de Dios, que continuamente gana desfigurando el carácter y la personalidad del Ser divino.

Si el varón y la mujer se entienden como parte de un plan creado por un ser infinitamente superior, como es Dios se asignarán uno al otro un significado que es propio de un contexto con sentido y lógica. Sin Dios, la relación humana se vería convertida en un subproducto de un proceso evolutivo, que también carecería de lógica en muchos aspectos.

¿Cómo se tratan como pareja? ¿Entienden que ambos son parte de un plan divino perfecto en su formulación y su propósito? ¿Cómo debería influir esta idea en tu matrimonio?

Un compromiso
ineludible

"Yo y mi casa serviremos a Jehová". Jueces 24:15.

Estas palabras fueron formuladas por una persona que decidió ser fiel y eligió dirigir un hogar en el que primara el servicio y la adoración a Dios. Eso significa el verdadero "sacerdocio del hogar".

Cuando una persona decide formar una familia, asume un compromiso que implica no solo tener la capacidad de proveer para el sustento y la supervivencia, sino también desarrollar la capacidad de guiar a sus hijos por un camino que les produzca mucho más que mera vida.

Hay suficiente confusión en el mundo como para no decir claramente que un varón o una mujer que forman un hogar tienen la responsabilidad moral de guiar a sus hijos por un camino no neutral, sino comprometido con valores trascendentes. Solo la presencia de Dios puede orientar de tal modo que las personas finalmente entiendan el sentido de su existencia, que solo se logra mediante el contacto personal y comprometido de un ser humano con Dios.

Muchos matrimonios han renunciado al deber de guiar moralmente a sus hijos. En el mundo en que vivimos, muchos actúan creyendo que simplemente los hijos deben elegir absolutamente su propio camino. Es verdad que las personas no deben ser objeto de coerción para obrar en contra de su conciencia. Pero, los padres tienen la responsabilidad de dar a sus hijos una orientación que los guíe en el correcto camino.

Jaime Barylko, autor del libro *El miedo a los hijos*,[15] sostiene que muchos padres, en realidad, tienen miedo de cumplir el rol que les corresponde y terminan dejando a sus hijos a la deriva.

Los padres tienen el deber de indicar claramente qué es lo bueno y qué es lo malo, en concordancia con la voluntad de Dios. No es una indicación dada en el vacío, sino en correlación con los principios divinos claramente establecidos en las Sagradas Escrituras.

Quien no cumpla esta función se verá –tarde o temprano– sobrepasado por un contexto que influirá de tal modo en sus hijos que no tendrán estas herramientas para argumentar y oponerse a un ambiente plagado de valores contrarios a la voluntad de Dios. Tu guía y dirección, finalmente, es una protección que dará a tu familia un sentido de seguridad y propósito.

¿Estás siendo un modelo moral para tus hijos? ¿Estás guiándolos de tal modo que saben con total certeza qué está bien o mal en la perspectiva de Dios?

Un día inolvidable

"Yo era su delicia cada día y me recreaba delante de él en todo tiempo". Proverbios 8:30.

El día en que Mery y yo nos comprometimos para casarnos fue inolvidable. Estábamos en las escalinatas de un colegio en la ciudad de Chillán en la República de Chile. Habíamos salido a pasear, y allí, en la calle, mientras la gente pasaba, decidimos casarnos. Habíamos hablado más de una vez sobre el asunto. No recuerdo un día en especial en que le dije que quería que ella fuera mi esposa, pero mi memoria evoca con nostalgia alegre ese día en que, finalmente, dijimos: ¡Casémonos!

Ambos estábamos en el último año de nuestras respectivas carreras universitarias. Comenzamos a enumerar las cosas que teníamos, y a medida que lo hacíamos nos reíamos a carcajadas. Lo primero que se me ocurrió fue decir:

–Tengo diez cajas de libros.

Mery, a su vez, respondió:

–Tengo un baúl y una cama.

Mirando hacia atrás, creo que teníamos más ilusiones que cosas. No teníamos trabajo ni un futuro seguro; solo nuestro amor.

Hicimos planes. Decidimos que ambos trabajaríamos tres meses durante el verano y juntaríamos dinero. Si los recursos eran suficientes para pagar nuestros estudios y alimentarnos, nos casaríamos; de lo contrario, postergaríamos el momento.

Al finalizar el verano, no solo teníamos el dinero para todo el año: la Universidad me ofreció trabajo y casa, de una forma que no esperábamos. Nos casamos un 28 de febrero en una iglesia atestada de amigos, familiares y profesores. Fue un día espectacular, y lo ha seguido siendo en nuestro recuerdo. Hemos tenido momentos difíciles y otros muy agradables.

Ese día, en las escalinatas de aquel colegio –mientras la gente pasaba sin entender por qué una pareja de jóvenes (casi adolescentes) reía a carcajadas– planeamos nuestro futuro y decidimos lo que seríamos.

Al mirar hacia atrás, siento que un matrimonio se construye de ilusiones, de sueños, de fantasías, y también de trabajo, de esfuerzo, de tesón. Nunca un buen matrimonio es resultado del azar. Las cosas son importantes, pero más lo es la decisión de amar todos los días, no importa cuál sea la circunstancia.

¿Recuerdas con alegría el día en que decidiste casarte? ¿Puedes mirar hacia atrás y decir que lo que has vivido ha sido bueno?

Inundado de alegría

"¡Cuán hermosos son tus amores, hermana, esposa mía! ¡Cuánto mejores que el vino tus amores, y la fragancia de tus perfumes más que toda especia aromática!" Cantares 4:10, RVR 95.

Alguien se me acercó y me preguntó por qué amo a Mery. Me quedé mudo. No porque no tenga una respuesta, sino porque no tengo una sola forma de contestar. Me quedé pensando, y sé que no puedo dar una razón exacta. Son tantas cosas, y no lo digo porque no sepa qué decir, sino porque siempre temo que este tipo de preguntas termine opacando lo que realmente siento. Por una parte, no deseo pasar por egoísta al mencionar todas las cosas que Mery significa para mí. Pero, por otro lado, es innegable que su presencia significa algo en mi vida que resulta conmovedor. Su amor me envuelve y me hace distinto. A su lado, parece que la vida tuviese un sabor distinto. Todo parece ubicarse en su justa medida.

Me encanta su voz cuando está contenta. Esa forma tan especial que tiene de hablarles a nuestros hijos. La mirada picarona que pone cuando está pensando en alguna picardía o en algún chiste. Las mil formas que tiene de decirme que me ama. Su alegría espontánea, su risa estentórea, su preocupación por los detalles, su manera tan singular de encarar la vida.

El amor nos hace ver la realidad con ojos distintos. Nos hace valorar los pequeños detalles. Las puestas de sol, las flores, el aire de la mañana, todo tiene un sentido diferente y cargado de una sensación de plenitud. Dichoso el que ama y es amado, porque todo lo que toca se convierte en algo especial.

Sin embargo, por absurdo que parezca, el amor no surge espontáneamente. No es algo que se produce de la nada. Cada pareja tiene que trabajar con su amor, así como un jardinero está constantemente cuidando su jardín. Si el que cuida las plantas y las flores se deja estar, estas serán invadidas por las malezas y por plagas indeseadas.

Una pareja que quiera madurar en su relación y crecer en amor tiene que hacer un esfuerzo sostenido y consciente para alimentar su relación, así como un jardinero cuida su jardín. Juntos han de quitar las malezas de los malentendidos, deberán estar atentos a las plagas de la indiferencia, la mentira y la deslealtad, que una vez que se instalan son muy difíciles de erradicar. Se precisa el abono de la empatía, el agua de la bondad y el sol de la amistad para que una pareja se mantenga en el tiempo.

Si alguien pensó que amar era tarea solo de sentir, se equivocó. El amor exige trabajo, abnegación, sacrificio y constancia. Solo así puede perdurar y sobrevivir a los embates inevitables de circunstancias difíciles que la vida indudablemente tiene.

¿Estás alimentando la plantita del amor en tu relación de pareja? ¿Qué estás haciendo para que el amor perdure en tu vida?

Cada etapa
con su dulzura

"Así que, no os afanéis por el día de mañana; porque el día de mañana traerá su afán. Basta a cada día su afán". Mateo 6:34.

Se ha escrito mucho sobre la crisis de la mediana edad. En la mente popular, se sobrentiende que en dicha época varones y mujeres realizarán acciones estúpidas e ilógicas.

Sin embargo, este es un prejuicio. No tiene que ser necesariamente así.

Los seres humanos siempre estamos en crisis. He visto a viejos recién jubilados comportarse como adolescentes por tener que enfrentar una situación que los sobrepasa.

El ser humano siempre está en un proceso de cambio, pasando de una etapa a otra. No hay un solo instante en que pueda decir: "Llegué", "maduré". Cuando termina un estadio, comienza otro. En el preciso instante en que se considera ya suficientemente maduro, se ve enfrentado a una situación nueva, que lo obliga a replantearse todo de nuevo y a tomar decisiones que lo obligan a repensar cosas que ya se suponía superadas.

No hay tal cosa como una crisis que sea desestabilizante de manera total para el ser humano. He visto a padres afligidísimos por sus hijos adolescentes, pero a la vez con una memoria muy escasa, al haber olvidado esa etapa que ellos mismos vivieron.

Lo que debería suceder es que una etapa nos prepare para vivir la siguiente. Pero, solemos hacer como si ese momento nunca llegará; como ancianas vestidas de adolescentes, para negar su propia decrepitud.

Lo inexorable no se puede evitar. Si fuéramos más auténticos y aprendiéramos a reírnos de cada momento y a gozarlo como un don de Dios, la vida tendría otro sabor.

Es absurda la idea de "la comezón del séptimo año" o "la crisis de los 40" que supuestamente autoriza a personas con principios a comportarse de manera irracional, haciendo y diciendo cosas que no solo no se corresponden con su edad sino también son pueriles, al lado de una vida que avanza sin que se pueda detener. Aceptar cada momento como válido y precioso nos permitirá finalmente vivir con más alegría.

Los matrimonios que aprenden a vivir cada día con alegría aprenden a superar las crisis con el mismo desenfado que han vivido cada día.

¿Estás pasando por un proceso de cambio? Y ¿cuál es el problema? ¿No les pasa a todos lo mismo? ¿Sientes que ya nada es igual que ayer? ¿Cuál es el problema? Puedes asombrarte con las nuevas cosas de hoy, ¿no es cierto?

Los años no pasan en vano

"Enséñanos de tal modo a contar nuestros días, que traigamos al corazón sabiduría". Salmo 90:12.

Los años pasan de manera inexorable. No podemos evitar que ocurra.

Una canción popular dice: "No le quite años a su vida, póngale vida a sus años". Y es cierto. Hay mucha gente que vive negando la edad que tiene, en vez de concentrarse en vivir plenamente esa etapa de su vida.

"El tiempo pasa, nos vamos poniendo viejos", dice la canción, pero muchos quieren ignorarlo. Vivimos en una sociedad que, lamentablemente, confunde mediante su culto a la adolescencia y la juventud. Pero eso es irreal; lo cierto es que, a medida que pasan los años, ganamos peso, nos llenamos de canas, surgen enfermedades propias de la edad y, al mirarnos al espejo, es evidente que cambiamos... para bien o para mal.

Una de las situaciones que afecta seriamente a muchos matrimonios es no entender este fenómeno físico, que es inevitable. Muchos varones que pasan la curva de los 40 comienzan a comportarse como adolescentes; no solo utilizan ropa que no les sienta sino también adoptan actitudes fuera de su edad (¿han visto a panzones de 40 con pantalones a la cadera? ¡De eso hablo!). Muchas mujeres sufren algo similar; se creen el cuento de las pomadas mágicas que quitan arrugas (cuando, en realidad, lo único que quitan es dinero).

El paso de los años debería cambiar nuestro rostro y nuestro cuerpo, pero nunca nuestros ideales y nuestros principios. Seguir soñando no es privativo de una edad. Ponerse metas y seguir trabajando para que se logren no es algo que solo puedan o deban hacer los más jóvenes.

Creer que el soñar es solo algo perteneciente a la juventud es algo necio. La persona que deja de tener ideales se muere interiormente. Aunque su cuerpo diga alto, su espíritu está muerto, y matar las ilusiones y la utopía es la peor muerte, la cual es muy difícil de revertir.

Todos los amargados de este mundo alguna vez soñaron. Todos aquellos que destilan dogmatismos y autoritarismos lo hacen por miedo a las utopías, que hace mucho dejaron atrás.

Un matrimonio que mata los sueños es uno que no es sabio. La sabiduría consiste en avanzar con el tiempo sin permitir que el paso de los años haga mella en nuestro espíritu. Si permitimos que la edad envejezca los ideales, matamos con dicha actitud lo mejor de nosotros y todo, incluyendo nuestro matrimonio, se va a deteriorar.

¿Estás dejando que los años te inunden con su carga de circunstancias inevitables o estás asumiendo el control de tus sueños y tus ideales?

Con trabajo

"El que es negligente en su trabajo es hermano del destructor". Proverbios 18:9, RVR 95.

Una vez le pregunté a un anciano que había estado felizmente casado por más de cuarenta años:

–¿Cuál es el secreto de su éxito?

Él me miró como estudiando si sería capaz de entender su respuesta, y me dijo con una sonrisa:

–¡No hay ningún secreto! Solo trabajar, trabajar y trabajar.

De una manera sencilla, me transmitió un concepto que hoy parece haberse perdido en la mente de muchas parejas jóvenes. El éxito, en cualquier actividad humana, no es el resultado de una casualidad. Es producto de todo un proceso que se hace con esfuerzo y perseverancia.

Hoy, la consigna parece ser: "Estaremos juntos hasta que aparezca la primera dificultad".

Ese eslogan, que marca la vida de muchas personas, lo único que esconde es una vida de comodidad.

El buen matrimonio es resultado de un trabajo constante; de esforzarse día tras día para amar, pese a que a veces las circunstancias no son las mejores.

Quien cree que llegará a construir un buen matrimonio solamente con el deseo y buenas intenciones no solo es un iluso, sino también se enfrenta a la posibilidad de graves desilusiones.

Un matrimonio exitoso es el resultado del esfuerzo continuo. Es producto de una actitud permanente de trabajo y tesón. Aquellos que hacen esfuerzos esporádicos y luego se dejan estar terminan, finalmente, fracasando estrepitosamente.

Por eso, la respuesta del anciano es tan atinada: sin trabajo no se consigue nada bueno. Esforzarse cada día es el secreto dicho a voces por quienes han tenido éxito; intentar una y otra vez, como una gota de agua que a fuerza de constancia termina quebrando a la roca más sólida. Todo esto implica que no hay problema que no puede resolverse, si se está dispuesto a pagar el precio de poner todas las energías posibles en su solución, en un esfuerzo permanente.

El que sale huyendo a la primera dificultad no solo demuestra no ser apto para el matrimonio, sino también con dicha actitud, hipoteca todo su futuro y en todas las áreas.

¿Estás poniendo todo de tu parte? ¿Estás trabajando o eres de aquellos que a la primera dificultad salen huyendo?

Bendita suegra

" Noemí dijo: He aquí tu cuñada se ha vuelto a su pueblo y a sus dioses;
vuélvete tú tras ella". Rut 1:15.

En todas las culturas se hacen bromas a costa de la suegra. A menudo se la considera una entrometida. No creo que haya sido muy distinto en el antiguo Israel. Sin embargo, Noemí aparece como un personaje excepcional. No tenemos idea de qué la hacía tan especial, pero sus nueras la consideraban de tal forma que estuvieron por dejar a su propio pueblo para seguirla, en una aventura de la que no sabían cómo habrían de salir. Si bien es cierto, una de ellas decidió regresar finalmente a su tierra, lo real es que las dos partieron para ir con ella. Finalmente, Ruth dejó todo para acompañarla.

Una suegra así es extraña. Llegó a amar tanto a su nuera y a expresarle tanto dicho cariño que no solo ella se convirtió en su hija; también la redimió, otorgándole el don de ser una persona con continuidad de dote.

Rut y Noemí son el ejemplo perfecto de lo que podría ser una relación sana entre una nuera y una suegra.

Muchas madres, cuando entienden que sus hijos se han de casar, optan por hacerles la guerra a sus nueras. Suelen actuar como madres en celo, que defienden a sus hijos de tal modo que, por ejemplo, no le permiten a su hija crecer ni dan su brazo a torcer para admitir a su yerno como un nuevo miembro de la familia. Dicha actitud no solo no es sana sino también priva a las personas de desarrollarse de manera equilibrada.

Muchos padres sienten que nunca alguien podrá tratar a sus hijos de la forma en que ellos lo han hecho, lo cual constituye en sí mismo un sinsentido, porque la relación de pareja supone un vínculo distinto del paterno; por lo tanto, se ordena dentro de otro marco referencial. La comparación no sirve.

Un varón o una mujer sabios dejarán crecer a sus hijos y los apoyarán en las decisiones que tomen, aun cuando no estén plenamente de acuerdo con ellos. Sin embargo, como entienden que por sobre todas las cosas son padres, comprenderán que sus hijos han de tener que cometer sus propios errores, para aprender.

Es verdad que algunos yernos no hacen esfuerzos para ganarse a las suegras. Otros se portan de forma equivocada. Sin embargo, la madre que ve partir a su hija puede, con su actitud, marcar una gran diferencia en la forma de actuar. Se supone que es más madura y que la experiencia le ha enseñado más; por lo tanto, debería actuar con mayor sabiduría. A toda suegra le haría bien estudiar la historia de Rut y Noemí, y preguntarse: ¿Qué tenía de especial esta mujer, que su nuera estuvo dispuesta a dejar todo para seguirla?

¿Cómo es tu relación con tu suegra? ¿Hay algo que tú podrías hacer para mejorar la relación? Si ya eres suegra, ¿estás tratando a tu nuera de acuerdo con el modelo de Noemí?

La infancia no es un destino

"Instruye al niño en su camino, y aun cuando fuere viejo no se apartará de él". Proverbios 22:6.

La resistencia de los cuerpos físicos es relativa. Unos soportan más y otros menos. Un objeto puede tolerar el fuego, pero al mismo tiempo ser vulnerable al frío. Por otro lado, los cuerpos físicos tienen una cierta elasticidad a los golpes. Unos aguantan mejor que otros. A ese concepto, los físicos lo llaman *resiliencia*.

La misma idea se ha aplicado a seres humanos. No todos pueden padecer de la misma forma los embates físicos y emocionales que les toca enfrentar. *Resiliencia* es, en este sentido, "la capacidad para triunfar, para vivir y desarrollarse positivamente, de manera socialmente aceptable, a pesar de la fatiga o de la adversidad, que suelen implicar riesgo grave de desenlace negativo".[16]

En ocasiones actuamos como si todos debiéramos tener la misma fuerza de voluntad que personalmente tenemos para relacionarnos con nuestra realidad. Pero, no es así; no todos tenemos las mismas capacidades ni habilidades para desenvolvernos del mismo modo.

Un buen matrimonio es aquel en el que el que tiene más resistencia en algún aspecto es capaz de ayudar al otro que, en esa cuestión particular de la vida, tiene menos. En otra ocasión, los papeles se invertirán, y el que en otro momento ayudó se dejará ayudar en aquello en que es menos hábil y resulta más débil.

El problema se vuelve complejo cuando ambos tienen la misma debilidad en algún sentido; entonces, no pueden ser de ayuda uno para el otro de manera equilibrada.

Las personas forman sus capacidades para enfrentar positivamente su existencia a pesar de las circunstancias adversas. El momento en que esto ocurre, es a menudo, en la infancia. En la niñez se escribe el destino. La capacidad de salir airoso de situaciones conflictivas en la niñez se relaciona fundamentalmente con la ayuda que le otorgan al niño las personas adultas que están a su alrededor. Si los adultos actúan como entes contenedores y ayudan al infante a elaborar positivamente lo que ha experimentado, es probable que de adulto esté más capacitado para vivir. De otro modo, los problemas de la niñez estarán latentes el resto de la vida.

No significa que la niñez es determinante; sin embargo, crea condiciones que hay que tener en cuenta a la hora de relacionarnos con otras personas. Nunca es fácil salir de un pantano; pero, una vez que se sale, se está mejor preparado para atravesar por la misma experiencia o para ayudar a otros a salir de la misma situación.

¿Entiendes la importancia de tu infancia en la conformación de tu matrimonio? ¿Eres consciente de qué aspectos son débiles y cuáles son fuertes en tu vida?

El decálogo de un buen matrimonio

"Guardad, pues, todos los mandamientos que yo os prescribo hoy, para que seáis fortalecidos". Deuteronomio 11:8.

1. Después de Dios, la persona más importante en tu vida será tu cónyuge. Lo amarás, lo honrarás y le harás sentir, en todo momento, que en tu vida no hay nadie más importante.
2. Respetarás la individualidad de tu esposa o de tu esposo, aceptando que tiene su propia personalidad y su propio desarrollo en el mundo.
3. Respetarás la libertad de tu cónyuge, sin intentar convertirte en su conciencia o limitando sus libres decisiones de ninguna forma.
4. Reiterarás día tras día el compromiso de amor que hiciste con tu cónyuge, entendiendo que cada ser humano, por diseño divino, necesita que le recuerden constantemente cuán importante es en la vida del esposo o la esposa.
5. Cultivarás día tras día la amistad con tu cónyuge, dedicando tiempo, inteligencia y pasión a una acción que contribuirá notablemente al desarrollo de tu vida matrimonial.
6. No tratarás nunca a tu cónyuge como si fuera un lacayo o un siervo; por el contrario, siempre actuarás con él o ella como con una persona que posee tus mismos derechos y que no se casó contigo para ser gobernado(a) o mandado(a).
7. Actuarás entendiendo que la relación sexual, en el interior de un matrimonio, debe ser libre, espontánea y satisfactoria, y en ningún caso y bajo ninguna circunstancia una acción forzada, antinatural ni insatisfactoria.
8. Tocarás, abrazarás, besarás y acariciarás a tu cónyuge en todo momento posible, para decirle de manera explícita cuán importante es en tu vida.
9. Nunca impedirás, de ningún modo, que tu cónyuge exprese lo que siente; al contrario, validarás sus sentimientos entendiendo que todos tenemos derecho a expresarnos emocionalmente.
10. Nunca impedirás de ningún modo que tu cónyuge ejerza su derecho a expresarse libremente, entendiendo que todos los seres humanos tenemos derecho a pensar por nosotros mismos, sin que nuestra opinión sea coercionada de ningún modo.

¿Estás dispuesto a analizar tu vida matrimonial sobre la base de estos principios? ¿Entiendes la importancia de vivir estos principios en tu relación conyugal?

Tradiciones

"Y cuando os dijeren vuestros hijos: ¿Qué es este rito vuestro?, vosotros responderéis". Éxodo 12:26, 27.

Cuando Mery y yo nos casamos, quise hacer todas las cosas que mandaba la tradición; así que, cuando llegamos a lo que iba a ser nuestra casa, la alcé en brazos y, como buen marido recién casado, traspasé con ella el umbral de la puerta sin que ella tocara el suelo. ¡Qué romántico! ¿No es cierto? El problema es que después, como siempre me pasa con lo que hago, me puse a pensar: Y ¿por qué hice eso? ¿Cuál es el significado? Soy de los que continuamente está analizando lo que hace. Llámenlo hábito o introspección, la cosa es que necesito saber la razón de mis acciones. Tuve que concluir que no tenía idea de por qué existía esta la tradición.

Años después, hurgando en algunos añosos libros, encontré la razón: levantar a la novia en brazos para cruzar el umbral tiene su origen en tribus europeas antiguas en las que no existían mujeres, por lo que debían ir a raptarlas a pueblos vecinos y, para no traer mala suerte, no podían siquiera tocar el suelo con ellas.

Tal vez hoy haya que reinterpretar las costumbres y darles un sentido diferente; de ese modo, la pareja puede sentir que está participando de un rito que los enriquece a la hora de entrar en su matrimonio. Tal vez el alzar a la novia podría significar que él la va a levantar en los momentos difíciles o que estará dispuesto a llevarla sobre sus brazos cuando ella no esté en condiciones de enfrentar esos momentos.

Lo mejor es que las parejas inventen sus propias tradiciones. Mery y yo hemos construido, con el tiempo, nuestros propios códigos, pequeños gestos y elaboraciones que nos recuerdan que ambos somos distintos e importantes.

Las palabras no significan lo mismo para nosotros en nuestro propio código. Algunas fechas nos rememoran cosas distintas.

Toda pareja necesita, para la identidad como pareja, inventar sus propios ritos matrimoniales; códigos, costumbres, hábitos, festejos, etc. No sería mala idea que se pusieran, con lápiz y papel, a recordar cuáles son los ritos familiares que existen en su pareja... Si no hay algo propio de ustedes, pues, con entusiasmo, pónganse a inventar algo que sea tan suyo que, de solo pensar en eso sonrían al entender que los señala como únicos.

Conozco a una pareja que se fotografía delante de cada entrada de ciudad en la que han estado alguna vez paseando... y exhiben las fotografías como su tradición familiar. Otra pareja guarda, en una caja especial, botellas con tierra de diferentes lugares que les traen recuerdos felices. Cada botellita tiene su propia historia, y disfrutan contándola.

¿Cuáles son los ritos o las tradiciones únicas que hay en tu matrimonio?

Tradiciones de vida

"Me mostrarás la senda de la vida; en tu presencia hay plenitud de gozo;
delicias a tu diestra para siempre". Salmo 16:11.

Cuando contraemos matrimonio, no llegamos a esa nueva vida desnudos de historia y de tradiciones. Al contrario, traemos con nosotros una amplia gama de conceptos, ideas, costumbres, hábitos, formas de ver la vida, etc. Nuestra historia particular se funde, confunde y difunde con la de nuestro cónyuge. En muchos momentos, lo que somos choca de frente con lo que es la persona que amamos.

Un matrimonio sabio construirá su propia tradición familiar a partir de las tradiciones que traen ambos cónyuges. Podrán renovar, transformar o cambiar. Unos pocos idearán a partir de algo totalmente nuevo. Una pareja que se forma comienza a construir un mundo, una nueva forma de enfrentar la realidad. Antes de llegar a casarse, estaban unidos a una tradición familiar. Ahora, casados, están llamados a construir su propio horizonte.

Lo que mantiene unidas a las familias son los vínculos que construyen juntos. Una pareja sabia no confronta tradiciones. Crea otras nuevas a partir de las que traen ambos. Lo que surge es una expresión única y fresca. De ese modo, su matrimonio se convierte en una ventana a otros cielos.

Muchas familias se equivocan al disputar tradiciones o imponerle al cónyuge una manera de celebrar la vida que es propia del medio en que se formó. Deberíamos aprender a seleccionar todo lo bueno que recibimos y luego unirlo a todo lo bueno que recibió nuestro cónyuge, y de ese modo hacer algo novedoso. Las parejas que disputan sobre qué tradición familiar es mejor (la de su familia de origen y no la del cónyuge), en el fondo, están poniendo una cuña al tronco del árbol de sus vidas que, tarde o temprano, se partirá.

En tu casa ¿celebraban la Navidad reuniéndose con los hermanos de tu padre? En tu familia ¿tu padre le llevaba el desayuno a la cama a tu madre? En tu hogar de origen ¿nunca se celebraban los cumpleaños? ¡Qué importa! Lo que verdaderamente interesa es qué tradición surgirá entre ustedes.

En nuestro hogar realizamos muchas cosas que no se hacían en casa de mis padres ni de mis suegros. Son nuestras tradiciones. Son las cosas que nos producen felicidad a nosotros. Las familias se nutren de tradiciones, esas pequeñas y grandes acciones que tejen los recuerdos felices. Un matrimonio sabio buscará crear a propósito esas pequeñas tradiciones que se convertirán, a la postre, en postes que sostendrán el armazón de su hogar y que lo harán firme cuando vengan los momentos malos.

¿Qué tradiciones hay en tu hogar que no había en la casa de tus padres? Si no hay ninguna, pues, ponte a inventar, innovar, transformar. ¡Haz algo, y comienza hoy!

Algo azul, algo prestado, algo usado

"No traspases los linderos antiguos". Proverbios 22:28.

Hay prácticas de boda que no se sabe con exactitud de dónde salen. En algunos lugares se acostumbra, por ejemplo, que la novia lleve, como parte de su indumentaria de bodas, algo azul, algo prestado y algo usado.

El azul tiene sus raíces en tradiciones israelitas que imponían a la novia una banda de ese color en señal de pureza, amor y fidelidad. Algo prestado debe provenir de una mujer felizmente casada, para que transfiera esa felicidad matrimonial. Algo usado, para atar a la novia a la simbología del matrimonio.

Pueden parecernos pueriles estas prácticas, pero de algún modo reflejan, en tradiciones, lo que fueron el sentir de generaciones que veían que una boda no solo es una ceremonia, sino también un momento crucial en la vida de una pareja. Señala el momento en que la vida adquiere un sentido totalmente diferente para su vida.

El azul, color que en la cultura hebrea se relaciona con la pureza, el amor y la fidelidad, está de un modo concreto relacionado con el cielo, donde alzaban sus ojos quienes acudían a la presencia de Dios. De hecho, los antiguos hebreos no acostumbraban cerrar los ojos para dirigirse a la Deidad, sino que levantaban su rostro y se extasiaban con el azul del cielo. De hecho, la simbología puede adquirir otro sentido más esencial: la pareja se mantendrá pura, fiel, y seguirán amándose en la medida en que no aparten su mirada de Dios, quien es el único que tiene el poder de ayudarlos a ser fieles, puros y amantes.

Lo de algo prestado se relaciona con algo significativo, con la capacidad de transferir positivamente, a los jóvenes contrayentes, la felicidad de quienes han encontrado en el matrimonio algo bueno y agradable. Siempre me ha causado desazón que en las bodas suelan acercarse a dar consejos, especialmente a la novia, aquellas mujeres que se sienten desilusionadas y frustradas en su relación matrimonial. ¿Y las otras? ¿Las que les va bien? Ellas deberían ser las primeras y las únicas en comunicar lo hermosa que es la unión matrimonial.

Lo de usado no logro entenderlo; solo me parece unilateral. Tanto el marido como la esposa deben estar atados a toda la simbología del matrimonio de tal forma que lo que hagan y digan no sean meras fórmulas sin mayor impacto real en sus vidas.

El matrimonio es un invento grandioso, pero, puede arruinarse si se hacen las cosas mal. Cada pareja debe cuidar para que todo pueda continuar por un carril que sea adecuado y próspero. Las parejas serán más o menos felices en la medida en que hagan lo correcto en el momento adecuado.

¿Estás buscando la pureza en Dios? ¿Te estás contagiando con la alegría de otros felizmente casados? ¿Entiendes los símbolos matrimoniales a los que te has atado?

La fuerza del capricho

"Tómame ésta por mujer, porque ella me agrada". Jueces 14:3.

El capricho da una fuerza extraordinaria a la personalidad. Se está dispuesto a pelearse con quien sea con tal de que lo que se espera se cumpla tal como uno aspira. Sin embargo, el capricho que da tenacidad y porfía también enceguece, haciendo que las personas caprichosas se conviertan en individuos ciegos a su verdadera realidad.

Uno de esos caprichosos famosos fue Sansón. Nacido para iluminar, se convirtió en una triste caricatura de lo que podría haber sido. Algunas características presentes en este hombre, y que están también activas o latentes en muchas personas hoy, son:

Los caprichosos no aceptan consejos. Los padres de Sansón intentaron hacerlo razonar, pero él se negó. Hoy, hay muchos que actúan como si no necesitaran de nada ni de nadie; solo se bastan a sí mismos.

Los caprichosos están llenos de orgullo. Cuando una persona es orgullosa, se vuelve temeraria y actúa sin medir las consecuencias de sus actos. Al observar a Sansón, se advierte cómo paulatinamente se arriesga más y más, sin darse cuenta del tremendo daño que se hace a sí mismo y a los demás.

Los caprichosos suelen reaccionar tarde. Es patético ver a Sansón ciego, y siendo lastimado y estando frente a las burlas de sus enemigos. Cuando es llevado hasta los pilares de aquel edificio, es el momento de la reacción, pero en muchos sentidos es tarde.

Muchas personas suelen hundir sus vidas por el capricho. Se dejan llevar tercamente, sin dar lugar a la crítica y el análisis. Consideran que tienen razón, y no están dispuestos a examinar lo que han hecho a la luz de la experiencia de otros, ni de la voz de Dios.

Lo trágico de muchas parejas es que al no admitir la posibilidad de estar en error, se hunden más y más en su desgracia. Cuando llegan a reaccionar, es tarde. ¿Qué hacer para no caer en esta situación? Hay que cultivar el juicio crítico y la humildad.

Es preciso examinar cuidadosa y continuamente lo que se está haciendo a la luz de un modelo superior. La Biblia contiene un sinnúmero de principios rectores que pueden guiarnos para no cometer errores.

Unido a lo anterior, es necesario tener una actitud de humildad. Sin la mansedumbre adecuada, no se pueden reconocer falencias ni admitir la necesidad de ayuda.

Muchos matrimonios podrían salvarse si uno de los dos, o la pareja, aceptara que tiene un conflicto y que precisa ayuda. El capricho solamente sirve de lastre para la vida matrimonial; ni Dios puede ayudar a un caprichoso.

¿Estás examinando tu vida a la luz de la Palabra de Dios? ¿Estás dispuesto a solicitar ayuda con un espíritu de humildad?

El consejo

"Pobreza y vergüenza tendrá el que menosprecia el consejo, pero el que acepta la corrección recibirá honra". Proverbios 13:18, RVR 95.

Estaban un poco avergonzados. Se sentían así por estar por primera vez delante de un consejero matrimonial. Ambos creían que era humillante tener que haber llegado a esa situación. Era evidente que él había venido hasta la consulta en contra de su voluntad.

Ella contó brevemente lo que les estaba pasando, mientras él miraba hacia el suelo jugando nerviosamente con las manos.

De pronto ella, mientras hablaba, comenzó a llorar. Él levantó el rostro y, tomando su pañuelo, se lo pasó de manera brusca. Evidentemente, le molestaba que ella llorara.

En toda la entrevista, él habló únicamente cuando le preguntamos directamente, y en la mayoría de los casos sus respuestas fueron solo monosílabos. Cuando se fueron, le dije a ella que quería verla en otro momento a solas.

En la siguiente entrevista, le dije:

–Él no vino por su voluntad.

–No –respondió ella–, lo chantajeé para que viniera.

No le gustó para nada cuando le dije:

–El nunca va a recibir consejos que no ha pedido. La orientación matrimonial solo es posible en el contexto de la voluntad.

Muchas personas creen que es posible obligar a alguien a escuchar, aunque esa persona esté muy poco dispuesta a oír. Pero, ese es un mito falso. Ningún ser humano va a aceptar que lo orienten si no está de acuerdo en que necesita orientación.

Los problemas matrimoniales son complejos porque los que están involucrados son personas. La solución a los conflictos pasa primero por el que cada miembro de la pareja entienda que necesita ayuda para poder vislumbrar con más claridad lo que le está pasando. La función del consejero matrimonial es servir de espejo, para mostrarles cuál es su situación y otorgar herramientas que permitan a la pareja tener mayor claridad para decidir los pasos que deben dar a fin de salir del atolladero en el que se han metido.

Si los individuos involucrados no sienten que necesitan ayuda, no es mucho lo que se puede hacer. Es preciso que se reconozca que se precisa ayuda; de otro modo, todo el proceso es una pérdida de tiempo y de energía. Resulta frustrante intentar aconsejar a alguien que cree que no lo necesita.

¿Estás pidiendo ayuda para los problemas que tienes como pareja y que no has sido capaz de solucionar?

Luz de mis días

"Don de Jehová es la mujer prudente". Proverbios 19:14, RVR 95.

Hace 22 años que al acostarme y al despertarme la veo al lado mío. Conozco no solo su cuerpo, sino también sus miradas, sus sonrisas, sus pequeños gestos imperceptibles para otros pero inmensamente elocuentes para mí. Tiene cien formas de sonreír, y en cada una de esas sonrisas dice algo distinto. Pronuncia mi nombre de muchas formas diferentes, y cada vez me conquista de una manera diferente. Sus miradas son extraídas de un baúl misterioso en su mente, y en cada una de ellas me dice algo.

Cuando se ama, la vida se torna distinta porque a cada paso vamos encontrando una forma diferente de asimilar los golpes que el camino nos va dando.

El amor no es una pasión enloquecedora que te ciega por un instante. Tampoco es un sentimiento arrollador que te quita el aliento. Es algo mucho más sencillo y profundo. Es como un caudal de río que viaja silencioso y seguro por todos los lugares por los que le toca avanzar. Por momentos avanza movido por una fuerza extraordinaria, produciendo el ruido característico de la fricción; pero, en muchos instantes avanza en el apacible cantar del silbo cantarino del agua jugueteando entre las rocas por el simple placer de anunciar vida.

Para amar se necesita tiempo. No se logra de la noche a la mañana la sensación de que la persona amada es como el aire para tus pulmones. Si ella falta, es como si faltara un elemento crucial que le da un sentido claro y significativo a tu existencia.

Muchos aman con tal incongruencia que creen que para amar es preciso sufrir o pasar por episodios tensos y agobiantes. Pero, el amor verdadero, el que proviene de la influencia divina, el que nace no del sentimiento sino de la voluntad, provee un sendero seguro y apacible. Da a los amantes la certeza de que están del lado de la luz y no en la oscuridad. Sus vidas se vuelven gozosas y plenas. Conocen por experiencia personal el sentido de la plenitud, y se alegran cada día de haberlo conocido.

Conozco a Mery mejor que a cualquier persona de esta tierra. Sé qué ella, es para mí, tan importante como respirar. Sin embargo, nuestra relación no ha crecido de la noche a la mañana. Hemos necesitado tiempo para limar nuestras diferencias.

Agradezco a Dios por el don del amor. Le estoy inmensamente agradecido por haberme puesto en el camino de quien, hoy por hoy, es la persona que ilumina mis días.

¿Estás agradecido a Dios por el esposo o la esposa que tienes? Si en tu vida no hay plenitud, ¿qué está fallando? ¿Qué debes hacer para mejorar la situación? Si, por el contrario, sientes que estás pleno, ¿qué debes hacer para que esta situación se mantenga? ¿Qué debes cuidar día tras día?

Estereotipos

"Por lo cual, desechando la mentira, hablad verdad cada uno con su próji-
mo". Efesios 4:25.

El estereotipo es una plancha metálica que sirve para imprimir caracteres. De allí ha derivado llamar "estereotipos" a los prejuicios o los preconceptos. En relación con la pareja, hay una serie de mitos estereotipados que, de una forma u otra, afectan a la relación matrimonial; por ejemplo:

Se afirma que "las mujeres son más emocionales que los varones". Sin embargo, no hay pruebas determinantes que demuestren este prejuicio. Tanto el varón como la mujer tienen la capacidad de emocionarse. Lo real es que se aprende a expresar la emoción, así como aprendemos a caminar: por imitación.

Si la pareja no aprende a respetar mutuamente sus estados emocionales, eso provocará tensión entre ambos. Si califican sus estados emocionales sobre la base de este estereotipo, tenderán a formar a sus hijos reprimidos y no capaces de expresar sanamente lo que sienten.

También suele decirse que las mujeres son capaces de expresar "mayor ternura y bondad". Es por eso que suelen calificarse ciertas emociones como masculinas y otras como femeninas. Se da por supuesto que los varones deben ser rudos y faltos de bondad. Sin embargo, este estereotipo no tiene ningún asidero lógico. Es verdad que muchos varones suelen ser rudos, pero, no más de lo que algunas mujeres lo son. La capacidad de expresar ternura y bondad no tiene nada que ver con el sexo sino con la formación recibida, especialmente en el hogar de origen.

Si una mujer da por sentado que el varón tiene que ser brusco y poco bondadoso, criará a sus hijos varones con esta perspectiva, ocasionándole un gran daño. Formados así, se darán el lujo de justificar sus conductas, basados en que "así son los varones".

Se dice que "las mujeres son más religiosas que los varones". En casi todas las culturas, se le atribuye a la mujer mayor capacidad de espiritualidad; pero, si uno observa la cantidad de personas que se dedican a los ejercicios espirituales, se observa que no es posible trazar una frontera exacta entre los sexos en este aspecto. Al contrario, pareciera que tanto hombres como mujeres han desarrollado la capacidad de buscar a la Deidad, y esto tiene que ver con el ambiente en que la persona se ha formando.

Lo real es que Dios nos creó como seres sexuados. Hay características biológicas que evidentemente son distintas entre varón y mujer. Pero, tenemos que tener cuidado de inferir, a partir de esta diferenciación, estereotipos que estén basados en mitos.

¿Te relacionas con tu cónyuge sobre la base de estereotipos de manera lógica?
¿Qué guía tu vida, los estereotipos o la razón?

Malditos estereotipos

"La mujer virtuosa es corona de su marido". Proverbios 12:4.

Hay metáforas que, de tanto repetirlas, no nos dejan pensar en el sentido que tienen y en el perjuicio que producen a la relación de la pareja. Algunas de ellas son mencionadas con tanta inocencia que no se perciben los preconceptos sexistas, discriminadores o distorsionadores de la relación de pareja que hay detrás de ellos. Una de esas ideas es repetir que la mujer es el "ama de casa". En otras palabras, la dueña y señora de su hogar, y que ella es la que tiene la última palabra en todo lo que se refiere al hogar.

Nuestra sociedad espera que así sea. Los comerciales que hablan del hogar apelan a las esposas, no a los esposos. Se educa para ese modelo. Las mujeres viven el estereotipo al grado de que muchas suponen que aquello es natural.

Permítanme decirles que por mucho que una idea sea repetida de boca en boca, y de generación en generación, si es falsa, la repetición no la hace más verdadera. La verdad no es un asunto de democracias, consensos ni mayorías.

Sostener el argumento de que la mujer, dentro del hogar, "es el ama de casa" es desvirtuar lo que significa un matrimonio, y no entender lo que es un hogar y una relación de pareja. Antes de que se asusten y cierren el libro, permítanme explicarles.

Un hogar tiene que ser un lugar en el que todos se sientan a gusto y cada uno ocupe un espacio personal único e individual. Para que eso se produzca, todos los miembros de un hogar han de sentir que algún pedazo de ese hogar es de ellos. Muchas amas de casa actúan como si ellas fueran las únicas capaces de tener buen gusto o como si vivieran solas. No es un espacio para ellas solas, sino para una pareja o una familia.

Mery y yo hemos aprendido a dejar espacios personales, en los que nadie opina o se mete. Son nuestros espacios personales.

Creo que sostener que la mujer es el "ama de casa" y creer que nadie debe meterse en la cocina, o en el orden de la casa, o en las compras u otras cosas por el estilo hace que se pierda el sentido de pareja; a menos, claro, que se haya llegado a un consenso; a un mutuo acuerdo.

Por esa razón, cuando pasa la ilusión, y se entiende la carga sexista y discriminadora que hay detrás de esta expresión, muchas mujeres se preguntan: "Y, al fin y al cabo, ¿qué he ganado casándome? Terminan siendo sirvientes de varones que no colaboran (en parte, porque ellas no les han permitido); esclavas de hijos que las ven solo como administradoras de una casa (en parte, porque ellas no los han formado para colaborar), etc. Eso no es justo ni es sabio.

¿Cómo tratas a tu esposa? ¿Cómo entiendes tu rol dentro de la casa, como mujer?

Los hijos no son la razón del matrimonio

"Él hace habitar en familia a la estéril". Salmo 113:9.

Hace pocos días, recibí una carta de una joven de un país latinoamericano. Me contaba que quiere casarse, pero que está angustiada y con mucho desanimo porque, como consecuencia de una enfermedad congénita que padece nunca podrá tener hijos. En uno de sus párrafos, me dice:

"Ningún varón que conozco querrá casarse con una mujer estéril. Así que, estoy condenada a quedarme soltera".

Cuando leía, pensaba: ¿Cómo es posible que este tipo de pensamiento aún exista en nuestro mundo, cuando estamos en pleno siglo XXI?

La verdad es que aún muchas culturas "cristianas" siguen manteniendo un concepto que no tiene fundamento bíblico ni lógico. Se supone que la única razón por la que existe el matrimonio es para formar una familia.

Una mentira, por mucho que sea repetida un millón de veces, no se convierte en verdad. Y el concepto de que el matrimonio existe para tener hijos como única razón es, simplemente, un engaño creado por quienes han interpretado el cristianismo a partir de una cosmovisión no cristiana, que ve a la sexualidad con sospecha. Por eso, ha creado un concepto que "justifique" la vida sexual de algún modo. De allí el surgimiento de un mito extraordinariamente difundido, pero no por eso menos mentiroso.

Los matrimonios no son agencias productoras de hijos. El matrimonio existe antes de que lleguen los hijos y debería seguir existiendo una vez que los hijos se vayan.

Por otro lado, si algún matrimonio no tuviera hijos por alguna razón física que invalida o por mutua elección, de acuerdo con el parámetro mitológico deberían dejar de ser matrimonio y deberíamos aceptar lo que se toleró e impulsó en la Edad Media: el divorcio por esterilidad.

El matrimonio existe porque los seres humanos necesitan, por diseño divino, a otro ser humano que sea su compañero o su compañera. Los hijos son un agregado bendito al matrimonio, pero no el constituyente básico. De hecho, los hijos no son la razón de ser del matrimonio como institución. Son un medio creado por Dios para ayudarnos a ser formados en nuestro carácter y para poder entender, en parte, lo que significa lo que Dios hace por nosotros.

¿Estás convirtiendo a tus hijos en el centro de tu vida, dejando a un lado a tu esposo? ¿Estás haciendo que tus hijos se conviertan en la razón de ser de tu matrimonio, aún al grado de descuidar a tu cónyuge?

La mujer y los hijos

"Él hace habitar en familia a la estéril, que se goza en ser madre de hijos. Aleluya". Salmo 113:9.

Cuando nacen los hijos –paradójicamente– se producen muchas rupturas matrimoniales o se inician procesos que culminan en desastres conyugales.

Nuestra sociedad occidental ha hecho tanto énfasis en el llamado "instinto maternal" o en "el ideal de madre", que se ha olvidado –lamentablemente– de que los hijos no necesitan solo a una madre, sino también a un padre. Se ha enfatizado tanto el rol de la mujer en la crianza de los hijos, que muchos varones han aprendido, desde que son niños, que ellos simplemente son el agregado de piedra a la fiesta.

En este tema, muchas mujeres tratan a sus esposos como ignorantes, ajenos al proceso de interacción con los hijos; y, lo más grave, convierten a sus hijos en el centro de sus vidas y terminan desplazando a sus esposos. En forma paradójica, son esas mismas mujeres las que más tarde reclaman la poca cercanía que sus esposos tienen con sus hijos. No se dan cuenta de que, sencillamente, ellas los han dejado a un lado del desarrollo infantil, no permitiéndoles participar de él.

Algo tan natural como son los hijos puede hacer que una mujer se vuelque hacia ellos de tal modo que descuide la atención de su marido. _Con el correr del tiempo, estará descuidando detalles fundamentales para alimentar el amor entre los dos.

Una pareja sana tiene que entender que los hijos deben ser lo más importante para los dos, el marido y la esposa, sin descuidar su propia relación de pareja. Cuando se produce un desequilibrio en la crianza de los hijos, desplazando la relación de la pareja, tarde o temprano, los hijos terminan siendo afectados con algo que no se previó antes.

Las parejas necesitan estar tiempo juntos a solas, sin hijos. Para eso, tienen que hacer arreglos para que alguien los cuide en los momentos en que estarán solos. Incluso, desde muy pequeños, ellos han de saber que sus padres necesitan tiempo para ellos.

Muchas mujeres se convierten en esclavas de sus hijos, al grado de que pierden identidad, se apartan de sus esposos, se aíslan de sus amistades, y dejan de participar en actividades recreativas y culturales, simplemente, porque se supone que eso se espera de ellas. Sin embargo, por muy loable que parezca, eso es un desequilibrio que, tarde o temprano, trae consecuencias nefastas para la vida matrimonial.

Los hijos son un don inapreciable. Vienen a la vida de la pareja para ser ayudados en su crecimiento; para amarlos y guiarlos de tal modo que siempre recuerden con sentimientos de cariño el hogar en el que nacieron. Para que eso se produzca, los padres han de cultivar su propia relación, que es lo que garantizará que el proceso sea sano.

¿Estás privilegiando tu relación con tus hijos antes que con tu esposo?

Solo la igualdad es equidad

"La mujer no tiene dominio sobre su propio cuerpo, sino el marido; ni tampoco tiene el marido dominio sobre su propio cuerpo, sino la mujer". 1 Corintios 7:4, RVR 95.

La situación de la mujer, hoy en día, es infinitamente mejor de lo que fue en siglos pasados. Incluso, aunque en algunas regiones del mundo occidental aún se sigue considerando a la mujer como si fuera un bien que pertenece al marido, su condición es mejor que antes.

Hasta principios del siglo pasado, la mayoría de las mujeres no tenía derechos personales, más que en conexión con los varones (padres, hermanos, esposos). No podían votar, acceder a la educación superior, postularse a trabajos con independencia económica, obtener mejores sueldos que los hombres, recibir herencias, tener propiedades o movilizarse de un lugar a otro sin la autorización expresa de un varón. Comprar, vender o testificar en una corte eran prerrogativas eminentemente masculinas.

Sin embargo, eso ha cambiado en gran parte. Las mujeres acceden a la educación, algunas son empresarias, muchas ganan más que los varones en puestos similares, no hay prácticamente ningún oficio en el que no haya incursionado la mujer. No obstante, en muchas parejas, se mantienen algunas actitudes que hacen recordar a los más funestos pasajes de horror de siglos pasados.

Muchos varones hoy siguen tratando a las mujeres en general, y a sus esposas en particular, como si fueran un sexo inferior. Consideran que las mujeres no tienen derecho a opinar y actúan como si ellas fueran simplemente esclavas al servicio de sus más irrisorios caprichos.

Es lamentable que esta actitud impere incluso en hogares cristianos en los que se sostiene que los maridos tienen derechos inalienables sobre sus esposas, y que estas deben responder obedeciendo, sometiéndose y aceptando de buena gana el ser tratadas como personas de un orden inferior.

Lo que muchos no alcanzan a percibir es que si una relación matrimonial no se da en un clima de igualdad, tarde o temprano la pareja va a fracasar. Solo la igualdad basada en la equidad y la justicia "es la base necesaria para el amor y la compenetración sexual".[17]

La sumisión unilateral de la mujer al varón propicia el clima adecuado para que surja la violencia verbal y física, sensaciones de frustración y fracaso en la mujer, y la infantilización y anulación de la mujer. Dios –considerando la dignidad de las personas– planeó otra cosa.

¿Tratas a tu esposa como a un igual o como un ser inferior?

Igualdad no sumisión

"¿Andarán dos juntos, si no estuvieren de acuerdo?" Amós 3:3.

Vivir en pareja es construir un proyecto de vida compartido. No es un plan unilateral, que una parte impone a la otra. Es compartir la vida y construir juntos el camino por el cual se ha de andar. Cuando una parte le impone a la otra una determinada proyección de vida, la relación deja de ser tal y se convierte en una monarquía o una dictadura.

En el contexto machista, se supone que las mujeres deben bailar al son de la música que el marido compone. Ese esquema de relaciones rompe de plano el significado real de la pareja. Para que una pareja crezca en amor y compromiso, precisa una relación en la que ambas partes participen activamente en un proyecto en el que los dos –de manera igualitaria– tengan voz y voto en términos recíprocos.

Cuando el varón toma las iniciativas y obliga a su esposa a actuar de acuerdo su propia idea de la vida la relación se infantiliza y se convierte en un vínculo desequilibrado.

Muchas mujeres ven sus vidas profesionales cercenadas por esposos que consideran que sus vidas y proyectos tienen preeminencia por sobre los de su cónyuge. Ese es nada más y nada menos que un absurdo, porque, al final, tener al lado a una persona frustrada y limitada por falta de desarrollo adecuado es tener a alguien incompleto y truncado. Un matrimonio sabio busca un equilibrio entre los deseos personales y los gustos y las aspiraciones del otro.

El egoísmo mata matrimonios como ningún otro mal. Hace que las personas solo piensen en sí mismas, sin ninguna consideración por los deseos y las aspiraciones del cónyuge. En estos años que llevo de ayudar a parejas a encontrar solución a sus problemas, he descubierto que, en la mayoría de los casos, quien se va postergando a sí misma es la mujer. Lamentablemente, eso es visto como una cosa normal y común. Pero, aunque lo parezca, es anormal que una persona no se desarrolle y vea su vida frustrada simplemente porque sus aspiraciones personales nos son consideradas.

Pasó la época de la esclavitud, al menos, oficialmente; sin embargo, en muchos hogares se vive, de hecho, una especie de servidumbre en la que millones de mujeres carecen de sus derechos y de la opinión.

Un matrimonio solamente funcionará de manera adecuada cuando el marido considere a su esposa como a una igual, y viceversa. Cuando dejen de tratarse en un contexto de sumisión y obediencia, que más recuerda a la relación de amo/esclavo que de marido y mujer.

¿Cómo tratas a tu esposa? ¿Qué respondería ella si le preguntáramos hoy respecto a sus aspiraciones y deseos personales?

Mutua sumisión

"La mujer ya no tiene derecho sobre su propio cuerpo, sino su esposo. Tampoco el hombre tiene derecho sobre su propio cuerpo, sino su esposa". 1 Corintios 7:4, DHH.

El apóstol Pablo es admirable. No solo es el teólogo más importante de todo el cristianismo, sino también tiene un sentido común y una inteligencia práctica que lo hacen ser uno de los autores más admirados de todos los tiempos.

En este versículo, rompe con los cánones sociales de su época. En un momento histórico en el que la mujer no tenía ningún valor como persona, y era considerada simplemente como una proveedora de hijos y una administradora limitada de bienes hogareños, Pablo la trata con una dignidad que lo califica como un buen defensor de la mujer. Simplemente, pone al varón y a la mujer en un plano total de igualdad.

Lo extraordinario es que le escribe a la gente de Corinto; un puerto griego caracterizado por su vida disipada y por su promiscuidad sexual; un pueblo que consideraba a la mujer con un valor infrahumano. En algunos casos, se consideraba que la mujer valía menos que un animal. A esas personas, totalmente impregnadas de prejuicios misóginos, Pablo les dice: Las mujeres tienen los mismos derechos sobre sus esposos que estos sobre ellas.

Hoy en día es relativamente fácil, en la mayoría de los países, defender este concepto. Sin embargo, cuando el apóstol pronunció estas palabras, seguramente debió haber provocado una revolución conceptual que pudo haber significado más de una oposición entre el público que leyó dichas palabras. Los preconceptos y las tradiciones culturales son lo más difícil de erradicar de la mente de una persona. Sin embargo, Pablo –que no era amigo de protocolos ni de atavismos culturales– enfrenta el asunto y, en pocas palabras, les dice: Son cristianos; estas son las reglas del juego ahora.

Un varón casado no es dueño de sí mismo. Ni siquiera tiene autoridad sobre su cuerpo. El asunto va más allá de la sexualidad. Tiene que ver con el entender que ahora se debe a otra persona, que cada hábito o despreocupación que tenga hacia sí mismo va a afectar finalmente a su esposa. La esposa tiene derecho a reclamar preocupación de su esposo sobre su cuerpo. Finalmente, también es de ella. Él es la prolongación de ella, y viceversa. Este es un concepto revolucionario, aún hoy. Hace que el matrimonio se convierta en algo mucho más que convivencia corporal. Es, a la postre, un acto de renuncia a sí mismo y sumisión a otro. Una sumisión mutua, pero sumisión al fin y al cabo.

¿Tratas a tu esposa como a una igual o como alguien inferior? ¿Qué sientes respecto de la forma en que tu esposo te trata?

¿Obediencia o interdependencia?

"Someteos unos a otros en el temor de Dios". Efesios 5:21.

Se llamaba Sarah Harrison Blair, vivió en las colonias de inmigrantes del Estado de Virginia, a comienzos de lo que hoy se llama Estados Unidos. Se casó en el año 1687. Es probable que nunca escucharas hablar de ella, y tampoco figura en muchos libros de historia. Sin embargo, su nombre ha quedado registrado porque, en el momento de su boda, rompió con una tradición que se mantenía por siglos y fue la primera mujer, de la que se tiene registro, que haya hecho algo así.

Durante la boda, el pastor que la oficiaba le hizo a ella una pregunta que solo se les hacía a las mujeres. El que dirigía le preguntó si prometía obedecer a su esposo.

–Yo no obedezco –replicó ella con seguridad.

El pastor le preguntó lo mismo en dos ocasiones más, y recibió la misma respuesta. El ministro terminó la ceremonia accediendo a la condición de Sarah, lo que en ese momento constituía un abierto desafío no solo a la liturgia imperante sino también a todo lo que eso implicaba en términos de relación de igualdad y sometimiento entre varones y mujeres.[18]

Hasta ese momento, la liturgia contemplaba las promesas habituales para ambos; pero a las esposas, además, se les pedía que prometieran obediencia y sumisión a sus maridos, lo que en realidad era una clara unilateralidad de la relación en la pareja.

El argumento utilizado para esta exigencia procede del versículo que habla de la sumisión de la esposa al marido y pone como ejemplo a Sara, que trataba de "señor" a su marido, en un tiempo en el que dicha palabra significaba "amo" (1 Ped. 3:5, 6).

Sin embargo, cuando se compara con los dichos de Pablo, en ellos se menciona un concepto complementario. Habla de sumisión mutua (Efes. 5:21) y de que el marido debe ser la cabeza de la mujer (Efes. 5:23), que significa que él debe interdepender con su esposa y estar dispuesto hasta el sacrificio por ella.

Jesús, por su parte, cada vez que respondió sobre asuntos de matrimonio, desvió respuesta hacia lo que fue creado en su origen por Dios (Mat. 19:4, 8; Mar. 10:6). En otras palabras, les dijo a sus contemporáneos que el modelo para seguir era el Edén y no la condición de pecado.

¿Debe obedecer la esposa al marido? Yo digo que no. Porque la relación matrimonial no es una relación infantil, sino de adultos que, en forma consensuada, deciden vivir como marido y mujer. Ambos deben aprender a influenciarse y dejarse influenciar, cosa que es muy diferente de exigir obediencia unilateral.

¿Entiendes que el modelo es el Edén? ¿Estás cerca del Edén o alejado de él?

Intensamente emocional

"Mi amado es para mí un saquito de mirra que reposa entre mis pechos".
Cantares 1:13.

Una de las cosas más sorprendentes de la ciencia es que día tras día elimina mitos. Por ejemplo, una investigación realizada en los Estados Unidos concluyó que las encuestas que buscan detectar trastornos sexuales en las mujeres utilizan, erróneamente, parámetros masculinos. Comprobó, además, lo que ya habían señalado algunos sexólogos en el sentido de que la sexualidad plena, en las mujeres, está más ligada al bienestar emocional y al placer que a la frecuencia de las relaciones.

El estudio sugiere que hay un intento por sobredimensionar las disfunciones sexuales femeninas con el fin de que algunas empresas farmacéuticas logren masificar el consumo de fármacos similares al Viagra, en este caso para mujeres.

¿Qué hace que una mujer pueda vivir plenamente su sexualidad? El bienestar emocional y la relación afectiva con su pareja. En otras palabras, el clima emocional es el elemento clave para lograr que una mujer viva plenamente su sexualidad.

Lamentablemente, desde una perspectiva masculina, muchos estudios han puesto el énfasis en el orgasmo y la excitación. Este enfoque lo único que ha hecho es introducir un sesgo en la comprensión de la sexualidad femenina.

En el estudio mencionado, dirigido por la Universidad de Indiana, al analizar las expectativas reales que tienen las mujeres acerca de su vida sexual, las cifras de disfunciones sexuales femeninas se reducen en forma drástica.

Cuando a las mujeres se les pregunta por su vida sexual, muchas de ellas manifiestan estar estresadas o con tensión, y aducen la falta de compromiso afectivo y emocional de sus parejas. Muchos estudios han puesto su énfasis en el aspecto físico, creyendo que la sexualidad es nada más que "buen funcionamiento" de los órganos sexuales. Pero, los seres humanos somos una combinación compleja en la que lo emotivo y lo afectivo juegan un rol fundamental.

Todo esto significa que el énfasis de Cantar de los Cantares en la afectividad, el cariño, el ser asertivo, la expresión de bondad, la abnegación y la consideración de los sentimientos del otro no es un elemento casual; al contrario, constituye el meollo de una relación sexual sana.

Una vida sexual mecanizada, rutinaria, sin consideración por los aspectos emocionales y afectivos se convierte, a la larga, en un fastidio. Lo que planeo Dios se encuentra lejos de eso; vivirlo es cosa de elección y aprendizaje.

¿Estás dando tiempo a tu pareja para vivenciar lo afectivo y emocional en tu vida sexual? ¿Está tu vida cotidiana llena de cariño, bondad y consideración al otro?

Derecho al placer

"¡Llévame en pos de ti! [...] ¡Corramos! [...] ¡El rey me ha llevado a sus habitaciones! Nos gozaremos y alegraremos contigo, nos acordaremos de tus amores más que del vino. ¡Con razón te aman!" Cantares 1:4, 5, RVR 95.

Parece increíble. Estamos en pleno siglo XXI, pero aún hay millones de mujeres a las que se les niega sistemáticamente la posibilidad de vivir su sexualidad de una manera sana y desconectada de la concepción. Para muchas mujeres, todavía la sexualidad está asociada fatalmente al embarazo y la maternidad. Viven con la experiencia palpable de sentirse necesitadas de tener que optar por el aborto.

Aunque en la mayor parte del mundo los métodos anticonceptivos han abierto una puerta para evitar la permanente sensación de horror ante un embarazo y el miedo paralizante a tener que decidir por un aborto, muchas mujeres viven aún como se lo hacía en los siglos XVIII y XIX. Para millones, todavía aún no ha llegado la civilización y el derecho a controlar la natalidad de una manera permanente y continúa.

Los grupos conservadores de orientación religiosa rígida nunca han visto con buenos ojos la contracepción. Al contrario, en su discurso amarillista, cargado de resabios medievales, quien controle la natalidad por métodos anticonceptivos aparece llanamente como una persona promiscua y que ve a la sexualidad solo como una vía de gozo y placer, más allá de la concepción, el único fin para el cual serviría la sexualidad.

Sin embargo, la contracepción es nada menos que la libertad de decidir el número de hijos deseados y el momento de los embarazos. Es la sexualidad sana, sin correr riesgos. Es vivenciar la sexualidad ligada al placer y al derecho de experimentar la sensualidad sin temer un embarazo. Muchas mujeres viven y vivieron su sexualidad con miedo. El temor a los embarazos las hace y las hizo temerosas e inseguras de expresar libremente su sexualidad.

Negar el derecho al placer es no entender el sentido que tiene la vida creada por un Dios que considera que todos los seres humanos tienen la posibilidad de ser plenos. Privar a una mujer de la posibilidad de experimentar sensualidad con su cuerpo es creer que no es persona, sino una máquina de producción natal.

Es injusto pensar que los varones tienen un derecho cuestionable a la sexualidad y que las mujeres tienen que conformarse con ser pasivos personajes en una historia en la que no tienen parte.

Cuando se lee el Cantar de los Cantares –el libro que la Biblia reserva exclusivamente al tema de la sexualidad–, en él se presenta a la mujer gozando y expresando su plenitud por la vida sexual en el mismo nivel de igualdad y satisfacción que el marido.

¿Viven ambos una sexualidad sana y equilibrada? ¿Expresan lo que sienten sin ambigüedades y con honestidad?

Viagra de mujer

"¡Qué hermoso eres, amado mío, qué dulce eres! Frondoso es nuestro lecho". Cantares 1:16, RVR 95.

Una de las tendencias del mundo posmoderno es poner los énfasis donde no existe razón para hacerlo. Sostener, por ejemplo, que la única forma en que es posible tener vida sexual sana es con un buen funcionamiento biológico es creer que solo hay invierno porque hace frío. Hay muchas razones para que una pareja alcance buena complementación sexual; el funcionamiento biológico es uno.

El énfasis en la potencia sexual ha hecho creer, a millones de personas, que la solución a sus problemas sexuales está en el consumo de una pastilla que, al igual que una pócima mágica, logrará solucionar todos los conflictos que viene enfrentando hasta ese momento. Sin embargo, el asunto no es tan fácil. Ojalá lo fuera; pero, en la vida sexual, se suma una gran cantidad de elementos altamente complejos.

Por otro lado, algunas publicaciones médicas vienen advirtiendo acerca de una manipulación de la información que están haciendo algunas compañías farmacéuticas internacionales con el fin de crear la necesidad de consumir un medicamento similar al Viagra, pero esta vez para mujeres.

En la práctica, eso ha significado que aumenten, "supuestamente", el número de disfunciones sexuales entre las mujeres. En ese sentido, la pastillita vendría a ser la solución médica para un problema que se supone grave en millones de mujeres.

Lo real es que hay muchas mujeres que hoy tienen mayor acceso a la información, y se saben con derecho a sentir placer y esperar que sus parejas masculinas vivan la sexualidad de un modo no egoísta, lo que implica entender que la sexualidad es una experiencia compartida, no solitaria.

Muchas mujeres insatisfechas están sometidas a un gran estrés como consecuencia del trato al que son sometidas por sus esposos o sus parejas. Muchos problemas de disfunciones sexuales se solucionarían si hubiese más ternura y cariño. Las palabras amables y los gestos de cortesía son un potente afrodisíaco. Lamentablemente, muchos varones han confundido pasión con rudeza o brutalidad con amor.

La mayoría de los estudios sobre sexualidad femenina demuestran que la mujer reacciona sexualmente bien siempre y cuando sus aspectos emocional y afectivo sean considerados de una manera adecuada. Lamentablemente, la cultura mediática ha convertido la sexualidad en un encuentro de cuerpos y no de personas. Algo muy alejado del diseño divino original.

¿Entiendes cómo funciona la sexualidad femenina? ¿Estás dispuesto a cambiar tus estereotipos por algo que sea real y no una mera fantasía?

Cambios

"No negué a mis ojos ninguna cosa que desearan, ni aparté a mi corazón de placer alguno, porque mi corazón gozó de todo mi trabajo". Eclesiastés 2:10.

El psicólogo Roberto Rosenzvaig publicó el libro *El placer de estar contigo*,[19] dedicado al tema de la sexualidad, donde señala, entre otras cosas, que la sociedad contemporánea ha producido un nuevo tipo de relación de pareja.

Las personas que se unen hoy en día no están dispuestas a renunciar a la combinación de amor y placer. Hubo un tiempo en el que, especialmente las mujeres, se resignaban a solo estar casadas, aunque no hubiese amor y menos placer. Hoy, eso no es posible tolerar, para muchas personas.

Por otro lado, los esquemas tradicionales de la pareja, en los que se consideraba que el varón tenía plena autonomía para experimentar su vida sexual antes de casarse, por supuesto, con una mujer virgen, han cambiado. Hoy, la mujer es más exigente y crítica a la hora de vivir la sexualidad y exige, entre otras actitudes, mayor sensibilidad, emoción y romance. No sirven los varones "máquinas" para el sexo.

Durante muchos siglos se postuló la idea de que la mujer, pasiva y sumisa, debía dar placer... se creía que ella estaba en una posición en la que lo importante era cumplir una función que tenía como centro al varón y sus deseos. Hoy, para la mayoría de las mujeres, dicho concepto es absurdo. Aunque, sin duda, hay mujeres que a la hora de la relación sexual fingen orgasmos o se relegan a sí mismas a un segundo plano, lo normal es que aquello no suceda.

Sin duda existe cierto grado de desenfreno, porque algunos, evidentemente, polarizan sus vidas yendo de un polo conductual a otro.

Sin embargo, la mayor parte de las personas ha optado por entender que tiene derecho pleno a poder demandar una vida sexual satisfactoria. Muchos no están dispuestos a conformarse con menos, pudiendo obtener más.

En el diseño de Dios, la sexualidad está asociada al placer y la gratificación sensual. No hay nada de malo en eso, al contrario. El varón y la mujer que, estando casados, deciden tener una vida sexual plena cuentan con la bendición de Dios. No obstante, hay que aprender a dar cariño. Las caricias no vienen adosadas a nuestra piel como agregados genéticos; tenemos que aprender a acariciar, y eso se logra con sensibilidad, preguntando y pensando primero en el otro antes que en uno. Si ambos, en la pareja, viven la sexualidad con abnegación sus vidas serán plenas; de otro modo serán frustrantes. No hay lugar para el egoísmo en el diseño sexual de Dios.

¿Estás teniendo una vida sexual plena? ¿Es necesario que hagas algunos ajustes?

Amor sin fingimiento

"Alégrate con la mujer de tu juventud". Proverbios 5:18.

Hay películas que son recordadas por una sola escena que opaca todo el resto de la historia. Es lo que me sucede con "El día que Sally conoció a Harry", protagonizada por Meg Ryan y Billy Cristal. Es el momento cuando, estando en un restaurante, ella quiere demostrarle a él que las mujeres pueden fingir un orgasmo cuando lo quieran; y, ante el asombro del protagonista y de los otros comensales, ella impávida finge estar viviendo la intensidad del encuentro amoroso. Luego de probado su punto, continúa comiendo como si nada. Siempre sonrío al pensar en dicha actuación.

A los varones, en especial, nos impacta esta escena, un poco por lo extraña que parece en medio de un restaurante, pero, en especial, porque nos resulta muy difícil aceptar que la mujer pueda fingir en algo que, se supone, no es posible. Los varones no tienen la capacidad fisiológica de fingir, al menos, un orgasmo... pero las mujeres sí pueden hacerlo.

Lo triste es que muchas se ven forzadas a hacerlo por la actitud que sus esposos asumen hacia ellas. Muy pocos están preocupados realmente por la satisfacción plena de sus esposas. La mayoría enfrenta el acto sexual de manera mecánica y como si sus esposas debieran responder de la misma forma en que ellos lo hacen.

Los consejeros matrimoniales sabemos de muchos que viven una mentira. En particular, a muchos varones les cuesta aceptar que sus esposas no puedan alcanzar el clímax igual que ellos. En muchos casos que hemos tratado, los varones responden a la defensiva, suponiendo que se está poniendo en duda su hombría o su virilidad.

Lo cierto es que muchas parejas no son felices en su vida sexual, y no porque sus órganos sexuales no funcionen de manera adecuada, al contrario. La mayoría de las disfunciones sexuales son de raíz psicológica y emocional; un porcentaje minoritario tiene sus raíces en cuestiones de tipo biológico.

Las experiencias tempranas –especialmente de carácter traumático– juegan un rol fundamental en nuestro desarrollo sexual. Nadie debería sentirse avergonzado si en algún momento no logra satisfacer las expectativas sexuales de su cónyuge. Lo que hay que hacer es investigar, consultar o buscar la ayuda de un profesional, si hay algo que no está resultando de manera adecuada.

Dios nos hizo para el placer. No encontrar satisfacción en nuestra vida sexual no es lógico en el contexto de un diseño maravilloso como el que Dios hizo en nuestros cuerpos. Nos hizo para sentir y experimentar sensaciones placenteras; si eso no ocurre, es hora de buscar respuestas donde sea adecuado. Seguir insatisfecho es absurdo.

¿Están experimentando una vida sexual plena? ¿Están buscando la ayuda que necesitan?

Ternura

"En su amor recréate siempre". Proverbios 5:19.

Hay un concepto muy sencillo, pero a la vez complejo, que a la mayoría de los varones les cuesta entender, en parte por formación y por una visión restringida de lo que es la sexualidad.

Las mujeres –en general– pretenden tener contactos físicos con un varón en una relación que esté a medio camino entre la amistad y las relaciones sexuales. Buscan, en primer lugar, ternura, caricias muy poco sexuales y besos cariñosos. Desean estar en brazos del amado en un contacto estrecho, sin que esto lleve inmediatamente a un acto sexual. Muchas mujeres consideran que el contacto de la piel, las caricias suaves sobre la piel y el cabello, las palabras susurradas, con las que se puede hablar de cosas muy personales, algo muy importante entre un varón y una mujer.

No obstante, la mayoría de los varones no entiende esto. Para ellos, la ternura es simplemente una invitación a tener relaciones sexuales. No se les ocurre que lo que sustenta una buena vida sexual es una actitud cariñosa, que no supone necesariamente sexo.

En la "educación" machista, este tipo de relaciones prácticamente no existe. Se impone la ley del todo o nada.

Lamentablemente, muchas mujeres no logran –por responsabilidad del varón– gozar de una relación en la que prime la ternura y el cariño evidentes. Muchos varones suelen confundir intimidad y ternura con vida sexual.

Esto no implica que la sexualidad no deba estar colmada de expresiones cariñosas, pero, si solo se tienen actitudes de ternura cuando se quiere tener relaciones sexuales, la relación se convierte en un juego que deja a la mujer una sensación de estar siendo "usada" y no de ser parte de una "relación".

Una vida de contacto, ternura y acercamiento cariñoso no debe darse solo en el contexto de la vida sexual. Todo matrimonio debería tener una continua cuota de afecto explícito, que sea expresado de todas las formas posibles.

Somos parte de un diseño que supone expectativas y necesidades. Todos tienen derecho a esperar que, en una relación de pareja, primen el cariño y la ternura. Cuando eso sucede, la vida sexual adquiere una dimensión insospechada. Las personas entienden que no son meros medios u objetos, sino personas que son amadas solo por existir.

¿Cómo tratas a tu esposa? ¿Sientes que en tu relación priman la ternura y el cariño?

La historia que no debería existir

"Mi amado es mío, y yo suya; él apacienta entre lirios". Cantares 2:16.

Parece mentira, pero hoy en día persisten, en nuestro mundo, algunas costumbres bárbaras que no hacen más que traer dolor y sufrimiento a cientos de miles de personas. Se calcula que, cada minuto, 4 niñas menores de 15 años son sometidas a una ablación del clítoris. Alrededor de 137 millones de mujeres, en todo el mundo, han sido mutiladas de esta manera. La circuncisión femenina abarca desde la ablación del clítoris hasta la extirpación total de los órganos genitales externos de la mujer, hecho que ocurre en más de 30 países, en las más precarias condiciones de higiene, y utilizando instrumentos rudimentarios y no aptos, como un casco roto de botella, el borde afilado de una lata o una hoja de afeitar.

Todas estas mujeres a las que se les ha practicado la clitoridectomía (extirpación del clítoris) están impedidas de tener satisfacción sexual. Muchas de ellas, además de esta macabra práctica, se ven sometidas a la infibulación, que es el cosido y cerramiento casi total de los labios mayores y menores de la vulva. Eso se lleva a cabo con materiales de los más diversos y horribles: fibras vegetales, alambre, hilo de pescar, hilo común, etc.

Lo más dramático de esta práctica horrenda es que muchas mujeres lo ven como algo normal de su entorno; incluso ellas mismas se lo practican a sus hijas sin ninguna consideración por el dolor que hayan de sentir. Es aceptado como un elemento adecuado para insertarse en la sociedad.

Lo que hay en el fondo es una situación de total discriminación hacia la mujer, a la cual no se la considera apta para tener goce sexual. De hecho, se considera que el placer es sola y exclusivamente un asunto de varones.

En las sociedades occidentales –en general– no existe esta práctica tan común en África, Asia e India; sin embargo, aún hay hombres que siguen sosteniendo que la mujer está al servicio del placer del varón. Dicho concepto se considera normal en una cultura machista y se defiende incluso como si fuera una verdad bíblica.

Lo asombroso, cuando se lee el libro del Cantar de los Cantares, es que la mujer reclama para sí los mismos derechos de placer que el varón. De hecho, se refiere a la sexualidad con total naturalidad, sin atavismos ni prejuicios de ningún estilo.

La mujer dice, por ejemplo: "¡Qué hermoso eres, amado mío, qué dulce eres! Frondoso es nuestro lecho" (Cant. 1:16); "Mi amado es mío, y yo suya; él apacienta entre lirios" (Cant. 2:16).

¿Entiendes que varón y mujer tienen los mismos derechos?

114

Un mensaje
revolucionario

"El hombre debe cumplir su deber conyugal con su esposa, e igualmente la mujer con su esposo. La mujer ya no tiene derecho sobre su propio cuerpo, sino su esposo. Tampoco el hombre tiene derecho sobre su propio cuerpo, sino su esposa. No se nieguen el uno al otro, a no ser de común acuerdo, y sólo por un tiempo, para dedicarse a la oración. No tarden en volver a unirse nuevamente; de lo contrario, pueden caer en tentación de Satanás, por falta de dominio propio". 1 Corintios 7:3-5, NVI.

Se suele acusar a Pablo de misoginia (odio a la mujer) y rechazo al sexo femenino; sin embargo, estos versículos desmienten tajantemente aquella opinión. Contra toda la lógica de su tiempo, y en especial contrariamente a los planteamientos que los griegos tenían respecto del matrimonio, el apóstol le reconoce a la mujer los mismos derechos sexuales que al varón.

Pablo les escribe a los de Corinto, una ciudad griega que discriminaba a todas luces a la mujer. De hecho, los matrimonios se concertaban sin que las mujeres tuvieran la más mínima opción de dar su parecer. A menudo, era un asunto entre los padres de los contrayentes, o del novio y su suegro. Muchas jovencitas, obligadas a casarse en plena adolescencia, conocían a su futuro marido el día de la boda.

Al marido se lo consideraba el guardián y amo de su esposa. Se suponía que el varón era más apto para el gobierno que la mujer, tal como lo señala Aristóteles.

No se consideraba el matrimonio como tal sino hasta que la mujer daba a luz a su primer hijo. Hasta que eso sucediera el matrimonio se podía acabar en cualquier momento y sin ninguna justificación; solo bastaba que el marido estuviese dispuesto a devolver la dote.

La vida sexual de la mujer estaba restringida solo al matrimonio. En cambio, se aceptaba socialmente que los varones tuviesen más de una compañera sexual extraconyugal. La única condición era que no se relacionase con la esposa de otro ciudadano.

Para esa gente, Pablo escribió estas palabras revolucionarias. Probablemente quienes escucharon la carta se rascaron la nariz, pensando que el apóstol se había vuelto loco. ¿Cómo podía la mujer tener la misma autoridad que el varón en la vida sexual?
Pablo reconoció al marido y a la esposa la misma autoridad, y los mismos derechos y deberes, en relación con la sexualidad. En este plano, el apóstol demostró que el evangelio era revolucionario. Que suponía romper con los tabúes circundantes y que eso era verdad aunque la cultura dijera lo contrario.

Hoy sigue siendo un mensaje válido, por mucho que a algunos les moleste. La esposa y el esposo tienen los mismos derechos y deberes sexuales.

¿Han incorporado este consejo a su matrimonio? ¿Sientes, como mujer, que tienes los mismos derechos en tu relación de pareja?

Las trece tribus de Israel

"Después dio a luz una hija, y llamó su nombre Dina". Génesis 30:21.

Seguramente al ver el título de la reflexión de hoy, alguien supondrá que hay un error, pero no; ha sido escrito a propósito.

Solemos hablar de los doce hijos del patriarca, pero ese es un error; Israel tuvo trece hijos; solo que la historia recuerda exclusivamente a doce, y Dina es recordada por un incidente penoso de estupro y sangre. De no ser por esa situación lamentable, es probable que se la recordaría eufemísticamente como a las hijas de otros personajes bíblicos, de los cuales se dice simplemente: "tuvo muchas hijas".

Dina fue víctima de un sistema en el que la mujer no era considerada como un ser digno de ser mencionado en una narración histórica, y en la práctica no tenía derechos consuetudinarios. Simplemente, por ser mujer, no podía heredar y tenía que conformarse con ser propiedad de su padre y luego propiedad de su esposo. No había otra posibilidad.

Hoy –lejos de esa situación– hay hechos que se siguen repitiendo. La mayoría de las familias espera que su primer hijo sea un varón, no una nena. Se cree que, de esa forma, los demás hermanos tendrán mejores opciones en caso de no estar los padres. Muchos creen que las mujeres no deben aspirar a otra cosa que no sea a ser madres y amas de casa. Se espera que se conformen con un rol secundario, sin hacer sombra.

Los cristianos deberían ser pregoneros de la libertad y de los derechos de los seres humanos. Lamentablemente, muchos miran con sospecha a toda mujer que no quiera someterse obedientemente a su esposo o sostienen –aun torciendo las Escrituras– que ninguna mujer debe aspirar a tener algún tipo de liderazgo espiritual. Lo único que se logra con dicha formación es que más mujeres miren con recelo a Dios y tengan deseos de alejarse de congregaciones donde son tratadas como personas de segunda categoría. De hecho, muchas mujeres que podrían ser un gran aporte para la causa del evangelio simplemente se alejan porque tienen que elegir entre ser tratadas como dignas o como seres inferiores.

Dios ideó un diseño en el que varón y mujer se entenderían como dignos. Nunca soñó con una sociedad en la que unos osarían creer que, en virtud de su sexo, estarían en mejores condiciones de gobernar y liderar, aun a sus esposas. Si alguien cree que eso es consecuencia del pecado y que es una condición que no se puede cambiar, finalmente no entendió que en Cristo son cambiadas todas las cosas. En Jesús, se vuelve a los ideales del Edén, no mañana, sino a partir del momento en que él irrumpe en la historia. Quien crea lo contrario, no entiende el significado de lo que Jesús afirmó al sostener: "El reino de Dios ha llegado" (Luc. 11:20), no en el futuro, sino en el hoy de su presencia.

¿Entiendes las implicaciones de que, en Cristo, son hechas nuevas todas las cosas?

Ser mujer en un mundo machista

"Era aquella mujer de buen entendimiento y de hermosa apariencia". 1 Samuel 25:3.

No me gustaría ser mujer en el mundo en que vivimos. Y eso que supuestamente han cambiado mucho las cosas y la mujer tiene más oportunidades que en otro tiempo.

Sin embargo, eso no es cierto. Es una mentira encubierta. Aún se sigue tratando a la mujer como un ser de segunda categoría. Muchas conversaciones que he tenido con mi hija apuntan a enseñarle que ella vale no por ser mujer sino por ser un ser humano. Pero, muchas de las ideas que mi hija transmite a partir de lo que ha aprendido de su padre son simplemente rechazadas, por considerarlas "impropias" en una mujer.

¿Qué es impropio? En los países latinoamericanos, cargados de machismos enfermizos y de mitos tan arraigados, se considera impropio:

* Que una mujer tenga opinión propia. Se supone que, si opina demasiado, o es prepotente o simplemente es agresiva. Para muchos, lo que mejor calza con una mujer es alguien amorfo, sin opinión y que sea "obediente" a algún varón.

* Que una mujer se enamore de un varón menor. Si una mujer tiene la osadía de enamorarse de alguien diez años menor que ella, es considerada desubicada. Al varón que se enamora de una mujer mayor, suele criticársele por no entender lo que significa la relación de pareja. El amor no tiene edad; cuando no objetamos que un varón se enamore de alguien menor pero sí estigmatizamos a una mujer que lo hace, lo que estamos haciendo es sencillamente discriminar por sexo.

* Que una mujer no pueda ser líder espiritual. Conozco a gente que se pararía y se iría de la iglesia si viera pasar a una mujer a predicar y hacer alguna exhortación de tipo religiosa. Se considera que ese campo es privativo de los varones. Pero, en ninguna parte de la Biblia se dice que los dones son dados por Dios sobre la base de diferencias de sexo.

* Que una mujer decida quedarse soltera. Cuando una mujer, por propia elección, decide quedarse soltera se supone que es alguien que tiene algún problema. No se piensa lo mismo cuando es un varón el que opta por la soltería.

* Que una mujer sea administradora o dueña de negocios. Se supone que no es confiable. Que de algún modo puede dejarse llevar por sus "emociones". Así que, la suposición suspicaz es que o es lesbiana o tiene actitudes masculinas; por eso prospera en un mundo "exclusivo" de varones.

Una relación de pareja que se sustente sobre este tipo de prejuicios condena tanto a varones como a mujeres a la infelicidad. Somos, simplemente, humanos. Personas que necesitan de otro ser humano para vivir en equilibrio.

¿Es mucho pedir que nos tratemos todos como iguales?

Cómo ser mujer y no morir en el intento

"Tú eres mi refugio: me proteges del peligro, me rodeas de gritos de liberación". Salmo 32:7, DHH.

Estamos tan acostumbrados a algunas situaciones que de tanto repetirlas, nos parecen normales. Solemos bromear tanto a costa de las mujeres que incluso las mujeres hacen chistes a costa de su condición femenina; sin embargo, si se detuvieran a pensar por un momento en el alcance y el sentido de dichas burlas, muy pocas estarían dispuestas a esbozar una sonrisa.

Ser mujer no es un pecado.

Sin embargo, en la mente de más de una mujer ha pasado la idea de que su condición de mujer se lleva como una carga.

Estamos acostumbrados a tener noticias de lugares de la tierra en los que las mujeres son vendidas y compradas como si fueran ganado, donde mueren o nacen sin que nadie lleve registros, porque no interesan; donde su vida depende absolutamente de los varones de su familia y no tienen derecho no solo a opinar sino a desplazarse libremente por dondequiera. Muchas viven encarceladas en sus propios hogares, y sometidas a las más horribles afrentas y humillaciones.

Muchos se jactan de que eso es posible en sociedades árabes fundamentalistas, o en tribus africanas o en oscuros lugares de Oriente. Pero, la realidad es otra. Probablemente, en los países occidentales hemos aprendido a esconder con más diplomacia la humillación a la condición de mujer, pero eso no significa que no exista abuso y una condición de superioridad hacia el mal llamado sexo "débil" (si realmente fueran débiles, no habrían soportado tanto maltrato a través de la historia).

Dios creó dos sexos, en condiciones de igualdad. En la mente divina, nunca existió la idea de que un sexo dominaría a otro; eso es consecuencia no deseada por la Deidad y relacionada exclusivamente con el pecado.

Cuando conocemos a Dios, estamos llamados a romper las "cadenas de opresión". Dios rompe las consecuencias del pecado. No es posible seguir llamándose cristiano y, al mismo tiempo, sostener nociones opresivas hacia otro ser humano, en este caso, hacia la mujer. Quien lo hace tiene mal enfocados sus conceptos cristianos. Dios libera. Quienes se llaman sus hijos deben hacer lo mismo.

Una mujer que acepta a Dios –el Jehová de la Biblia– sabrá, ciertamente, que está llamada a ser libre, digna y mujer. Por el amor que Dios le profesa y por el sacrificio infinito de Cristo, no debe permitir ser rebajada como ser humano; eso es una afrenta a lo que Dios desea para cada mujer.

¿Cómo tratas a tu esposa, como compañera o como sierva? ¿Cómo dejas que te traten?

Mujeres machistas

"Porque Jehová vuestro Dios es Dios de dioses, y Señor de señores, Dios grande, poderoso y temible, que no hace acepción de personas". Deuteronomio 10:17.

El machismo es un problema cultural que atenta abierta y directamente en contra del matrimonio. Produce una distorsión en la relación, haciendo que la mujer y el varón no se comporten de forma natural entre sí y se traten de un modo impropio. Esta idea es normalmente aceptada por muchas personas, de ambos sexos. La mayoría de los que se resisten al concepto de que el varón y la mujer deben tratarse de manera recíproca y favoreciendo la mutualidad son varones. Eso lo encuentro natural; sin embargo, lo que siempre me produce desazón es lo que llamo, irónicamente, las "mujeres machistas".

La mayoría de las que conozco creen honestamente en el equívoco que transmite que la mujer debe estar subordinada al varón; incluso algunas llegan a afirmar que opinar lo contrario es un error que produce inestabilidad en el interior de la pareja y la familia.

Muchas mujeres defienden la discriminación y un trato no igualitario contra la mujer. Algunas de ellas creen que es así como corresponde al orden establecido por Dios.

El machismo ha afectado de tal modo la formación de las personas que muchas mujeres terminan repitiendo dichos conceptos sin saber que aquello es propio de una cultura de discriminación, que no obedece al plan de Dios, sino que es consecuencia del pecado, que estamos llamados a dejar.

¿Por qué hay mujeres que defienden un modelo patriarcal que es evidentemente discriminatorio para ellas mismas?

Probablemente, el factor que más juega en contra es el miedo. El temor al cambio o a enfrentar nuevos desafíos hace que muchas mujeres prefieran quedarse en un modelo social que no solo distorsiona la relación varón-mujer sino también favorece un esquema que no es de origen divino.

Otro elemento que incide es que muchas mujeres no han aprendido a sentirse valoradas por ser personas, sino por estar en referencia a un varón, sea padre, hermano o esposo. En ese contexto, les causa pavor el tener que depender de sí mismas.

Hay otras mujeres a las que les resulta cómodo vivir de la imagen del esposo o del padre. Es más fácil, evidentemente, esconderse detrás de un apellido o un título. Lo grave es que esto es vivir de prestado, porque no es propio.

Ser mujer es tan valioso como ser varón. No corresponde la discriminación en un contexto en el que Dios no hace diferencias entre un ser humano y otro.

¿Eres una mujer machista? ¿Estás dispuesta a exponerte al cambio y al desafío, que es entender que ser mujer es tan válido como ser varón?

Ser mujer no es pecado

"Si hacéis acepción de personas, cometéis pecado". Santiago 2:9.

Dios creó al ser humano sexuado: Varón o mujer. A ambos los formó a su imagen (Gén. 1:27). A ambos los hizo coadministradores de la naturaleza (Gén. 1:26). Y, tanto a uno como a otro los llamó a reproducir, en sus vidas, el carácter amoroso y justo de Jesús. Sin embargo, hoy en día hay millones de mujeres, alrededor del mundo, que maldicen el ser mujer. He escuchado a más de una de mis alumnas decir amargamente: "Ojalá no hubiese nacido mujer".

Al ver las razones de esta aseveración, no puedo sentir más que empatía. Si estuviera en su lugar, no sé con certeza si no diría lo mismo. Los hechos son elocuentes:

*Millones de mujeres son maltratadas solo por ser mujeres. De hecho, la mayoría de las víctimas de violencia intrafamiliar son mujeres y niñas.

*Cientos de mujeres tienen que morderse la rabia al ver que reciben sueldos menores por el mismo trabajo que realizan junto a varones, solo por el hecho de ser mujeres.

*Muchas mujeres se sienten frustradas por no poder ascender o progresar en sus trabajos, porque no se las considera aptas por su sexo.

Podríamos seguir; la lista es larga. Ciertamente, no es un mundo justo para muchas mujeres.

A Dios, la discriminación le resulta abominable. No es su plan, sino producto del alejamiento que el ser humano ha hecho de Dios y de su diseño original. El evangelio restaura. Cuando vamos a Dios, nos encontramos con un ser maravilloso, que nos ama exclusivamente por ser criaturas, seres que a sus ojos somos tan importantes que Cristo vino a dar su vida en rescate por todos, varones y mujeres.

El evangelio debería transformar las estructuras discriminadoras. Cuando alguien conoce a Jesucristo y entiende su carácter renovador, traslada dicha comprensión a su relación con otras personas y trata a otros –independiente de su sexo– con dignidad y respeto. En todo ser humano percibe la gloriosa imagen de Dios.

Jesús nunca discriminó a nadie. No maltrató de ninguna forma a una persona por su sexo. Respetó a todos, sin consideración de ningún tipo. Quien conoce a Cristo no puede actuar de otro modo.

Ser mujer no es pecado, es un don de Dios. Apreciarlo es una tarea de todos –varones y mujeres– especialmente de quienes se llaman cristianos.

¿Tratas a todas las personas con respeto, sin discriminar a nadie por ninguna razón? ¿Has trasladado a tu matrimonio la actitud de Jesús de tratar a toda persona con dignidad y respeto solo por ser un hijo o una hija de Dios?

Un mundo al revés

"Todo aquel que no hace justicia [...] no es de Dios". 1 Juan 3:10.

Hace poco conversaba con una amiga que es viuda hace algunos años. Cuando murió su esposo, quedó con dos hijos pequeños. Ella es una profesional de éxito en su trabajo, así que no ha tenido problemas para hacerse cargo de una familia sin tener que buscar a un varón que la apoye. Sin embargo, sus mayores presiones son trabajar en un medio en el que debe relacionarse con otros varones y convivir con mujeres cargadas de atavismos machistas.

Medio en broma medio en serio, me decía:

–El día en que no recibo alguna proposición indecente me preocupo. Todos los días, alguien me ofrece relaciones sexuales.

Luego me contó sus padecimientos de viuda en ese sentido, y agregó:

–Es muy difícil tener amigos o amigas. Las que están casadas me ven con sospecha y las solteras como una competencia desleal, por tener una profesión y una vida ya encaminada.

Ese es nuestro mundo. Una realidad insoslayable. Donde nos cuesta relacionarnos con personas que escapan a la norma general.

El problema es que no tenemos los mismos conflictos cuando el varón es el viudo. No suele mirárselo con sospecha, y si de pronto se pone de novio con alguien todo el mundo lo ve como algo normal.

De una mujer viuda y con hijos que quiera tener novio, lo más probable es que digan: "Anda buscando a alguien que se haga cargo de sus hijos".

Este mundo está al revés. Lo más triste de todo el asunto es que quien más ha ayudado a la discriminación de la mujer y al trato vejatorio de ella ha sido el cristianismo; la religión que fue formada por un varón que revolucionó su tiempo al considera a la mujer como un ser humano con los mismos derechos y deberes que un varón y que nunca fue condescendiente con una mujer simplemente porque era mujer. En el nombre de ese Hombre se han hecho las mayores atrocidades en relación con la mujer.

Si Jesús anduviera hoy entre nosotros, causaría escándalo por su forma de tratar a la mujer. No se haría problemas por cosas que hoy a la gente le causa conflictos. ¿No será hora de que de verdad nos decidamos a imitar a Cristo y dejemos las tonterías culturales a un lado?

Nunca formaremos hogares estableces, felices y plenos basados en estereotipos que nada tienen que ver con ser cristiano. Un cristiano que de verdad sigue a Cristo no discrimina a nadie por su sexo; al contrario. Trata a todos como "hijos de Dios".

La entrega de la novia

"La mujer virtuosa es corona de su marido". Proverbios 12:4.

Es verdad que hay algunas prácticas que se realizan por simple tradición, pero es bueno indagar qué hay detrás de esas tradiciones, para que sepamos con total exactitud de qué estamos participando.

Desde tiempos inmemoriales, la mujer ha sido considerada esclava del varón y a la novia comprometida para casarse se la trataba como un bien material. Por consiguiente, el matrimonio no era más que una transferencia de un bien a otro propietario. Algo de eso se refleja en algunas prácticas del Antiguo Testamento, que no son sancionadas por Dios como su voluntad, sino que presentan el mundo circundante en el que le tocaba actuar al pueblo de Dios. En cierto modo, Dios no podía hacer mucho debido a la dureza del corazón de esa gente, que no aceptaba otra opción de vida.

En el mundo moderno esta costumbre ancestral se refleja en la entrega de la novia por su padre. En muchas bodas, el varón se acerca a su futura novia, que viene acompañada por su padre, y la mujer es "traspasada" al novio, como si fuera de allí en más propiedad de otra persona.

Para ser honestos, algunos lo hacen simplemente porque participan de una tradición en la cual no reparan. Sin embargo, desde mi punto de vista, hay un elemento de discriminación hacia la mujer en todo esto.

Es el varón el que tiene que pedir "la mano" de la esposa, nunca se hace a la inversa. El varón es el que toma las iniciativas, en ciertos casos de hoy, en acuerdo con los padres de la mujer y con mínima participación de ella. Y, en la iglesia, esto se ratifica simbólicamente pasando la mujer de un varón (el padre) a otro varón (el esposo).

Dios no desea que se haga discriminación de sexos. El varón y la mujer fueron creados para vivir en mutua dependencia (Efe. 5:21) y para que ninguno fuera superior al otro (1 Cor. 11:11). Es verdad que el pecado trajo aparejada una distorsión de este ideal (Gén. 3:16); pero, con Cristo se volvió a recuperar el plan primero (Gál. 3:28).

Cuando una pareja decide unirse en matrimonio, lo hace bajo un pacto de mutuo respeto. El varón y la mujer son, ante los ojos de Dios, parte de un plan supremo que pretende que los seres humanos alcancen su máximo potencial, y ello se alcanza solamente en el contexto de una relación de mutualidad, donde ambos poseen los mismos derechos y deberes, sin conductas unilaterales, ni subordinaciones, sino en un clima de respeto mutuo, sin condiciones.

¿Estás tratando a tu esposa como una persona digna y un igual? ¿Estás permitiendo que tu esposo anule tu individualidad siendo subordinada?

El velo de la novia

"El ángel de Jehová acampa alrededor de los que le temen, y los defiende".
Salmo 34:7.

Todavía, en muchos lugares, las mujeres pasan al altar en la iglesia cubiertas con un velo. Muy pocos saben de dónde surgió esta costumbre unilateral, solo en relación con las mujeres.

La verdad es que el velo de la novia se impuso para "ocultar" a la novia de los malos espíritus que quisieran ocasionarle daño a ella y a la pareja.

Posteriormente, se le dio el significado de sumisión de la novia al esposo; por esa razón, es el novio el único que puede levantar el velo.

En la actualidad, no es más que una moda impuesta por la princesa Eugenia en su boda con Napoleón, pues su tocado llevaba una tiara de brillantes. Le copió la idea la princesa Augusta de Gran Bretaña, y la moda se popularizó hasta nuestros días.

Antes de que impusieran estas modas de origen supersticioso y machista, las novias acostumbraban llevar su pelo largo y suelto, en señal de juventud e inocencia.

El hecho de esconder a la novia con un velo para "supuestamente" protegerla de malos espíritus no es más que un resabio de ideas que no tienen fundamento bíblico ni lógico. La verdad es que Dios nunca ha prometido que no nos sucederán situaciones difíciles. El mensaje bíblico "no es que nunca nos sucederán cosas malas, sino que no tendremos que enfrentar esas cosas solos".[20]

La sumisión de la mujer al varón tampoco está basada en una correcta lectura de la Biblia, que dice tajantemente: "Someteos unos a otros en el temor de Dios" (Ef. 5:21). Al contrario, cuando existe sometimiento unilateral se altera el equilibrio que Dios planeó en el origen y que recuperó en Cristo (Gál. 3:28).

Finalmente, dejarse llevar por modas que imponen personas más interesadas en el lujo, el qué dirán y la falsa modestia, por muy princesas que sean, no solo no es sabio sino también supone una actitud infantil de actuación.

Dios espera que tanto la mujer como el varón se traten mutuamente con respeto, dignidad, y cariño. No hay lugar para las supersticiones, prejuicios ni modas. Lo único lícito es que ambos aprendan a tratarse como si fueran un regalo de Dios, entendiendo que el cónyuge puede convertirse en una bendición plena para la pareja cuando se hacen las cosas como Dios espera.

Nada de velos míticos; vale más un rostro a cara descubierta, que le dice plenamente al otro: "Aquí estoy, para amarte, entendiendo que tú harás lo mismo. Entre nosotros habrá respeto y dignidad, nada menos de lo que Dios espera".

¿Estás dejando que tu vida sea dominada por supersticiones y modas? ¿Tratas a tu cónyuge con la dignidad y el respeto que Dios quiere?

Eliminar la injusticia

"Para esto apareció el Hijo de Dios, para deshacer las obras del diablo".
1 Juan 3:8.

Millones de mujeres, año tras año, viven de tal modo frustradas que muchas terminan maldiciendo el haber nacido mujeres. Muchas ven de qué manera sus oportunidades son sistemáticamente segadas o frenadas solo por cuestiones sexistas. Los varones –independientemente de sus méritos personales– son preferidos a la hora de asumir puestos de liderazgo empresarial, educativo, religioso y social.

Muchas mujeres con grandes capacidades son tratadas como si fueran sirvientas o como si de ellas se esperara que fueran solo sumisas y atentas a la voz de los varones.

Este ambiente también se traslada a los matrimonios. Muchas mujeres se casan ilusionadas con el amor. En realidad, más enamoradas del amor que del matrimonio. Todas creen que con ellas las cosas van a ser distintas y que sus esposos no repetirán los esquemas tradicionales de una sociedad que, en general, considera a la mujer como un ser humano de segunda categoría. Sin embargo, con el paso del tiempo, se van dando cuenta de que sus esposos las tratan de la forma en que es habitual y se espera de ellas:

*Que no tengan opinión política.
*Que no controlen dinero ni recursos.
*Que se dediquen con exclusividad a tareas hogareñas.
*Que no aspiren a ningún puesto de liderazgo en ninguna área.
*Que no defiendan derechos "feministas" considerados peligrosos por los varones.
*Que se atengan a las consecuencias si se atreven a salirse del molde tradicional.

Es verdad que las líneas anteriores parecen cargadas; sin embargo, son suaves en comparación con las realidades que nos toca tratar semana tras semana con matrimonios en crisis.

Ese no fue el plan de Dios cuando creó al varón y a la mujer, ni cuando diseñó el matrimonio. En la mente de Dios, existió el ideal de una pareja que se tratara con dignidad y se entendieran como iguales.

El Creador nunca quiso que alguien fuera maltratado por causa de su sexo. Sostener algo así es no entender el plan divino, que ciertamente sigue vigente, aun cuando existe el pecado. La razón de su vigencia es que Jesucristo vino a romper las ataduras del mal, y en Cristo todo es posible.

¿Eres un esposo que actúa como cristiano o como alguien guiado por una cultura secularizada?

La gallina o el huevo

"Varón y hembra los creó", a su imagen. Génesis 1:27.

Un argumento que suele darse en contra del liderazgo femenino es que habitualmente los varones se destacan más que las mujeres en dicha actividad. En un argumento absurdo, suele decirse que si hubiese más mujeres que "naturalmente" pudiesen liderar, se podría pensar en la posibilidad de que ellas asumieran una posición de liderazgo.

Lo que no alcanzan a percibir quienes usan este argumento ilógico es que la situación misma de la mujer a través de la historia y el reforzamiento sistemático de los varones como líderes favorecen el que la mujer crezca creyendo que ella no es capaz de ser líder.

La creencia en la inferioridad natural de la mujer y su supeditación al liderazgo varonil influye sutilmente en el desarrollo de las mujeres. Es innegable que la visión que se transmite de la mujer incide sobre la percepción que las mujeres tienen de sí mismas.

Nos cuesta entender y aceptar que nuestra cultura se ha construido sobre una ideología que, en esencia, ha juzgado a la mujer y a lo femenino con desdén, transmitiendo la imagen de que el varón es esencialmente superior en todo. Este concepto permea la cultura, la tradición, la religión y, evidentemente, llega hasta la vida matrimonial y a la pareja.

Muchas mujeres sienten que cuando puedan casarse serán plenas como personas. Sienten que mientras sean solteras serán miradas con recelo. De hecho, si una mujer llega a los 30 años sin casarse –en la mayoría de los países latinos– será considerada una "solterona" y sufrirá presiones para que se case. Sin embargo, si un varón llega a esa edad soltero, seguramente, seguirá viviendo con sus padres y nadie hará una alharaca porque no se casa. Probablemente su madre dirá condescendiente: "Es que aún no ha llegado la mujer capaz de impactarlo".

Poniendo, de paso, en la mujer la responsabilidad de "impactar" a su hijo. No se les ocurrirá pensar que es un "solterón" empedernido; porque, de paso, se pensará que él se podrá casar cuando quiera... no como la mujer, cuando "pueda".

Solo cuando entendamos que el varón y la mujer fueron creados a imagen de Dios, con la misma dignidad y valor, y cuando tratemos lo femenino como una parte esencial de la humanidad, y que su presencia no solo dignifica a la raza humana sino también la hace fundamental empezaremos a mirar con esperanza el matrimonio. Antes –en un esquema patriarcal y dominante– será simplemente una perpetuación de valores contrarios al diseño de Dios, que pensó en algo diferente de lo que hemos construido.

¿Estás tratando a tu esposa, a tu hija y a la mujer en general como si fueran imagen plena de Dios?

Sutilezas radicales

"Guárdame como a la niña de tus ojos". Salmo 17:8.

Según varios estudios realizados en escuelas primarias y secundarias, se observa que las maestras otorgan más atención a los niños que a las niñas. A los varones se les otorga una atención más positiva y prolongada, y se les da mayor participación para responder preguntas, y reciben más ayuda en la corrección de errores y en pensar las respuestas.[21]

Hay diferencias sutiles a la hora de revisar los trabajos. En las tareas realizadas por varones suelen elogiarse las respuestas que exigen un buen desarrollo intelectual; en cambio, las niñas suelen ser alabadas por la nitidez de sus trabajos o por la presentación. Evidentemente, hay en esta observación la idea sutilmente subterránea de que es evidente que los varones van a desarrollar más capacidad intelectual que las chicas.

He sido docente por más de veinte años y he observado que no importa el país en que esté: los varones tenderán a hablar más y una buena cantidad de mujeres se mantendrá en silencio. De hecho, cuando alguna mujer destaque –excepcionalmente– por sobre las demás en asertividad o capacidad de argumentación, rápidamente será catalogada como una persona que se parece demasiado a los varones, suponiendo que está entrando, con su conducta, en un terreno masculino.

Esta forma de educar y de tratar a un sexo o a otro simplemente hace que la imagen que varones y mujeres tengan de sí mismos sea diferente. De un modo u otro, refuerza valores que menoscaban el ideal que Dios tiene para sus hijos hoy.

Soy padre de un varón y de una mujer. Sé en carne propia los daños que ha sufrido mi hija porque la hemos animado a considerarse una persona valiosa. Sé, sin lugar a dudas, que lo que ella piensa de sí misma es contrario a lo que muchas de sus compañeras piensan de ellas. Incluso alguna vez, alguien bien intencionado me dijo:

–Le haces un daño a tu hija con educarla así; ella tiene que aprender a someterse; de otra forma, nunca conseguirá marido.

Mi respuesta fue:

–Prefiero que se quede soltera a creer que para que sea apreciada debe someterse a la voluntad unilateral de un varón.

Al contrario, nunca he sentido eso de la educación de mi hijo. He visto cómo ha sido sistemáticamente estimulado a considerarse digno y capaz de lograr lo que quiera.

Dios nos hizo para ser tratados con dignidad. Nunca alguien debería sentirse menoscabado por razones de sexo, raza o capacidad. Ese nunca fue el plan de Dios.

¿Cómo tratas a otros seres humanos? ¿Cómo te tratas a ti misma?

Amar sin condiciones

"El que ama el mucho tener, no sacará fruto". Eclesiastés 5:10.

Amar es uno de los retos más grandes de la vida.

Cuando se pronuncia ante el altar el "Sí" y se dice: "Quiero ser tu esposa" o "tu esposo", se está entrando en una de las responsabilidades más trascendentales de la vida.

Para que el amor pueda ser vivenciando de manera plena es preciso no dar, sino darse.

El amor verdadero es entrega de sí mismo a otra persona. Es una entrega sin condiciones e implica, simplemente, estar dispuesto a darse del todo a otro, para que el cónyuge pueda ser plenamente feliz.

No es un trueque ni un negocio. Es solo entrega incondicional.

Hace poco leí de una mujer que amó a su esposo mientras él estuvo sano. Él sufrió un accidente automovilístico, y quedó cuadripléjico. En medio de su drama, tuvo que sumar otro: su esposa decidió que era mucha la responsabilidad de cargar con un enfermo, y lo abandonó en un hospital y con argucias obtuvo el divorcio.

Quisiera pensar que este es un caso aislado, pero lamentablemente es común y corriente en la vida de muchas personas que aman con condiciones.

La pérdida de un trabajo, una enfermedad, un accidente, alguna situación inesperada, hacen que muchas personas sencillamente decidan que ya no quieren seguir amando en esas condiciones.

En una ocasión hablé con una mujer que quería abandonar a su marido, que estaba cesante. En medio de esa crisis, que no era provocada por el esposo, sino que se debía a una situación de desbarajuste económico en todo el país, la mujer simplemente ya no quería estar con él. Ante mi pregunta de por qué quería irse, ella solo dijo:

—Yo no me casé para pasar necesidades. Si él no me puede mantener, quiero divorciarme.

Perplejo le dije:

—¿Y si hubiera sido a la inversa? Si tú estuvieras enferma o inválida, ¿te gustaría que te hicieran eso a ti?

La mujer me contestó altiva:

—Eso no me va a pasar a mí.

¡Qué triste! Es como escupir al cielo... tarde o temprano, te puede caer en la cara.

El amor verdadero es incondicional. No ama sometido a las circunstancias ni a los avatares impredecibles que surjan en el camino.

¿Amas incondicionalmente o tu amor sufre los vaivenes de tus caprichos?

Un largo diálogo

"Sea vuestra palabra siempre con gracia, sazonada con sal, para que sepáis cómo debéis responder a cada uno". Colosenses 4:6.

André Maurois escribió: "Un matrimonio feliz es una larga conversación que siempre parece demasiado corta". Es una de mis definiciones preferidas en relación con el matrimonio.

Cuando las personas se casan, se dan cuenta de que abrazarse, besarse y acariciarse es hermoso; sin embargo, a la larga, es más placentero saber que hay alguien que te escucha sin dobles intenciones y que sigue tu conversación con el interés de alguien que le importa cada detalle de tu vida.

Los buenos matrimonios dialogan, los malos discuten. Los matrimonios que se conservan en el tiempo son capaces de mantener diálogos sin caer en el monólogo ni en la repetición constante de reproches ni acusaciones.

Dialogar no es reprender, sino comunicar nuestras emociones más profundas sin temor a que el interlocutor nos vaya a juzgar o a moralizar. Es solo transmitir una información que nos sirve para darnos a conocer y también para conocernos a medida que hablamos.

El buen diálogo se aprende. No es innata la buena conversación. Se logra con el tiempo y con la práctica. Aprender a utilizar las palabras correctas, la inflexión adecuada, el tono de voz que sea persuasivo y amable es una tarea ardua y, a ratos, extenuante. Dejar a un lado la mordacidad, la ironía hiriente, la palabra soez, la expresión cargada de odiosidad es también un trabajo que demanda paciencia y una gran cuota de empatía.

Muchos matrimonios revelan, en sus conversaciones, la calidad de su vida conyugal. El diálogo fluido y sin pausas cansadoras es producto de una dedicación inteligente al proyecto de ser pareja.

Es sintomático: cada vez que trato con matrimonios en crisis, me percato de que el tiempo que tienen para dialogar es escaso y tensiona. No saben hablar sin herirse ni decir sin ofender. Conversan con sospecha y a la defensiva, esperando que en cualquier momento el otro diga algo que herirá como una espada.

Los matrimonios estables, en cambio, son capaces de ventilar sus diferencias sin alzar la voz ni caer en la procacidad. Dicen lo que sienten sabiendo que el otro respetará sus sentimientos, y hará un esfuerzo por entender qué es lo que realmente está diciendo y las razones que lo llevan a decir lo que dice.

Hablar es un arte que se cultiva con paciencia e inteligencia.

Si para decir algo tienes que alzar la voz y utilizar una palabra hiriente, no has aprendido el verdadero significado del diálogo y lo más trágico es que estás socavando, con tus palabras, tu matrimonio.

¿Hay diálogo en tu matrimonio? ¿Qué palabras utilizan para conversar?

Ser varón

"Ahora reconozco que tú eres varón de Dios". 1 Reyes 17:24.

Hay expresiones que se repiten en muchas culturas. Cambia el color de piel, el idioma, la raza, pero los elementos básicos se mantienen. Todas las sociedades tienen mitos y conceptos relacionados con el "ser varón". En muchas sociedades, el peor insulto a la masculinidad es la comparación con la mujer o la disminución de los elementos que se consideran propios de la virilidad.

Se educa para ser de una determinada forma, conforme a lo que se establece en la cultura particular en la que se está inmerso.

De niño –en el barrio en donde me crié– se consideraba que se era "poco hombre" si no se era capaz de dar un par de puñetazos con la suficiente firmeza como para derribar al contrincante de una sola vez. Luego, en la adolescencia, la hombría se relacionaba menos con la violencia y más con la capacidad de conquistar a alguna mujer, o con la resistencia a la hora de beber cerveza o de demostrar destrezas físicas al límite (una de las preferidas por muchos era demostrar hombría tirándose desde unos acantilados al mar embravecido).

Es de suponer que estos estereotipos quedaran atrás cuando se es adulto y se forma una familia. La realidad es que muchos varones siguen siendo niños y adolescentes en cuerpo grande. Una gran cantidad sigue repitiendo los mismos esquemas mentales sin ningún tipo de cambio. En una buena cantidad, lo único que hay es una capacidad de mayor disimulo a la hora de enfrentar, con inteligencia y sentido común, lo que significa ser un varón.

El estereotipo dicta que ser varón se relaciona con rudeza, capacidad de conquista, desprecio de las tareas hogareñas, no mostrar emociones asociadas a lo femenino (llanto, nerviosismo, miedo, etc.). He escuchado a varones defender con pasión y entusiasmo lo que, según ellos, es ser varón. Un padre llevó a su hijo con una prostituta, para que aprendiera lo que es "ser hombre". Otro lo hizo pelear a puñetazos con otro chico de la misma edad, para que supiera lo que es "ser hombre".

La realidad es que un varón es más hombre en la medida en que se sabe controlar y elabora un estilo de vida que esté de acuerdo con valores trascendentes, como son la cortesía, la capacidad de diálogo, el dominio propio y el respeto a los otros. Esa es una tarea de toda la vida y no se relaciona con tener o no órganos genitales masculinos, sino con entender con claridad que la hombría es un valor y no una metáfora nacida en una noche de borrachera infantil.

¿Eres verdaderamente un hombre o simplemente estás viviendo un papel prestado por la cultura en la que estás inmerso? ¿Amas, respetas, colaboras, escuchas?

Machos machos

"Pues como el joven se desposa con la virgen, así se desposarán contigo tus hijos; y como el gozo del esposo con la esposa, así se gozará contigo el Dios tuyo". Isaías 62:5.

Cuando era adolescente y estaba en el internado, al apagarse las luces, mis compañeros solían comenzar a contar proezas sexuales. Virgen, ignorante y con un desarrollo hormonal desbocado por la adolescencia, aquellas historias me resultaban apasionantes. Mis compañeros mayores aparecían ante mí como si fueran héroes. Sabían todo, lo habían experimentado todo, y estaban dispuestos a contarlo.

Me llevó años entender que aquellas historias no eran más que fantasías alucinadas de mentes que estaban desesperadas por conocer el verdadero sentido del amor.

Los varones suelen contar proezas sexuales. De hecho, contarlas es, para algunos, más placentero que vivirlas.

Una razón de ello es que muchos varones han sido formados para demostrar constantemente su virilidad. Necesitan reafirmar constantemente que son machos machos.

Después de escuchar tantas historias como consejero matrimonial, puedo dar fe de que muchos varones andan no solo perdidos en cuanto a su propia sexualidad, sino también son ignorantes de la sexualidad de sus esposas.

El machismo –uno de los males de nuestro mundo– no sólo provoca infelicidad a las mujeres y a los varones, sino que además propicia la ignorancia y la necedad.

Para que dos personas puedan llegar a tener comunión sexual, necesitan dos elementos fundamentales: tiempo, y seguridad física y emocional. Tiempo, porque ninguna pareja logra un pleno desarrollo sexual de la noche a la mañana; es un proceso que demanda conocerse y lograr una plena desarrollo de maduración en la comunicación física.

Seguridad física, porque la relación tiene que darse en un ámbito de tranquilidad, donde no exista amenaza de ningún tipo ni se ejerza fuerza de ninguna forma. Seguridad emocional, porque es el sustento que le da sentido a todo lo anterior.

En un contexto social en el que a los machos humanos se los cría convenciéndolos de que las mujeres están para satisfacerlos y que ellos son los que mandan, y tienen el "derecho" a exigir y someter, lo único que se consigue es insatisfacción, frustración y, a la larga, un ciclo de ignorancia, porque al fin de cuentas terminan preguntándose:

–¿Qué paso? Si yo funciono bien.

Como si la sexualidad fuera solo asunto de erección, coito y eyaculación.

¿Quieres aprender? Comienza por preguntar: "¿Qué debo saber que no sé?"

Pantalones

"Estad, pues, firmes en la libertad con que Cristo nos hizo libres y no estéis otra vez sujetos al yugo de esclavitud". Gálatas 5:1.

Cuando estaba recién casado, en cierta ocasión un anciano quiso darme algunos consejos (que yo no le pedí). Sin rodeos, me dijo que el que "debía llevar los pantalones en la casa" era el varón, y que la mujer respondía mejor cuando se la dominaba y se aprendía a mandarla para que obedeciera sin chistar.

Lo escuché por un rato, y cortésmente le dije no estar de acuerdo, aunque le agradecía su preocupación. Él me miró sorprendido, y me dijo:

–Vas a ser un *apollerado.**

Me reí divertido, y le dije que un matrimonio mejor no es aquel en el que el varón manda y la mujer obedece sino aquel donde marido y mujer se influyen mutuamente y potencian su relación de tal forma que uno sea ayuda por el otro.

Lamentablemente, la cultura sudamericana y mundial enseña que el varón es aquel que toma las decisiones y la mujer la que sumisamente debe obedecer, todo lo cual no es más que una evidencia de la sagacidad de Dios, al advertir a la mujer lo que ocurriría como consecuencia del pecado, que los varones se enseñorearían de la mujer.

El plan de Dios es que salgamos del pecado. Cristo rompe las ataduras de maldad que existen como consecuencia del pecado. Eso incluye "pregonar libertad a los cautivos" y otorgar "libertad a los oprimidos" (Luc. 4:18), y ciertamente muchas mujeres viven cautivas y oprimidas por una sociedad que ha construido mitos para mantenerlas como subhumanos o personas de segunda categoría.

La salvación tiene dos dimensiones: lo que Dios hace por nosotros en el magnífico sacrificio obrado a nuestro favor por Jesús en la cruz; pero, también tiene una dimensión horizontal, que se relaciona con nuestra respuesta frente a las demás personas una vez que hemos conocido a Cristo.

Puedo entender que un varón que no conoce a Cristo trate a su esposa como si fuera dueño de su conciencia y de su cuerpo. Pero no puedo admitir como válido el que muchos se llamen cristianos y traten a sus esposas como si fueran personas incapaces de pensar por sí mismas, y con incapacidad para tomar decisiones válidas. Ese espíritu no corresponde a un cristiano sino a un "lobo vestido de oveja". Cuando el evangelio es incorporado en la vida, necesariamente tienen que cambiar las estructuras opresivas y esclavizantes, que lo único que hacen es degradar al ser humano y convertirlo en una sombra de lo que Dios creó.

¿Tratas a tu esposa como una persona digna e hija de Dios? ¿Entiendes que tu rol, como varón, no es mandar sino colaborar? ¿Se siente respetada tu esposa?

* Expresión usada en la República de Chile, que significa algo así como "vivir refugiado en las faldas de una mujer"(también se dice "pollerudo").

Una cuestión cultural

"Bienaventurado el varón que no anduvo en consejo de malos, ni estuvo en camino de pecadores, ni en silla de escarnecedores se ha sentado". Salmo 1:1.

Ser varón es una cuestión más cultural que genética.

Es verdad que los varones tienen una diferencia radical en su composición genética con respecto a la mujer; sin embargo, muchas acciones no están relacionadas con los genes sino con los patrones culturales en los que fueron formados. Si el asunto fuera genético, habría que esperar que los varones actuaran de la misma forma en todo tiempo y lugar. Pero, la realidad y la historia demuestran lo contrario.

El patrón cultural es tan fuerte que muchas personas no atinan a separar lo netamente social de lo que es genético. Incluso, se suele defender determinadas posturas y actitudes en una base que se sustenta supuestamente en la biología del varón y de la mujer.

La realidad histórica demuestra lo contrario. Eso de que el varón es el sexo fuerte y la mujer el débil no solo es una bobería defendida por quienes tienen una concepción equivocada de la humanidad, sino también obedece a patrones de conducta propios de quienes pretenden defender un modelo abusivo que, a lo largo de la historia, ha provocado millones de lágrimas en personas cuyo único "pecado" fue nacer mujer.

Si la mujer fuera tan "débil" como se supone, no habría sobrevivido a toda la historia de abusos, discriminaciones y arbitrariedades a las que ha sido sometida durante siglos. Por otro lado, han sido madres, lo que implica una fortaleza única; no solo por el dolor que implica alumbrar a un hijo, sino también por hacerse cargo solas muchas veces, de toda una familia, con varones ausentes o que han abandonado su responsabilidad.

El varón que quiera sustentar su actitud discriminatoria hacia la mujer tendrá que hacerlo con prejuicios, preconceptos y caprichos, porque ni la Biblia ni la lógica le sirven.

El problema es educativo. Si se formara a los varones con nociones distintas en cuanto a los valores, tendríamos generaciones con actitudes diferentes. Hay muchos varones que actúan y piensan distinto de los machistas de nuestro mundo, pero, son minoría. Su forma de pensar tiene su raíz en valores cercanos al verdadero pensamiento cristiano no infestado de nociones preconcebidas o ideas que no tienen su origen en el ideal bíblico.

Ser varón a la manera bíblica es situarse en un plano contrastante con el común denominador de este mundo. En muchos sentidos, implica rebelarse contra un sistema discriminador mayoritario y vivir de un modo que, sin duda, va a provocar rechazo de otros que no están dispuestos a ceder ni un ápice de su derrotero de injusticia.

Soy seguidor de Cristo, un varón que se rebeló contra la injusticia de su tiempo. No puedo ser menos; de otro modo, no honro su nombre.

¿Estás actuando como un varón de Dios o como uno del mundo?

Educación que perturba

"Jesús lloró". Juan 11:35.

¿Qué es ser macho? Todas las sociedades presentan una imagen de lo masculino. Se educa a partir de los modelos que la cultura nos transmite. Incluso las mujeres suelen tener una imagen de lo que es un varón, y a partir de dicho paradigma juzgan a los varones con los que les toca relacionarse.

Uno de los prejuicios se refiere a las características emocionales del varón. Se supone que los varones deben ser rudos, toscos, insensibles, poco tiernos y no dados a mostrar en público emociones que lo equiparen con una mujer: emocionarse, llorar, expresar ternura, demostrar sensibilidad, etc. Se supone que dichas características son para mujeres. Crecí en un medio en el que cualquier varón que expresara algunas de esas emociones asociadas a una mujer era considerado poco hombre.

Sin embargo, esta actitud no pasa de ser un prejuicio. Los varones tienen la misma capacidad de emocionarse que las mujeres. Pero ¿por qué las mujeres no tienen empacho en demostrarlo? Simplemente, porque culturalmente se las ha educado para no esconder lo que emocionalmente sienten.

Esa idea de que el varón se guía por la razón y la mujer por la emoción no solo es falsa, sino también crea un estereotipo que finalmente destruye. He visto a muchos varones dejarse llevar por estados emocionales a tal punto que no razonan, y a mujeres pensar cuidadosamente lo que deben hacer, dejando a un lado la emoción.

La antropóloga Helen Fisher[22] ha mostrado que hay profundas diferencias hormonales entre varones y mujeres, que nos hacen actuar de manera diferente en muchas situaciones. Pero, eso no implica automáticamente que, por no ser mujeres, estas diferencias deben llevarnos a los errores a negar nuestra capacidad emocional. Al contrario, la emoción es parte de nuestra vida. Aceptarlo es el primer paso para crecer.

Los varones que actúan bajo estereotipos como la rudeza, la indiferencia, la insensibilidad u otros absurdos, terminan negándose a sí mismos la posibilidad de crecer como individuos. Si, además, viven con una mujer, se privan a sí mismos de gozar de una realidad que rara vez está abierta al mundo de los varones.

El ser humano es emocional. La dificultad es que los varones sepan asumirlo y vivirlo con equilibrio en un mundo que, al negar esa faceta a los varones, trunca la vida de muchas parejas. Amar también es llorar. Expresar emoción hasta las lágrimas permite que las parejas se consoliden y crezcan.

¿Estás permitiendo que la tradición cultural guíe tu vida? ¿Eres capaz de expresar emoción sin sentirte disminuido como varón?

La injusticia
del machismo

"Los bendijo Dios, y les dijo [al varón y a la mujer]: 'Fructificad y multiplicaos; llenad la tierra y sojuzgadla, y señoread en los peces del mar, las aves de los cielos, y todas las bestias que se mueven sobre la tierra'". Génesis 1:28.

La mayoría de los matrimonios se construye sobre premisas masculinas. Se supone que la mujer debe girar en torno a los objetivos y los planteos propios del varón. Las metas del hogar se miden en función de los logros del varón. Incluso los hijos se visualizan como parte de un plan en el que el varón es quien tiene las directrices de lo que serán sus vidas.

En muchos aspectos, estos rasgos culturales señalan un conflicto que implica discriminación y disminución de una persona por otra, lo que no solo es injusto sino también está fuera del plan divino y es resultado, al fin de cuentas, del alejamiento de los seres humanos del plan original de Dios y de sus principios de equidad.

Ningún ser humano debería ser considerado propiedad de otra persona; eso es una especie de esclavitud encubierta, lo que efectivamente sucede en el interior de muchos hogares en los que muchas mujeres no solo pierden su identidad personal sino también la posibilidad de tener un proyecto de vida personal o ideas propias.

Cuando la mujer pierde la capacidad de ser ella misma y es reconocida únicamente en función de los logros de su esposo, literalmente pasa a ser como una muerta en vida. Alguien que no existe por sí misma sino en función de otro ser humano. Es tan común la situación que a nadie parece alarmarle y, aunque algunos hacen chistes por esta razón, en el fondo, no logran entender la gravedad de lo que significa que alguien pierda su capacidad de ser auténticamente único.

Un matrimonio es una relación consensuada y libre, en la que dos personas deciden darse el uno al otro para construir un proyecto de vida juntos, no una idea unilateral masculina. En un contexto donde imperan solamente las premisas masculinas, no se puede hablar de matrimonio, sino de dictadura.

Lamentablemente, pocos alzan su voz frente a este esquema degradante. La mujer y el varón fueron creados por Dios como seres dignos, que deberían colaborar entre ellos de modo que uno y otro se potencien para alcanzar el máximo desarrollo posible como personas. No se puede lograr esto con actitudes unilaterales machistas.

¿Qué experimentas en el interior de tu matrimonio: dictadura o democracia? ¿Colaboración o imposición?

Una relación
diseñada por Dios

"Porque somos hechura suya, creados en Cristo Jesús para buenas obras, las cuales Dios preparó de antemano para que anduviésemos en ellas". Efesios 2:10.

Hace poco, estábamos en una fiesta de bodas y nos divertíamos contando chascarrillos acerca de nuestros hijos. Una de nuestras amigas contó acerca de su hijo de 7 años, que en un momento de reflexión infantil le dijo a su madre:

–Me han dicho que algún día me van a gustar las mujeres, pero no lo puedo creer.

Y, mientras decía esto último, ponía una cara de asco, como si aquello fuera algo que no puede imaginarse.

Nos reímos de esta salida de un niño, pero la realidad es que todos experimentamos algo similar. Recuerdo muy bien la etapa de mis hijos cuando no podían ni siquiera acercarse a otra persona del sexo opuesto.

Aún recuerdo que, hasta hace no más de tres años, mi hijo menor, que hoy tiene 15 años, cada vez que veía una película en la que aparecía una pareja besándose hacía un gesto de asco y decía: "¡Puaj!"

Y, lo más gracioso es que le salía de manera espontánea y de verdad. Hace poco, nos reímos porque hizo lo mismo, pero me quedé mirándolo y le dije:

–Hijo, ya no te sale tan natural como antes.

Él me miró y sonrió con complicidad, porque ya está entrando en otra etapa.

Todos pasamos por lo mismo. En el diseño de Dios, hay un momento para abrazar y amar. Cuando nos convertimos en jóvenes y adultos, entendemos que parte del plan de Dios implica que el ser humano debe vivir en pareja. Es parte de lo que Dios proyectó. Es su idea. Así nos hizo. Y, de esa forma seremos felices. Cuando Dios creó al varón y aún no había formado a la mujer, el varón era hermoso, pero no era perfecto. La perfección de la creación consiste en la relación armoniosa entre un varón y de una mujer. Vivir de acuerdo con el diseño de Dios es siempre una mejor idea.

Hay quienes transmiten la idea de que el varón no nació para ser fiel a una sola mujer o que la monogamia no es una cuestión masculina. Suelen citar ejemplos históricos y una constante de dominación masculina sobre la mujer. Pero, eso no es más que juntar varillas de absurdo en una hoguera de necedades. Dios no nos diseñó para la soledad y ciertamente tampoco para la poligamia. El varón y la mujer necesitan crecer junto a una persona y mutuamente ayudarse, y ser compañía uno del otro. Ese es el plan de Dios; cualquier otra idea es simplemente un delirio provocado por una mente afiebrada por el pecado.

¿Estás entendiendo claramente que Dios nos diseñó, a varones y mujeres, para la monogamia? ¿Comprendes el valor que Dios le concede –para tu felicidad– al compromiso y el amor?

La maldición de una mala interpretación

"Tu deseo será para tu marido, y él se enseñoreará de ti". Génesis 3:16.

Los versículos son interpretados dependiendo del cristal con el que se los mire. El problema es considerar de manera adecuada el contexto tanto textual como histórico del versículo, ejercicio que muy pocas personas realizan; de allí, la cantidad enorme de interpretaciones que sufren los textos que sirven para justificar las más variadas opiniones.

Este versículo, en particular, ha servido a través de la historia como excusa para realizar las más aberrantes acciones en contra de la mujer. El supuesto es que, siendo que ella es la causante del pecado, todo el género femenino tiene que sufrir las consecuencias de una mala decisión. La suposición es que Dios no solo ha permitido sino también expresamente lo ha pedido, y es la subyugación y el castigo de la mujer.

Ningún versículo ha hecho más para lograr que más mujeres maldigan el nombre de Dios. Muchas, incluso, han considerado maldita su condición de mujer.

Lo dramático es que muchos varones han intentado justificar sus aberraciones, injusticias, maltratos, humillaciones y vejámenes con esta supuesta base bíblica.

El problema es que, si Dios es quien está detrás de una interpretación que autoriza la humillación y la esclavitud moral de la mujer, la imagen que se ofrece de ese Dios no solo es maligna sino también impide, de hecho, que la mujer logre entender con plenitud que Dios es justo y que lo mueve el amor.

Incluso, muchos varones llegan al descaro de no solo creer que su interpretación es correcta, sino también afirmar que las mujeres deberían aceptar la humillación y la subordinación como un plan perfecto de Dios, que castigaría de ese modo el pecado.

Muy pocos –porque no les conviene– interpretan el texto como es, simplemente una descripción dramática de lo que ocurriría como consecuencia del pecado. El contexto anuncia que Cristo vendría a deshacer "las obras del diablo" (1 Juan 3:8). Esto, porque en Jesucristo todas las cosas son "hechas nuevas" (2 Cor. 5:17). Cristo nos convierte en "nueva criatura" (2 Cor. 5:17). En él, todo vuelve a ser como en el origen; y esto implica, en la relación del varón y la mujer, que deben volver a la relación de mutualidad que hubo en el origen.

Afirmar que se es cristiano y a la vez sostener que la mujer debe someterse y humillarse ante un varón es, simplemente, una contradicción del ideal de Dios y de los conceptos establecidos en su Palabra. Para afirmar dicho concepto, el único camino posible es la tergiversación de la Biblia. No cabe la discriminación cuando se acepta a Jesucristo.

Bien les haría a muchos profesos cristianos reexaminar sus supuestos a la luz de la Palabra, que es nuestra única garantía.

¿Estás tratando a tu esposa como la trataría alguien que conoce a Jesucristo?

Crecer

"Cuando yo era niño, hablaba como niño, pensaba como niño, razonaba como niño; mas cuando ya fui hombre, dejé lo que era de niño". 1 Corintios 13:11.

De niños jugábamos con la idea de ser aventureros, médicos, misioneros, científicos, soldados, marinos, piratas... sin embargo, no recuerdo haber jugado a ser marido, padre o esposo. Esa idea no entraba en nuestra mente infantil. Ser parte de un proceso de familia y asumir como esposo, padre o amante no tiene el mismo romanticismo que ser aventurero o conquistador de tierras ignotas.

La cultura y la familia no nos preparan en forma suficiente, en especial a los varones, para hacernos adultos compartiendo un tipo de responsabilidades difíciles y complejas de asumir. Tal vez esa sea la razón por la que tantos demoran años y otros prácticamente toda la vida en convertirse plenamente en adultos.

He visto, más de una vez, el comportamiento infantil de varones que se resisten a convertirse en padres, esposos y compañeros. Solo quieren jugar, salir con amigos, ir a fiestas y recrearse permanentemente.

Ser esposo es optar por un compromiso en el que las prioridades cambian. Cuando alguien se casa, elige poner a la esposa en primer lugar después de Dios. Al llegar los hijos, estos ocupan la posición segunda en su vida. El juego, el trabajo, los amigos y los entretenimientos pasan a un lugar secundario. El no entenderlo provoca que muchas familias se sientan desplazadas y sientan que los padres no les dan su lugar.

La primera responsabilidad de un esposo es para con su esposa y sus hijos; todo lo demás es secundario, y eso incluye su vida laboral. No tiene sentido vivir para trabajar. Así se pierde perspectiva y se hace que la persona se quede con su trabajo, pero pierda lo más precioso... a su familia.

Muchas mujeres se sienten solas y abandonadas por sus esposos. Muchos hijos no logran conocer a sus padres. Quien se casa hace un pacto. Eso incluye comprometerse con la vida de su cónyuge y de sus hijos. Ese compromiso implica pasar tiempo juntos, escuchar, jugar, hablar y realizar actividades recreativas; en otras palabras, invertir en su familia.

Los varones inmaduros se dejan llevar por la algarabía irresponsable de un niño que solo piensa en jugar. Se pierden muchos matrimonios por la inmadurez de los varones. Algunos varones deberían posponer sus matrimonios hasta cuando estén en condiciones de crecer. Eso provocaría menos dolor y tristeza a otras personas.

¿Estás invirtiendo tiempo de calidad con tu familia? ¿Están tu esposa y tus hijos en el lugar que les corresponde? ¿Son ellos lo suficientemente importantes en tu vida como para posponer otras actividades?

Cooperación

"Pero en el Señor, ni el varón es sin la mujer, ni la mujer sin el varón".
1 Corintios 11:11.

Los varones y las mujeres son educados de manera distinta para enfrentar el matrimonio. Esas diferencias en el proceso educativo tienen profundas consecuencias en el planteo que ambos hacen de la relación conyugal.

Las mujeres son, en cierto modo, condicionadas para asumir un rol, que es el de encargada de las responsabilidades del hogar; aseo, comida, ropa, ornato, educación e hijos parecen ser las única tareas a las que está llamada la mujer. El varón se supone que es proveedor, guardián y quien responde legalmente por la familia.

En la mente de muchos varones, estas funciones están tan marcadas que no se les ocurre otra opción de vida. Para sus mentes, no hay lugar para otra cosa que no sea trabajar fuera de la casa y realizar las tareas rudas del hogar que la mujer no podría hacer por su constitución física.

Sin embargo, esta forma de enfrentar las cosas no solo es nociva, sino también supone una deformación de lo que significa la realidad matrimonial.

Cuando una pareja se casa, lo correcto es que establezca un pacto de colaboración en aquello que son sus talentos y dones personales. Establecer criterios fuera de este modelo de cooperación es distorsionar el verdadero sentido que tiene el matrimonio. Una pareja que se une en matrimonio debe aprender a vivir en colaboración mutua.

Los mejores matrimonios que conozco son aquellos que han aprendido a colaborar juntos. Personas que no solo han procurado que sus cónyuges se sientan cómodos sino también han hecho lo posible para dar lo mejor de sí a fin de construir relaciones en las que no impere otro valor que el respeto a la dignidad del otro.

¿Estás colaborando, como esposo, en todo con tu esposa, especialmente si hay niños pequeños? ¿Entienden claramente que el matrimonio es una unión de cooperación y no de despotismo?

El matrimonio no es una empresa

"En el Señor, ni el varón es sin la mujer ni la mujer sin el varón".
1 Corintios 11:11.

A algunos les gusta comparar al matrimonio con una empresa. La imagen metafórica es más o menos común; sin embargo, por mucho que sea repetida, es una idea que desfigura el verdadero sentido de la relación conyugal.

Para que una empresa funcione, se precisa un presidente, asociados y operarios que sean los que lleven a cabo las órdenes emanadas de la junta directiva. En dicha imagen, el esposo es el presidente, su esposa una ejecutiva que está bajo sus órdenes y los hijos los que deben obedecer, como obreros que no tienen posibilidad de pensar por sí mismos.

Este modelo, aplicado al hogar y a la familia, lo único que ha provocado es generaciones de jóvenes rebeldes frente a la autoridad y mujeres frustradas por sentirse tratadas como seres humanos de segunda categoría.

Me agrada más utilizar el símbolo de los pilares de un edificio de dos columnas. Cada una de ellas es necesaria para construir el edificio. Si una columna falta, es probable que el edificio se mantenga en pie de manera precaria, sin embargo, estará debilitado. Las bases son Dios y sus principios. Los tirantes y el techo representan a los hijos.

Esta idea no es popular. Es más sencillo pensar en el "jefe" que manda y la "subordinada" que obedece. De hecho, se necesita más energía y sabiduría para sustentar el modelo de las columnas que el de la empresa.

El fracaso de la institución matrimonial habría que buscarlo en un modelo que ha privilegiado el autoritarismo por sobre la bondad y la igualdad. Muchos jóvenes no desean casarse, especialmente mujeres, porque no están dispuestas a perder su autonomía como seres humanos y sentirse tratadas de manera secundaria, con opiniones e ideas que son menoscabadas o despreciadas, simplemente por ser mujeres.

No se construye un matrimonio equilibrado con subordinación. En ese caso, lo que se produce es una infantilización de la relación, en la que la mujer –normalmente– es tratada de manera infantil, como si no tuviera capacidades para opinar, elegir o administrar.
Lamentablemente, quienes más sustentan este modelo abusivo son personas que se dicen cristianas y pretenden utilizar la Biblia para sustentar un modelo contrario a la voluntad expresa de Dios.

Desde hace siglos se viene torciendo las Escrituras para lograr que este preconcepto triunfe; eso hace que el prejuicio esté tan arraigado que se vuelve difícil siquiera examinar el problema a la luz de la Biblia. Como diría irónicamente Albert Einstein, es más fácil dividir el átomo que eliminar un prejuicio; y, en lo que se refiere a la supuesta superioridad varonil, sin duda es así.

¿Estás siendo coherente con el mensaje bíblico de no discriminación? ¿Entiendes que el matrimonio se construye en una relación de mutualidad y no de superioridad?

Miedo al compromiso

"Porque cada uno cargará con su propia responsabilidad". Gálatas 6:5, RV95.

Recientemente, una investigación confirmó lo que las mujeres ya sabían desde hace mucho tiempo: los varones tienen la tendencia a evitar todo lo posible el matrimonio.

Una de las razones que se suele esgrimir es que cada vez hay más parejas que deciden vivir juntas antes de casarse o no pensando en contraer matrimonio nunca.

Además, hoy en día, al haberse flexibilizado los cánones morales cristianos, es relativamente fácil tener relaciones sexuales casuales y sin compromiso, sin sufrir el estigma de la prostitución, simplemente como parte de una cultura que considera que la sexualidad debe vivirse de manera libre y sin prejuicios.

La mayoría de los varones rechaza el matrimonio por el compromiso que implica. Hay una lucha por aceptar responsabilidades que no están dispuestos a asumir. Por otra parte, los varones, por formación cultural, tienen más complicaciones a la hora de experimentar la afectividad; de allí que las relaciones sexuales sin compromiso resulten ser menos comprometedoras, o se corra un riesgo menor de obligación afectiva.

Por otro lado, la otra razón se debe al temor al divorcio y a las consecuencias económicas que trae. Bajo ese prisma, es preferible la cohabitación, que los mantiene en una situación similar a la del casado, pero sin los "riesgos" del matrimonio.

Lo real es que, en el ámbito mundial, en los países occidentales, tanto varones como mujeres tienden a aplazar el matrimonio, prolongándolo más allá de lo lógico o práctico. Sin embargo, junto con un estilo de vida, se han instalado miedos que hacen que cada vez más parejas vivan juntas, sin estar casadas.

La realidad es que el retrasar el matrimonio beneficia más a los varones que a las mujeres. En forma paradójica, el sexo masculino puede esperar a casarse. Cuanto más pasa el tiempo, mayores son las posibilidades de casarse, mientras que con las mujeres sucede lo contrario.

El concubinato solamente genera una tensión creciente en la mujer, que paulatinamente se va sintiendo más vulnerable, porque socialmente es más difícil que sea aceptada por otro varón en una relación estable.

El plan de Dios es el matrimonio. Es lo que protege finalmente el amor. El compromiso libera, porque nos da la libertad de ser auténticos, sin temor a ser abandonados por ser nosotros mismos.

Va siendo hora de hacerle caso al diseño divino y buscar el matrimonio como la única salida válida dentro del plan divino.

¿Estás casado o cohabitas? ¿Entiendes los riesgos del concubinato?

Miedo de ser

"Yo hice la tierra, y creé sobre ella al hombre". Isaías 45:12.

Varones y mujeres reciben modelos culturales acerca de su ser femenino o masculino. Con el tiempo, dichos patrones se convierten en una especie de camisa de fuerza que lo domina todo.

Por ejemplo, se supone que ser varón es no tener dudas e inseguridades. Es no plantearse preguntas referidas a la sexualidad. Se supone que un macho bien macho sabe cómo tener relaciones sexuales y hacer gozar a una mujer. Si alguien de sexo masculino aventura osadamente alguna pregunta sobre sexo, o revela ignorancia, o expresa cualquier inquietud al respecto o admite que puede tener algún problema sexual, corre el riesgo de verse disminuido en su esencia masculina.

Cada vez que hablo con alguna pareja que tiene algún tipo de disfunción sexual y aventuro la idea de que consulten a un sexólogo y se sometan a una terapia, en general los varones reaccionan ofendidos. Cuando hablo en privado con ellos, suelen cargar todas las culpas en la mujer, aduciendo que ellos funcionan perfectamente. No se les ocurre pensar que la sexualidad es un baile que no se puede bailar solo.

La mayoría de los varones supone que una erección es muestra suficiente de virilidad. En su fantasía afrodisíaca, suponen que el ser capaz de tener algún orgasmo o eyaculación es la medida de la sexualidad. Muy pocos aceptarían que esa forma de ver la sexualidad no solo es adolescente, sino también, muestra un alto grado de ignorancia acerca de cómo funciona realmente una "relación" de pareja.

Al reducir toda la sexualidad al coito y lo genital, y no expresar ternura so pena de parecer débiles, o no explicitar sentimientos porque podrían correr el riesgo de parecer afeminados o no expresar dudas, inquietudes y deseos para no dar la impresión de ser faltos de virilidad, los varones terminan siendo menos que humanos y una pobre pantomima de lo que realmente podrían ser.

Lo lamentable es que algunos de estos estereotipos son defendidos y sostenidos incluso por mujeres, que a la hora de la verdad demostrarían rechazar dichos conceptos, pero que en la vida cotidiana lo viven como si fueran verdades indiscutibles.

Lo cierto es que, en el diseño divino, se contempló la expresión de emoción, la sensibilidad, la ternura y la capacidad de dudar de sí mismos como partes esenciales de la constitución no solo de una mujer sino también de un varón. Renunciar dichos aspectos del entramado de la vida humana implica no vivir a la altura de lo que significa ser nada más y nada menos que un ser humano... lo que ya en sí es bastante.

¿Te dejas guiar por el diseño divino o por el prejuicio estereotipado?

Un lenguaje que condiciona

"Te has llevado a mis hijas como prisioneras de guerra". Génesis 31:26, NVI.

La época de los juglares introdujo un concepto que aún perdura. Es extraordinaria la manera en que los prejuicios y los estereotipos se mantienen en el tiempo, aun cuando sea probado que son solo eso: conceptos errados traspasados de generación en generación.

Una de esas ideas, que a mi juicio es equivocada, sostiene que, en una etapa de la relación de pareja, "el caballero quiere ser conquistador, y la dama la conquistada". Se supone que las mujeres quieren ser "conquistadas por el príncipe azul".[23]

La sola utilización de este lenguaje ya supone una distorsión. Al hablar en términos de "conquista" y "principado", se convierte a la relación de pareja en una cuestión de guerra. Los varones deben buscar todas las formas posibles para llegar a apoderarse del castillo (el corazón de la dama) y convertirlo en parte de su propiedad (la conquista).

Por su parte, la mujer debería esperar pasivamente a que viniera un "príncipe azul" (no sé por qué no amarillo o café), para que la conquiste y la haga suya. Ella debería suspirar emocionada al ver los intentos de algún varón de acercarse a ella y tratar de conquistarla.

Este lenguaje, y los supuestos discriminatorios que hay en el fondo, para lo único que han servido en la historia de la relación entre el varón y la mujer es para perpetuar un estilo de relación jerárquica en el que la femineidad es concebida en términos de obediencia y sumisión.

Con este tipo de acercamiento a la relación de pareja, finalmente, tanto el varón como la mujer terminan perdiendo, a la larga, la capacidad de relacionarse de manera armoniosa y equilibrada.

No hay conquistados y conquistadas, sino personas que toman la decisión de compartir un proyecto de vida común.

La relación de pareja no es una conexión basada en la "conquista" de uno sobre otro. La mujer no es un "trofeo de guerra" sino una persona, y como tal, hija de Dios, creada a su imagen, y con los mismos derechos y deberes que el varón.

El matrimonio es una relación consensuada en la que dos personas, en pleno ejercicio de su voluntad y capacidad de decidir, eligen compartir el resto de su vida, no para ser gobernados o liderados, sino para ayudarse mutuamente a fin de desarrollarse de tal modo que sus modos de ser les sirvan a ambos para ser felices.

Es hora de cambiar el lenguaje; es el primer paso para cambiar la forma de pensar.

¿Estás tratando a tu esposa como "trofeo de guerra" o como una compañera de viaje que ha decidido voluntariamente acompañarte?

Complemento
y contraparte

"No es bueno que el hombre este solo; le haré ayuda idónea para él".
Génesis 2:18.

La traducción de este texto, creo yo, está condicionada culturalmente. La expresión "idónea" es un intento por traducir la expresión *kenegdo*; que resulta compleja. Su traducción literal sería "en contra", o "contraria". La traducción literal quedaría "le haré una ayuda contraria". No tiene sentido; de allí que los traductores hayan puesto la expresión "idónea", siguiendo con la idea del contexto.

Sin embargo, la expresión sí tiene un significado claro. Expresa la idea de contraparte. Visto desde esta perspectiva, la traducción más acertada sería "le haré una ayuda que sea su contrapartida", o "le haré una ayuda que lo complemente". Allí sí el texto adquiere un sentido que ilumina la intención original de Dios.

No es bueno que el ser humano –ya sea varón o mujer– esté solo. La soledad no está dentro del plan original de Dios. En su diseño, Él pretendió que un varón completara a una mujer y viceversa. Que ambos fueran la contrapartida uno del otro. Eso implica mutualidad y complementariedad. Dos conceptos fundamentales para entender el diseño original de un Dios que planeó una relación perfecta para lograr la plenitud de la humanidad.

Se es plenamente humano en el equilibrio complementario de un varón y una mujer. Intentan lograr, de ese modo, el equilibrio y la estructura emocional adecuados para ser plenos y dichosos como seres humanos. Lástima que muchos no lo entiendan así y prefieran una pseudorrelación en la que prima la jerarquización y la subyugación que es –a fin de cuentas– un resultado del pecado, y no voluntad original de Dios.

Cristo trajo de nuevo el equilibrio al poner las cosas en la dimensión de propósito original de Dios. La frase "al principio no fue así" (Mat. 19:8) hace que se vuelva la mente hacia lo que fue, en su origen, el diseño divino.

Los varones no están llamados a ser jerárquicamente los que mandan; eso es producto del pecado, y estamos llamados a salir de él. En la relación que Cristo dirige, lo que hay es mutualidad, donde tanto el varón como la mujer no solo se tratan con respeto y dignidad, sino también ambos sostienen una relación no jerárquica sino de igualdad.

¿Estás experimentando el ideal de Dios o vives bajo el influjo del pecado?

Tres pilares fundamentales

"No es bueno que el hombre esté solo. Voy a hacerle una ayuda adecuada". Génesis 3:18.

¿Para qué existe el matrimonio?

Parece una pregunta ociosa, pero en realidad tiene mucho sentido. Encontrar un significado claro para una relación que tiene tantas implicaciones para la vida de las personas es fundamental.

La Biblia presenta tres razones básicas en un versículo que ha sido traducido históricamente de manera poco clara en función de las repercusiones que dicho texto tiene.

Ante todo, el texto debe ser traducido como "No es bueno que el ser humano esté solo; le haré una ayuda que lo equilibre" (Gén. 2:18). El sentido de la cita está marcado fundamentalmente por tres expresiones que constituyen, de manera sucinta, la verdadera razón de ser del matrimonio.

En primer lugar, el matrimonio existe porque "no es bueno que los seres humanos estén solos". Es decir, la primera razón es para que seamos compañeros de alguien, porque todos necesitamos compañía. El matrimonio es el invento de Dios para suplir nuestra profunda necesidad de estar acompañados. El primer deber del esposo para con su esposa, y viceversa, es ser compañeros.

La segunda aseveración nos sumerge en un elemento de compromiso. Nos casamos para ayudar a quien va a estar a nuestro lado, porque las personas necesitan que alguien las sostenga en este camino de la vida, que las ayude a construir su vida de manera tal que puedan lograr lo mejor de sí mismas. Todos, en algún momento de nuestra vida, necesitamos a alguien que nos ayude a continuar el viaje. Para eso es el matrimonio, para que podamos contar con alguien que, incondicionalmente, colabore con nosotros.

La tercera razón tiene que ver con la plenitud de lo que podemos llegar a ser. Nacemos varón y mujer, completos como varones o como mujeres, pero no plenamente humanos. Somos incompletos al no tener una perspectiva de la realidad que nos falta. Dios hizo el matrimonio para que nos equilibráramos. Para que juntos, varón y mujer, no solo completemos la imagen de Dios en nuestras vidas, sino también seamos capaces de vivir en equilibrio, aportando al otro la faceta de la realidad que al otro le falta. Ser matrimonio es construir una relación que tiende hacia el equilibrio y el construir una relación de complementación.

Por lo tanto, el matrimonio existe por, al menos, tres razones: Compañía, ayuda y equilibrio. Varones y mujeres están llamados a vivir una relación en la que sean capaces de otorgar compañía, ayuda y equilibrio a otro ser humano. Eso no se puede hacer sin compromiso y sin decisión. No es cuestión de sentimientos, sino de voluntad.

¿Estás cumpliendo tu parte del pacto de tres aspectos en tu matrimonio?

Romper con una
historia infeliz

"Tus dos pechos, como gemelos de gacela que se apacientan entre lirios".
Cantares 4:5.

Existe una cultura sexual orgásmica. Los libros vulgares de divulgación masiva han vendido la idea de que la máxima expresión de amor, en una relación sexual de pareja, es alcanzar el clímax del orgasmo. Pero, a inmersas como están las personas en una sociedad que ha privilegiado lo superficial, es probable que no entiendan que el diseño físico del varón y de la mujer exige otro tipo de actuación y otro tipo de expectativas.

Cada vez que converso de estos temas en encuentros matrimoniales o en terapias con parejas, la constante que escucho, especialmente de mujeres, es que a su relación le falta la alegría de un encuentro, atención, bienestar, cariño, ternura y amor.

Muchos varones están convencidos de que son excelentes amantes porque son capaces de tener orgasmos y porque sienten que sus esposas los tienen. Muchos de ellos se avergonzarían de saber que la mayoría de las mujeres, en muchas oportunidades, simplemente fingen o no sienten lo mismo que el varón.

Los tiempos sensuales del varón y de la mujer son distintos. La mecánica biológica y sensual de uno y de otro es diferente. Si un varón desea hacer feliz a su esposa, debe darse tiempo para aprender. Si una mujer quiere ser plena, debe hablar y contar lo que le sucede, y lo que necesita.

Muchos varones esconden su ternura y su fragilidad en una rudeza que no tiene nada que ver con el amor y la sexualidad, sino con modelos machistas absurdos, aprendidos de una cantidad enorme de varones que, en realidad, no tenían idea de lo necio de su actitud.

A menudo, los varones son muy explícitos para decir lo que desean; sin embargo, cuando es la mujer la que solicita la misma atención en relación con lo que ella quiere o precisa, muchos varones se muestran extrañados y sorprendidos, como si ella no tuviera que expresar sus deseos. Pero, la sexualidad se vive de a dos. Es un puente de ida y vuelta. La base de una buena vida sexual es la reciprocidad. De otra forma, es muy común que las mujeres terminen sintiéndose usadas y no verdaderas compañeras sexuales.

Una buena parte de los varones suele ser egoísta en sus relaciones sexuales, buscando y pensando en su propia satisfacción. Quieren ser la imagen y semejanza del hombre viril. Quieren dominar la situación y no entienden que, con esta actitud, no hacen más que empeorar las relaciones.

¿Estás diciendo lo que sientes y esperando que tu compañera también lo diga?

Volver al origen

"Mas al principio no fue así". Mateo 19:4.

Muchos varones machistas son víctimas de una sociedad que forma sin considerar ni medir las consecuencias de una determinada manera de educar.

A medida que crecen, muchos jóvenes se alejan de los presupuestos machistas y asumen una interacción distinta con las mujeres. Pero, un número más bien mayoritario se aferra a nociones sexistas, en parte por comodidad y en gran parte por ignorancia.

La educación familiar y escolar juega un rol fundamental en la transmisión de valores adecuados para la relación entre varón y mujer. Los preconceptos machistas sostienen que:

* La mujer es inferior por naturaleza. En otras palabras, Dios la habría creado para que fuera un ser secundario desde su mismo origen.

* El varón –por diseño divino– tiene que tener dominio sobre la mujer.

* Dios crea la desigualdad entre varón y mujer por su voluntad soberana. Incluso, algunos llegan a sostener que esta relación de discriminación será eterna.

Estos argumentos, repetidos hasta la saciedad y por muy persuasivos que parezcan en boca de sus defensores, no son más que inventos de la imaginación pervertida de quienes pretenden encontrar evidencias para un hecho social real: la discriminación de la mujer.

Lo cierto es que Dios, tanto al varón como a la mujer, los creó a su imagen (Gén. 1:27). A ambos les dio dominio sobre todo lo que existe (Gén. 1:28). Y, tanto al varón como a la mujer, les dio la capacidad de elegir y la necesidad de compañía (Gén. 2:16-18).

El pecado distorsionó la relación de los sexos, pero en Jesucristo todo se ordena (Gál. 3:28). Jesús viene a romper con las viejas tradiciones y a mostrar que el ser humano tiene que volver al origen, porque lo que existe hoy no fue así en el principio (Ver Mat. 19:8).

Quien conoce a Jesucristo no puede perpetuar, en su conducta, actitudes discriminadoras, sexistas o de desprecio a otro ser humano simplemente porque es de sexo diferente. Dicho concepto solamente puede esperarse en un contexto en el que no se adora y alaba a Jesús.

En un matrimonio cristiano no hay lugar para primeros o segundos, sino que ambos se someten mutuamente (Efe. 5:21) bajo el temor de Dios. En el fondo, marido y mujer deberían vivir una teocracia. Ambos sometiendo su voluntad a Dios y actuando conforme a los dictados de la Deidad, sin someter nunca su conciencia o su dignidad a otro ser humano, porque es necesaria la obediencia a Dios antes que a cualquier ser humano (Hech. 5:29).

¿Estás tratando a tu esposa con la dignidad que corresponde? ¿Estás dejando que tu conciencia sea avasallada por otro ser humano?

Nombrar

"Y puso Adán nombre a toda bestia y ave de los cielos y a todo ganado del campo; mas para Adán no se halló ayuda idónea para él". Génesis 2:20.

Tenemos la tendencia a interpretar los textos de la Biblia a partir de los conceptos de la cultura. Sin embargo, por válido que aquel método nos pueda parecer, es una forma equivocada de acercarse al texto. Debemos adentrarnos en el pasaje bíblico considerando las condiciones en las que fue escrito y el significado que pudo haber tenido el lenguaje para quienes escucharon por primera vez esas palabras.

El texto de hoy lo escribió Moisés dos mil quinientos años después de la Creación. Las expresiones que utilizó tenían sentido en su contexto. El libro de Génesis fue escrito en el desierto, mientras Moisés pastaba las ovejas de su suegro Jetro. El fin primario del libro es hacer que aquellas personas que habían estado sumidas en un ambiente pagano, en Egipto, volvieran a sus orígenes y entendiera que eran criaturas formadas por un Ser creador inteligente y sabio.

"Nombrar", en tiempos de Moisés, significaba algo muy distinto de lo que significó después de su tiempo y lo que significa hoy. La expresión tenía tres sentidos. Uno era significar que aquello que se nombraba era parte de la propiedad de una persona. Dicho concepto no es el de este versículo, porque lo creado le pertenecía a Dios.

Una segunda forma de nombrar estaba relacionada con simbolizar algo. De esta forma se nombró a algunos lugares y personas en Israel, para señalar algo especial. Tampoco es el caso, porque la mujer no fue "nombrada" por el ser humano.

La tercera acepción, que fue la más común, implicaba reconocer, entender la diferencia, descubrir la esencia de algo o alguien. Por esa razón, se impuso la costumbre de ponerle nombre a los hijos recién a los 12 años, habiendo estudiado las características esenciales de la persona; y, en ese sentido, el nombre cobraba un significado original.

Dios envía a Adán a "reconocer" a los animales, a percibir la diferencia, a entender que su contraparte no estaba entre los seres inferiores en la escala de la Creación. Por esa razón, cuando lo entiende, lo sume en un sueño profundo (para decirle, en esta parte de la historia: "No tienes nada que ver con lo que voy a hacer") y luego le presenta a quien será su futura esposa.

Las parejas pasan por esa etapa de descubrimiento, pero algunas detienen el proceso y se quedan con estereotipos. Las personas están en constante cambio; por lo tanto, es posible seguir descubriendo indefinidamente sus procesos y matices particulares.
Seguir conociendo demanda una preocupación tal por el otro que es preciso crear rutinas y modelos de interacción que los ayuden a descubrirse. Comunicar, darse tiempo para estar juntos, no juzgar motivos y sentimientos sino entender, etc. Son las algunas de las formas de acercamiento que permitirán a la pareja crecer en su relación.

¿Te estás dando tiempo para seguir descubriendo a tu cónyuge?

Un momento
de supervivencia

"Mejores son dos que uno". Eclesiastés 4:9.

"Una mujer me miró a través de la vitrina de un centro comercial. Y bien, en su mirada me vi con tres hijos, un perro en el patio, el miedo a perder el trabajo, los préstamos interminables, y unos atardeceres de domingos eternos y lánguidos en casa de sus padres. Sentí el peso de las mañanas iguales, de las tardes iguales, de las noches repetidas, de los iguales reproches. Rápidamente desvié la mirada, apuré el tranco y salí a la calle. Había sobrevivido a uno de esos segundos fatales con que la ciudad suele sellar el destino de los hombres".[24]

Cuando leí, esto no pude menos que escribirlo y reírme por largo tiempo. Es una pequeña ironía muy bien escrita y que representa, para la mente de muchos varones, el significado más profundo de un matrimonio. De hecho, lo escribió un varón de 35 años. Para muchos varones, el matrimonio es sinónimo de prisión, encadenamiento, pérdida de libertad, aburrimiento y sensación de ahogo. Es la imagen preferida de muchos varones para referirse al matrimonio.

En una cultura que exalta los valores masculinos, no podría ser de otra forma. Sería extraño que se transmitiera una idea diferente.

La verdad es que muchos matrimonios son una cárcel, para ambos, varón y mujer, pero no porque el matrimonio sea así por diseño sino porque llega a ser así por decadencia. El matrimonio entre un varón y una mujer está en franca agonía. Cada vez hay más jóvenes que desconfían de la unión entre un hombre y una mujer. La expresión "hasta que la muerte los separe" y el "para siempre" parecen como una condena.

¿Por qué razón sucede esto? En parte, es porque hoy en día, en nuestra sociedad posmoderna, asistimos a una verdadera exhibición de fracasos matrimoniales. Ya no es extraño observar que las personas se casan más de una vez y que la relación conyugal está tan menoscabada que cada vez son más los jóvenes que la observan con sospecha.

Lo extraño es que no hay persona que no quiera gozar de la bendición y la alegría de ser amado y tener una pareja. Pero, se cree erróneamente que el compromiso mata el amor y que las personas casadas tienen menos posibilidades de ser felices a largo plazo.

La realidad es todo lo contrario. El huir del compromiso matrimonial crea las condiciones para profecías autocumplidas y hace que más personas se pierdan la dicha de crecer como parejas estables, en un clima de armonía.

El matrimonio es una buena idea, siempre y cuando sea gobernado por principios divinos, que implican respeto y amor. En otro clima, nunca podrá sobrevivir la pareja.

¿Estás huyendo del compromiso o lo consideras una bendición para tu vida?

Excusas masculinas

"Cordón de tres dobleces no se rompe pronto". Eclesiastés 4:12.

Marido y mujer se casan no para que uno sea esclavo del otro. Muchas mujeres se esclavizan al grado de convertirse en sirvientas, primero de sus esposos, y luego de sus hijos. Eso no es sano ni lógico.

Maridos y esposas han de aprender a colaborar juntos en los deberes de un hogar. Muchos varones se excusan diciendo que ellos no ayudan porque han trabajado todo el día fuera de su hogar. Pero, dicho argumento no es justo. Una mujer que está todo el día atendiendo una casa lo menos que necesita es, que cuando llegue su esposo, este colabore para que ella descanse. Después de todo, la jornada laboral del marido se acaba cuando sale de su trabajo, pero en el caso de muchas mujeres eso continúa mucho más del tiempo recomendable, incluso luego de que todos se han ido a dormir.

El asunto se torna más grave cuando ambos trabajan y cuando hay niños. Muchos varones siguen argumentando lo mismo, incluso cuando sus esposas tienen trabajos fuera de la casa. Ellos llegan para descansar y sus esposas para continuar con una segunda jornada que incluye lavar, planchar, hacer comida, limpiar y atender los mil detalles de una casa. No todos están en condiciones para pagarle a alguien para que realice ese trabajo. Eso no es justo ni sabio. Lo que hay en muchos maridos es simplemente una actitud de pereza, excusas acomodaticias y un profundo egoísmo.

Cuando las mujeres no trabajan fuera del hogar, pero tienen hijos, especialmente si estos son pequeños, suelen estar abrumadas por lo que significa cuidar a un niño. No es una tarea fácil atender a un infante, que tiene más energía que la que tienen dos adultos juntos. Que continuamente hay que estar pendiente de ellos. Al llegar a casa, muchos maridos simplemente creen que eso es una tarea de "mujeres" y que, como les gusta, no es cansadora. Por favor, maridos, quédense un día solos con sus hijos y a la vez haciendo todas las labores de la casa, a ver si aguantan una jornada.

Una esposa necesita que le hagan sentir que lo que hace es valioso y que le den respiro. Un varón sabio le diría a su esposa, al llegar a casa:

–Amor, ¿en qué ayudo?

Muchas mujeres, poco sabias, simplemente dirán:

–En nada, descansa.

Al llegar a un hogar donde hay niños, los varones necesitan entender que aquella mujer ha estado relacionándose con mentes infantiles durante toda una jornada, y que ahora necesita conversaciones de adultos y una actitud que la haga sentir esposa y no esclava.

¿Cómo tratas a tu esposa? ¿Es ella esclava o compañera?

Amores adolescentes

"Cuando yo era niño, hablaba como niño, pensaba como niño, juz-
gaba como niño; mas cuando ya fui hombre, dejé lo que era de niño".
1 Corintios 13:11.

La adolescencia es un período de transición. Está marcada por cambios radicales en la vida. Vivir como un adolescente es estar expuesto constantemente a ambivalencias de estados de ánimo, que hacen que la vida se experimente como en un vaivén.

Se supone que, al crecer, dejaremos ese estado fluctuante y seremos capaces de responsabilizarnos de las decisiones que tomamos. Lo real es que hay muchos adultos que tienen conductas adolescentes, que rayan en lo patológico.

Muchos se dejan llevar por las ilusiones infantiles, que implicaban no hacerse cargo nunca de sus responsabilidades, el mito de Peter Pan llevado a su realidad más horrorosa: Adultos que se niegan a crecer.

Los amores adolescentes suelen ser turbulentos. Conflictivos y llenos de inestabilidades, propios de un momento de la vida marcado por grandes cambios.

El amor adulto, en cambio, es como un río de aguas profundas. Que tiene momentos de grandes corrientes, pero que están en el fondo y son mantenidas bajo el control de un curso que sabe bien hacia dónde va.

Cuando un adulto se comporta como un adolescente, no solo vive un drama tragicómico, sino también, se está ante la presencia de una persona que se niega a crecer.

A muchos varones y mujeres les cuesta dejar atrás la adolescencia y entender que la vida humana consiste en tomar decisiones y que debemos responsabilizarnos por lo que decidimos.

Cada elección tiene una consecuencia. Amar como adultos implica comprometerse. Amar como adolescente significa solo soñar. El amor de personas maduras significa entender que somos parte de la vida de otra persona y que todo lo que hagamos o dejemos de hacer la va a afectar en forma positiva o negativa. Los adolescentes solo sueñan con alguien que los haga reír permanentemente.

Crecer es doloroso, y ciertamente no es fácil pasar de la adolescencia a la madurez; pero, sin ese paso necesario y fundamental ninguna pareja tiene grandes esperanzas.

Dios nos creó mediante un diseño que implica crecimiento. Dios supuso, cuando nos creó, que llegaría el momento en que tendríamos que hacernos cargo de nuestras decisiones.

Amar como un adulto significa elegir amar pese a las circunstancias. Amar por decisión y voluntad, no por sentimiento y pasión; eso último es tarea de un adolescente que juega a ser grande... con situaciones que aún no es capaz de controlar, menos entender.

¿Amas como un adulto o como un adolescente?

¿Padres?

"Yo también fui hijo de mi padre, delicado y único delante de mi madre".
Proverbios 4:3.

No es padre el que engendra sino el que forma.

Por esa razón, también es cierto que padre hay uno sólo; aquella persona que fue capaz de darnos la seguridad emocional y afectiva que necesitábamos para crecer.

Los seres humanos somos la especie más indefensa que existe, cuando somos pequeños. De hecho, si pusiéramos a un ser humano recién nacido a la intemperie, tendría menos probabilidades de sobrevivir que un oso, un caballo o un león (y luego nos creemos superiores).

En este contexto, la presencia de un padre es vital. Muchos varones se comportan como si fueran solo sementales. Una vez que engendran a sus hijos, se desentienden de ellos como si no tuvieran ninguna responsabilidad, y cargan a las madres con la tarea de la formación, y el traspasar valores y afectos. Pero, ese modelo no solo es poco inteligente, sino también con esa actitud, los varones se privan a sí mismos de la enorme riqueza de criar a un niño.

Padre es la persona que está en los momentos más importantes de la vida de un ser humano. Puede no llevar tus genes, pero si actúa con la preocupación de quien entiende que tú eres una persona valiosa, que merece lo mejor, te estará dando algo mucho más valioso que un gen. Engendrar puede cualquiera, ejercer como padre solamente es tarea para la que están dispuestos y capacitados muy pocos.

De hecho, creo que no entendí lo que significaba verdaderamente ser plenamente varón hasta cuando decidí convertirme en padre; y no digo cuando tuve la capacidad de engendrar, porque no fue sino hasta tiempo después de que mis hijos hubieran nacido que decidí ejercer como padre.

Si se es semental y no padre son pocos los derechos que podemos reclamar. Recuerdo una conversación con un niño que me fue derivado a fin de que hiciera un informe para un juez. No quería estar con su padre sino con su abuelo. De hecho, había vivido más con ese anciano que con su padre. Le pregunté directamente:

¿–Por qué quieres vivir con tu abuelo y no con tu padre?

Y me respondió con la inocencia de un niño de 6 años y con la sabiduría de uno mayor:

—Es que mi abuelo es mi padre, porque él está conmigo cuando lo necesito.

¿Alguien podría estar en desacuerdo con este niño?

¿Estás siendo padre para tus hijos? ¿Pueden ellos sentir que tú estás cuando ellos lo necesitan?

Varones y el desarrollo emocional de sus hijos

"Como el padre se compadece de los hijos, se compadece Jehová de los que le temen". Salmo 103:13.

Muchos varones piensan que la formación afectiva y emocional de los hijos es cosa de mujeres y no de varones. Sin embargo, muchos estudios prueban que la ausencia del padre produce una cantidad enorme de disfunciones en el desarrollo emocional de los hijos.

Cuando algunos llegan a ser padres, ciertamente se alegran por la llegada de los hijos; sin embargo, asumen un rol casi exclusivamente de proveedores, y no expresan afecto ni se ocupan del desarrollo afectivo y emocional de sus hijos. Muchos lo hacen simplemente porque no aprendieron a expresar sus propias emociones, y otros tantos porque se quedaron congelados en los estereotipos que enseñan que los varones no deben expresar sus emociones, no al menos como lo hacen las mujeres.

Josh McDowell declara, en su libro *Mitos de la Educación sexual*,[25] que una de las razones por las que muchos adolescentes buscan experiencias sexuales es por la falta de un amor genuino de su padre. Sorprendentemente, muchos adolescentes no recuerdan un abrazo de su padre o una expresión de cariño.

Algunos padres actúan como si sus hijos debieran ganarse su amor. Exigen buenas calificaciones, obediencia, buena conducta; sin embargo, no están dispuestos, de la misma forma en que exigen, a expresar cariño incondicional por sus hijos. Olvidan que todo niño necesita saber que su padre lo ama incondicionalmente.

Involucrarse afectivamente en la formación de los hijos parece no considerarse una aptitud especialmente propia de varones. Cuando se es padre, también se es un formador de afectividad. Expresar lo que se siente en ningún caso es rebajar a la persona humana; por el contrario, la engrandece. Los hijos no solo necesitan el abrazo cariñoso de una madre; también necesitan el afecto de un padre que es capaz de decir, sin tapujos ni cohibiciones: "Te amo".

Un hijo criado por un padre amoroso, que expresa constantemente lo importantes que son sus hijos y lo valiosos que son para él, desarrolla defensas frente a las presiones sexuales, a los desengaños, a las traiciones, al rechazo, etc. Tienen una bagaje tal de seguridad emocional que nos les da temor enfrentarse a situaciones de este tipo. Saben que son amados y que sus padres los valoran como tales.

Ser padre es un privilegio. Los varones que tienen esa gran dádiva de Dios que se llama "hijos" deben dar un paso más cada día y expresar con toda claridad, a sus hijos, que los aman y que ellos son importantes para sus vidas; solo así estarán cumpliendo su rol de formadores emocionales de sus hijos. De otro modo, los privarán de algo importantísimo para sus vidas.

¿Estás actuando como padre o solo eres un proveedor? ¿Cuándo fue la última vez que le dijiste a tu hijo que lo amabas?

Huir no es la salida

"Esfuérzate y sé valiente". Josué 1:6.

Estar casado es extenuante. Quien creyó, que era un asunto fácil simplemente se equivocó. Muchas personas se casan creyendo que en su matrimonio no habrá nada perturbador. Pero, no es así; esa es una ilusión alimentada por el romanticismo. Un buen matrimonio es resultado de mucho esfuerzo y de haber decidido seguir pese a las dificultades.

Estar casado no significa compartir una cama sino compartir la vida y participar en todo lo que le afecta a otro ser humano. Es estar en lo más insignificante y en lo más trascendente. Es un acompañar en las alegrías y en los sufrimientos

Lamentablemente, muchos huyen al primer conflicto, considerando que eso no es el matrimonio y que no serán capaces de superarlo; sin embargo, ni siquiera se exponen a la posibilidad de luchar para que funcione. Simplemente, salen corriendo.

Vivir con una persona nunca ha sido una tarea fácil. Bien lo sabemos, porque todos venimos de una familia. Sin embargo, cuando se llega al matrimonio, por una extraña razón se cree que todo será bueno y que no habrá dificultades, pero no es así. Los seres humanos siempre son complejos, y en el momento menos pensado ocurren situaciones que nos dejan perplejos.

Los conflictos no tienen por qué ser el fin de un matrimonio; bien pueden ser la oportunidad para renovarse, aprender y crecer. Huir no nos ayuda a saber qué podríamos haber aprendido de aquella situación.

Si alguien me pidiera que describiese en tres palabras el secreto de un matrimonio de éxito, le diría: "Trabajo, trabajo y trabajo". Estar casado implica trabajar en el carácter propio. Trabajar en entender la personalidad del cónyuge. Trabajar para que la relación funcione. Trabajar para avanzar día tras día un paso más. Trabajar para estar casados.

Hace poco, una joven que participó en uno de mis cursos prematrimoniales me decía, luego de dos años de casada:

—No sé si me hubiera casado de entender lo que usted nos decía en teoría.

Sonreí, y le dije:

—¿Qué sabes ahora que no supiste antes?

—Bueno —replicó chispeante—, que no me casé con el hombre ideal, sino solo con un ser humano.

—Y ¿qué crees que diría él?

Y ella respondió sonriendo.

—Pues lo mismo, que yo resulto francamente insoportable en algunas ocasiones.

¿Entiendes que estar casado es un trabajo de tiempo completo y sin garantías?

Sin violencia

"Líbrame, oh Jehová, del hombre malo; guárdame de hombres violentos".
Salmo 140:1.

En Rusia, en tiempo de los zares, a cada varón que se casaba se le entregaba, con mucha ceremonia, como obsequio de bodas, una fusta de las que se usaban para golpear a los caballos. Era parte del protocolo de matrimonio. No era broma de despedida de solteros ni una pieza para poner sobre la chimenea como recuerdo, y tampoco era pensada para golpear a los animales. Se entrega con el fin expreso y explícito de utilizarla con sus esposas. Se suponía que cada varón tenía que dominar a sus esposas a fuerza de golpes. Era parte del pacto conyugal. Se enseñaba que una buena esposa no solo debía aceptar esa violencia sino también debía estar agradecida de recibirla.

Quisiera que esto fuera simplemente un dato anecdótico de un tiempo de ignorancia y perversión, pero, lamentablemente, no lo es.

En muchos lugares hoy, cientos de miles de mujeres son sistemáticamente golpeadas por aquellos que se supone deberían amarlas de manera incondicional. Muchas mujeres están resignadas a recibir dicha violencia sin emitir ningún reclamo, porque se supone que es parte de la tradición, y "así debe ser".

En muchos países, existe una cultura de la violencia que permite y tolera comportamientos violentos en contra de las esposas. Sin embargo, esta posición es contraria no solo al sentido común sino también a la filosofía cristiana más básica.

Dios creó al varón y a la mujer para que uno y otro fueran compañeros y para que primara entre ellos el respeto, la bondad y la abnegación. En ningún caso Dios creó una institución en la que las mujeres fueran maltratadas y obligadas a actuar en contra de su voluntad a fuerza de golpes.

El marido que maltrata a su esposa traiciona los votos matrimoniales. Con dicho acto, simplemente renuncia al compromiso que hizo el día en que se casó, según el cual prometió cuidarla, amarla y respetarla.

En las ceremonias matrimoniales que dirijo he incorporado un llamado expreso a no maltratarse mutuamente de ningún modo. Ni física ni psicológicamente.

No es posible construir una relación matrimonial estable y equilibrada si uno de la pareja es sistemáticamente maltratado. El amor no florece en la violencia; al contrario, se marchita y paulatinamente muere.

El amor solo perdura fuerte y sano en el contexto de la paz y el amor. Solo cuando hay respeto y una actitud bondadosa, el amor tiene posibilidades de fructificar.

¿Estás tratando a tu esposa con el respeto, la bondad y el amor que prometiste?

Maridos abusados

"Dios mío, líbrame de la mano del impío, de la mano del perverso y violento".
Salmo 71:4.

Tengo un amigo que constantemente me bromea, diciendo que en mis libros y mis conferencias he cargado las tintas. Una razón es que en muchas ocasiones me ha escuchado hablar sobre violencia intrafamiliar, y sabe muy bien lo mucho que me molesta el abuso de tantos varones hacia sus esposas y sus hijas.

Suele decirme:

—Cuando vas a escribir sobre los maridos golpeados y abusados por sus esposas.

Broma aparte, sí existe una cantidad de varones que son golpeados, maltratados y abusados por sus esposas. Sin embargo, como vivimos en una cultura machista, difícilmente algún varón va a ir ante un juez para acusar a su esposa de "maltrato intrafamiliar". Simplemente, se quedará callado y, probablemente, en algún momento de gran presión emocional, contará su drama a alguien muy cercano, pero no pasará de eso.

El abuso de la mujer hacia el varón existe. Sin embargo, estadísticamente los incidentes son comparativamente pocos y suelen pasar inadvertidos para las investigaciones. El abuso de la mujer hacia el varón generalmente tiene un cariz más psicológico que físico, por razones obvias. Muchas mujeres son cruelmente manipuladoras y maltratan a sus esposos al grado de lograr que muchos de ellos realicen tonterías, y terminen cometiendo incluso delitos por efecto del daño emocional al que se ven sometidos.

Las mujeres abusadoras siguen un patrón similar al de los varones maltratadores. Eligen como cónyuges a personas con algún daño emocional y, por lo tanto, proclives a ser manipuladas. La relación se convierte en una cuestión de poder, porque el abuso sigue siempre el mismo paradigma: alguien quiere controlar al otro, y lo hará a costa de cualquier precio; y eso implica, por supuesto, el uso del maltrato físico y emocional.

Uno de los pocos casos que he tratado, en algún momento de la conversación me dijo:

—Tengo terror de que alguien se entere de que ella me maneja como quiere.

Las mujeres que abusan lo saben, y cuentan con ese temor para manipular y controlar la relación. Lo que no admiten —al igual que los varones abusadores— es que el juego de control y poder tarde o temprano termina, ya sea porque la víctima pide ayuda y se va, o porque en algún momento de locura reacciona con violencia en contra del abusador.

Si alguien que lee esto siente que su relación ha llegado a un punto en el que percibe que ha perdido su dignidad y respeto propio, va siendo hora de que pida ayuda; no se sale de una relación de abuso sin ayuda externa.

¿Estás en una relación en la que tu dignidad es respetada y eres tratado de tal forma que en ningún caso te sientes anulado?

Responsabilidad
compartida

"Porque cada uno cargará con su propia responsabilidad". Gálatas 6:5 (RV95).

Muchos matrimonios tienen todas las posibilidades para ser felices, pero se enfrentan con problemas que no son capaces de solucionar, no porque no puedan, sino porque se quedan inmovilizados en la porfía, el orgullo y la apatía.

Cuando alguien llega al punto de decir que su vida matrimonial ya no tiene solución, verdaderamente no la tiene, no porque no exista una salida sino porque con su actitud se pone al margen de cualquier posibilidad de ayuda.

Vivir una vida matrimonial estable no es una cosa fácil; sin embargo, es posible. Para que se pueda construir un proyecto de matrimonio, tanto el varón como la mujer deben trabajar juntos.

En Latinoamérica y otros rincones del mundo, se suele asumir que la mayor responsabilidad para dar estabilidad a un matrimonio es de la mujer. De hecho, cuando una pareja fracasa, tradicionalmente se la juzga con mayor severidad. Sin embargo, dicho criterio no solo es malsano, sino también constituye una distorsión del verdadero sentido que tiene la pareja humana.

Tanto el varón como la mujer tienen una responsabilidad compartida. No hay jerarquización de deberes, sino una relación basada en la mutualidad, en la que ambos comparten el deber de hacerse mutuamente felices.

Los varones son quienes tienen una necesidad mayor de aprendizaje en este sentido. Se considera que el matrimonio es cosa de mujeres o, al menos, no algo que competa directamente al varón.

He escuchado a machos recios decir sin desparpajo:

–Ella es la que está preocupada por esas cosas; a mí, con trabajar me alcanza.

Es fácil que, en un esquema así, la masculinidad sea percibida como ajena, por esencia, al matrimonio.

Pero –por mucho que a algunos les pese– esta es una institución que no puede ser ocupación unilateral de la mujer. Es un deber de dos personas a quienes como en un edificio de dos pilares, les corresponde a ambas mantener en pie.

Cuando esto no se entiende, se crean las condiciones para la destrucción de la relación marital. La desidia y la indiferencia frente a esta responsabilidad son los elementos que crean el contexto para el fracaso.

¿Estás haciendo tu parte en el mantenimiento de la relación? ¿Entiendes que eres tan responsable como tu cónyuge por mantener el vínculo?

Esposo según Dios

"Convertíos, hijos rebeldes, dice Jehová, porque yo soy vuestro esposo; y os tomaré uno de cada ciudad, y dos de cada familia, y os introduciré en Sion". Jeremías 3:14.

Este es otro de esos versículos extraños de la Biblia. La metáfora sostiene que Dios es nuestro "esposo".

El profeta señala que Dios quiere establecer con nosotros una relación tan íntima y personal como la que tiene un matrimonio.

Cuando la presencia de Dios reina en la vida de un varón o una mujer, Dios siempre está presente en cada acción que se emprende.

Existe la tendencia en muchas personas, a espiritualizar la vida. Es decir, no asumir su responsabilidad frente a los hechos cotidianos y pensar que Dios tiene que resolver todo. Esa es la otra cara del ateísmo, las dos reacciones polares de un mismo fenómeno extremo que, en ambos casos, es producido por el mismo hecho: Negación. En un caso, es cuestión de responsabilidad; en otro, de entender lo que significa someterse.

Dios nunca se entromete en nuestra vida a la fuerza. Tampoco actúa en lo que es de nuestra competencia. Siempre espera que nosotros hagamos nuestra parte y luego obra en lo que no podemos hacer porque está fuera de nuestro alcance.

En muchas ocasiones, olvidamos que Dios nos respeta al grado de admitir como válido nuestro rechazo hacia él. Él no obra de tal modo que nuestra individualidad sea avasallada ni nuestra dignidad, como personas, maltratada.

Por esa razón, el concepto "esposo", en este versículo, adquiere una significación tan grande en una época en la que muchos varones se creen con derechos sobre las conciencias de sus esposas, que tratan a sus compañeras como si fueran peones de un tablero de ajedrez, y sin consideración por sus opiniones, sentimientos y derechos.

El ser esposo concede derechos, pero, siempre dentro de un pacto. Cuando un varón y una mujer se casan, optan por entregarse a otra persona de manera incondicional, pero siempre dentro de un contexto en el que sean respetados sus emociones, espacios privados, capacidad de pensar por sí mismo, posibilidad de movilizarse de un lugar a otro como adulto sin tener que pedir permiso, posibilidad de administrar bienes, etc. Cuando un esposo priva a su esposa de cualesquiera de esas opciones, no cumple su parte del pacto; en ese caso, hablar de matrimonio es un eufemismo que esconde una relación de esclavitud.

¿Trataría Dios a una esposa de la forma en que muchos varones tratan hoy a sus esposas? ¿Avasallaría Dios la conciencia de una esposa como muchos varones lo hacen hoy?

Cristo el esposo

"Porque os celo con celo de Dios, pues os he desposado con un solo esposo, para presentaros como una virgen pura a Cristo". 2 Corintios 11:2.

Si Jesús se hubiese casado, ¿cómo habría tratado a su esposa?

Puede ser que a alguno esta pregunta le parezca herética, especialmente en el contexto de una religión sexofóbica; sin embargo, ya algunos autores se han planteado el interrogante.

Pero, en el contexto de la voluntad de Dios y la búsqueda de una opción que concuerde con lo que Dios quiere, esta pregunta no es improcedente sino plenamente válida.

No forma parte del plan de salvación el que Jesús contrajera matrimonio; sin embargo, en su vida dio suficientes muestras de una existencia práctica, como para intuir de un modo u otro cómo hubiese sido como esposo.

El matrimonio es una relación que entraña deberes y derechos. Se suelen sobreenfatizar los derechos en desmedro de los deberes. Eso produce un desequilibrio en cualquier relación. Cristo nunca defendió los derechos al grado de dejar los deberes a un lado. En ese sentido, habría vivido un estilo de vida que hubiese sido fundamentalmente un acto de preocupación constante por la felicidad del cónyuge, sin preocuparse fundamentalmente por los derechos propios.

Cuando la Biblia sostiene que Cristo es el esposo (evidentemente, en términos metafóricos), lo hace sobre la base de entender que el matrimonio es una unión que es la más cercana a la comprensión de lo que Dios desea para el ser humano. Cristo, como esposo, está dispuesto al sacrificio y aun a la muerte con el fin de garantizar la felicidad de la esposa, y sin condiciones previas ni requisitos. Solo por amor, opta por la entrega total, sin condiciones.

Las personas merecen respeto a toda costa. Jesús vivió eso al grado de estar dispuesto, incluso, al rechazo. Pero, nunca, bajo ningún aspecto, avasalló la dignidad de una persona ni arrasó con las ilusiones ni los sueños de otros. Vivió de tal modo que potenció, con sus actitudes, la vida de los demás. Buscó, de todas las formas posibles, que las personas se sintieran amadas y respetadas. Como esposo, no habría hecho menos.

Jesús el esposo tomó la iniciativa del amor. Nosotros lo amamos –dice Juan– porque él nos amó primero (1 Juan 4:19); amó sin condiciones, sin esperar nada a cambio, sabiendo incluso que habría algunos que no lo amarían. Amar con condiciones no es amar. Quien ama solamente si es amado, en realidad, no ama: negocia. El amor no es un trueque. Es la decisión de hacer lo mejor por otro, sin esperar nada a cambio.

¿Estás siendo esposo como Cristo lo habría sido? ¿Entiendes lo que significa amar?

El decálogo de un buen esposo

"Porque Jehová ha sido atestiguado entre ti y la mujer de tu juventud, contra la cual has sido desleal, siendo ella tu compañera, y la mujer de tu pacto".
Malaquías 2:14.

Existe una liga prohombría: Varones organizados para defender valores "masculinos", supuestamente perdidos en la sociedad actual. Al leer los postulados de dicha organización, lo que observé fue una especie de culto al machismo. Con palabras diplomáticamente escogidas, solo se intenta mantener el mismo concepto discriminador de tratar a los varones como humanos de primera categoría y a las mujeres como inferiores. Pensando en eso, ideé un decálogo para varones. Mandatos que los que asuman lo que significa ser esposo deberían establecer para sus relaciones conyugales. Aquí está el planteo:

1. Pondrás a tu esposa como la persona más importante sobre esta tierra después de Dios. Esto significa que tus hijos, tu trabajo y tus intereses personales quedarán relegados a un segundo plano en relación con ella, tu compañera.
2. Tratarás a tu esposa como tu contraparte, con los mismos derechos y deberes. Eso significa que nunca supondrás que tu calidad de varón te confiere un estatus especial en relación con tu mujer.
3. Amarás incondicionalmente a tu esposa. Eso implica que no darás ternura y cariño como un pago por servicios, sino como una decisión de amar sin condiciones.
4. No maltratarás a tu esposa de ninguna forma. Esto lo harás porque entenderás que la agresión física o verbal es el rompimiento de un pacto de mutua protección.
5. Cultivarás la amistad con tu esposa. Eso implica ocupar tiempo de calidad en construir una relación amistosa, que implique dialogar, comprender y escuchar.
6. Colaborarás en todo con tu esposa, entendiendo que ella no es tu sirvienta, sino tu compañera, la que está a tu lado en los momentos difíciles y en los fáciles.
7. Pondrás lo mejor de tu parte para aprender día tras día a ser mejor marido, mejor padre, mejor varón y mejor ser humano, con la ayuda de Dios.
8. No exigirás nunca lo que no estás dispuesto a dar. Eso significa que, en todo momento, entenderás que el amor y la respuesta amorosa es solo resultado de acciones de amor.
9. No romperás el compromiso, sino que, al contrario, lo reanudarás día a día. Eso significa que ante cualquier dificultad entenderás que lo único que hace falta es dar con la solución adecuada que ciertamente existe.
10. Cultivarás una relación personal con Dios, quien te capacitará para vivir lo anterior. Él te dará fuerza, valor y sabiduría para vivir como un esposo que hace lo mejor.

¿Estás dispuesto a vivir de acuerdo con estos mandamientos? ¿Hay algo que necesitas corregir, ya?

Por la razón correcta

"Y llaman a Rebeca y le dijeron: ¿Irás tú con este varón? Y ella respondió: Sí, iré". Génesis 24:58.

La noticia recorrió el mundo, ante la consternación de millones de personas. En Rumania, una niña de 12 años fue obligada a casarse, en una boda arreglada.

Ana Cioaba, de 12 años, fue forzada a casarse con Birita Mihai, de 15. Sin embargo, el caso alcanzó notoriedad porque la novia se rebeló y abandonó la iglesia durante la ceremonia, y después les dijo a los periodistas que no se consideraba casada.

Esto, que puede pasar por una noticia más, esconde algo mucho más serio, que es entender el verdadero sentido del matrimonio.

La relación entre dos personas que se casan es más que un compromiso afectivo y no se sustenta únicamente en la atracción sexual. Es un pacto que entraña compartir un ideal de vida y un proyecto vital conjunto. Por esa razón, un matrimonio arreglado, demás de ser un abuso que violenta los derechos de las personas, impide el ejercicio de la voluntad, y va en contra de la aspiración lícita de los seres humanos de buscar, por su propia cuenta y riesgo, a la persona con la que han de compartir su vida.

Los que se casan no solo unen dos cuerpos; también construyen juntos un proyecto de vida, que necesariamente va a afectar a más de una generación. Por esa razón es un paso tan trascendente, y obliga a los contrayentes a entender que están ante una decisión radical y con consecuencias notables en la vida de muchas personas.

No es extraño que las bodas –en todas las religiones– sean una ocasión no solo de alegría, sino también de profundo respeto y el momento que parece más adecuado para buscar, en la Deidad una guía y orientación para hacer las cosas bien, y no equivocarse.

Nadie tiene derecho a obligar a alguien a casarse en contra de su voluntad. Eso lo sabemos; en la mayoría de los matrimonios occidentales prima la voluntad de los contrayentes. Sin embargo, muchas familias presionan a sus hijos o sus hijas para que se unan en matrimonio por conveniencias de tipo económico, social o político. Eso es tan nefasto como la boda de los adolescentes rumanos de la noticia.

Una boda no puede ser hecha por "conveniencias" pecuniarias. Buscar "el mejor partido" por estatus, nivel profesional o buena situación social es la otra cara de los "matrimonios arreglados", que a la postre solo causan infelicidad a muchas personas.

En el plan de Dios, dos personas se eligen entendiendo que, entre ellos, el amor es primordial; y eso no tiene que ver con "romanticismo", como algunos críticos llaman a este modelo, sino con el sentido común y con actuar conforme a un diseño divino.

¿Por qué elegiste casarte con la persona que estás casado? ¿Estás seguro de que fue solo por amor?

La vía de los acuerdos

"¿Andarán dos juntos, si no estuvieran de acuerdo?" Amos 3:3.

Suele enseñarse que cuanto más parecida es una pareja más probabilidades hay de que tenga éxito. Sin embargo, los estudios demuestran lo contrario; aun la psicología popular enseña que "los polos opuestos se atraen". La verdad es que las diferencias de gusto, personalidad y habilidades es lo que da ecuanimidad a la pareja.

Sin embargo, no pueden sustentar su equilibrio solo sobre sus diferencias; es preciso añadir un elemento más: "los acuerdos". Un acuerdo es un compromiso en el que dos partes, que tratan asuntos en un plano de igualdad, deciden una vía de acción que satisface a ambos. Nunca un arreglo se alcanza sobre la base de imponer al otro un criterio incuestionable. Eso no es convenio, sino arbitrariedad.

Cada persona tiene habilidades únicas. Dichas características personales deberían potenciar la relación, dándole a la pareja la posibilidad de disfrutar de las fortalezas del otro. Sin embargo, muchos matrimonios suelen elegir dos vías de acción: por un lado, están los que viven en una constante lucha de fuerzas, para ver quién gana. Dichas personas suelen traer a su hogar disputas, rencillas y agresiones, que hacen de dicha relación algo muy difícil de sobrellevar. Otros escogen la vía de la imposición, en la que uno de los dos, habitualmente el varón, toma las decisiones por ambos. En ese caso, la mujer suele ser simplemente un peón que es manejado a discreción, sin posibilidad de decidir y sin la más mínima opción de escoger por sí misma. Lamentablemente, esta última elección es más común de lo que quisiéramos. Millones de seres humanos han visto sus vidas anuladas por la manera en que son tratados en el interior de sus hogares.

¿Qué declaró Dios para las parejas? Dios creó al varón y a la mujer en igualdad de condiciones frente a él. Con las mismas opciones y las mismas oportunidades. Tanto el varón como la mujer recibieron el privilegio de sojuzgar la tierra. Ambos fueron bendecidos con la paternidad y a ambos se los declaró moralmente responsables de sus acciones.

Hablar de subyugación y sometimiento viola la intención divina original, e introduce un elemento de discordia, frustración y tristeza en la relación matrimonial. Lo que vale es la vía de los acuerdos. Varón y mujer, en la misma dimensión de equilibrio mutuo, deciden qué es mejor para sus vidas, y actúan con respeto y dignidad, cuidándose mutuamente, en una relación en la que priman el amor y la bondad. Ese fue el propósito original de Dios. Cualquier conducta distinta es dañar los propósitos iniciales del Creador.

¿Están siguiendo la vía de los acuerdos? ¿Se respetan mutuamente, al grado de aceptar de buena gana que uno y otro se potencien mutuamente sobre la base de sus dones y talentos naturales?

Igualdad no jerarquía

"Y creó Dios al hombre a su imagen, a imagen de Dios lo creó; varón y hembra los creó". Génesis 1:27.

Se suele citar Génesis 1 y 2 en favor de la autoridad del varón y de su liderazgo sobre la mujer. Se supone que el varón fue puesto como la "cabeza" y el "líder espiritual" de la mujer. Sin embargo, al leer con cuidado estos dos capítulos, lo que se presenta es claramente lo opuesto. Ambos –varón y mujer– fueron creados a la imagen de Dios (Gén. 1:26, 27) y ambos participan del mandato de ministrar (Gén. 1:28).

La Creación establece mutualidad, no jerarquía (Gén. 2:24). El orden jerárquico entre el varón y la mujer es resultado de la entrada del pecado en el mundo (Gén. 3:16). La subordinación de la mujer al varón no fue nunca parte del diseño original de Dios. Es resultado de la violación del orden creado por Dios en la Creación.

El uso de la palabra "ayuda" refuerza la relación no jerárquica sino de complementación que existía entre el varón y la mujer antes de la Caída (Gén. 2:18). En el vocabulario del Antiguo Testamento, un "ayudador" es aquel que rescata a otro en una situación de necesidad. La palabra se aplica a quien tiene la competencia y la cualidad superior para realizar una acción en favor de otro; en ningún caso tiene el sentido de subordinación o colaboración hogareña en la que la mujer sería una especie de "esclava doméstica" del varón. (Éxodo 18:4; Deuteronomio 33:26, 29; Salmo 33:20, 70:5).

De acuerdo con el texto, y tal como lo presenta la Biblia, la mujer fue el medio provisto por Dios para rescatar al varón de la soledad, y de este modo formar una comunidad de relación entre iguales. Como "ayudadora", ella es una pieza fundamental para llegar a ser la comunidad que Dios intentó establecer a través de su unión.

La palabra "ayuda" es usada específicamente en el contexto de la intención de Dios de crear una comunidad (Gén. 2:18). Se tergiversa el texto cuando la palabra "ayuda" es utilizada para reducir a la mujer al nivel solamente de complemento, sin igualdad con el varón. Ella al servicio de él y sin identidad propia.

La evidencia bíblica no permite sostener que Dios planeó una estructura de poder jerárquico en la que el varón sería superior. Al contrario, la evidencia explícita señala que ambos participan cooperativamente en reflejar la imagen de Dios y, como tales, son llamados ambos para ejercer dominio sobre lo creado, sin una estructura jerárquica entre ellos. La jerarquización solo puede ser justificada en el contexto del pecado.

¿Qué estás haciendo para tratar a tu esposa como a tu igual? ¿Entiendes los alcances que tiene el relato del Génesis en la relación con tu esposa? ¿Entiendes que la jerarquización solo es lógica en un contexto pecaminoso y que los cristianos estamos llamados, en Cristo, a dejar el pecado?

Injusticia derivada del pecado

"Se enseñoreará de ti". Génesis 3:16.

Camino por una calle de Cochabamba, en la República de Bolivia. Estoy de turismo. De pronto, me llama la atención un hombre que camina por la vereda de enfrente, en dirección contraria hacia donde voy. Detrás de él, a dos o tres pasos, lo sigue su esposa. No caminan juntos, uno al lado del otro. Ella –como corresponde a su cultura– camina detrás. Amarrado a la espalda lleva un pequeño y, colgando de ambos brazos, carga dos grandes bultos. El varón camina plácidamente adelante, y... no lleva nada más que su arrogancia.

Es un mercado de esos que funcionan en la calle, en la ciudad de Machala, en la República del Ecuador. De pronto, siento unos gritos que provienen de unos puestos cercanos a donde estoy. Un hombre de baja estatura y fornido golpea en pleno rostro a quien parece ser su mujer. Estoy a unos diez pasos. Quiero intervenir, y alguien me ataja y me dice:

–No se meta. Él es el marido.

Todo ocurre en unos pocos minutos. Hay cientos de personas contemplando. Nadie dice nada, ni siquiera las mujeres, que miran en silencio.

Estoy en el Aeropuerto Internacional de Oackland, Nueva Zelandia. El avión ha hecho una escala de un par de horas. Me resigno a esperar. De pronto, observo a un hombre elegantemente vestido que le habla fuertemente a una hermosa mujer, que parece modelo de revista. Estoy a tres pasos de ellos. Escucho que él le dice a ella, en inglés:

–Me vas a obedecer, te guste o no. Yo pago, yo mando.

Ella asiente en silencio con los ojos llorosos, mientras mira hacia el horizonte resignada.

Veo con horror un video de Afganistán. Un hombre, con una vara, está golpeando salvajemente a un grupo de mujeres que, infructuosamente, intentan esquivar los golpes. La falta que han cometido es que el gurka* de una de ellas se ha corrido, dejando al descubierto parte de la pierna.

Varían los escenarios, pero las situaciones son las mismas. Varones que abusan de mujeres. Muchos creen que eso es natural; sin embargo, lo real es que aquello es, simplemente, consecuencia de algo que Dios nunca deseó. Nunca fue esa su voluntad. Quien acepta a Cristo está llamado a salir del pecado y sus consecuencias. Tolerar esto y aun participar es no vivir la conversión de manera real.

¿Tratas a tu esposa como una igual ante Dios? ¿Entiendes que tu función es ser compañero y no gobernante en su vida?

---

* El vestido inventado por los talibanes, que cubre completamente a las mujeres.

Las zorras pequeñas

"Cazadnos las zorras, las zorras pequeñas, que echan a perder las viñas;
porque nuestras viñas están en cierne". Cantares 2:15.

Siempre me ha sorprendido el hecho de que las parejas llegan a procesos de crisis por la acumulación de pequeños disgustos o problemas que no enfrentan de manera adecuada. Estos cientos de detalles, que se van acumulando como granos de arena, terminan por construir una gran duna, que tapa sus ganas de seguir.

El botón faltante en la camisa; la forma de comer; la llegada tarde sin avisar; la ropa arreglada de una forma que al otro no le gusta; la forma de ocupar la crema dental; ese pequeño gesto que hace cuando algo le molesta; la música que escucha; la forma de doblar las páginas de los libros para indicar lo que está leyendo; la manera en que hace sonar las llaves cuando está nervioso; las llamadas por teléfono cuando está en el trabajo. La lista es interminable.

Todas estas son cosas al azar y al correr de la pluma, que recuerdo de disgustos acumulados de parejas que he atendido.

Cuando los invito a recordar qué características les gustaron cuando se enamoraron, muchos, en forma paradójica mencionan algunas características que hoy les molestan: ¡qué complicados somos los seres humanos!

Lo que muchas parejas no logran percibir es que su intolerancia frente a algunas de estas cosas, en su mayoría intrascendentes, termina por afectar otras áreas de su vida. El fastidio acumulado impide, por ejemplo, comunicarse de una manera apropiada. De pronto, se encuentran reclamando por situaciones pueriles, que no constituyen una cuestión de vida o muerte, pero que al otro le fastidian al grado de querer tirar todo por la borda.

Una pareja vivía peleando porque ella apretaba el envase de la crema dental por la mitad. Cuando él llegaba, le molestaba enormemente y quería que su esposa apretara el envase desde la parte posterior, para aprovechar todo su contenido. Incluso había comprado un aparato especial para ir corriendo el contenido poco a poco. La siguiente vez que vinieron a verme, le entregué a él un envase de crema dental, diciéndole:

—Es un regalo para ti. Estoy dispuesto a regalarte pasta para los dientes todos los meses, para que la uses exclusivamente tú. Deja de fastidiar a tu esposa por una tontería. Concéntrate en lo importante.

La esposa comenzó a reírse, y él al final terminó sonriendo. Ese fue el inicio de un proceso que los llevó a concentrarse en lo importante y dejar lo superficial a un lado. Yo le llamo a eso, siguiendo el lenguaje bíblico: "Las zorras pequeñas que echan a perder todo".

¿Estás fastidiándote por algo realmente trascendente o puedes vivir de otro modo?

Nutrir la relación - 1

"Mejor es reprensión manifiesta que amor oculto". Proverbios 27:5.

No hay secretos en una buena relación de pareja.

Millones de personas han estado casadas durante años y con éxito. Más de una ha aprendido qué resulta y qué no. En los próximos días presentaremos las razones fundamentales por las que las parejas pueden tener éxito en el tiempo.

Uno de los primeros elementos que surgen, es que las parejas de éxito NUTREN CONSTANTEMENTE SU RELACIÓN.

¿Qué significa esto? Simplemente, que no se dejan estar. Algunos, antes de casarse, pasaban mucho tiempo juntos y estaban atentos a cualquier indicio de que su pareja necesitaba algo. Procuraban estar presentes, para atender las más nimias necesidades del otro. No obstante, en forma paradójica, muchos al casarse pierden esa sensibilidad. Es como si, de pronto, el hecho de casarse les hubiese anulado la capacidad de asombrarse frente al amor de su pareja. Lo dan por hecho.

Antes de casarse había obsequios, muchos regalos dados sin previo aviso y en el momento menos esperado: chocolates, flores, tarjetas, peluches, lápices, ropa, fotografías y cientos de presentes dados con cariño, con devoción, y con un sentimiento de profundo agradecimiento por participar de la fiesta que significa amar y ser amado.

No obstante, algunos, el mismo día en que se casan, comienzan a olvidar este hábito de nutrir la relación. Es verdad que no se puede estar realizando regalos todos los días; sin embargo, una pareja sabia buscará la forma de expresar su amor de mil formas distintas, entendiendo que el amor que no se expresa no sirve.

No se necesita dinero sino disposición. Se pueden inventar fiestas sin tener obsequios. Una tarde de música, para estar juntos. Una caminata en la mañana antes de ir a trabajar o después de regresar de una jornada laboral. Dialogar distendidos sin la premura de lo cotidiano. Buscar la forma de decirle al otro lo mucho que significa para su vida es no solo necesario, sino también el alimento que necesita la relación.

Una relación de pareja es algo dinámico, vivo y que necesita, al igual que una planta delicada, el continuo cuidado de quien es su guardián. La pareja que se queda dormida en los laureles, tarde o temprano, deberá lamentar la muerte por inanición de su relación.

¿Estás alimentando tu relación de pareja de manera concienzuda y constante? ¿Te ocupas en manifestar tu amor de muchas formas distintas?

Respeto a la individualidad del otro - 2

"Yo también fui hijo de mi padre, delicado y único delante de mi madre".
Proverbios 4:3.

Ayer presentamos el primer secreto para que una relación tenga éxito: Nutrir la relación. Hoy vamos a dar un paso más.

Cada persona es distinta, no solo físicamente, lo que es obvio. Las diferencias entre las personas están marcadas por su historia particular y las decisiones que han ido tomando a lo largo de la vida. Todo eso nos convierte en individuos, uno de los dones más extraordinarios entregados por Dios a los seres humanos.

En muchas ocasiones, varones y mujeres ven que su individualidad es socavada o atacada por su cónyuge. Sucede, muy a menudo, que muchas personas se sienten no respetadas en su relación. Sus gustos, ideas, ilusiones, y los miles de detalles que constituyen su persona, son estigmatizados, burlados o, simplemente, no respetados. Eso, sencillamente destruye una relación.

Una pareja sabia no solo estimulará las diferencias, sino también aprenderá a vivir a gusto con ellas. La individualidad es lo que constituye a una persona; por lo tanto, una persona sabia no destruirá aquello que hace que su pareja –esposa o esposo– sea lo que es. Las parejas de éxito se respetan mutuamente. No solo aceptan las diferencias sino también aprenden a convivir pacíficamente con ellas.

Es preciso no confundir el asunto con valores y principios. Porque, si bien las personas son distintas, para que una pareja funcione de manera adecuada, necesitan tener una gran cantidad de valores y principios de vida similares. El asunto tiene que ver con las formas de ser y de vivir dicho valor en el interior de su relación.

Nadie se casa –en su sano juicio– para que lo cambien. Cuando me encuentro con una mujer o un varón que se jacta porque logró que su esposo o su esposa cambiara luego de casarse, no puedo dejar de sentir pena por aquella persona, porque simplemente no solo demostró falta de sabiduría, sino también anuló precisamente aquello que hacía que su pareja fuera lo que es.

No tiene gracia que tu pareja se parezca más a ti; no solo la relación se volverá más aburrida y plana, sino también estarás perdiendo aquello que hace que tu relación sea equilibrada. Son las diferencias lo que equilibra una relación. Las formas distintas de hacer, decir y vivir son lo que hace que tu vida no se descarrile en la monotonía y la chatura de una existencia sin sentido.

Dios no crea copias sino individuos; entenderlo es sabio, lo contrario es necio.

¿Estás respetando a tu cónyuge en sus diferencias individuales? ¿Eres consciente de que lo más extraordinario de tu pareja es que es distinto(a) de ti?

Respetar la
libertad del otro - 3

"Estad, pues, firmes en la libertad con que Cristo nos hizo libres y no estéis otra vez sujetos al yugo de esclavitud". Gálatas 5:1.

Los seres humanos –a diferencia de los animales– poseemos un don inestimable, y es el de ser libres. La libertad implica elegir sin presiones. Cuando una persona se ve obligada a preferir una sola opción, eso no es ejercicio de libre autonomía sino esclavitud encubierta.

Elegir es un don. El ejercicio de la voluntad fue concedido por Dios solamente a los seres humanos, que a partir de esta característica distintiva se convierten en los únicos seres que existen sobre la tierra que hacen historia y construyen su porvenir.

Cuando una persona se ve privada de la capacidad de elegir libremente, un elemento esencial de su vida es destruido. Se convierte en un autómata, que no responde a sus deseos personales ni a las intenciones de su mente, sino al arbitrio de otro ser humano.

Los matrimonios que logran mayor estabilidad en el tiempo entienden que cada persona es libre de elegir, y que la pareja es una relación elegida y consensuada, nunca impuesta. Cuando no se respetan los espacios de libertad, fácilmente se llega a la tiranía, el despotismo y la esclavitud. En muchos hogares se vive no una relación de igualdad, en la que se respeta la capacidad de elegir de cada cónyuge, sino una verdadera tiranía, en la que uno se convierte en la autoridad sobre el otro.

Una relación de pareja no se puede construir sobre la obediencia de una parte y los dictados de la otra. El solo hecho de que alguien suponga que en el interior de un matrimonio uno debe mandar y otro obedecer contradice el concepto de "relación" y "libertad". Las personas que deciden unirse en matrimonio lo hacen sobre la base de saberse respetadas y de entender que nunca sus vidas serán avasalladas por otro.

Sin embargo, la realidad es que muchas personas –especialmente mujeres– renuncian a su derecho a elegir, porque sus cónyuges suponen que el otro debe actuar de acuerdo a sus dictados. Eso no es matrimonio, sino tiranía.

Un verdadero matrimonio construye una relación de igualdad, en la que los espacios de libertad de cada uno son respetados. Es una relación pactada y consensuada, no una unión donde uno es gobernador arbitrario de otro.

Renunciar a la libertad de elegir es un pecado contra el Creador del ser humano, que nos formó con la intención expresa de que fuéramos capaces de decidir por nosotros mismos.

¿Respetas la libertad de tu cónyuge aunque lo que decida no sea lo que tú habrías elegido?

Compromiso diario - 4

"Porque Jehová ha atestiguado entre ti y la mujer de tu juventud, contra la cual has sido desleal, aunque ella era tu compañera y la mujer de tu pacto".
Malaquías 2:14.

En una obra teatral, hay un diálogo en el que la esposa le pregunta a su anciano marido:

—¿Me amas?

—¡Qué pregunta es esa mujer! —responde el hombre, un tanto enojado.

—Solo quiero saber si me amas —responde ella tranquilamente.

Entonces él indica una larga lista de todo lo que ha hecho por ella a través de los años: trabajar, cuidar de la casa, no ser borracho, ser honrado, darle respetabilidad, etc.

Sin embargo, ella vuelve a preguntar; y el hombre, un tanto fastidiado, finalmente le dice que sí, que le ama, a lo que ella responde:

—Es bueno saberlo, aunque sea la segunda vez en tu vida que me lo dices.

El diálogo mueve a risa; pero, fantasía o no, es en cierto modo constatación de lo que sucede en muchos matrimonios. Muchos suponen que lo que hacen es suficiente, pero las personas necesitan mucho más que acciones; también necesitan palabras que expresen, de manera explícita, el aprecio que sienten por el cónyuge.

Las parejas que logran estabilidad en el tiempo se comprometen día tras día con su pareja; reiteran de una y mil formas su compromiso de amor con el otro. Es un asunto diario, no de un par de ocasiones en la vida, como en la obra de teatro.

No basta con traer cosas o hacer regalos costosos. Es necesario, además, que nuestras palabras reflejen, en su tonalidad, intención y contenido, lo importante que es la otra persona para nuestras vidas.

Por otro lado, debe existir coherencia entre el discurso hablado y el vivido. Si digo que "amo", pero mis acciones desdicen lo que digo con los labios, el mensaje que dé no será coherente, y producirá desgano y, a la postre, mucha frustración.

Una pareja sabia confirma su compromiso diariamente. Muestra por palabras y por acción, que las prioridades de su vida están bien ubicadas. Hace sentir a su cónyuge que, después de Dios, es la persona más importante en su vida.

El compromiso de amor exige que las personas actúen con inteligencia, buscando las más variadas formas de expresar explícitamente y sin ambigüedad, su amor. Cuando alguien duda del compromiso de su cónyuge, eso evidencia de que ese matrimonio es disfuncional en el aspecto más importante.

¿Estás haciendo sentir a tu cónyuge como una persona importante en tu vida? ¿Siente tu esposa o tu esposo que estás realmente comprometido/a en amarla(o)?

Amistad que sustenta - 5

"El hombre que tiene amigos ha de mostrarse amigo". Proverbios 18:24.

¿Qué hace que un matrimonio permanezca estable en el tiempo? Un factor crucial: la amistad. Así de simple y, a la vez, complejo.

Simple, porque no se necesita ser una persona extraordinaria para iniciar una amistad. Complejo, porque es precisamente el mantener una relación amistosa y profundizarla lo que produce la diferencia entre los matrimonios felices y los infelices.

La amistad es delicada, necesita cuidados intensivos permanentes. No es cosa de tener un breve lapso de dedicación y luego una actitud de ausencia continua. A la amistad es preciso alimentarla y fortalecerla. Eso lo saben todos los jóvenes que están de novios; sin embargo, y lamentablemente, muchos matrimonios lo olvidan una vez que se casan. Es como si ya no hubiese nada más que descubrir y los misterios se hubiesen agotado.

Hágase las siguientes preguntas:

* Cuándo fue la última vez que, con mi cónyuge, pasamos una tarde juntos conversando y paseando sólo por el gusto de estar juntos?

* Si analizas tus conversaciones, ¿giran estas en torno a los hijos, el trabajo, la salud y lo cotidiano?

* Cuando te pasa algo bueno, ¿deseas con fervor compartirlo con tu cónyuge?

* Puedes asociar los mejores momentos de tu vida con tu esposo o a tu esposa?

La realidad es que si un matrimonio no pasa tiempo de calidad juntos por el solo hecho de estar juntos, sin más alegría que la de pasar buenos momentos uno al lado del otro, por el solo placer de estar en compañía de quien más se ama, eso, es un síntoma de que algo muy malo pasa en esa relación.

Si las conversaciones solo giran en torno a lo cotidiano, sin el sabor de la intimidad ni la alegría del descubrimiento de emociones y sentimientos, dicho matrimonio olvidó lo más esencial de una relación, que es construir un mundo de intimidad emocional juntos.

Si no se anhela estar junto al cónyuge en aquellos momentos más gratificantes de la vida, el matrimonio está sufriendo de una enfermedad que puede ser mortal para la relación.

Si no se pueden asociar los mejores momentos de la vida a la pareja, es probable que dicha relación no exista y no sea más que una mera ilusión o un autoengaño.

¿Cómo has contestado a estas preguntas? ¿Cuán amigo(a) eres de tu pareja?

Liderazgo - 6

"El corazón de su marido está en ella confiado, y no carecerá de ganancias". Proverbios 31:11.

Hasta aquí hemos compartido cinco "secretos" que hacen que los matrimonios permanezcan estables en el tiempo.

El sexto elemento puede no ser entendido en una sociedad que ha defendido un modelo de matrimonio basado en una distribución unilateral del poder.

Los buenos matrimonios mantienen un intercambio flexible de posiciones de poder. Según las situaciones y de acuerdo con las capacidades de cada quien, a veces uno y a veces el otro ejerce el liderazgo. En las parejas en crisis, invariablemente uno suele ser el que lleva la batuta, y demanda ser obedecido y seguido.

En un contexto machista, dicho liderazgo se supone prerrogativa masculina. Se supone que el varón, por la sola constitución de su sexo, está en mejores condiciones de ejercer como líder.

Sin embargo, ¿por qué extraña razón personas adultas necesitarían a otro adulto que les diga qué deben o no hacer? ¿Qué hace que el varón, por el solo hecho de tener órganos genitales masculinos, sea considerado más capaz que la mujer para asumir el liderazgo? Finalmente, ¿por qué hablar de liderazgo en una relación de dos personas adultas, que en forma consensuada deciden vivir juntas para amarse y hacerse felices?

Hay mucho de tradición prejuiciosa en las declaraciones que se hacen al respecto. En el fondo, no se entiende en forma cabal el sentido que tiene, el amor y la gracia de ser una persona que decide entregarse a una relación afectiva de manera voluntaria y sin presión de ningún tipo.

Casarse para ser gobernados resulta un sinsentido en el contexto del amor, y además es absurdo en una relación de dos adultos que se consideran iguales.

Las parejas inteligentes emocionalmente entienden que la relación va a ser mejor en la medida en que aprendan a confiar en los criterios de quien tiene más habilidad natural en una determinada área. Por formación y personalidad, Mery es más capaz que yo en algunos aspectos, por lo que he aprendido a confiar en sus criterios en aquellas áreas de mi vida en las que me considero un inepto. Y lo mismo sucede a la inversa. En la mayor parte de los asuntos, sin embargo, avanzamos en virtud de acuerdos. No damos un paso sin entender que tiene que haber un consenso. Un matrimonio no es una dictadura o una tiranía, sino una democracia, en la que prima el respeto por la opinión del otro por sobre todas las cosas.

¿Cómo es el tipo de relación que han establecido? ¿Permiten el ejercicio del liderazgo de manera flexible y sin imposición de ningún tipo?

Cuerpos atractivos - 7

"He aquí que tú eres hermoso, amado mío, y dulce". Cantares 1:16.

Es verdad que la hermosura pasa, así como la primavera. Sin embargo, en un matrimonio estable se percibe el cuerpo de una manera diferente, con un sentido de atracción basado fundamentalmente en el saberse especiales el uno para el otro.

Vivo en una comunidad con muchos matrimonios de ancianos que no solo han pasado la mayor parte de su vida juntos, sino también han aprendido a compartir hasta los más mínimos detalles de su existencia.

Cuando veo a esos ancianos, que se tratan con un cariño difícil de describir en palabras, logro entender que el amor es el mejor cosmético que existe y que no hay cirujano plástico que pueda hacerle la competencia.

La percepción de la belleza del cuerpo no es una construcción objetiva. Al contrario, es algo inmensamente subjetivo. Recuerdo la impresión que me dio el estar en Nueva Zelanda y observar a las corpulentas mujeres maoríes. La obesidad y la corpulencia están asociadas a la belleza, algo totalmente contrario a otras sociedades.

El matrimonio que construye una relación madura y estable en el tiempo sigue considerando que su cuerpo es importante. Alaba, admira y goza con el descubrimiento mutuo de la belleza corporal, que es uno de los dones que Dios concede al ser humano; gozar de su propio cuerpo.

El amor tiene lentes distintos para vivenciar al otro. Mira con ojos subjetivos, pero es una subjetividad cargada de emotividad y alegría. Es la mirada del enamorado, que ve en su cónyuge la máxima expresión de belleza que existe, porque simplemente aprendió a ver lo que nadie ve.

Siempre me ha sorprendido el hecho de que las parejas estables no solo buscan acariciarse constantemente sino también de muchas formas, hacen sentir al otro que les gusta su cuerpo y como se ve. El libro de Cantares está plagado de expresiones de admiración hacia el cuerpo del cónyuge. Entiende claramente que es un vehículo no solo de placer, sino también el contenedor de la persona más hermosa para nosotros sobre la tierra. El amor tiene una forma de mirar que nadie más puede repetir.

Los amantes viven constantemente el juego de la seducción y el ser seducidos. Se dejan llevar por la impresión de que lo más extraordinario del cónyuge solamente está ante su vista y es un espectáculo digno de los mayores elogios, porque es nacido del amor y la admiración.

¿Aún sigues amando el cuerpo de tu cónyuge? ¿Qué salen naturalmente de tus labios: elogios o lamentos?

Sexualidad plena - 8

"Si diese el hombre todos los bienes de su casa por este amor, de cierto lo menospreciarían". Cantares 8:7.

Hay muchos que tienen relaciones sexuales, pero que nunca viven realmente la sexualidad. Son gimnastas sexuales, pero no amantes. Tienen orgasmos, pero no plenitud y paz.

Lleva mucho tiempo darse cuenta de que la sexualidad plena no comienza en la cama, sino que es un proceso de todo el día y de todos los días. Es vivenciar una constante y pura seducción que se relaciona con el trato, los afectos y las ganas de hacer feliz al cónyuge.

Las parejas estables experimentan su sexualidad de manera libre, espontánea y satisfactoria. No hay coerción de ningún tipo. Buscan sexualidad más que sexo, plenitud más que orgasmos y amor, antes que mera gimnasia.

No vale la pena esa danza de amantes que solo busca la satisfacción propia y que en ningún caso piensa en el otro.

Viví en un país admirador de un baile altamente sensual y cargado de una cuota de erotismo como ningún otro. La Argentina es la capital del tango. He aprendido a admirar la belleza de una danza que exalta un concepto que fácilmente se pasa por alto: Para amar, hay que aprender el ritmo y las peculiaridades del cónyuge.

Para bailar tango, no solo se necesita saber el baile, sino también los bailarines tienen que coordinar el ritmo, la cadencia y la armonía de sus movimientos. Es una bella forma de decir que la sexualidad no es un acto animal sino una actividad extraordinariamente bella y cargada con infinitas sutilezas. Así como en el tango, la pareja que no tiene ritmo, cadencia y armonía va a vivir un desastre que malamente podrá llamarse sexualidad.

La sexualidad plena se vive al amparo de una afectividad sana, que está cargada de constantes muestras de cariño, bondad y alegría.

Si no hay abnegación, cortesía, sensibilidad, empatía y paciencia, el contacto físico de los amantes será mero sexo, pero no sexualidad.

La cama de los amantes ha de ser el paraíso; el lugar donde no solo se viven sensaciones placenteras inigualables, sino también la ocasión para sentirse admirados, respetados y considerados hasta en los más mínimos detalles.

Quien goza una sexualidad plena, sin duda, no deseará cambiar dicha situación por nada del mundo. Una vez que se visita el Edén, no dan ganas de salir de él.

¿Qué experimentas, sexo o sexualidad? ¿Cómo percibes tu relación, como un deber o un placer? Si pudieras calificar tu vida sexual ¿qué palabra usarías?

Tocarse, abrazarse,
besarse - 9

"¡Oh, si él me besara con besos de su boca! Porque mejores son tus amores que el vino". Cantares 1:2.

Hay matrimonios que nunca tienen expresiones físicas de cariño. No existen los abrazos, ni palmadas cariñosas sobre la espalda, ni ninguna expresión de que el otro representa algo maravilloso y especial.

Las parejas que permanecen en el tiempo se acostumbran desde un principio a tocarse, acariciarse, besarse y abrazarse. Y eso, fuera del contexto del acto sexual.

Muchas veces he escuchado la frase, pronunciada en distintos tonos, que dicen más o menos lo mismo: "Solo se pone cariñoso cuando quiere tener relaciones sexuales. El resto del tiempo ni se me acerca".

Al contrario de lo que sucede con parejas en crisis, los matrimonios que viven plenamente su relación se tocan continuamente. Es posible verlos tomados de las manos, abrazados al caminar o dando muestras físicas evidentes de que la persona que está a su lado es importante en su vida.

La expresión física es un síntoma que permite entender que un matrimonio está bien o mal. Algunas personas se justifican, diciendo: "Es que en mi hogar de origen nunca había muestras físicas de cariño ni nada por el estilo".

Sin embargo, este tipo de respuestas es solo una excusa. Es posible aprender. Si en nuestro hogar paterno no solían expresar su cariño, es necesario revertir dicha actitud que, a la larga, lo único que hace es dañar a la familia.

Abrazar, tocar, acariciar, tomar el cabello, etc., son actitudes fundamentales y necesarias en la vida de un matrimonio. Si una persona se pone cariñosa solamente cuando está pensando en tener relaciones sexuales, en la práctica le está enviando un mensaje equívoco a su pareja. Le está diciendo que no le interesa nada más que por sexo, lo que puede fácilmente interpretarse en el sentido de sentirse nada más que un objeto, lo cual, a largo plazo, termina siendo frustrante.

El tocarse no tiene por qué tener una carga sexual ni erótica. El ser humano, a diferencia de otros seres, fue creado por Dios con la necesidad de sentir. El tacto es uno de los sentidos más maravillosos que existe. De hecho, la piel es un delicado instrumento que, en su complejidad, está dotada de un sinnúmero de características extraordinarias. Dios nos creó con la necesidad de tocar y ser tocados. No es una ocurrencia cualquiera.

¿Cuándo te acercaste a tu esposa para abrazarla únicamente por el placer de sentirla cerca? Tus acercamientos físicos ¿se confunden fácilmente por tener connotaciones sexuales?

Sonreír juntos - 10

"Como el que enloquece, y echa llamas y saetas y muerte, tal es el hombre que engaña a su amigo, y dice: Ciertamente lo hice por broma". Proverbios 26:18, 19.

Solo los seres humanos ríen. La capacidad de sonreír o de soltar una sonora carcajada es una capacidad exclusiva de la especie humana. Lamentablemente, muchas personas no ejercen esta exclusividad de manera continua y sostenida.

Los matrimonios de éxito aprenden a reírse. Tienen sentido del humor. Saben bromear y sonreír ante situaciones absurdas, que a menudo suceden.

Con los años que llevo trabajando como consejero matrimonial, puedo percibir a una pareja que tiene problemas simplemente por su capacidad o no de reír.

En muchas ocasiones se confunde seriedad con tristeza. Es posible ser profundamente serio y vivir constantemente sonriendo. Una cosa no excluye a la otra. La seriedad consiste en enfrentar la vida con un fuerte sentido de compromiso y entendiendo la magnitud de lo que significa ser persona. No obstante, eso no quita que la persona tenga la capacidad de reírse.

Una de las características de un matrimonio en crisis es que sus risas son hirientes. Suelen bromear de los errores o las situaciones vergonzosas de su pareja. Hacen chistes de sus debilidades. Se mofan de sus miedos y sus temores.

Una pareja que tiene un buen sentido del humor y que no vive una crisis matrimonial nunca se ríe *de* su pareja, sino que se ríe *con* su pareja. Nunca hay bromas hirientes ni chistes a costa de los errores o las inhabilidades del otro.

Reírse de los temores, los conflictos o los problemas que enfrenta el cónyuge es un acto de deslealtad, porque se utiliza información confidencial para poner a la pareja en una situación de mofa o vergüenza. En el fondo, es aprovecharse de una situación de privilegio.

Se necesita más capacidad emocional para reírse de situaciones absurdas y cómicas sin herir a nadie que para la risa bobalicona de quien no se interesa verdaderamente en los sentimientos ajenos.

Un esposo o una esposa cuidadosos y amantes, nunca dirán o harán algo que ponga en descrédito a su pareja; al contrario.

Muchas veces, esas bromas crueles o chistes de mal gusto a costa del cónyuge son una forma de mostrar cuán mal está la pareja o la manera de vengarse de situaciones que ocurren en el interior de la pareja. Lo único que logra, a la larga, es destruir la ya evidente situación compleja que aquel matrimonio atraviesa.

¿Te ríes de o con tu pareja? ¿Sabes apreciar, con cariño, las muestras de humor que tiene tu cónyuge? ¿Has aprendido a reírte de ti mismo?

Expresión de
emoción - 11

"Cuando el arca de Jehová llegó a la ciudad de David, aconteció que Mical hija de Saúl miró desde una ventana, y vio al rey David que saltaba y danzaba delante de Jehová; y le menospreció en su corazón". 2 Samuel 6:16.

Llevábamos unos días casados, y mi esposa y yo decidimos ver una película. Ella la escogió. Antes de disponernos a pasar un buen rato juntos, ella me miró muy fijo y me dijo:

—Miguel Ángel, solo una cosa te pido: no te rías de mí, porque generalmente cuando veo una película lloro.

Yo sonreí condescendiente, aunque sin entender claramente por qué me decía aquello.

Luego, cuando terminó la película y después de haber gastado una docena de pañuelos desechables, me dio las gracias y me explicó que siempre deseó estar en su propia casa sin tener que tener miedo de que sus hermanos o su padre se mofaran por sus lágrimas, ya sea de alegría o de pena, cuando observaba una película.

A partir de allí, aprendimos juntos a respetar nuestros mutuos sentimientos. Sin juicios, ni presuposiciones, ni actitudes descalificadoras.

Los matrimonios que perduran en el tiempo aprenden a expresar lo que sienten de manera honesta y natural, y dichos sentimientos son validados por el cónyuge.

Un matrimonio deficiente hace todo lo contrario. No es capaz de empatizar con lo que el cónyuge siente; al contrario, continuamente está catalogando su vida emocional como si hubiese una regla expresa que dijera qué es lo que hay que hacer ante determinadas circunstancias.

El respeto a la emoción ajena consiste en aceptar que a todas las personas nos afectan cosas distintas y de diferentes modos. Querer que el otro sienta del mismo modo que nosotros no solo es absurdo, sino también es injusto e ilógico. Todas las personas tienen un derecho inalienable de sentir como deseen, siempre y cuando no afecten con su sentir a otros ni estorben con su derecho el derecho de otro.

Un esposo o una esposa inteligentes desarrollarán la capacidad de sentir junto a su cónyuge. Lo alentarán cuando sea necesario y empatizarán con sus emociones cuando las circunstancias lo ameriten. En ningún caso anularán la emoción del otro ni la calificarán, porque eso lo único que provoca es la inhibición de la vida emocional y, por ende, de la capacidad de ser auténtico y espontáneo.

El Síndrome Mical lo viven muchos matrimonios. La tendencia a no entender ni empatizar con las emociones de su cónyuge.

¿Cuestionas los sentimientos de tu cónyuge? ¿Eres consciente de que cada persona tiene derecho a vivir las emociones de distinta forma?

Sin miedo a equivocarse - 12

"Unánimes entre vosotros; no altivos, sino asociándoos con los humildes. No seáis sabios en vuestra propia opinión". Romanos 12:16.

Todos los seres humanos, en algún momento de nuestras vidas, decimos cosas absurdas de las cuales luego nos arrepentimos. A veces por ignorancia, tozudez, parcialidad o simplemente descuido emitimos una opinión que deja en evidencia que, de aquel punto, no tenemos ni la más remota idea.

Cuando un matrimonio está bien y ha aprendido a respetarse, esto se acepta como normal. En otras palabras, dicen lo que se les ocurre y no temen parecer tontos o ignorantes, porque saben que su cónyuge no les va a faltar el respeto y, por el contrario, aunque se hayan equivocado, no se va a mofar.

Los malos matrimonios viven constantemente dejando en evidencia la ignorancia o la torpeza de su cónyuge, sin darse cuenta de que con esa actitud lo único que logran es entorpecer su relación.

Es perfectamente lícito, que de pronto, opinemos en forma equivocada. Eso no es pecado. El ser humano que en ninguna ocasión se equivoca no es humano. Es propio del ser humano errar.

El respeto de una pareja consiste en entender este aspecto y, juntos, buscar formas de encontrar soluciones que satisfagan a ambos, de tal modo que puedan aprender o llegar a las ideas correctas sin tener que actuar como "padre", "profesor" o "inquisidor", tareas no aptas para maridos ni esposas.

Algunas parejas están continuamente corrigiéndose, como si esa fuera su tarea primordial. Con una actitud tal, lo único que se logra es que el "corregido" se sienta menospreciado y tratado como un infante. La vida matrimonial debería incorporar un acuerdo tácito de ayuda mutua y, así como no sirve dar consejos que no se piden, en el interior del matrimonio no sirve "dar clases"; esa actitud lo único que logra es distanciamiento e incapacidad de crecer emocionalmente.

Para que una relación sea exitosa, se necesita respeto. Palabra pequeña, pero de alcances extraordinarios, en un contexto que es a la vez fuerte cuando lo construye el amor y la capacidad de empatizar con otro, y frágil cuando nos creemos superiores al cónyuge y, en tal caso, se rompe el equilibrio de igualdad y respeto mutuo.

La única vía posible para una buena convivencia es buscar con tranquilidad, de buen tono y con una actitud que no suene a reproche ni a escuela, el que nuestro cónyuge entienda un error.

¿Dejas en ridículo a tu cónyuge cuando emite una opinión errada? ¿Buscas la blanda respuesta y la actitud moderada cuando tu cónyuge está errado?

Libre opinión - 13

"He temido declararos mi opinión". Job 32:26.

Hay actitudes que simplemente no las puedo entender y menos aceptar. Me resulta difícil comprender cómo algunas personas casadas –supuestamente por amor– pueden actuar del modo en que lo hacen.

En muchas oportunidades he escuchado a varones y a mujeres que tienen miedo de expresar sus opiniones a su cónyuge, por temor a sus reacciones.

Esa actitud no solo es infantil sino también revela un alto grado de deterioro en la relación de la pareja.

Los miembros de una pareja sana dicen claramente lo que piensan cuando algo no les parece correcto. No se privan a sí mismos de ser auténticos con su propia conciencia o su sentido común.

Cuando en el interior de una pareja se autocensuran para no hablar, se está a un paso del descalabro.

Vivir en pareja significa abrir espacios de convivencia que, entre otras cosas, permita ejercer el derecho a la libre opinión.

Cuando una persona se me acerca y le digo:

–Dígale a su cónyuge lo que piensa. No se reprima de decir lo que cree. Si se abstiene de manifestar su molestia frente a algo que no le gusta, simplemente, se estará anulando a sí mismo.

La reacción, en muchos casos, es sostener frases como las siguientes:

–Es que usted no lo(a) conoce; no le va a gustar.

–Es que no es capaz de recibir una opinión que lo/a contradiga.

–Es que simplemente tengo miedo y prefiero no enfrentarlo(a).

Todas estas frases, dichas en distintos tonos y con diferentes palabras, esconden una realidad: Cuando no podemos opinar lo que queremos, el matrimonio no existe. No es posible una relación conyugal sin libre expresión. Un matrimonio implica y supone un ambiente donde yo no tenga temor de decir lo que siento o lo que creo. Obviamente, en el tono y el volumen que corresponde.

Dios nos ha dado el derecho a la libre conciencia y, por ende, a la posibilidad de ejercer el derecho a la libre opinión. Cuando en un matrimonio eso no existe, estamos ante la presencia de una dictadura, y no de una relación de pareja. Lo que es contrario a la voluntad de Dios, porque no nos diseñó para ser sometidos.

¿Eres consciente de que si tu cónyuge tiene temor de decirte algo, tú tienes la culpa en parte? En tu relación de pareja ¿existe el derecho al ejercicio de la libre opinión?

Pequeños gestos - 14

"¡Cazadnos las zorras, las zorras pequeñas, que echan a perder las viñas; nuestras viñas están en cierne!" Cantares 2:15.

Hay cosas tan obvias que muchos simplemente no las ven. El amor entre dos personas tiene que ser alimentado día tras día de otra forma no sirve. Es una planta delicada, que necesita muchos cuidados, y estos deben ser permanentes y continuos; de otro modo, simplemente no sirve.

Las parejas que se mantienen estables en el tiempo tienen gestos pequeños y continuos, como llamarse al trabajo no para controlarse sino para expresar lo importante es que el otro. Comprarse flores o pequeños obsequios simplemente por el gusto de decir lo que se siente. Decirse "Te amo" en cualquier momento y sin pretexto. Halagarse mutuamente por lo que el otro significa. Planear encuentros juntos por el simple placer de estar juntos. Planificar momentos especiales para construir una relación de continuo crecimiento.

El amor no es casual. Se necesita tiempo para solidificarlo. No es como preparar huevos revueltos, sino como un manjar delicado, que necesita tiempo y calor adecuados. Es un arte que se realiza en las cosas pequeñas, no en los grandes gestos. En pequeñas expresiones de cariño que, sumadas, hacen de la relación algo que finalmente sea sólido y estable en el tiempo.

Me gustan los cuadros de Monet. Es uno de mis pintores favoritos. Desarrolló una técnica conocida como "puntillismo". De hecho, sus pinturas son millones de puntos de color que, distribuidos en una tela de manera aparentemente desordenada, configuran un cuadro armónico que, mirado desde lejos, se convierte en algo verdaderamente hermoso.

Un matrimonio feliz es la suma de pequeños actos que, a manera de un punto de color, configuran un hermoso cuadro. Una sinfonía de tonos y matices que dan vida a una pintura extraordinaria. Es un gesto tras otro que, sumados, hacen una historia feliz.

Si aún no tienes esos gestos, puede que tu matrimonio esté muerto o en vías de estarlo; o que no le estés dando importancia a los gestos pequeños, que terminan por ser grandes en la suma de ellos.

Comienza hoy. Es probable que te lleve tiempo convencer a tu cónyuge de que son genuinos y no intentos de manipulación o evidencias de culpa. Si son consistentes, permanentes y no esporádicos, tu pareja terminará por entender que actúas en serio y que la vida juntos puede ser una sinfonía de colores.

¿Estás realizando esos pequeños gestos que dan vida a un matrimonio? Si no lo estás haciendo, ¿qué estás esperando para comenzar hoy?

La presencia activa de Dios - 15

"Así dice Jehová Rey de Israel, y su Redentor, Jehová de los ejércitos: Yo soy el primero, y yo soy el postrero, y fuera de mí no hay Dios". Isaías 44:6.

Dios es una presencia esencial en el éxito de un matrimonio. No hablo de la asistencia a una iglesia como un acto formal; hay muchos que lo hacen y no necesariamente tienen a Dios en sus vidas. Tampoco hablo del conocimiento de determinadas doctrinas teológicas; eso no convierte a nadie en un buen esposo o esposa. Hablo de otra cosa, de la presencia vital, cotidiana y permanente de un Dios de paz en nuestras vidas.

Dios nos concede, en su poder, la gracia y el poder para tener confianza. Naturalmente, los seres humanos no entregamos nuestras vidas a otros. Necesitamos un proceso que implica construir una relación. Dios concede, en su gracia, la capacidad de confiar. Dios nos da tolerancia. En Dios, no podemos tener actitudes de intolerancia frente a otros. Con él, lo que hacemos es construir una relación que nos ayuda a entender que todos los seres humanos tienen sus propios períodos y se desarrollan en un proceso que no solo es lento en el tiempo, sino también implica empatizar, comprender y ponerse en los zapatos de otros, para entender sus miedos, dolores y afectos.

Dios nos da la capacidad de perdonar. En toda relación humana y aún más en el matrimonio, se necesita ejercer continuamente la capacidad de perdón. Sin dicha actitud, no es posible construir positivamente. Cuando no perdonamos, es como escupir al cielo; tarde o temprano nos caerá en la cara. En algún momento seremos nosotros los que cometamos el error, y necesitaremos la comprensión de otros.

Dios nos otorga la posibilidad de cambiar. Sin Dios, cualquier cambio sería un chiste mal contado. Él nos concede la posibilidad de cambiar. En su presencia, tenemos esperanza y podemos entender que nuestra vida no tiene por qué ser estática, sino que podemos avanzar y salir de la inmovilidad en la que a veces caemos.

Hemos repasado quince razones por las cuales los matrimonios se mantienen estables en el tiempo. Hemos puesto la relación con Dios en último lugar no porque sea lo menos importante, sino porque es la cereza de la torta, lo que le da armonía y belleza al cuadro completo.

Sin Dios, todo lo anterior carecerá de sentido. Él es el que da plenitud y sentido a cualquier proceso matrimonial exitoso.

¿Estás haciendo de la relación con Dios la prioridad de tu vida? ¿Eres consciente de que sin Dios cualquier esfuerzo que hagas carecerá de sentido y poder?

Memoria

"Cantad a Jehová, vosotros sus santos, y celebrad la memoria de su santidad". Salmo 30:4.

Los profesores solemos decir que la memoria está en la punta del lápiz y en la constante repetición. De hecho, "la repetición es la madre del saber". Por esa razón, hoy vamos a recordar los quince secretos de un matrimonio estable y pleno. Durante quince, días lo hemos dialogado en estas reflexiones diarias; hoy simplemente las repetimos para no olvidarlo.

Los matrimonios que tienen éxito y perduran en el tiempo:

*Nutren constantemente su relación.

*Respetan la individualidad del otro, su ser, su personalidad, su desarrollo en el mundo.

*Respetan la libertad del otro.

*Reiteran día tras día el compromiso que tienen uno con el otro.

*Son uno para el otro, los mejores amigos.

*Tienen un intercambio flexible de posiciones de poder. Según las situaciones y de acuerdo con las capacidades de cada quien. Alternan el liderazgo.

*Aun con el paso de los años, se mantiene la atracción física.

*La relación sexual es libre, espontánea y satisfactoria.

*Se tocan, abrazan, besan, acarician.

*Tienen sentido del humor, especialmente cuando se trata de enfrentar sus diferencias.

*Expresan lo que sienten y sus sentimientos son validados por el otro.

*Dicen lo que se les ocurre; no se avergüenzan de parecer tontos o ignorantes.

*Dicen claramente lo que piensan cuando algo no les parece correcto.

*Tienen gestos como llamarse al trabajo, comprarse flores o pequeños obsequios, decirse "te amo", halagarse mutuamente, planear encuentros juntos, momentos especiales.

*Mantienen la presencia activa y vital de Dios en sus vidas.

¿Cómo está mi vida conyugal a la luz de esta lista? ¿Qué cosas debo mejorar si quiero conservar sano mi matrimonio?

Una historia de amor

"Enséñame a hacer tu voluntad, porque tú eres mi Dios; tu buen espíritu me guíe a tierra de rectitud". Salmo 143:10.

Corín Tellado es la escritora más conocida de habla española. Tiene el récord Guiness de 1994 por la mayor venta de libros en Occidente luego de la escritora Agatha Christie. Ha escrito más de cuatro mil libros y a la fecha lleva vendidos más de cuatrocientos millones de libros, y eso sin considerar las reventas ni las ediciones piratas.

¿Por qué ha vendido tanto? ¿Qué hace que su éxito sea tan extraordinario?

Muchos escritores considerados "serios" objetan a esta escritora; sin embargo, no se puede desmentir su éxito por mucho que a algunos les moleste. ¿Por qué tanta gente alrededor del mundo lee sus libros? Simplemente, porque el amor y el romanticismo venden. ¿Por qué? Por la simple razón de que todos los seres humanos necesitamos amar y sentir que la vida nos depara un lugar para amar.

Todas las novelas de Corín Tellado terminan en un final feliz. Y, para algunos, esa es la clave de su éxito; porque todos los seres humanos, en el fondo, queremos que también nuestras vidas tengan un final feliz. Nadie en sus cabales quiere ser un desgraciado por el resto de su vida.

Y, aunque probablemente Corín Tellado nunca escribirá una novela de nuestro idilio, lo cierto es que todos los seres humanos, de un modo u otro, protagonizan historias de amor que bien podrían ser retratadas en libros románticos. Toda vida es distinta y, por ende, toda relación de pareja también lo es. Eso significa que toda historia romántica, hasta del más anónimo de los individuos de este mundo, merece contarse.

Probablemente la razón por la que se leen tanto estas novelas es porque todavía hay mucha gente que quiere seguir creyendo en el amor. Muchos todavía se ilusionan con la idea de que serán protagonistas de una historia de amor inolvidable. Varones y mujeres experimenten lo mismo, aunque los hombres, por cultura, suelen esconder estas ilusiones en un manto de cinismo y burla. Pero, todos queremos amar y ser amados.

Todos los seres humanos deseamos sentir que hemos encontrado a la persona ideal. No hay nada de malo en eso; esa actitud obedece a un diseño que Dios creó, más allá de que lo aceptemos o no. Dios desea nuestra felicidad y que la vida sea una historia de amor contada de una manera tal que nos produzca paz y plenitud.

Sin embargo, para que la historia tenga un final feliz, las personas deben actuar de tal modo que los principios y los valores que tengan permitan un buen desarrollo. No se llega a ser felizmente casado por azar, sino por vivir dentro de principios sólidos y ser obedientes a un mandato divino de hacer las cosas moralmente bien.

¿Estás haciendo tu parte para que tu historia de amor tenga un final feliz?

Luna de miel permanente

"Cuando alguno fuere recientemente casado, no saldrá a la guerra, ni en ninguna casa le ocupará; libre estará en su casa por un año, para alegrar a la mujer que tomó". Deuteronomio 24:5.

¿Recuerdas cómo fue tu luna de miel? ¿Qué imágenes evocas en tu mente cuando te acuerdas de ese momento?

Para Mery y para mí, todo era nuevo. Vivimos ese momento con plenitud. Planeamos cada detalle. No solo íbamos a dormir por primera vez juntos, sino también había muchas otras cosas que por primera vez experimentaríamos los dos. Nos prestaron una casa en el sur de la República de Chile, de unos familiares que habían tomado vacaciones. Pasamos varios días inolvidables. Fueron momentos extraordinarios.

Hubo muchas cosas para recordar como primera vez: la primera vez de vernos desnudos; la primera vez de sentirnos como marido y mujer; la primera vez que despertamos juntos en la mañana; la primera comida que Mery preparó solo para los dos; la primera vez que nos presentábamos como matrimonio. Para eso es la luna de miel, unas vacaciones para experimentar una "primera vez" y construir una vida a partir de ese momento, que será recordado como un inicio de un proceso de vida.

El versículo de hoy nos habla de una luna de miel al estilo de Israel, pero duraba un año. ¡Un año! ¿Te imaginas? Durante todo ese tiempo, el novio estaba eximido de cualquier obligación civil. Incluso, en la tradición judía, se enseña que durante ese año estaba libre de trabajar; los amigos y las familias respectivas los alimentaban. Tenían que, simplemente, estar juntos.

Pasear, conversar, tener relaciones sexuales, jugar, descansar. ¡Qué vida! Pero lo más extraordinario de todo esto es que Dios inventó esta luna de miel. Fue una orden directa de Dios. En el plan divino, se contemplaba que la pareja debía estar mucho tiempo juntos en ese comienzo, por una simple razón: el inicio marca todo el proceso. Todo lo que viene a continuación está condicionado por el comienzo.

A veces olvidamos la importancia que tienen los comienzos. Pero Dios, que nos creó, sabe cuán trascendente es iniciar el proceso de una manera tal que pueda ayudar a todo el devenir posterior.

Cuando he atendido a alguna pareja en crisis y han salido de su problema, siempre les digo que planifiquen una nueva luna de miel. Un momento en el tiempo que puedan recordar como un inicio de un nuevo proceso. Los seres humanos necesitamos esos hitos que nos recuerden los inicios de un camino.

¿Estás necesitando una luna de miel? ¿Qué impide que dejes un espacio de tiempo para que te vayas junto a tu esposa o tu esposo lejos de todos, para estar solos y gozando de su mutua compañía?

Hablar

"¡Besados sean los labios del que responde palabras rectas!" Proverbios 24:26.

Hablar es un acto aprendido, no es innato. Tenemos la capacidad potencial de expresar en palabras lo que sentimos, pero hemos de aprender no solo a decir, sino también a ser asertivos en lo que decimos.

Es lamentable que muchas parejas hayan renunciado a decir lo que realmente sienten o esperan de sus parejas. Se limitan a conversaciones pueriles, sin mayor impacto real en sus vidas.

Hablar es un acto de confianza. Significa que podemos expresar lo que sentimos sin temor a que la persona que nos escucha pueda estigmatizarnos o pensar que estamos locos por sentir y expresar lo que sentimos.

Las mujeres, más que los varones, sufren cuando no pueden expresarse mejor. Por formación, la mujer considera el diálogo como algo vital. Sin embargo, muchos varones no están educados para hablar, y menos si eso supone intimidad emocional y la expresión de emociones que sean la expresión de su mundo interior. Muchos, de hecho, consideran que las palabras están de más. Ante ese cuadro muchas mujeres sufren inhibiciones que las mantiene en un mutismo forzado y frustrante que, a la larga, incide en su intimidad y turba su vida sexual.

Una mujer en la consulta, me decía muy apenada:

–En 17 años de casada, nunca le he dicho a mi cónyuge nada de mis deseos personales y de lo que me gusta o no, especialmente en relación con nuestra vida sexual.

Le pregunté por qué, y ella se limitó a decir con tristeza:

–No me entendería; pensaría que estoy loca. Él solamente piensa en sí mismo y cree que las palabras están de más.

Lo que muchos varones no logran captar es que, para que las mujeres tengan una sensación de plenitud, la necesidad de contacto verbal es tan imperativa como las caricias.

Esto resulta paradójico porque a menudo muchas parejas dialogaron mucho antes de casarse, pero una vez que se unieron en matrimonio fue como si la riada de palabras se hubiese estancado y ya no hubiese nada más de que hablar.

En algunos de los ejercicios que hago en los encuentros matrimoniales que dirijo, es muy común escuchar a parejas que dicen: "Hace años que no hablábamos con tanta sinceridad"; "Hay cosas que tenía guardadas y no me atrevía a decírselas"; "siento que después de largo tiempo por fin me escuchó"; etc.

¿Están conversando de lo que realmente importa? ¿Pueden hablar verdaderamente?

Escuchar de verdad

"El hombre se alegra con la respuesta de su boca; y la palabra a su tiempo, ¡cuán buena es!" Proverbios 15:23.

Todos los seres humanos necesitan ser escuchados, pero de verdad, profundamente; no basta solo con ser oídos. Es necesario sentir lo que el otro nos dice, para poder entenderlo.

Quien es oído, pero no escuchado, termina sintiendo una gran frustración. En el diseño divino, los seres humanos precisan ser oídos de verdad.

El ejercicio de escuchar realmente es complicado. De hecho, la mayoría de las personas se ha acostumbrado a hablar más que a escuchar. Siempre resulta más fácil contar un incidente personal que entender lo que ha provocado en la vida de otro alguna situación que ha vivido.

El matrimonio es la oportunidad que tenemos para ser oídos verdaderamente. Sin embargo, en muchas parejas se vive una situación contradictoria. Conversan, pero no hablan. En otras palabras, dicen mucho sobre situaciones tangenciales a su vida, pero nunca expresan lo que realmente sienten, en parte, porque se saben no escuchadas.

El entender que el esposo o la esposa finalmente no nos escucha verdaderamente es una de las sensaciones más dolorosas de la experiencia matrimonial.

Muchas de las personas que me ha tocado atender, en mis años de consejero matrimonial, viven el dolor permanente de sentirse solas con sus pensamientos, sin la posibilidad de compartirlos clara y honestamente con sus cónyuges.

Incluso, algunos, cuando finalmente se atreven a decir lo que realmente sienten, se encuentran con cónyuges indiferentes, que no se dan el tiempo para entender lo que realmente pasa por la mente de su pareja.

Escuchar de verdad es un ejercicio que implica poner todo de nuestra parte para poder comprender claramente lo que el otro está diciendo. Eso pasa por entender que la entonación, la emoción, el sentido de las palabras, los gestos, la expresión corporal, todo finalmente comunica.

Si más parejas se dieran el trabajo de escucharse realmente, tendríamos menos conflictos matrimoniales, porque las personas se sentirían contenidas y apoyadas. No hay mejor afrodisíaco ni factor de unión matrimonial que sentirse escuchado.

¿Estás escuchando verdaderamente a tu cónyuge? ¿Te estás dando el trabajo de escuchar? ¿Te tomas el tiempo suficiente para entender lo que tu cónyuge intenta decirte?

Huir y esconder no es la solución

"Si desmayas en el día de la dificultad, también tu fuerza se reducirá".
Proverbios 24:10.

Ante los problemas, es posible al menos asumir cuatro actitudes:

Evitar: Muchos, al ser enfrentados a las dificultades, simplemente las evitan. Hacen cómo si no existiera y siguen su camino. Son aquellas personas que fingen que los problemas no existen. Actúan como si tuviesen que pasar de largo frente a cada dificultad. No está de más decir que las personas que van por la vida evitando los problemas nunca se deshacen de ellos; al contrario, de un modo u otro las dificultades están latentes de manera permanente.

Derivar: Otra forma de relacionarse con las dificultades es derivar las causas a situaciones que nada tienen que ver. Por ejemplo, culpar a los demás de las circunstancias que nos tocan vivir, sin asumir nuestra parte de culpa en dicha realidad. Es muy común que esto suceda especialmente cuando se ha hecho el hábito de no enfrentar los problemas.

Negar: Aunque el negar el problema de algún modo está relacionado con las dos actitudes anteriores, es una situación mucho más seria. El que niega, en realidad, se pone una venda en los ojos. No puede ver la realidad, no porque no exista sino porque se niega a verla. Es una actitud de autoengaño. Tiende a buscar excusas que no permitan ver lo que realmente sucede.

Enfrentar: Es la única actitud realmente válida en el contexto de los problemas y las dificultades. Enfrentar implica no esconder los problemas, no negarlos ni derivarlos. Es decidir dar pelea, para poder entender claramente cuál es la raíz de la dificultad y darle solución en la medida que se pueda.

Todo problema tiene al menos dos dimensiones. Una que no tiene solución, y ante la cual no podemos hacer nada. Y otra que sí tiene solución, y podemos hacer algo. Afligirse por lo que no se puede solucionar es, a menudo, un gasto de energía innecesario. Concentrarse en lo que sí se puede hacer resulta mucho más beneficioso.

Cuando logramos entender qué debemos hacer, es necesario que parcelemos los problemas en aquello que debe ser solucionado hoy, lo que hay que crear condiciones previas para solucionar mañana, y todo aquello que es a mediano y largo plazo.

No enfrentar los problemas en el momento en que ocurren es posponer su solución y entre tanto crear condiciones que estorban la posible solución.

¿Qué actitud asumes frente a las dificultades? ¿Cómo estás enfrentando tus problemas?

Gotera continua

"Gotera continua en tiempo de lluvia y mujer pendenciera, son semejantes: pretender contenerla es como querer refrenar el viento o retener el aceite en la mano derecha". Proverbios 27:15, 16 (RV 95).

Es probable que más de una mujer haya leído este texto pensando en alguna conocida o una amiga, muy probablemente sin suponer que pudiese referirse a ella. Una gotera continua es una tortura. De hecho, en la guerra de Vietnam se la usó con ese fin con prisioneros de guerra a los que se pretendía doblegar la voluntad. Cuando Salomón la usó como imagen, lo hizo en el contexto de una persona que es molesta al grado de que se convierte en una pesadilla viviente.

¿Cómo llega una persona a convertirse en "gotera continua" siendo que, en algún momento, fue un placer estar a su lado?

Las personas van variando sus conductas; sin embargo, el matrimonio tiene la extraña virtud de crear las condiciones para que aflore lo mejor y lo peor de nosotros. El matrimonio sirve para calmar nuestros miedos y nuestros temores, sin embargo, si no crea un clima afectivo propicio, esos miedos que están latentes afloran, haciendo que la vida de los cónyuges se convierta en una situación muy desagradable.

Las "goteras continuas" no siempre fueron así. Hubo un momento en que fue agradable estar con ellas. De hecho, por esa razón sus esposos se enamoraron de ellas.

Como Salomón escribe a su hijo varón, habla de mujeres... pero el mismo principio es aplicable a varones que son "goteras continuas", que molestan a sus esposas con sus rencillas y contiendas de manera permanente, haciendo muy difícil vivir junto a ellos.

El matrimonio es un contrato de convivencia; dos personas que deciden vivir uno junto al otro intentando dar lo mejor de sí mismas para la felicidad del otro. En ese contexto, las rencillas y las contiendas solo enturbian la relación conyugal y familiar.

Las personas se conviertan en "goteras continuas" cuando no perdonan, cuando no resuelven sus conflictos a tiempo y cuando se convierten en acumuladores de amargura. Cuando se vuelven coleccionistas de "sellos emocionales de resentimiento".

Ninguna persona puede llevar una relación sana si no desarrolla una actitud positiva frente a los que la rodean ni decide conscientemente hacer un esfuerzo para aprender a vivir con los defectos de otros. Eso no implica que se deba aceptar a priori cualquier conducta sin mediar ningún tipo de principio. Hay un límite. El límite es "el temor de Dios" (Efe. 5:21). Sin embargo, muchas veces, simplemente nos dejamos arrastrar por situaciones que fácilmente podrían solucionarse si cambiáramos de actitud.

¿Te estás convirtiendo en una "gotera continua"? ¿Qué puede hacer tu esposo para ayudarte? ¿Qué puede hacer tu esposa para colaborar contigo a fin de salir de la situación en la que estás?

Ni **mujeres** ni niños

"Los que comieron fueron como cinco mil hombres, sin contar las mujeres y los niños". Mateo 14:21.

El machismo, es decir, aquella idea cultural que convierte al varón en el personaje central de una relación de pareja y relega a la mujer a un lugar secundario, lamentablemente, es más o menos universal.

El androcentrismo* es fruto del pecado. Es consecuencia de haber introducido, en la relación de varones y mujeres, conceptos distorsionadores de lo que debería ser la vida humana. En el contexto en el que el varón es el centro y la mujer un ente secundario, tanto el varón como la mujer pierden y, a la postre, lo hace la sociedad.

El versículo de hoy revela un hecho, pero en sus consecuencias e implicaciones es horroroso. El mero acto de solo contar a los varones, discriminando a las mujeres, implicaba que ellas, en lo cotidiano y en lo práctico, "no contaban". Eran un factor intrascendente.

Quisiera que eso hubiese sido solo una anécdota pasada; sin embargo, no es así. Aún está presente hoy con hechos de la vida cotidiana; en actitudes denigrantes; en situaciones en las que los varones no permiten a las mujeres actuar con autonomía ni con derecho individual. De hecho, algunos varones ni siquiera creen que las mujeres tengan los mismos derechos que ellos, ni que estén a su mismo nivel.

No puede haber relación matrimonial equilibrada cuando uno de la pareja se arroga a sí mismo privilegios por sobre el otro.

Cuando uno manda y se espera que el otro obedezca, allí, de hecho, no existe reciprocidad. En dicho hogar se presentarán las condiciones propias para el abuso y el despotismo, que necesariamente anularán la individualidad de uno y alterarán el desarrollo equilibrado no solo de la pareja, sino también de sus hijos, en el caso de haberlos.

Marido y mujer son las dos caras de la misma moneda. Lo que le pasa a uno –necesariamente– afectará al otro. Es una relación en la que es imposible realizar algo sin que uno de los dos o los dos salgan afectados.

No se juega con la relación de pareja. Cuando uno de los dos –especialmente el varón– intenta controlar al otro, se infantiliza la relación, dejando de ser una unión consensuada entre dos adultos.

Ningún matrimonio puede ser feliz donde no se vive ni respira un sentimiento de igualdad, respeto y dignidad. Lamentablemente, son más los que prefieren vivir en una competencia por el poder, sin lograr entender que por ese camino se llega más rápido a la desgracia.

¿Cómo tratas a tu esposa? ¿Qué gobierna la relación entre ustedes, el respeto o el poder?

---

* El varón como centro. De *"andros"* = varón.

Marcar fronteras

"Después le dijo su suegra Noemí: Hija mía, ¿no he de buscar hogar para ti, para que te vaya bien?" Rut 3:1.

En todas las lenguas suele bromearse a costa de la suegra. La razón es que es más fácil decir algunas cosas en un chiste que decirlas frente a frente y cara a cara.

A menudo las mujeres –por formación– están más ligadas a sus familias de origen y, evidentemente, con una más estrecha relación con sus madres. De allí que muchos varones suelen hablar de las suegras como si fueran una especie de competencia.

Una buena suegra (o suegro) nunca traspasará la frontera que implica hablar sin parecer intromisión y mediar con tal diplomacia que su intervención no sea tomada como una forma de entorpecer la relación de su hijo o su hija.

Aprender que los hijos deben vivir sus propios matrimonios no es fácil, especialmente si estos han estado muy ligados emocional y económicamente a sus padres.

Sin embargo, los hijos también tienen que aprender a "cortar el cordón umbilical" con sus propios padres. Cuando esto no sucede, la intervención de los parientes propios o los políticos, en un matrimonio, tarde o temprano genera conflictos que son difíciles de solucionar y, en muchos casos, lleva a algunas parejas al fracaso.

Cuando una pareja se une en matrimonio, establece un pacto que implica cerrar frontera en torno a ellos, dejando claro que sus prioridades de vida han cambiado. Los padres no deberían ofenderse si su hijo o su hija que se ha casado ahora decide no consultarles o establecer prioridades que implican pensar primero en su cónyuge antes que en ellos. Eso no es ingratitud ni falta de cortesía sino simplemente sentido común y una necesidad, en el contexto de una relación que tiene que crecer.

En más de una ocasión he atendido a padres heridos con su hijo o su hija que decidieron, por una u otra razón, irse a vivir a otra ciudad u otro país. Lo han tomado como una cuestión en contra de ellos, sin considerar la necesidad de ellos de crecer.

Una madre me decía con dolor, pero equivocadamente:

–Pero tomó la decisión y ni siquiera me consultó.

Intentando razonar con ella, le dije:

–¿Y por qué tendría que preguntarle? Él está casado, tiene dos hijos y seguramente fue una decisión que tomó con su familia.

Ella me miró moviendo la cabeza rápidamente hacia mí y, con voz áspera me dijo:

–¡Yo soy su familia!

Saquen ustedes sus propias conclusiones.

¿Están dejando que sus familias de origen intervengan en sus matrimonios?

Los diez mandamientos del
matrimonio

"El que guarda el mandamiento no experimentará mal". Eclesiastés 8:5.

La Biblia está llena de ordenanzas. Hay cientos de declaraciones que nos dicen qué hacer y qué no hacer. Muchas de sus enseñanzas son explícitas, y no dejan lugar a la duda o la ambigüedad. Sin embargo, a los seres humanos nos gusta buscarle la "quinta pata al gato", y estamos continuamente discutiendo lo que es tan claro. Eso lleva, indefectiblemente, a equivocaciones que podrían haberse evitado de seguir las instrucciones con claridad.

Cuando uno compra un auto le entregan el manual del fabricante. La razón es obvia: el que lo hizo sabe cómo lo hizo y entiende perfectamente qué resulta y qué no. Sin embargo, hay muchos que, en el momento en que adquieren el automóvil, tiran por la ventana el manual de funcionamiento, se creen mejores, suponen que no necesitan que alguien les diga qué deben hacer; y, al final, así les va.

La Biblia señala algunas instrucciones claras para el buen funcionamiento de todo matrimonio: son los mandamientos clave para que el diseño original funcione. He aquí una síntesis de los diez mandamientos fundamentales:

1. Pon a Dios en primer lugar. Solo Dios puede darte la capacidad de amar.
2. Tu cónyuge debe ser la persona más importante después de Dios. Eso es así aunque tu familia diga lo contrario.
3. Deja a tus padres. Cuando te casas, tu cónyuge debe ser la persona más importante.
4. Ama cada día, aunque sea difícil en algunos momentos hacerlo. El amor debe renovarse diariamente.
5. Nunca violentes a la persona que dices amar. El amor no se logra por la fuerza sino por la persuasión amable.
6. Vive con tus recursos y dentro de ellos. En otras palabras, no debas nada a nadie; eso te esclaviza.
7. Cuida, ama y protege a los hijos que tienes, pero no olvides que no son tuyos. Alguna vez has de dar cuenta de ellos.
8. Ten en cuenta que antes de que lleguen los hijos y después de que se vayan te quedarás con tu cónyuge; por lo tanto, cuídalo.
9. Respeta la individualidad de tu cónyuge; es el aspecto más importante de su vida.
10. Sé honesto sin ser mordaz. Sé franco sin ser cruel. La verdad debe ser dicha con amor.

¿Estás dispuesto a vivir estos mandamientos?

Una sola carne

"Y serán una sola carne". Génesis 2:24.

La Biblia es extraordinariamente sucinta a la hora de plantear algunos temas. Simplemente, dice que marido y mujer serán "una sola carne" (Gén. 2:24). Sin embargo, dado el contexto y los conceptos que plantea, señala que la unión física sexual de una pareja ha de tomar lugar en el momento apropiado (habiendo dejado padre y madre) y con la persona indicada (uniéndose en amor). Esto implica que la unión sexual que se da fuera del ámbito matrimonial y por razones ajenas al amor no tiene la bendición divina ni es parte del diseño programado por Dios en su origen.

Esta idea puede parecer medieval a quienes han hecho de la sexualidad una cuestión de gustos personales sin compromiso ni relacionada con el amor. Sin embargo, en el plan de Dios se contemplaba una forma correcta, en el momento adecuado y con la persona que contara con todos nuestros afectos. Toda relación sexual fuera de este marco referencial está destinada al fracaso.

La unidad que consiguen marido y mujer en el acto sexual y por las razones que esgrime la Biblia, es el argumento más importante para la abstinencia sexual antes del matrimonio.

Cuando un varón y una mujer tienen relaciones sexuales, una vez que ocurre, ninguno de los dos pueden volver a ser como eran antes de unirse. La sexualidad los cambia. Los hace distintos y proclives a verse a sí mismos y a su pareja de una forma totalmente diferente de toda otra persona.

Dios nos hizo seres capaces de experimentar la sexualidad de un modo distinto de todos los otros seres por, al menos, tres razones: a) Para hacernos responsables y copartícipes del proceso creador, al procrear a otros seres y entender lo que significa el acto creador de Dios; b) para que alcancemos la plenitud de unidad con otra persona que nos permita sentirnos valorados plenamente; c) para que experimentemos un goce superior a cualquier otro goce, y no me refiero a la sensación orgásmica solamente, sino a la sensación de experimentar la sensualidad y el placer de saberse amado plenamente.

El diseño de Dios es perfecto. Sin embargo, la tozudez humana y la falta de sentido común han convertido al ser humano en esclavo de sus pasiones, antes que en un individuo que sea capaz de erigirse en dueño de sí mismo al tener dominio sobre sí.

La sexualidad es un don de Dios, sin duda, pero es dañada profundamente cuando no se ejerce del modo que Dios ha establecido en su diseño original.

¿Entiendes en forma cabal lo que significa el diseño sexual de Dios? ¿Comprendes que una tergiversación del diseño creado por la Deidad finalmente nos daña?

Tu propia fuente

"¡Bendita sea tu propia fuente! ¡Goza con la compañera de tu juventud, delicada y amorosa cervatilla! ¡Que nunca te falten sus caricias! ¡Que siempre te envuelva con su amor!" (Proverbios 5:18, 19, DHH).

El matrimonio es una institución llamada al gozo (Isa. 62:5). A la sexualidad se la ha teñido muchas veces de un carácter sórdido y malsano, lo que hace que se olvide que la cópula marital es un invento divino. El enemigo de Dios se especializa en extraviar el verdadero sentido de la creación divina. Hace aparecer de lo bueno algo malo y de lo malo algo bueno.

Cuando una pareja se ama teniendo como telón de fondo la presencia de Dios, sus vidas se tornan vivencialmente felices. Esa felicidad acompaña el lecho matrimonial.

Algunos insisten en que, para que un matrimonio triunfe, la relación conyugal debe estar basada en el amor sexual. Lo que pocos se dan cuenta es que el "amor no nace de la sexualidad; el amor tiene que crecer hacia ella. Tiene que existir antes".[26] La sexualidad es expresión de amor, no es un fin en sí misma. Un matrimonio que no cultive el amor abnegado e incondicional no está en condiciones de tener una vida sexual placentera. Sus órganos genitales pueden funcionar bien, y su cuerpo en general puede ser una máquina perfecta; pero, sin amor, ninguna técnica puede servir.

Si el asunto estuviera condicionado por técnicas sexuales, ¿por qué, la paradoja de que una de las parejas contemporáneas más famosas en el tema de la sexualidad, por sus conocimientos y especialización, como lo fueron el matrimonio de doctores William H. Master y Virginia Johnson,[27] finalmente, terminara divorciada.

Nuestro texto de hoy es una invitación a la alegría: gozarnos con nuestra pareja marital. Hoy, más que nunca, en medio de tanto caos emocional, y de tantos y tantos fracasos matrimoniales, es necesario recuperar la alegría de amarse como dos seres que no tienen nada que ocultarse el uno al otro, sino que viven plenamente dichosos, prodigándose mutuamente amor incondicional.

Cada acto marital debe estar acompañado por una gran cuota de alegría. Pero la alegría se cultiva. No se enseña en el colegio. Se aprende día tras día en el compartir la vida con quien amamos. Si el acto sexual no está acompañado de gozo, se convierte en un "mal necesario". En una actividad de esas que hay que hacer pero que no producen placer. Como ir al dentista. Doloroso, pero necesario.

Si un matrimonio llega a una situación en a que se ha perdido la alegría y el gozo sensual de acariciarse está en vías de dejar de ser matrimonio. Falta la sazón: la sal y la pimienta que da sabor a su relación.

¿Hay alegría en tu vida sexual? Con tu pareja ¿gozan de cada encuentro como si fuera único? ¿Tienen la sabiduría de dialogar de lo que les gusta o desagrada con total honestidad, sin herir ni dañar al otro? ¿Estás trayendo gozo a tu relación?

Recreación sublime

"En su amor recréate siempre". Proverbios 5:19.

El sexo y el amor no son –necesariamente– la misma cosa. Es posible encontrar sexo sin amor y algunos suponen que es posible el amor sin sexo.

Si la sexualidad no está ligada a algo más que mera genitalidad, más temprano que tarde termina deteriorando la relación de una pareja. La televisión, los medios de información, la literatura y los mitos populares han convertido a la sexualidad en una cuestión de maratones relacionadas con el orgasmo, que nada tienen que ver con la realidad.

"Es mucho más fácil hablar de sexo que de amor".[28] Es más sencillo referirse a biología de la sexualidad que al erotismo. Muchas parejas conocen la unión genital, pero no llegan a experimentar nunca la sensación de plenitud que da el erotismo puro y complejo que hace exclamar al protagonista de Cantar de los Cantares: "Si diese el hombre todos los bienes de su casa por este amor, de cierto lo menospreciarían" (Cant. 8:7). Y no está hablando del amor de Dios como suponían los medievales, sino de erotismo. De la expresión sublime de un varón y una mujer que se entregan a una sinfonía de placer y sensualidad que los lleva a experimentar la alegría de saberse cuerpos que sienten y que experimentan entre sí.

El sexo sin amor es solo una función mecánica. Una rítmica gimnasia corporal que lo único que provocará es una ilusión: la fantasía de que el orgasmo es el fin último de la sexualidad.

La Biblia habla de "recreación" (Prov. 5:19) para referirse a la relación sexual de una pareja. A muchas personas les produce problemas el pensar en la sexualidad relacionada o con el goce sensual. Pero, en el diseño divino, fuimos creados para sentir. Y no solo para comer o beber, sino también para experimentar la agradable sensación de que otras manos recorran nuestro cuerpo y lo palpen cada centímetro.

Algunos califican esta acción de morbo. Sin embargo, lo morboso se relaciona con la perversión de los sentidos, no con la expresión auténtica y alegre de los amantes que utilizan su cuerpo para expresar sus más íntimas emociones.

Para que la sexualidad se exprese de una manera plena, necesita el resguardo del amor. El amor crea el clima adecuado para la manifestación plena de la sexualidad. Le da, a la pareja, la sensación emocional y cognitiva de ser aceptados, querido, y respetados. Provee el marco emotivo adecuado para que la persona se sienta digna de ser. Todo ello como consecuencia del amor. Sin amor, hay sexo, pero no sexualidad.

¿Estás viviendo plenamente la sexualidad o es mera genitalidad? ¿Entiendes verdaderamente que la base de la sexualidad es el amor?

Sexo y afectividad

"El sexo de las mujeres había sido raído [...]." Jueces 21:16, RVA.

No se necesita ser muy inteligente para darse cuenta de que las mujeres perciben en forma distinta la sexualidad que los varones. Sin embargo, a muchos les lleva toda una vida el darse cuenta efectivamente el sentido que tiene la sexualidad en la mente de uno y otro sexo.

Los varones hemos entendido la sexualidad más como un acto biológico que emocional, al contrario de las mujeres, que necesitan un clima emocional adecuado para poder experimentar su sexualidad de manera plena. Como diría un psiquiatra: "Los hombres buscamos el sexo para relajarnos y las mujeres necesitan relajarse para tener sexo".[29]

Muchos varones y muchas mujeres viven su sexualidad de manera torpe, por varias razones. En primer lugar, porque no son conscientes de las necesidades físicas ni emocionales de su cónyuge. Viven la hora del sexo como si fuera una obligación, un mal necesario o un acto biológico similar al comer o al beber. No alcanzan a percibir la complejidad del asunto y de lo tremendamente estresante que puede ser una relación sexual sin consideración de las necesidades reales de uno y de otro.

En segundo lugar, muchos actúan como si el mero hecho de tener una erección fuera suficiente para tener una relación sexual. Sin embargo, el funcionamiento de los órganos genitales simplemente es muestra de que físicamente se es apto; de allí a generar los mecanismos adecuados para una vida sexual plena es otra cosa. Se necesita tiempo para conocer a la pareja y paciencia para descubrir la forma en que él o ella reacciona frente a determinadas caricias o sensaciones.

En tercer lugar, muchos experimentan la sexualidad con un sinnúmero de mitos tras sus espaldas, de tal forma que, a la hora de la intimidad, están tan cargados de conceptos foráneos al amor que terminan convirtiendo la relación y el encuentro íntimo en algo tan distinto de lo que es que sencillamente acaban vivenciando una falsificación del amor.

Finalmente, muchos se relacionan físicamente sin entender que la relación sexual, para que sea experimentada de manera plena, necesita un fundamento afectivo y emocional que no se logra de la noche a la mañana. La sexualidad está tan íntimamente relacionada con nuestra identidad como humanos que difícilmente podrá lograrse llegar a un clima de intimidad efectiva sobre la base solo de un encuentro físico. El orgasmo no es la única medida posible para la sexualidad. El orgasmo sin afectividad es solo acción mecánica.

¿Es tu vida sexual lo suficientemente estimulante? ¿Hay afectividad en tu vida?

Sexo versus erotismo

"¡Oh, si él me besara con besos de su boca! Porque mejores son tus amores que el vino". Cantares 1:2.

Suele hablarse de erotismo y sexo como si fueran expresiones idénticas, pero enuncian aspectos diferentes de un hecho similar.

Hay pasajes de la Biblia que muestran solo sexo; son incidentes que parecen sacados de una película de terror; por ejemplo, la experiencia del levita y su concubina (Juec. 19), una historia llena de violencia, perversión y sadismo; la trágica vivencia de Tamar (2 Sam. 13), ultrajada por su propio hermano; la escabrosa maniobra inmoral de las hijas de Lot (Gén. 19:31-36), que realizan un acto de incesto; la increíble situación de Dina (Gén. 34:3-9), que tras ser violada es dada en matrimonio al mismo agresor.

Otras historias bíblicas están cargadas con aspectos relativos a la sexualidad que pueden confundir. La actitud de David, que toma a Betsabé y la convierte en concubina (2 Sam. 11), aprovechándose de la debilidad de la mujer y de su propio poder absoluto; la situación de Tamar (otra víctima con el mismo nombre que la hija de David) nuera de Judá (Gén. 38), que presionada por una cultura que la discriminaba por no tener hijos urdió un triste plan para seducir a su suegro y quedar embarazada; la situación de Oseas (Ose. 1:2), casado con una mujer promiscua, que lo abandona más de una vez.

Podríamos seguir narrando historias cargadas de situaciones que son presentadas como si fueran normales cuando no lo son. Muestran una distorsión de la sexualidad que no se corresponde con el plan de Dios. Son solo sexo sin erotismo.

El sexo y la sexualidad no son lo mismo. Las experiencias anteriores nos dan cuenta de incidentes en los que solo hay sexo, que bien podría calificarse de genitalidad. La sexualidad es algo distinto. Está ligada al goce puro de una pareja que goza con una sensualidad creada dentro del diseño específico del matrimonio y con objetivos que van más allá de la mera procreación.

El autor de Cantar de los Cantares escribió un libro cargado de imágenes eróticas que no dicen mucho al mundo actual, donde las metáforas han cambiado y los símbolos de Cantares no se entienden. Pero, es un texto que exuda erotismo. El erotismo es algo bueno, hermoso, y un don de Dios. Lamentablemente, nos cuesta entenderlo porque asistimos hoy a una tergiversación de lo bueno en todos los aspectos.

Cantares habla de caricias, de juego amoroso, de sensualidad, de goce sexual y de alegría por el cuerpo. No hay picardía ni doble sentido. No se encuentra, en sus páginas, ninguna observación de maldad o de rechazo; al contrario, la sexualidad es experimentada como un disfrute de origen divino.

Es triste la pareja que tiene solo sexo sin erotismo. ¿Qué tienes tú?

Relación consensuada

"Mi amado es mío, y yo soy suya. Él apacienta entre lirios". Cantares 2:16.

Los diarios traen las más extrañas noticias. Lo siguiente sucedió en noviembre del año 2003 en Israel.[30] Un abogado israelí inició un juicio en contra de su esposa, a quién acusó por agresión, tras recibir un puñetazo de parte de ella, luego de proponerle un acuerdo escrito, por el que la obligaría a practicar sexo dos veces al día y a abortar si quedaba embarazada.

El texto decía, en parte: "Mantendremos relaciones sexuales todas las noches y todas las mañanas, incluso en el caso de que la susodicha tenga el período menstrual".

En otro de sus párrafos, el documento señalaba: "Las relaciones sexuales serán sin límite alguno y no se prevé la posibilidad de que ella las rechace o que se haga la remolona bajo ningún concepto". Además: "Por relaciones sexuales se entienden todas sus formas y contextos, incluidos actos de sodomía", precisó el "esposo del año".

Lo más raro era que el escrito era parte de un acuerdo de "reconciliación" que el abogado presentó a su esposa tras un periodo de desavenencias.

El juez a quien le fue presentado el caso rechazó el acuerdo, por considerar que violaba los derechos fundamentales de la acusada. De paso, criticó duramente al demandante, a quien lo acusó de "deformación absoluta de los valores morales".

Puede que alguno que lee esta noticia pueda sonreír o darle pánico por los extremos a los cuales llegan algunas personas con el fin de sostener sus deseos, de cualquier forma, sin considerar los sentimientos y las emociones de su pareja. La realidad es que esto es solo la punta apenas visible de un iceberg que esconde el abuso marital en millones de formas apenas descriptibles.

Muchos no tienen la osadía de poner por escrito sus demandas irracionales a su cónyuge, pero la verdad es que en el interior de muchos hogares se viven infiernos que nunca llegarán a las cortes judiciales y que se mantendrán dentro de los "secretos" familiares o de alcoba.

Quienes consideran a sus esposas como esclavas sexuales sin derecho a negarse, simplemente no entienden en qué consiste la relación sexual de la pareja. La sexualidad, en el interior de un matrimonio, es una actividad consensuada, de mutuo acuerdo. Dos personas adultas que se prodigan cariño y afecto en un clima de respeto y dignidad. Sacar la sexualidad de esos parámetros la degrada, convirtiéndola en un acto animal muy alejado del plan original de Dios.

¿Qué tipo de relación tienen ustedes como pareja? ¿Hay respeto y dignidad en el trato mutuo que ambos se prodigan?

Busca de equilibrios

"Honroso sea en todos el matrimonio, y el lecho sin mancilla". Hebreos 13:4.

Siempre los extremos suelen ser nocivos. En relación con la sexualidad, hay un grupo de personas que la viven desde el hedonismo, creyendo que la única razón de su existencia es el placer a cualquier costo.

Otro extremo es la negación de la sexualidad; quienes ven todo lo sexual como ruin y pervertido, un mal necesario que hay que tolerar.

El equilibrio lo presenta la Biblia, que sostiene que la sexualidad no es mala en sí misma, sino un don de Dios que debe dársele expresión dentro de los cánones del diseño original en el que fue creado, es decir, el matrimonio.

Toda vez que se banaliza la sexualidad sacándola de su cauce natural y convirtiéndola en un asunto de mero placer o respuesta biológica, o toda vez que se la niega con actitudes neuróticas y enfermizas, se desvirtúa.

Cuesta hablar de sexualidad en un tono que no suene a lujuria o mojigatería. Vivimos en una sociedad que alienta los excesos. Basta observar la televisión para darnos cuenta de que, en general, se transmite la idea de los extremos.

En las conversaciones coloquiales, es difícil encontrar un diálogo honesto y franco sobre este tema. Habitualmente, la vulgaridad, el chiste obsceno y la actitud de doble sentido es lo que abunda; tal vez como una respuesta a una sociedad que no ha educado a las personas para relacionarse con la sexualidad de una manera sana, honesta y transparente.

Parece paradójico, pero muchos se casan sin tener una educación sexual adecuada. Lo que ha "formado" su vida, en este sentido, han sido las conversaciones en susurros entre amigos y la comidilla de rumores entre amigas. Los libros leídos a escondidas y las revistas hurgadas a media luz han sido la única formación que muchos han recibido.

Aunque estén casadas, las parejas necesitan formación sexual. No es información lo que precisan, sino entender el sentido y la razón de ser de la sexualidad, y comprender el funcionamiento no solo del cuerpo propio, sino también el del cónyuge.

Muchas personas recurren a la fantasía novelesca o pornográfica para poder tener alguna información que les sirva para su vida sexual. Sin embargo, ese camino es erróneo. Cada pareja sabia buscará libros escritos por autores cristianos reconocidos, que darán información cierta, y sin privar a la sexualidad de pureza, placer y gozo, que es lo que había en los planes de Dios al crearla.

¿Estás buscando la formación adecuada, aun cuando estás casado?

Caricias

"Sus caricias te satisfagan en todo tiempo". Proverbios 5:19.

La piel es un órgano complejamente sensible.

No solo siente calor, frío, presión y dolor. También es capaz de sentir placer. La sensualidad es una cuestión de piel, pero también de mente y voluntad.

A diferencia de otros seres vivos, la sensibilidad de la piel humana provee sensaciones a las que puede asignárseles significado y sentido.

En una pareja, es fundamental que esto se entienda y se practique. Los seres humanos tienen hambre de caricias. Fueron creados con un diseño específico, que incluye la posibilidad de ser acariciados.

Hay muchas formas de acariciar la piel. Muchas parejas no llegan a experimentar nunca la sensualidad de tocar y ser tocados. En muchos, las relaciones sexuales son la única ocasión en que se tocan, pero de forma mecánica y más o menos previsible.

Acariciar por el mero hecho de gozar de la ternura que implica tocar con cariño a alguien y dejarse acariciar sin tener la presión de un acto sexual son necesidades fundamentales de la pareja. Muchos se privan a sí mismos de algo maravilloso simplemente porque no gozan del juego de acariciar.

Muchas mujeres, especialmente, se sienten frustradas por varones ineptos en lo que se refiere a dar a conocer ternura mediante gestos visibles como una caricia y sin que haya de por medio alguna insinuación sexual. Incluso muchas mujeres se sienten heridas en su valía como personas cuando sus parejas y esposos solo se acercan con gestos cariñosos cuando quieren tener prácticas sexuales y el resto del tiempo actúan indiferentes y hasta con evidente falta de amor.

Mucho de esto se debe a una educación mal planteada en el caso de los varones, a quienes sistemáticamente, durante su desarrollo, se los ha privado de caricias o de la necesidad de entregarlas, por lo que muchos crecen creyendo que solo es posible acariciar en el contexto de la sexualidad. Hay, también, a una falta de sensibilidad frente a lo que significa realmente la vida de pareja, y las necesidades específicas y reales de los seres humanos.

En muchos casos, lo que se hace es proscribir cualquier conducta que pueda debilitar el concepto de una sexualidad masculina dominante, lo cual no solo es absurdo, sino tampoco permite a las personas –varones y mujeres– gozar plenamente del don de la caricia y de lo bien que hace el que dos personas expresen con ternura lo que sienten.

¿Cuándo te acercaste para acariciar solo por el gusto de hacerlo?

Conocer

"Conoció Adán a su mujer Eva, la cual concibió y dio a luz a Caín, y dijo: 'Por voluntad de Jehová he adquirido varón'". Génesis 4:1.

Una de las ideas más profundas que se encuentra en Génesis 1:27, en el contexto de entender al ser humano creado a imagen de Dios, es que la relación entre varones y mujeres hace posible que las personas experimenten la imagen de Dios.

¿Por qué no es bueno que el ser humano esté solo? (Gén. 2:18). Porque, cuando el varón o la mujer están solos, sus vislumbres acerca de Dios son parciales. Ven desde la perspectiva masculina o la femenina, pero Dios trasciende una sola vislumbre. Se entiende mejor a Dios desde las perspectivas varonil y femenina integradas.

Dios mismo lo muestra. Él es un ser en relación, pues existe una dinámica relacional profunda y misteriosa entre el Padre, el Hijo y el Espíritu Santo. No se puede entender a Dios solamente desde la perspectiva del Padre; es preciso involucrar la dimensión de las otras dos personas de la Trinidad. Del mismo modo ocurre con los varones y las mujeres: su comprensión no solo de Dios, sino también de sí mismos, se logra mejor en relación con el otro. Por esa razón, cuando nos casamos, no solo estamos eligiendo a alguien con quien compartir momentos de la vida; elegimos a alguien que nos ayude a comprender a Dios desde una perspectiva sexuada y colabore para que nos entendamos mejor a nosotros mismos. De allí lo absurdo de suponer que un sexo es superior a otro o que una parte de la humanidad posee características mejores que la otra parte.

Por esa razón, aceptarnos como varones o mujeres es el primer paso para construir una relación armoniosa y estable. Al no competir con el otro, sino al aceptarlo habiéndome aceptado a mí mismo, puedo construir una relación basada en la reciprocidad, el respeto y el amor.

Cuando una pareja comparte su vida física, está entrando en un terreno en el que lo sensual está al servicio no solo del placer sino también del conocimiento mutuo, y del reconocimiento de la dignidad y la trascendencia del otro como un igual, la otra cara de la imagen de Dios.

Reducir la sexualidad a la genitalidad es quitarle el aspecto más valioso del encuentro sexual, que tiene que ver con la completitud de la imagen de Dios en mí mismo. Tal vez por eso, la Biblia llama al acto sexual "conocimiento" (Gén. 4:1), porque la palabra "conocer" implica algo mucho más profundo que tener información del otro. Supone reconocimiento de la identidad del otro y entendimiento de lo que el otro significa para mi propia identificación como ser humano.

¿Logras captar la trascendencia de la unión de un varón y una mujer en matrimonio?

El hablar del amor

"Tus labios como hilo de grana; y tu habla, hermosa; tus mejillas, como cachos de granada detrás de tu velo". Cantares 4:3.

Hablar es una regla básica en una relación matrimonial; dialogar de todo, incluyendo su vida sexual. Para muchas parejas, su sexualidad parece ser un tema tabú. Sin embargo, esto no tiene sentido. Es parte importante de su relación de pareja y deben atreverse a encarar el tema con transparencia y honestidad.

Por muchos siglos se pensó que el decoro obligaba a las mujeres a callar. En cierto modo, eran víctimas de una educación que les enseñaba a ser pasivas y a servir solo a los deseos de sus compañeros sexuales. Sin embargo, con el tiempo, muchas han ido descubriendo que tienen derecho a tener deseos, fantasías y expresar lo que desean.

Experimentar insatisfacción sexual simplemente porque no se es capaz de expresar con total honestidad qué es lo que siente no solo es absurdo, sino también automutiladora. Provoca, a la larga, una gran frustración, que no vale la pena en ningún sentido.

Una mujer casada no satisfecha con su vida sexual, y que no expresa lo que siente, paulatinamente va a condenar su relación, porque no le permitirá al varón el buscar ayuda o encontrar un modo de practicar su sexualidad de una manera más satisfactoria.

Suele creerse que la mujer debe no solo estar dispuesta a las exigencias sexuales del varón sino también tener una actitud pasiva, en la que la iniciativa y la experiencia han de ser dirigidas y controladas por el varón. Ese absurdo –mantenido y defendido por la ignorancia– lo único que logra es tener matrimonios sumidos en una total frustración.

Muchos varones se niegan a dialogar estos temas, especialmente porque sienten que si sus mujeres no están satisfechas ellos son vulnerables a ser tratados como "poco machos" o, simplemente, "con una virilidad cuestionada".

Sin embargo, la sexualidad es un baile tan sensual que, para que se ejecute bien, se necesita habilidad, ejercicio y mucha cuota de imaginación juguetona. Nadie nació sabiendo, menos sobre sexualidad. No es una función mecánica, que se realiza sin interacción de los afectos, la inteligencia y la emoción.

Difícilmente alguien va a desarrollar una habilidad sin saber qué hacer. La ignorancia y los efectos de la educación machista han creado víctimas tanto en un sexo como en el otro. No es posible seguir así.

Hay libros y especialistas que pueden ayudar si hay alguna disfunción. Preguntar no cuesta nada –salvo la consulta y el tiempo para ir. Si logran dar con la forma de encontrar satisfacción ambos, habrá valido la pena.

¿Estás dialogando con tu cónyuge sobre lo que te gusta y lo que no? ¿Tienes la suficiente confianza como para hablar? ¿Necesitan ayuda?

Pureza que no acaba

"Su izquierda esté debajo de mi cabeza, y su derecha me abrace". Cantares 2:6.

Hay expresiones que pueden esconder prejuicios e ideas erradas. Por ejemplo, es muy común expresar: "Me guardé pura hasta el matrimonio". "Me reservé puro para mi esposa", etc.

La idea parece interesante, pero podría ser falsa. La pureza no acaba con el matrimonio ni con la primera experiencia sexual matrimonial. El guardarse virgen o casto no necesariamente nos hace puros.

En el medioevo se inventó la idea –alucinada y fantasiosa por cierto– de que la sexualidad estaba asociada al pecado original y a la pérdida de pureza. Por esa razón, se transmitió la idea de que la persona que experimenta por primera vez el goce sexual deja de ser pura, porque pierde la ingenuidad.

Esta idea fue repetida de mil y una maneras en los escritos teológicos cristianos desde la Edad Media en adelante. Sin embargo, el que se repita millones de veces un concepto falso no lo hace verdadero. Seguirá siendo erróneo, no importa cuántas veces se diga.

Es erróneo suponer que se es puro hasta cuando se tienen relaciones sexuales y que a partir del momento en que se experimenta la vida sexual activa la persona deja la pureza original.

Ese concepto está plagado de prejuicios enfermos en relación con la sexualidad. Es fruto de mentes pervertidas, que optaron por negar el ámbito sexual, como si fuera algo malo en sí mismo, solo tolerado por un Dios que veía necesaria la propagación de la especie humana.

Lo absurdo de este argumento es que no entiende que Dios mismo hizo un diseño que implicaba la sexualidad, con un alto grado de satisfacción placentera, y cargada de sensualidad y goce físico.

El cristianismo se dejó contaminar por ideas gnósticas y orientales respecto de la negación de lo corporal.

Cuando una pareja se casa y participan de una vida sexual activa, no deben dejar de ser puros y de sentirse parte de un acto que tiene que estar lleno de pureza. Serán puros en la medida en que dejen el egoísmo y amen de verdad, buscando la armonía y la satisfacción mutua.

La pureza de la sexualidad está relacionada con no convertirla en un acto animal y con mantenerla dentro de los cauces del matrimonio, que es el ámbito que Dios creó para su expresión.

¿Sientes que el acto sexual es puro y limpio? Si no es así, ¿qué harás al respecto?

Honra

"Honroso sea en todos el matrimonio, y el lecho sin mancilla; pero a los fornicarios y a los adúlteros los juzgará Dios." Hebreos 13:4.

La relación matrimonial y la vida marital tienen una bendición divina. Nacieron como proyección de una idea de Dios. El varón y la mujer, al unir sus vidas y sus cuerpos, representan una expresión clara del amor de Dios y de su expresión más certera de que a Dios le agrada la alegría y el placer.

Por esa razón –por tener el sello divino–, a todos ha de ser honroso el matrimonio. Honroso, porque:

*Le asigna al ser humano su más alto ideal y le otorga un sentido claro.
*Le da, a cada persona, una razón superior para vivir.
*Otorga a las personas un sentido de plenitud como solo el amor puede hacerlo.
*Le da a cada individuo una vislumbre del amor de Dios.

Además, la relación conyugal tiene un sello de pureza. El regalar la virginidad al esposo y viceversa no significa que la relación marital deja de ser pura.

El acto matrimonial es puro porque:

*Está señalado con la bendición de Dios.
*Es una fuente de alegría y placer otorgada por Dios mismo.
*Obedece a un diseño de extraordinaria textura sensual.
*Cada persona puede gozar de este don, si vive bajo el plan trazado por Dios.

Por todas estas razones, cuando alguien comete fornicación –es decir, tiene relaciones sexuales antes de casarse–, o se convierte en adúltero, siendo infiel al cónyuge, comete un pecado en primer lugar contra Dios; por eso, él juzgará dichas acciones. Y, en segundo lugar, hace una afrenta a sí mismo al utilizar mal el don otorgado por la Deidad.

Cuando se practica el ideal de Dios, el matrimonio es una fuente continua de alegría, de paz y satisfacción. El otro camino, el de la fornicación y el adulterio, puede parecer bueno al principio; pero, finalmente, lo que queda es una tragedia similar al paso de un huracán por un poblado. Lindo al comienzo; devastación después.

Hay que cuidar la honra del matrimonio, porque de esa forma se alaba a Dios y nos bendecimos a nosotros mismos al recibir el fruto de un diseño perfecto.

¿Estás cuidando la honra de tu matrimonio? ¿Entiendes lo que significa afrentar a Dios?

Un lecho sin mancilla

"Honroso sea en todos el matrimonio, y el lecho sin mancilla". Hebreos 13:4.

El versículo de hoy es uno de los más citados para señalar que el matrimonio y la vida sexual no solo son lícitos, sino también honrosos.

¿Cuándo hay mancilla en el lecho matrimonial?

Esta es una pregunta difícil de contestar. Por una parte, se considera la vida sexual como una bendición de Dios; sin embargo, como todo lo humano, aunque sea de origen divino, tiene la posibilidad cierta de estar contaminada por el pecado.

Se lleva mancilla al lecho matrimonial cuando:

La relación sexual es forzada. En cierta ocasión conversé con un hombre cristiano que había violado a su esposa repetidas veces, y no podía entender ni aceptar que su conducta era pecaminosa y delictiva. Su argumento era:

—Es mi esposa, y tiene la obligación de tener relaciones sexuales conmigo.

Mi respuesta fue:

—El estar casados no deja de convertir a la vida sexual en un acto consensuado. Sin consentimiento mutuo, la sexualidad es simplemente abuso, aunque el que realice dicha acción sea alguien que se hace llamar esposo.

Cuando la relación sexual tiene una motivación egoísta. En el plan de Dios, aun la sexualidad debe estar teñida de abnegación, bondad y la búsqueda de la plenitud del otro. Conocí a otro hombre cristiano aficionado a la pornografía y que pretendía de su esposa el mismo comportamiento que observaba en las sórdidas escenas que contemplaba. Cuando finalmente su esposa lo abandonó hastiada de su conducta, él no podía entender que a ella no le agradara lo que para él era tan importante. Cuando le dije que su egoísmo lo había pervertido, se enojó y simplemente respondió:

—Ella tiene una obligación conmigo.

Se mancilla el lecho cuando a la sexualidad se la priva de su carácter inocente y puro. Un hombre me visitó para contarme que su esposa lo manipulaba con las relaciones sexuales. Cuando quería un vestido nuevo, le parecía lo más natural pedirlo a cambio de un encuentro sexual con su esposo. Cuando finalmente pude hablar con ella, me dijo con total desparpajo:

—Al hombre tiene que costarle; nada es gratis.

Obviamente, se enfadó conmigo cuando le dije que, con su conducta, lo único que había logrado era degradar y mancillar su lecho matrimonial.

Podríamos seguir con otros ejemplos, pero estos bastan para afirmar que no solo el adulterio mancilla el matrimonio. Cualquier conducta que priva a la sexualidad conyugal de su pureza, libertad, inocencia y alegría, sencillamente la mancilla.

¿Hay maldad en tu lecho matrimonial? ¿Qué estás haciendo para evitar la mancilla?

Metáforas

"Me llevó a la sala de banquetes y tendió sobre mí la bandera de su amor".
Cantares 2:4, RVR 95.

De metáforas y palabras se construye la vida. Las acciones son construidas sobre las bases conceptuales que tenemos, lo que es igual a decir que toda acción, antes de serlo, fue solo palabra.

Las relaciones de las parejas están teñidas de metáforas de la más amplia gama. Hay desde expresiones poéticas hasta comparaciones soeces. Palabras que evocan sentimientos de alegría hasta vocablos que nos hacen sentir mal.

Donde más está llena de metáforas la vida matrimonial es en lo relativo al sexo. Y es probable que, al ser un tema tabú, las personas opten por realizar descripciones metafóricas por temor a hablar directo y claro. Pareciera que hablar de sexualidad de manera desinhibida estuviera fuera de contexto en una sociedad que sistemáticamente se ha autorreprimido con esta área de la vida humana. En el contexto eclesiástico, el asunto no es mejor –al contrario–; pareciera que hubiesen muchas más ataduras.

En un seminario-taller al que asistí en una universidad, el profesional que nos dirigía nos hizo hacer el ejercicio de escribir todos los nombres populares con los cuales se conocían los órganos genitales, tanto masculinos como femeninos. Entre risas y vergüenzas, el grupo, conformado en su totalidad por docentes, psicólogos y médicos, logró hacer una lista de casi doscientos apelativos diferentes. Allí me enteré de cuántas palabras había en relación con este tema, algunas que incluso desconocía. No sabía que el pene recibiera tantos nombres distintos. Fue toda una revelación saberlo.

Noté que algunas de las expresiones con las cuales las personas se refieren al órgano genital masculino son palabras extraídas del lenguaje militar. Se refieren al pene como: arma, cañón, espada, flecha, daga, carabina, rifle, etc. Lo extraño es que esas metáforas condicionan la manera en que se vive la sexualidad en el interior de la pareja.

Si creo que mi órgano genital es un arma, la relación deja de ser tal y se convierte en una batalla, en una lucha por ganar o demostrar algo. Pero, la verdadera sexualidad no es eso; es simplemente una relación que se edifica sobre la ternura, el abrazo cariñoso y la comprensión. Hay que cambiar las metáforas, para que cambie nuestra forma de enfrentar la realidad amorosa. Me gusta la que inventó el sexólogo Bo Coolsaet, que se refiere al pene como "el pincel del amor".[31] Un pincel evoca creación, suavidad, cariño, color; todo lo que debería connotar la sexualidad.

¿Estás utilizando metáforas de agresión o de amor? ¿Es tu acercamiento amoroso una excusa para que tus mitos afloren?

Palabras
amenazantes

"Mi corazón tuvo temor de tus palabras". Salmo 119:161.

Hay palabras amenazantes, tanto para varones como para mujeres. Solo pronunciarlas produce una sensación de desagrado, y nadie quiere que se las utilice con referencia a ellos. Algunas de esas expresiones utilizadas son "frigidez" e "impotencia".

Incluso se las utiliza como insultos, sabiendo que van a provocar no solo desagrado sino también una sensación de disminución en la persona que se vea atacada con dicha expresión.

Los varones y las mujeres viven este problema de manera distinta, principalmente porque han sido educados para experimentar sus problemáticas sexuales de una forma diferente. La mujer que sufre frigidez o que es anaorgásmica es más propensa a buscar ayuda que los varones que sufren problemas similares.

En el matrimonio, cuando marido y mujer no dialogan de manera natural y honesta de lo que les sucede, en realidad lo que ocurre es que el problema se agrava.

Los especialistas dicen que la mayoría de las disfunciones sexuales tienen solución. Solo que una gran cantidad de personas son reacias a solicitar ayuda en un tema que se considera tan de la intimidad que nadie "debería" inmiscuirse en lo que les sucede en ese aspecto tan vulnerable, como lo es la intimidad sexual. En este sentido, los varones, son más renuentes a solicitar ayuda o permitir que sus esposas lo hagan; en algún sentido, siguen creyendo que la sexualidad es un asunto de competencia o virilidad, y sienten que al exponer el problema quedarán a merced del hazmerreír de los demás o de las burlas de sus pares varones.

Hoy sabemos mucho sobre sexualidad. De hecho, ninguna persona debería estar desinformada. Hay cientos de libros de divulgación que transmiten conceptos médicos que antaño estaban vedados para el común de las personas. Quedarse en la ignorancia es, simplemente, un absurdo, cuando las barreras se han roto y es posible hablar.

Muchas de las frigideces y las impotencias son de raíz psicológica. De hecho, el principal órgano sexual humano es el cerebro. Los conceptos, las ideas y las experiencias emocionales son las que marcan la sexualidad humana. De allí que las palabras resulten ser tan amenazantes, porque con ellas pensamos y conformamos nuestras estructuras mentales.

Dios es un Dios que se solaza en la verdad... en todos los aspectos; por lo tanto, hay que aprender. Dios nos hizo para saber, no para ignorar.

¿Estás dispuesto a pedir ayuda si tienes algún problema de disfunción sexual?

¿Cuánto sabes?

"Yo os conjuro, hijas de Jerusalén, si halláis a mi amado, hacedle saber que estoy enferma de amor". Cantares 5:8, RVR 95.

Asistí a un taller sobre sexualidad en una universidad. Participaban especialistas en el tema y personas que se dedican, de un modo u otro, a tratar temas sobre sexualidad. En eventos así, suele hablarse de manera descarnada sobre temas que generalmente, entre el común de la gente, se hablan entre risas y murmuraciones nerviosas.

Parte de las clases, que duraron seis meses, era realizar actividades en grupos, que implicaban dialogar sobre diversos tabúes. Más allá de que algunos de los que asistíamos a dicha actividad académica tuviésemos nuestros reparos morales frente a algunas convicciones de otros de los participantes, el clima en el que se desarrollaban las clases era muy ameno y de mucho respeto por la sensibilidad de otros.

En uno de esos días, se invitó a diez voluntarias a que compusiesen un panel de debate. El tema era: "¿Cuánto saben los varones sobre la sexualidad de las mujeres?"

La consigna era que los varones debíamos mantenernos en silencio. Al otro día tendríamos nuestra oportunidad de rebatir, discrepar o apoyar lo que se había dicho.

Al comienzo, las mujeres fueron cautas en hablar, pero poco a poco, e impulsadas por la psicóloga que dirigía el taller, fueron más asertivas. En el grupo había profesionales de distintas disciplinas, así que la forma de expresarse era muy fluida.

Hubo un consenso. Las mujeres creían que los varones, en general, andan totalmente despistados en cuanto a lo que las mujeres necesitan y creen respecto del sexo. Los varones presentes, más allá de sonreír o reírnos a carcajadas frente a alguna intervención, en general nos manteníamos en un silencio incómodo. Se estaba hablando de nosotros de una manera descarnada y cruelmente honesta.

Al día siguiente, no fue voluntaria la participación. El profesional que dirigió el taller eligió, al azar, a diez de entre nosotros, de la lista de clase, y nos preguntó a boca de jarro: ¿Cuán equivocadas o certeras estuvieron las mujeres ayer?

Todos se miraron, y el más osado dijo lo que fue el consenso de todo el grupo: "En realidad, nosotros creíamos que sabíamos, pero ayer nos demostraron que estábamos totalmente perdidos en algunos temas respecto de la sexualidad de la mujer".

Cuando terminó de hablar, las mujeres aplaudían ante el desconcierto de todos los varones que las observábamos. La pregunta es: Si esto ocurre entre profesionales que se dedican al tema de la sexualidad, ¿qué más puede suceder con el común de los mortales?

Dios no dio la sexualidad, pero nos dejó a nosotros la responsabilidad de aprender. Nadie nace sabiendo, menos de este tema; así que, la ignorancia no es excusa.

¿No crees que es importante aprender, investigar, analizar, conversar?

Fracasos
ideológicos

"Di voces a mis amantes, mas ellos me han engañado". Lamentaciones 1:19.

Muchos varones que viven encerrados en estereotipos sexuales "toman posesión" de las mujeres, como cuando se hace usufructo de un objeto. Lo único que termina provocando dicha situación es un grave deterioro en la relación, que deja de ser una relación de igualdad y de reciprocidad.

En el libro *Monólogos de la vagina*, escrito por Eve Ensler y que dio origen a la popular obra de teatro del mismo nombre, la autora hace "hablar" a la vagina, haciendo que esta exprese lo que millones de mujeres quisieran decir.

Por mucho tiempo se creyó que "los hombres –ya fuesen amantes o médicos– sabían más acerca del cuerpo de las mujeres que las propias mujeres".[32] Dicho mito no solo era defendido abierta y tenazmente por varones, sino incluso por algunas mujeres, que veían a los varones como una especie de seres con una revelación especial respecto de la sexualidad propia y del mundo femenino.

Tamaña necedad ha estado en la mente de muchas parejas, que han visto entorpecido su desarrollo sexual pleno simplemente por dejarse llevar por prejuicios.

El cuerpo de la mujer y el del varón deben ser explorados por los amantes, pero sin prejuicios, sin inhibiciones fruto de una educación castradora. Occidente ha estado suficiente tiempo en la edad oscura de la mitología; va siendo hora de que nos informemos, que leamos, que nos abramos a la posibilidad de descubrir que, por siglos, el cristianismo tergiversado ha puesto un manto de oscuridad sobre uno de los dones más maravillosos otorgados por la Deidad: el sexo; así a secas, como suena, esa palabra que está en boca de todos y, a la vez, en labios de nadie.

Hablar sobre la propia sexualidad, reconocerse hablando, explorar en la palabra lo que sentimos, es un paso enorme para poder liberarnos de las ataduras de la ignorancia.

Los varones que creen saber todo sobre la fisiología femenina, en realidad, son obtusos que han salido de algún oscuro pasadizo de la Edad Media, que por esas cosas de la historia aún siguen instalados en pleno siglo XXI. Las mujeres que pregonan que no tienen derecho a sentir su propia sexualidad, y a pedir que se satisfagan sus deseos y fantasías, son tristes esclavas de sus propios miedos.

Dios se goza con nuestro gozo. En el diseño divino se incorporó el placer. Avergonzarse de la sensualidad propia y del placer en sí mismo es en el fondo, avergonzarnos de Dios.

¿Estás seguro de que sabes sobre sexualidad? ¿Estás dispuesto(a) a reaprender?

Para que el deseo no acabe

"Los maridos deben amar a sus mujeres como a sus mismos cuerpos". Efesios 5:28.

Muchas parejas se quejan de que su vida sexual ya no es lo mismo de antes y que han perdido esa emoción que era parte importante de sus vidas al comienzo de su relación. Sin embargo, pocas se dan cuenta de que, en realidad, lo que reciben son las consecuencias de un proceso natural. De un modo u otro, han creado las condiciones para que dicha situación se produzca.

Algunos de los errores que las parejas cometen son:

* Convierten su dormitorio en un lugar para resolver sus disputas familiares. Este simple hecho impide que puedan asociar dicho espacio con el placer. Así que, el consejo es; si quieres resolver algún conflicto que sea especialmente tenso, busca otro lugar, no el dormitorio.

* Otros hacen del dormitorio un lugar de trabajo, para comer o para ver televisión. Eso, que parece un simple hecho anecdótico, en realidad juega en contra, porque también les impide asociar el lugar con algo sensual.

* Muchos se vuelven románticos e íntimos solo cuando quieren tener sexo. Eso es especialmente molesto para las mujeres, que ven que sus esposos cambian de actitud únicamente cuando quieren tener intimidad sexual con ellas. Lo correcto es crear espacios de intimidad durante el día y en las actividades cotidianas, por el trato, la ternura y la actitud que se asume.

* La rutina es una forma de matar la vida sexual. La pareja debe buscar formas de innovar, de crear ambientes que les permitan vivir su sexualidad con fantasía, imaginación y una situación siempre novedosa.

* Las parejas que nunca salen ni se dan espacios para sí mismas se vuelven monótonas en los roles que desempeñan. Hay que tener "lunas de miel" de manera seguida; eso ayudará para que la pareja tenga motivos de placer.

*No siempre debemos estar pendientes de lo que nos gusta a nosotros. Hay que procurar que nuestra pareja se sienta cómoda. Eso se logra preguntando y siendo sensible a lo que el otro necesita.

En verdad, no es fácil vivir en pareja; sin embargo, no es una tarea imposible. Lograr plenitud sexual y un encuentro que dinamice continuamente la relación es algo no solo excitante y novedoso, sino también que ayuda a mantener viva la relación y la vida. Una pareja feliz es el mejor obsequio al diseño que Dios hizo.

¿Estás cometiendo algún error que debes enmendar? ¿Entiendes que es posible vivir una vida plena de armonía en la vida conyugal?

El juego amoroso

"Sea bendito tu manantial, y alégrate con la mujer de tu juventud, como una preciosa cierva o una graciosa gacela. Sus pechos te satisfagan en todo tiempo, y en su amor recréate siempre. ¿Por qué, hijo mío, andarás apasionado por una mujer ajena y abrazarás el seno de una extraña?" Proverbios 5:18-20

El versículo se centra en el varón, no por una expresión de machismo, sino porque es un padre el que le escribe a su hijo varón.

Los hebreos solían referirse al semen como "manantial". Era considerado bendito porque se entendía que era parte de la vida y de la generación de vida.

A la mujer —en este caso— se la considera como un ser hermoso y agradable. La comparación con la cierva o con la gacela es hermosa, porque son animales de un andar precioso y de una delicadeza tal que el autor la asocia con una mujer.

Los términos que utiliza el escritor son explícitos y muestran una desinhibición sexual que desmiente a aquellos que consideran que la Biblia está llena de mojigatería; al contrario, en algunos casos el texto bíblico hace ruborizar a quien lo lee.

Los pechos de la mujer siempre han sido atractivos para el varón. En Oriente, especialmente, fueron alabados como el aspecto más hermoso del cuerpo de una mujer. Incluso, los árabes y algunos pueblos semitas construían palacios con techos que asemejaban los senos femeninos, y nadie se ruborizaba por eso; al contrario. Algunos de los poetas semitas se explayan en alabar y exaltar los senos de una mujer.

El texto hace una invitación explícita al joven a gozar del contacto con los pechos de la amada. No hay nada de chabacano ni grosero en aquella invitación; por el contrario, se supone que es parte del juego amoroso.

La sexualidad es vista como "recreación", un acto que supone alegría y encuentro placentero. Idea muy lejana a la introducida por un cristianismo pervertido en la Edad Media, que suponía que el acto sexual no podía ser placentero sino un deber exclusivamente asociado a la procreación. ¿Cómo se las arreglaban los teólogos medievales para interpretar este texto? Muy sencillo, velaban su contenido con una interpretación alegórica digna de la imaginación de un novelista contemporáneo.

Si se participa de una vida sexual placentera y agradable, nadie necesita buscar a la mujer ajena. En otras palabras, una de las prevenciones contra el adulterio es una sexualidad plena; darse de tal modo que nadie tenga la mínima intención de buscar satisfacción en otra parte. Es decir, experimentar la vida sexual no como un deber sino como un placer.

¿Es la vida sexual de ustedes un momento de placer o un deber? ¿Son felices?

¿Azar o diseño?

"Y creó Dios al hombre a su imagen, a imagen de Dios lo creó; varón y hembra los creó". Génesis 1:27.

No se puede hablar de sexualidad de una manera equilibrada sin una concepción correcta acerca del cuerpo. Han existido al menos tres formas de observar el cuerpo humano, que han llevado a diferentes actitudes frente a la sexualidad.

En el siglo I, el cristianismo fue inundado con ideas originadas en el mundo griego y en el gnosticismo. Para los griegos, especialmente en Platón, la materia es mala en sí misma porque es sombra de lo real. Los gnósticos llevaron esta idea hasta su máxima expresión al rechazar terminantemente todo lo que tuviera algo que ver con el mundo material. De allí nació una visión dicotómica de la humanidad. Se pensó que el ser humano tenía un "alma inmortal" y un "cuerpo mortal". En este contexto, el mundo del espíritu apareció como más importante y con una trascendencia divina. El cuerpo, en tanto, fue rechazado como maligno en sí mismo.

Dichas ideas aún se albergan en la mente de muchas personas que consideran que el cuerpo es malo, y que lo santo está en el "espíritu" o en lo mental y abstracto.

Luego, a partir de las ideas ilustradas del siglo XVIII, se comienza a ver al ser humano con otros ojos. Se pensó que el ser humano no era una creación divina sino un producto del azar; un ser que había surgido luego de múltiples generaciones evolutivas. Charles Darwin dio el puntapié inicial a estas ideas, al proponer el primer modelo evolutivo. Esto trajo una consecuencia positiva: la revalorización del cuerpo humano. Sin embargo, como la ley del péndulo, se cayó fácilmente en un materialismo extremo en el que aun la idea de Dios y el pensamiento tienen un origen material.

Hoy en día muchos sostienen que el género es una cuestión de evolución; de hecho, se considera que la homosexualidad es una opción más en el proceso evolutivo.

Finalmente, el modelo bíblico afirma que el ser humano fue creado a imagen de Dios. En esta perspectiva, no se afirma la separación del hombre en dos entidades irreductibles, el alma y el cuerpo. Por el contrario, se sostiene que el ser humano es un ser integral, lo que significa que en todo instante espíritu y cuerpo están unidos en un todo inseparable. Lo que sucede al cuerpo afecta al espíritu, y viceversa.

La consecuencia de esta última idea es que el cuerpo es un don de Dios con un diseño específico, que ciertamente incluye la posibilidad del goce sensual y sexual, pero dentro del contexto de una pareja heterosexual creada con el fin de no solo procrear sino también prodigarse amor mutuamente.

¿Qué piensas de tu cuerpo? ¿Crees que es producto del azar o de un diseño creado por un Dios inteligente?

Un solo contexto posible

"Honroso sea en todos el matrimonio, y el lecho sin mancilla; pero a los fornicarios y a los adúlteros los juzgará Dios". Hebreos 13:4.

El mundo contemporáneo va dando muestras cada vez más de un sentido errático en muchas acciones, especialmente morales.

Las iglesias cristianas, antaño las defensoras de los valores morales y los principios universales contemplados en la Escritura, se han convertido, en muchos sentidos, en propugnadoras de un estilo de vida que difiere de lo que enseña la Biblia.

La Iglesia Anglicana de Inglaterra, con el fin de "alejarse" de una "imagen puritana", se puso a tono con los tiempos y proclamó que no era pecado que hubiese sexo entre personas que no están casadas.

El reverendo Stephen Sykes sostuvo que: "El mundo secular debe saber más claramente que la Iglesia ve la sexualidad esencialmente como un gozo y una bendición". Por esa razón, afirmó que un varón y una mujer que se comprometen de por vida, aunque no estén casados, pueden disfrutar del sexo.

Otra parte del informe sostiene que: "La Iglesia debe declarar con alegría y abiertamente que la sexualidad humana puede ser un maravilloso regalo divino".

Esto es cierto. La sexualidad es un don de Dios, y promueve la alegría y el goce de la pareja humana. Sin embargo, la misma Biblia sostiene taxativamente que es un privilegio del que han de gozar los amantes que están casados, aquellos que han sellado un compromiso legal y religioso ante Dios y la sociedad.

El matrimonio es la única institución que valida la sexualidad, de acuerdo con la normativa divina. Este mensaje, que para muchas personas aparece como medieval y extemporáneo no se logra entender en un contexto de permisividad y que desvirtúa los valores morales que la Biblia enseña.

La razón de por qué la sexualidad está reservada para el matrimonio es que es el único contexto que garantiza que el varón y la mujer puedan vivir un compromiso que perdure en el tiempo.

Muchos quieren disfrutar de la vida sexual como una relación sin compromiso, casual, y que no los obligue a tomar decisiones de continuidad y de preocupación por la felicidad de otro ser humano. Prefieren las relaciones esporádicas y pasajeras, que no los obliga a comprometerse. Lo paradójico, es que se alcanza plena libertad sexual y emocional cuando vivimos el compromiso de entregarnos plenamente a otro ser humano de manera única y exclusiva.

¿Estás entendiendo que la sexualidad tiene un solo contexto de expresión y que es el matrimonio? ¿Valoras el diseño de Dios para que esto sea así?

Beneficio para la salud

"Sus caricias te satisfagan en todo tiempo". Proverbios 5:19.

Mejora la circulación, pone la piel tersa, alivia el estrés, ayuda a quemar hasta trescientas calorías en una hora, provee endomorfinas naturales que estimulan el buen ánimo y lo mejor de todo es que no cuesta nada. Tal vez alguien piense que nos referimos a una sesión de caminata o un paseo en bicicleta. Pero nos referimos a una forma infinitamente más placentera de conseguir este resultado: el ejercicio sexual, que es una actividad sumamente saludable. Tonifica los músculos, estimula la circulación, previene enfermedades del corazón y acaba con la tensión.

Parte de la explicación es solo química: Cuando una pareja tiene relaciones sexuales, el organismo es estimulado a producir algunas sustancias valiosas para producir un mejoramiento físico y bienestar general. Se produce una sensación de placer y, además, es un buen somnífero.

Sin embargo, los especialistas señalan que las relaciones casuales y sin compañero estable aumentan la tensión y la expectativa, y por ende no producen los buenos resultados que en otras condiciones.

La vida sexual ayuda a mejorar la autoestima. El saberse deseado hace que la persona sienta que es importante.

Esto no significa que vamos a reemplazar el ejercicio cotidiano por sexo; pero, que la vida sexual sana es estimulante, no hay duda.

Es lastimoso cómo algunos matrimonios permiten que el tedio y la rutina invadan su intimidad. Cuando eso ocurre, no solo se afecta el buen desarrollo del matrimonio sino también la salud física y psíquica.

Dios hizo un trabajo excelente y nos dotó de características extraordinarias. No gozarlas de manera plena no solo es ilógico, sino también, a la postre, poco inteligente. Tenemos la oportunidad de gozar de algo pleno y no lo hacemos; simplemente, eso es, un desperdicio.

Un matrimonio con suficiente capacidad de gozo sabrá que es cosa de aprender lo que no se sabe y buscar ayuda en caso de encontrar que algo no funciona de manera adecuada; pero nunca, nunca, se quedarán simplemente con el conformismo de creer que así tiene que ser y que no hay nada más que hacer. Eso no es sabio.

¿Estás gozando la vida sexual como un don de Dios o es solo un "mal necesario"?
¿Estás dispuesto a buscar ayuda en aquello que no has sido capaz de solucionar?

Ciertamente también es adulterio

"Pero yo os digo que cualquiera que mira a una mujer para codiciarla, ya adulteró con ella en su corazón". Mateo 5:28.

Desde que comenzó la masificación de Internet, más y más me han hecho las siguientes preguntas: La pornografía en sí misma ¿es adulterio? Y enseguida, tras esta pregunta; ¿Es admisible que me divorcie de mi esposo si es adicto a la pornografía?

En todos los casos que me ha tocado tratar, la que pregunta es la esposa. Mujeres que se sienten angustiadas por la conducta de su esposo y por todos los conflictos morales, económicos, sexuales y de intimidad que una adicción de este tipo causa.

Cuando he hablado con alguna persona adicta a la pornografía, lo primero que han expresado es que es una conducta particular y privada, y que no afecta a nadie. Lo cual es inaceptable por, al menos, dos razones: Si está casado, ciertamente su conducta afecta a su esposa, lo que deja de ser privado. Además, hay una estrecha relación entre conductas sexuales agresivas y delictuales, y consumo de pornografía. Eso hace de todo adicto a la pornografía un posible candidato a delincuente sexual, aun dentro de su matrimonio. Eso invalida la razón de no afectar a nadie.

Una persona que consume pornografía se convierte en un individuo que paulatinamente se aísla de contacto humano real y concreto, lo que ciertamente provoca problemas de relación en el interior de su matrimonio.

Además, las familias que tienen a un consumidor de pornografía se ven expuestas a una situación compleja relacionada con el uso de recursos que habitualmente se malgastan en este vicio, en algunos casos, hasta llegar a niveles dramáticos.

Por otro lado, el adicto se convierte en un individuo que paulatinamente va necesitando más estimulación, porque lo que ve ya no le satisface. Esto hace que, a menudo, obliguen o quieran someter a sus esposas a actos denigrantes, producto de una imaginación enfermiza.

Por otra parte, el consumidor de pornografía habitualmente se masturba, y paulatinamente desarrolla disfunciones sexuales con una pareja normal, lo que lo hace consumir más pornografía, y su conducta se convierte en un ciclo vicioso.

Finalmente, el que consume pornografía ciertamente es un adúltero. Jesús estableció claramente que la codicia es adulterio. Quien es adicto a la pornografía no puede decir que no está en un estado de alteración lujuriosa. Consumir pornografía es adulterio, y si no hay cambio evidente que incluya arrepentimiento, confesión y reforma, la persona inocente tiene el derecho a solicitar el divorcio. Desde el punto de vista de la Biblia está autorizada.

¿Eres consciente de la gravedad de una conducta tal? ¿Sabes lo que significa?

¿Es el adulterio insalvable para el matrimonio?

"No cometerás adulterio". Éxodo 20:14.

La infidelidad rompe la confianza. Es una transgresión grave contra los votos matrimoniales. Cuando hay infidelidad, la relación matrimonial inevitablemente se deteriora. Los problemas que ya existían se mezclan y se agigantan. La autoestima recibe un golpe terrible cuando se descubre que quien ha prometido amar y ser fiel "hasta que la muerte los separe" ha encontrado un nuevo compañero sexual. La intensidad de este rechazo no puede compararse con ningún otro tipo de dolor emocional que una persona pueda sentir.

¿Cuál es la respuesta apropiada ante la noticia de la infidelidad? La persona herida ¿debe abstenerse de juzgar? ¿Debe "poner la otra mejilla"? ¿Es mejor simular que no sabe nada y concentrarse pacientemente en formar un hogar tan feliz que atraiga irresistiblemente al cónyuge? ¿Es mejor confrontar a la persona con el pecado que está cometiendo? ¿O es mejor echar al cónyuge, iniciar una demanda de divorcio y terminar con todo?

La conducta que se adopte es realmente difícil. Sin embargo, debe quedar muy claro, para los cónyuges que han errado el camino, que deben elegir entre sus familias y su amante. No pueden ir en ambas direcciones. Esto no quiere decir que no haya posibilidad para el perdón; pero, para que este pueda ser concedido, es necesario el arrepentimiento honesto del ofensor. No es posible otra vía intermedia.

La infidelidad nunca es buena para el matrimonio, pero tampoco debe ser un golpe mortal. Una aventura amorosa puede resultar en un tratamiento de *shock* que empuje a los esposos a hablar y a escuchar al otro por primera vez en años. No hay finales fáciles para las familias afectadas por la infidelidad. Muchos matrimonios son reconciliados por el poder de Dios y realmente pueden sanar. Aunque el pecado siempre deja cicatrices, es posible aprender a vivir con ellas y ser feliz pese a todo.

Restaurar la confianza en un matrimonio dañado por la infidelidad es, tal vez, la tarea más difícil. Una pareja cristiana sabia considerará la alternativa del perdón antes de destruir el matrimonio. La confesión y el perdón son los fundamentos de la reconciliación cristiana. Esta es una tarea penosa y que requiere humildad. Sin embargo, las parejas que se han reconciliado y que han enfrentado con éxito las dificultades de su matrimonio dan fe de que el esfuerzo ha valido la pena.

En torno al adulterio se han tejido mitos que solo empeoran el problema. Es decisivo separar los errores conceptuales de los hechos reales. En los próximos seis días analizaremos algunos de esos mitos.

¿Estás haciendo el esfuerzo para vivir una vida de perdón? ¿Estás buscando siempre la reconciliación?

El mito de las fallas en el otro

"No hay justo, ninguno". Romanos 3:10.

A menudo se dan "argumentos" para intentar justificar el adulterio. Los próximos días analizaremos algunas de dichas excusas, sosteniendo taxativamente que son solo mitos.

El primero de los mitos es: "Una persona es siempre infiel por causa de las fallas de su cónyuge". Este mito, repetido hasta la saciedad por novelas, películas y la psicología popular, en realidad esconde una gran mentira. Lo que sucede es que los adúlteros necesitan una justificación para vivir con su pecado, y a menudo esta es la salida más fácil.

TODOS los seres humanos somos imperfectos. TODOS tenemos fallas de carácter y personalidad; sin embargo, eso no justifica el adulterio. Al contrario, lo hace más patético, porque es como un chiste cruel contado por un bufón ebrio; no tiene sentido.

En las conversaciones que he tenido con adúlteros, a menudo los defectos del cónyuge son exagerados y amplificados. Sin embargo, es simplemente la búsqueda de una excusa. Hay cientos de miles de personas que tienen razones para no gustarles algunas características de sus cónyuges, pero no van por esa razón a buscar a un amante.

A menudo, el cónyuge infiel proyecta su culpa sobre el otro para minimizar su responsabilidad y, de esa forma, sentirse menos mal. Es una forma típica de los seres humanos, que buscamos siempre maneras de vivir con nuestros pecados.

Otras veces, el buscar fallas en el otro es una forma de racionalización que sirve solo para justificar las acciones pecaminosas. Si nuestro cónyuge tiene problemas de carácter o fallas en su personalidad, busquemos ayuda juntos, pero no justifiquemos la idea de un amante para solucionar un problema, lo que siempre es un callejón sin salida, y nunca una solución.

Aún más, los que justifican sus acciones adúlteras con las faltas del cónyuge muy pocas veces –por no decir casi nunca– están dispuestos a mirarse al espejo para admitir sus propios yerros. Para que un matrimonio se deteriore, se necesitan dos.

Entender que el mito de los errores del cónyuge lo único que esconde es una vía mentirosa de racionalización para justificar errores graves personales es el primer paso para encontrar solución a los problemas de fondo que ocasionan el adulterio, y que muy pocas veces están relacionados con lo que el cónyuge hace o deja de hacer.

De hecho, fríamente hablando, el adulterio no tiene nada que ver con los errores del cónyuge. Es una elección pecaminosa en el contexto de una vida que ha creado hábitos de falta de compromiso... y eso, casi siempre surge en la adolescencia, mucho tiempo antes de estar casados.

¿Estás amplificando los errores de tu cónyuge para justificar los propios?

El mito del silencio

"Mientras callé, se envejecieron mis huesos". Salmo 32:3.

"Lo mejor para una persona es no saber acerca de la infidelidad de su cónyuge".

Teníamos un gran amigo que incluso vivió con nosotros algunos años mientras realizaba sus estudios universitarios. Sin embargo, él decidió romper la amistad porque no nos perdona que cuando su hermana cometió adulterio le dijimos a ella que debía contarle a su esposo. Según él, ella debería haberse callado.

Este es un mito muy extendido y, lamentablemente, más común de lo que nos imaginamos. Para muchas personas, el silencio es mejor que la verdad. Pero, eso es falso. Tarde o temprano, lo que está oculto sale a la luz y, cuando no ha sido la persona adúltera la que ha confesado su pecado, los resultados suelen ser desastrosos en la vida de aquellas personas.

¿Qué tal si el adúltero no habla? En ese caso, siempre es mejor que el cónyuge que sospecha hable con su pareja. Si no hay fundamento para el recelo, la discusión honesta puede ayudar a descubrir los verdaderos problemas que están provocando la preocupación. Si la aprehensión es cierta, de todos modos, hablar siempre resulta positivo.

Solo con la verdad la pareja puede dar los pasos necesarios para solucionar sus problemas.

Callar en el contexto de una infidelidad a menudo provoca el problema de que el infiel no logra salir de su situación y la persona afectada por aquel adulterio no sabe qué hacer, simplemente, porque está al margen de lo que está ocurriendo.

El adulterio no tiene por qué ser la tumba de un matrimonio, siempre y cuando la verdad sea dicha.

Vivimos en un mundo amplio, pero a la vez pequeño. Siempre lo oculto sale a la luz. De una forma u otra, las personas terminarán enteradas de la conducta errática del cónyuge infiel; por esa razón, es mejor hablar cuanto antes o preguntar.

Creo que la verdad habría salvado a muchos matrimonios en los que hubo infidelidad. Sin embargo, el dejar pasar el tiempo y no encarar los problemas hizo que las heridas se ahondaran y, finalmente, no cicatrizaran.

La verdad, aunque dolorosa, es siempre mejor que la mentira más piadosa.

La verdad es la única vía posible para saber qué hacer. El silencio no es una salida.

¿Estás siendo honesto con tu cónyuge? Si tienes alguna duda, ¿estás preguntando, como corresponde, a tu pareja?

El mito de la falta de amor

"El amor [...] no hace nada indebido". 1 Corintios 13:3-4.

"Las personas infieles no aman a sus cónyuges".

Este es un mito que supone que la infidelidad está relacionada con la falta de amor. Es una mala suposición, que en el fondo no entiende cómo funciona la psicología humana.

Muchos adúlteros siguen teniendo sentimientos de amor hacia sus cónyuges aun cuando hayan sido infieles. ¿Por qué se comportan como adúlteros? En parte, porque hay problemas afectivos profundos que no han sido solucionados.

Alguien puede amar a una persona y, aun así, serle infiel. De hecho, muchos adúlteros son personas comprometidas con su matrimonio y seguirían siéndolo si socialmente el adulterio no estuviera condenado o no fuera reprobable.

El amor tiene que ver con compromiso y con ser capaz de elegir la monogamia como forma de vida. Sin embargo, esa es una actitud aprendida. Como toda conducta que se aprende, también es posible desaprender. Muchas actitudes que asumimos lo son porque aprendimos a ser de esa forma.

Por eso, la insistencia en que el cónyuge infiel recupere su compromiso generalmente da buen resultado en la búsqueda de la reconciliación.

El amor tiene que ver con una decisión. Yo decido amar porque elijo hacerlo.

Sin embargo, para que ese amor sea de calidad, y no un mero sentimentalismo producto de un romanticismo enfermo, debe arraigarse en principios sólidos y estables.

El gran principio es asentar el amor en Dios. Cuando Dios nos da la facultad de amar, podremos superar todas las condiciones, y en ese caso viviremos un amor "que no hace nada indebido". El texto bíblico es taxativo: "El que no ama, no ha conocido a Dios; porque Dios es amor" (1 Juan 4:8). El principio es claro: solo con Dios se puede vivir un amor auténtico.

Cuando vivamos honestamente el amor, podremos hacer lo que es correcto. Es decir, a los sentimientos de cariño y aprecio por otra persona sumaremos principios valiosos de una vida que esté en todo instante dominada por el bien. Una persona cuyo amor está afincado en Dios procurará en todo instante actuar por motivos sanos y nunca causará dolor a la persona que ama.

El amor protege y cuida a la otra persona. El amor nunca hace daño. El amor, si realmente está presente, hará que la persona que actúa mal recapacite y vuelva al buen camino.

¿Estás buscando a Dios de tal modo que puedas ser librado del mal? ¿Estás amando por mero sentimentalismo o por un principio que se sustenta en Dios?

El mito del fin del matrimonio

"Perdónanos el mal que hemos hecho así como nosotros hemos perdonado a los que nos han hecho mal". Mateo 6:11.

"Si un cónyuge es encontrado en adulterio, el matrimonio tiene que terminar".

El divorcio parece la única forma de enfrentar una situación sin esperanza. Pero, la realidad es que el divorcio puede iniciar una nueva serie de problemas aún más difíciles de resolver que el adulterio mismo. De hecho, a menos que exista alguna situación de abuso y violencia que no se solucione porque el infractor no lo desee, no hay algo que por sí propicie o explique el divorcio.

Creo, honestamente, que hay una opción que puede ayudar definitivamente y es el perdón. A pesar de que muchas veces al comienzo parezca imposible, la mayoría de los cónyuges descubren que, oportunamente, están capacitados para encontrar la fuerza a fin de perdonar la infidelidad. Dios da la capacidad, y finalmente el perdón es un milagro propiciado por Dios. Él provee la capacidad de perdonar que necesitamos.

Detrás de muchos "no puedo", en realidad, se esconde un "no quiero". Muchos se aferran a su dolor por autocompasión, o porque los hace sentir superiores a sus cónyuges o porque esto les provee un medio efectivo para agredir.

Recuerdo el caso de una mujer cuyo esposo cayó en adulterio. El hombre tocó fondo: no solo perdió su trabajo sino también credibilidad y su membresía en la iglesia. En ese contexto, se arrepintió honestamente. Se acercó sinceramente a su esposa para pedirle perdón, pero ella se negó terminantemente. Se sentía tan ofendida que ni siquiera quiso hablarle. Él insistió por varios meses, pero finalmente desistió.

Después de dos años en que ella solo alimentó rencor y veneno en contra de él, y resquemores en sus hijos, él conoció a una mujer y, sabiendo con total certeza que su ex esposa no lo perdonaría, decidió anular su matrimonio y casarse con esa mujer, con la cual siguió asistiendo a la iglesia.

No lo condeno, aunque sé que la Biblia dice claramente que él no debería haberse casado; sin embargo, un día entendí los efectos de no perdonar. Ella, ya completamente sola porque sus hijos habían partido a la universidad, me dijo:

–Me da tanta pena verme a mí misma en la situación en que estoy. Cuando lo veo a él tan feliz con sus hijos y su esposa en la iglesia, me da rabia, pero conmigo misma, porque yo podría haber sido esa mujer. Tuve la oportunidad de perdonar y no quise hacerlo.

Mientras la veía derramar lágrimas, pensé que el perdón es parte de un mecanismo de restitución que Dios mismo inventó. Dios quiere que seamos capaces de perdonar. Si no lo hacemos, no es problema de Dios sino nuestro.

¿Estás perdonando? ¿Entiendes los efectos que pueden ocurrir de no perdonar?

El mito del placer

"Por que los labios de la mujer extraña [adúltera] destilan miel, y su paladar es más blando que el aceite; mas su fin es amargo como el ajenjo, agudo como espada de dos filos". Proverbios 5:3, 4.

"Las relaciones extramatrimoniales son placenteras".

Inicialmente, eso es cierto. La excitación del secreto, el romanticismo del encuentro, enceguecen a los amantes. Incluso, muchas parejas buscan precisamente la relación extramarital por esa sensación de novedad que hay en la vinculación adúltera. El jugar con lo desconocido, incluso con lo pecaminoso, a muchos les trae cierta sensación de bienestar.

Sin embargo, todo esto se desvanece y, tarde o temprano, se ve la realidad. Y, en ese momento, lo que parecía placentero se convierte en un infierno.

Hace su aparición la culpa y la presión social del engaño. En dicho momento, las personas se arrepienten amargamente de las decisiones que han tomado. Si hubiesen medido las consecuencias desde un principio, muy pocos habrían caído en una relación adúltera. Como me decía alguna vez un profesional exitoso:

—Si hubiese sabido desde un principio cuánto iba a perder, no me habría enredado nunca.

Con pocas excepciones, la infidelidad se convierte en una carga emocional agobiante para el infiel. Incluso, algunos reaccionan con una inmensa sensación de alivio cuando finalmente confiesan su pecado o son descubiertos.

La infidelidad es pan para hoy y hambre para mañana. Es gozar de un momento de aparente felicidad y vivir con muchas cargas el día de mañana.

Dios sabía eso; por esta razón la Biblia compara al adulterio con una metáfora digna de antología: "Por que los labios de la mujer extraña [adúltera] destilan miel, y su paladar es más blando que el aceite; mas su fin es amargo como el ajenjo, agudo como espada de dos filos" (Prov. 5:3, 4).

Los adúlteros están condenados a perder la miel y quedarse con el ajenjo. La amargura posterior que queda después de haber obrado mal es tan aplastante que a algunos les cuesta mucho volver a retomar la vida en el punto en el que se desviaron.

Por esa razón, es un mito lo de lo placentero. Esa fantasía es alimentada por quienes intentan justificar lo inexcusable y encontrar algún tipo de lógica para las consecuencias que les toca sobrellevar después de un desliz infiel.

¿Estás sopesando las decisiones que estás tomando? ¿Entiendes que el camino que hoy te parece placentero podría estar llevándote al cementerio? (Prov. 5:5.)

El mito de la disfunción sexual

"Dios juzgará a los que cometen inmoralidades sexuales y a los que cometen adulterio". Hebreos 13:4, DHH.

"Los que cometen adulterio lo hacen porque no están satisfechos con su vida sexual".

Este mito está muy extendido. El supuesto es que quienes se involucran en una relación adúltera lo hacen porque sus cónyuges no logran darles la vida sexual que apetecen. Sin embargo, esto no es más que un mito, que en muchos aspectos deja en evidencia otro prejuicio que, en el fondo, es mucho más delicado: que la base del matrimonio es una vida sexual plena.

Vivimos en una sociedad sexoadicta o sexocentrada, por lo que es fácil creer que estas suposiciones son verdaderas. Sin embargo, aun cuando la sexualidad es un aspecto importante del ser humano, no es lo que nos define como tales. Si así fuera, estaríamos dejando de lado un sinfín de otros aspectos que también son esenciales. La sexualidad es un elemento más dentro de la complejidad del ser humano.

En mis entrevistas con adúlteros, más de una vez me he llevado la sorpresa de que hombres o mujeres que se involucraban en una infidelidad decían estar satisfechos en su vida sexual con sus cónyuges; ese no era el problema.

Hay una deficiencia que se repite en casi todas las parejas en las que hay adulterio: falta de intimidad emocional.

La intimidad emocional es la capacidad de desnudarnos emocionalmente frente a otra persona sin temor a ser rechazado o estigmatizado; solo escuchado. Cuando se produce la intimidad emocional, hay empatía, comprensión y una sensación profunda de estar siendo escuchados realmente. Al faltar este tipo de intimidad, las personas se sumergen en problemas de tipo afectivo que van desde la soledad hasta la indiferencia.

A menudo, muchos adúlteros no desearon ni buscaron una relación ilegítima; sin embargo, de pronto se sintieron atraídos por alguien que supo crear el clima de intimidad emocional que hizo posible que lograran conectarse. Lamentablemente, muchos en ese punto confunden las cosas y se involucran sexualmente.

He visto muchas relaciones de infidelidad donde las personas con las que se enredan sexualmente son menos agraciadas o atractivas físicamente que los cónyuges. Lo que prueba que el punto que genera –finalmente– el adulterio no es sexual sino afectivo. Hay muchos matrimonios que tienen vida sexual, pero no intimidad emocional. En ese caso, ambos son candidatos a convertirse en adúlteros; solo es necesario que aparezca alguien que sea lo suficientemente empático como para escuchar...

¿Estás creando un clima afectivo para que exista intimidad emocional en tu matrimonio?

La mirada del amor

"Cautivaste mi corazón, hermana y novia mía, con una mirada de tus ojos". Cantares 4:9, NVI.

El amor tiene un extraño don: transforma a las personas y no solo les hace ver la realidad de una manera distinta, sino también perciben a la persona que aman con otros ojos. La mirada de amor también transforma.

Como dijera Fedor Dostoievsky: "Amar significa ver al otro tal como lo ha pensado Dios". El que ama mira de una forma distinta. Su mirada redime al más perverso de los seres humanos y descubre en el individuo lo que solo el amor puede descubrir.

¿Por qué el amor percibe distinto? ¿Qué hace que los enamorados puedan sacar lo mejor de sí mismos y del amado? ¿Por qué razón el que ama siente que su ser amado llena todas sus expectativas? Por una razón muy simple: el amor no se concentra en las falencias sino en las virtudes. El amor no mira la falla sino que exalta la bondad. Y ese acto de observación positiva hace que las personas que se saben amadas deseen fervientemente responder a esa mirada llena de optimismo y confianza.

Por esa razón, el amor solo puede producirse en el contexto de una relación en la que prime la bondad y la confianza; en otro contexto, simplemente no puede crecer.

Aquellos que se han acostumbrado a criticar y siempre tienen una palabra negativa para quien dicen amar, en realidad, no aman. El amor no desconoce lo que no está bien, pero no es eso lo que constituye la esencia de su vida, sino las características positivas del ser amado.

Sucede una situación paradójica y extraña en la vida de todos los seres humanos. Cuando somos solo criticados y se nos está constantemente recordando cuán malos o equivocados estamos, las personas nos adormecemos y no tenemos ni deseos ni entusiasmo para intentar algo diferente. Sin embargo, cuando los que están a su lado se concentran en el aspecto positivo de sus vidas, normalmente las personas responden en una búsqueda constante para modificar y descubrir las mejores formas de actuar.

Es lo que hace Dios con el ser humano. Su mirada transforma y su forma de tratarnos hace que deseemos ser mejores.

Una pareja no puede construirse bajo la premisa de la crítica constante. La mordacidad y la palabra agria dicha a quien se supone que amamos simplemente asesina cualquier posibilidad de amar.

El amor tiene una mirada distinta. Nos ve como nos ve Dios: criaturas preciosas, únicas, insustituibles y valiosas solo por el hecho de ser.

¿Estás tratando a tu cónyuge de tal modo que tu mirada de amor pueda redimir? ¿Exaltas lo mejor o lo peor de la persona que dices amar?

Tarea para valientes

"Sed, pues, imitadores de Dios como hijos amados". Efesios 5:1.

Ser padre no es para cobardes. Supone una tremenda carga emotiva y una cuota de ansiedad constante. Los hijos nos obligan a entregar lo mejor de nosotros mismos y hacen que afloren nuestros más ocultos miedos. Ellos nos convierten en personas distintas. Modifican nuestras perspectivas. Un hijo nos cambia la vida.

La gran desventaja –sin embargo– es que vienen cuando estamos en pleno crecimiento y aprendizaje. En realidad, crecemos con ellos. Muchos, ya adultos y maduros, se plantean: "Ojalá hubiese tenido hijos sabiendo todo lo que hoy sé; probablemente hubiese cometido menos errores y mis hijos verterían menos lágrimas".

Pero –querámoslo o no–, así es la vida: para tener hijos hay que ser joven, a fin de disponer de la energía necesaria para seguirlos en su crecimiento. También es deseable que seamos lo suficientemente sabios como para entender los procesos que ellos viven; sin embargo, ese es un proceso en el que nosotros vamos creciendo junto con nuestros hijos.

Lo ideal es que nosotros hayamos crecido lo suficiente con nuestros propios padres y que ellos nos hayan traspasado un cúmulo de sabiduría que, a la vez, nosotros podamos transferir a nuestros hijos. Lo real de toda esta historia es que, en muchas ocasiones, los padres no tienen modelos adecuados para mostrar a sus hijos y tienen que inventarse como padres, a medida que crecen y que van apareciendo las circunstancias en las que se hace necesario su actuar paterno. De un modo u otro, nos vamos convirtiendo en padres a medida que nuestros hijos van creciendo. La gran ironía es que cuando ya sabemos lo suficiente... es hora de que ellos partan.

A los hijos les lleva toda la vida entender que sus padres –en la mayoría de los casos– han hecho su mejor esfuerzo; pero eso no ha alcanzado... y lo sabrán con total certeza cuando ellos tengan que invertir los roles y, de hijos, se conviertan en padres, y vuelva a repetirse el ciclo en el que los hijos de los hijos pronto sostengan que sus padres están obsoletos y son incapaces de entenderlos.

Sin embargo, con todo lo difícil que supone la paternidad, sigue siendo un invento maravilloso de Dios, porque nos pone en la perspectiva divina al entender –aunque solo sea en parte– lo que significa para Dios el ser nuestro Padre.

Dios decidió compartir con nosotros un privilegio: el de ser guías de personas incalculablemente valiosas. El Todopoderoso nos otorgó la oportunidad de entender, en parte, lo que significan las alegrías y las tristezas de él como nuestro gran Padre amoroso.

¿Estás entendiendo el significado que tienes en la vida de tus hijos? ¿Comprendes que el modelo paterno que tenemos es Dios mismo?

En el momento
adecuado

"Pero no anduvieron los hijos por los caminos de su padre, antes se volvieron tras la avaricia, dejándose sobornar y pervirtiendo el derecho". 1 Samuel 8:3.

Todo padre en su sano juicio pretende que sus hijos sigan su ejemplo y realicen acciones superiores a las que él ha hecho. De muchas formas, todos los seres humanos se proyectan en sus hijos.

Sin embargo, cuando los hijos se van por caminos muy distintos de lo esperado, suele ser una experiencia muy triste y amarga.

Sabemos solo sus nombres y sus acciones malévolas: Joel y Abías. Su padre era Samuel, uno de los jueces más exitosos de Israel. Cuándo Samuel ya era anciano, puso a sus hijos como jueces, tal vez con la leve intención de formar una dinastía de jueces. Samuel fue un hombre honrado y que se ganó la confianza del pueblo; en cambio, sus hijos hicieron todo lo contrario de su padre.

La mayoría de las personas, al leer esta historia, argumenta que los hijos, ya adultos, tomaron sus propias decisiones y no es responsabilidad del padre lo que ellos eligieron posteriormente. Sin embargo, aunque el argumento parece lógico, no me parece tal. De hecho, hay una ley que es la de la siembra y la cosecha. No se puede recibir otra cosa que la que se siembra. Ni más ni menos.

He visto, en mi calidad de orientador familiar, muchos casos similares. Padres con un perfil de líder y exitosos que tienen hijos fracasados y que tiran por la borda lo que sus progenitores han construido. ¿Por qué sucede esto?

Hay algunos patrones comunes. Padres que se esmeran tanto por alcanzar el éxito que se olvidan de formar a sus hijos y pasar suficiente tiempo con ellos. Padres que desean dar a sus hijos lo que ellos no tuvieron, pero que se olvidan de enseñarles que la cuesta del éxito es larga y que hay que ascenderla paso a paso. Padres que son prósperos en lo que hacen, pero que se olvidan de transmitir a sus hijos que nada es gratis y que hay que trabajar duro para llegar a la cima del éxito.

Cuando los padres no les dan a sus hijos lo que realmente necesitan en su momento, luego es tarde o muy difícil de entregar. Hay un momento para todo, y eso incluye el ser padres.

Jugar, conversar y dialogar. Ser un modelo coherente. Invertir tiempo de calidad en los hijos. Ofrecer oportunidades continuas de crecimiento. Esas son cosas que tienen su tiempo. Cuando llegan a destiempo, no funcionan.

Si nos ocupamos de trabajar para tener éxito, a la par hay que invertir tiempo y recursos en formar a los hijos para que gocen de lo que hemos logrado.

¿Está siendo equilibrado en tu rol de padre? ¿Cuánto tiempo pasas con tus hijos?

Paternidad

"Como el padre se compadece de los hijos, se compadece Jehová de los que le temen". Salmo 103:13.

Nos guste o no, existe en Occidente una especie de culto a la maternidad. Se presenta la idea de que el ser humano más importante sobre la tierra es la madre. Sin desconocer que una madre es importante, permítanme discrepar de este énfasis.

Cuando se sobrevalora el rol materno, sin quererlo se provoca un efecto indeseado: se infravalora el rol paterno. Sobredimensionar a una madre es, en la práctica, disminuir la importancia de un padre.

Esto sucede en parte por un mito, aquel que señala que la mujer tiene un solo rol en la vida, que consiste en procrear hijos y criarlos. Muchos detestan que la mujer sea vista en una situación distinta. Los detractores del papel que la mujer ha ido tomando en el último siglo hacen que se sobredimensionen aspectos del ser mujer en desmedro de otros.

El ser de una mujer no se inicia ni se termina con su rol de madre. De hecho, el ser madre es una faceta más de su existencia; podemos coincidir en que es relevante, pero no el que la define como persona.

Un niño, para que crezca de manera armoniosa y estable, no necesita solo a una madre; también precisa un padre. Las mismas características que se sugieren acerca de la maternidad, como son: ternura, cuidado, comprensión, abnegación, entrega, solicitud, paciencia y amor, son necesarias para la paternidad. Estas características no son monopolio femenino; de ser así, se estaría atribuyendo a la femineidad elementos sobrehumanos.

Un varón es tan importante como una mujer en la vida de un infante. El problema es que el sobreénfasis ha llevado a creer, a muchos, que la crianza de los hijos y su formación como personas es un asunto exclusivamente femenino, lo que en sí constituye un defender.

Es preciso formar una cultura masculina que entienda y acepte que su rol de padre implica mucho más que proveer para la alimentación y la manutención de los hijos. Ser padre es un rol relacionado con formación, equilibrio, estabilidad, ternura y afecto; características que no son prerrogativa exclusiva de la mujer.

Una sociedad que crece basada en valores cristianos profundos no aceptará nunca una polarización entre la maternidad y la paternidad; al contrario, sostendrá como axioma la necesidad de que tanto los varones como las mujeres colaboren juntos en la formación de los hijos.

¿Estás ejerciendo tu rol de padre con la misma responsabilidad que otras funciones de tu vida? ¿Le permites a tu esposo ser padre o descansas en el mito de la supermadre?

El mejor regalo

"Y su padre les había dado muchos regalos de oro y de plata, y cosas preciosas, y ciudades fortificadas en Judá; pero había dado el reino a Joram, porque él era el primogénito". 2 Crónicas 21:3.

Solemos recordar aquellos episodios que, de un modo u otro, nos marcan –para bien o para mal. Recuerdo lo que he dado en llamar "mi mejor Navidad infantil".

Mi padre había quedado sin trabajo una semana antes de Navidad. Había conseguido trabajar algunas horas como taxista reemplazando a otra persona, pero lo que había ganado se había ido en pagar cuentas que se habían acumulado. La noche del 24, mi madre preparó lo mejor que pudo la cena; nada especial, pero nos hizo sentir como un momento muy único el poder estar todos juntos.

Mi hermana había nacido tan solo un mes atrás, así que se había producido otro gasto más que ellos debieron afrontar. Había ocho bocas que alimentar: los cinco hermanos, más mi abuelita, que desde siempre había vivido con nosotros.

No comenzamos a cenar hasta que no llegara papá. Las horas parecían eternas. Mi madre nos explicó que, por ser día de fiesta, a los taxistas les convenía quedarse lo máximo posible trabajando; de ese modo, podrían ganar un poco más de dinero para llevar a sus casas. Nosotros los niños, muy conscientes de lo que pasaba, asentimos solemnemente, aunque con unas ganas de comer enormes. Mi madre nos hizo jugar a todos. Casi a las doce de la noche, y mientras nosotros casi nos quedábamos dormidos, apareció mi padre. Todos corrimos a abrazarlo. En sus manos nos traía un obsequio a cada uno. Eran solo cuentos infantiles, que ahora, pensando a la distancia, eran lo único que logró comprar con los escuálidos recursos que tenía. Sin embargo, no nos importó. En ese momento, el único que sabía leer era yo, así que se me encomendó la tarea de leerles a mis hermanos.

Han pasado los años, y es la Navidad que más recuerdo de mi niñez. Tal vez por una sola razón: estábamos todos juntos. Fue un momento para celebrar la unidad familiar. Varios años después, mis padres se divorciaron, y no volvimos a tener un Navidad como esa.

El mejor obsequio que podemos darles a nuestros hijos no es algún sofisticado juguete ni caros programas de computación. Lo que finalmente los hijos recordarán es aquellos instantes en los que la casa se llenó de algarabía y gozaron de la presencia de unos y de otros. A muchos padres los ayudaría mucho más que obsequiaran pocos objetos y más su presencia. Ese regalo es inestimable. Cuando pasan los años, los juguetes caros quedan arrinconados y mohosos; sin embargo, los abrazos cariñosos, los juegos junto a los hijos, las conversaciones amables y distendidas, no se olvidan.

¿Qué les estás regalando a tus hijos? ¿Qué crees que recordarán de adultos?

Lo importante

"Todo tiene su tiempo, y todo lo que se quiere debajo del cielo tiene su hora". Eclesiastés 3:1.

Soy una persona que suele defender constantemente a la mujer y su igualdad con el varón. No creo que exista impedimento para que las mujeres puedan realizar trabajos que están asociados solo con varones. Las mujeres tienen todo el derecho y la capacidad para conducir autobuses, aviones, sacar muelas o vender propiedades. Considero que la discriminación laboral por sexo es una necedad.

Sin embargo, siento que el feminismo, en su lucha por los derechos de la mujer –que me parecen totalmente válidos– ha llevado las cosas a un extremo, y que esto ha atentado directamente contra la familia. No creo que sea sano transmitir el concepto de que las mujeres se han de realizar solo a través de la vida laboral. Eso ha significado que, en los últimos años, se vea a las mujeres profesionales como exitosas y a quienes optan por cuidar a sus hijos como fracasadas. Eso es un exceso.

Como dice el sabio Salomón: Todo tiene su tiempo (Ecl. 3:1). Si una mujer decide tener hijos –lo cual es una opción y no una imposición– entonces debería establecer prioridades. Eso significa que los hijos estarán antes que cualquier otra "realización personal".

Transmitir el concepto de que los niños necesitan "tiempo de calidad" antes que "cantidad de tiempo" es, simplemente, un autoengaño. Los niños necesitan que las personas que los han traído al mundo estén con ellos el máximo tiempo posible. El ser humano es uno de los seres más desvalidos que existe; su infancia es primordial para el resto de su existencia. Una madre ausente provoca un daño irreversible.

Conozco a muchos matrimonios que trabajan ambos para que a sus hijos "no les falte nada"; pero eso es engañoso, porque en realidad, al ocupar todo su tiempo disponible en trabajar para proveer lo material, dejan de dar lo más importante: su presencia irreemplazable.

Establecer prioridades en la familia es lo básico. Hay una etapa que va desde el nacimiento hasta los 7 años inclusive, en la que la madre debe estar presente el mayor tiempo posible en la vida de sus hijos. Es el momento de la formación de la personalidad y el carácter. Si está ausente, lamentablemente, no podrá formarlos.

Ser padres de fin de semana no sirve. No es un mensaje popular, pero es necesario. Si dejáramos de consumir superficialidades y nos ocupáramos de lo importante, tal vez, no necesitaríamos trabajar tanto para obtener recursos. Si podemos prescindir de algunos bienes por un tiempo, mientras nuestros hijos crecen, ya llegará el momento cuando los tendremos, pero no habremos perdido a los hijos.

¿Estás haciendo lo correcto? ¿Has establecido las prioridades adecuadas?

La tarea más noble

"¡Bendita tú entre las mujeres, y bendito el fruto de tu vientre!" Lucas 1:42.

Un fenómeno que está ocurriendo en países desarrollados amenaza con convertirse en un verdadero problema en pocos años. Las tendencias demográficas demuestran que la población envejece cada vez más, en términos proporcionales; eso quiere decir que los adultos aumentan más rápidamente que los infantes. La situación va acompañada por la decisión de muchas personas de no casarse, de no querer vivir en parejas y menos tener descendencia.

Una de las razones que se aduce es que muchos no quieren alterar su estilo de vida con la presencia de un niño. Es una nueva forma de individualismo, pero lo cierto es que hay más de 26 millones de mujeres de entre 15 y 44 años, que siendo fértiles, no quieren tener hijos, solo en los EE.UU., cifra aportada por la Oficina del Censo sobre la base de una encuesta nacional realizada en junio de 2002.

Además de una razón individual, está el factor económico y el constante mensaje de que una mujer, para ser completa, no necesita un hijo; es más importante desarrollar sus carreras profesionales.

Por otro lado, un número creciente de mujeres está optando por la adopción, con el fin de evitarse los inconvenientes del embarazo, especialmente en lo que se refiere a interferir en su vida laboral. Quienes están más preparadas académicamente o tienen mayores recursos son las que están eligiendo este camino.

Es respetable el deseo de ser profesional y desarrollarse como persona; sin embargo, algo muy malo está sucediendo con los valores, en nuestra sociedad, cuando se considera la maternidad y el tener hijos como una actividad menos importante que el desarrollo de la profesión.

Sin duda, algunas mujeres, por características personales y morales, no son aptas para ser madres. No obstante el suponer que la maternidad es un estorbo es no entender que no hay tarea más noble y necesaria para nuestra sociedad que el ser madres comprometidas totalmente con la tarea absolutamente indispensable de formar niños.

Dios creó la familia y nos dio la oportunidad de tener hijos como un plan de bendición para la raza humana. Es verdad que hay que ser responsables al tener la cantidad de hijos que seamos capaces de atender y traerlos al mundo en el momento en que sea más propicio. Pero, el no tenerlos por motivos egoístas, como la no alteración de nuestro modo de vida, es simplemente privarse de una bendición.

¿Qué decisión están tomando al respecto? ¿Entiendes el lugar que Dios les ha asignado a los hijos en la pareja humana?

Con el corazón en la mano

"Guárdame como a la niña de tus ojos; escóndeme bajo la sombra de tus alas". Salmo 17:8.

Sin duda, los hijos son un don de Dios, pero también a veces son un gran dolor de cabeza. Con ellos es como vivir una película de suspenso a cada instante y también como estar en una comedia. No sabes qué va a ocurrir en el instante siguiente.

Los hijos nos hacen madurar y nos ayudan a desarrollar paciencia. Se enferman a las dos de la mañana (no sé por qué no a las dos de la tarde). Se ensucian cuando faltan cinco minutos para salir, y lo hacen el día en que tienes esa reunión tan importante que vienes planificando desde hace meses. Dicen exactamente lo que no quieres que digan, en el lugar más inadecuado y bajo las peores circunstancias. Cuando quieres jactarte frente a tus amigos por algo que ellos hacen bien, se empacan y te dejan en vergüenza.

Cuando crecen, el asunto no mejora. Pasan de los berrinches y de orinarse en los pantalones a creerse los reyes del mundo. Tienen una respuesta para todo, y tú vas quedando obsoleto. Ayer eras un héroe; el grandulón al que corrían ansiosos cuando tenían algo que resolver. En la adolescencia, eres una piedra en el zapato.

Cuando finalmente pasan esa crisis, y comienzan a abrir su mente y a conversar, y los ves abrirse como un pimpollo de flor que está mostrando toda su belleza, en ese mismo instante están listos para irse con toda su sabiduría para otro lado.

Sabes exactamente el valor de cada diente que hay en su boca (porque estuviste pagando fielmente al dentista por años, para que se los enderezaran). Te acuerdas de las noches que pasaste en vela a su lado para que se calmara su cólico estomacal. Conoces cada rasponazo de sus piernas, porque tú mismo se las curaste. Todo eso, en un momento, no sirve; cuando tienen que partir, deben que hacerlo.

Los hijos vienen para que vivamos con el corazón en la mano y para que se lleven nuestro corazón a jirones cuando se marchan. Es la implacable ley de la humanidad. Los hijos se llevan la sangre de sus padres, les exprimen las emociones (y también el bolsillo), luego se van y nos dejan recuerdos, muchos recuerdos.

Pero, pese a todo, seguimos siendo padres. Y, no importa qué hagan nuestros hijos, seguirán siendo la parte más importante de nuestras vidas. Son la prolongación de nosotros. Llevan la etiqueta de nuestro nombre. Son nuestro más vivo retrato. Tal vez por esa razón nos produzca tanto miedo cuando parten… porque, de algún modo, nos van a dejar en evidencia, y para eso no hay máscara que cubra: ellos serán lo que somos.

¿Entiendes cabalmente lo que significa ser padre? ¿Sabes lo que significa el don de la paternidad?

Los hijos que nos forman

"Honra de los hijos son sus padres". Proverbios 17:6.

Ayer fue un día especial en la vida de mi hijo: a la edad de 14 años, por primera vez se afeitó. Hace meses que quería hacerlo. Le habíamos dicho que esperara un poco; que luego tendría toda la vida para hacerlo. Pero, al fin, compramos juntos una máquina de afeitar y le di, junto al espejo, una clase de afeitada. Mientras él, impaciente y feliz, pasaba la máquina rasuradora por su cara, yo no dejaba de sonreír. Miles de pensamientos se arremolinaban en mi mente. ¡Pensar que hace tan poco tiempo tenía que cambiarle los pañales!

Creo que el crecimiento de los hijos a quienes más sorprende es a los padres. Ellos viven cada momento como una aventura en la que se van adentrando y tomando decisiones; sin embargo, los padres van observando, en contraste, el proceso que se va dando en sus hijos y también en ellos mismos.

¿Por qué Dios inventó que tengamos hijos? No creo que haya sido porque él precisaba de nosotros o porque no había otra mejor forma. De hecho, si Dios hubiese querido, habría podido realizar una creación constante de nuevos seres humanos.

La razón de Dios tiene que ver con un diseño que permite a los seres humanos desarrollar cualidades de carácter difíciles de adquirir de otro modo. Un hijo exige responsabilidad, compromiso, empatía, bondad, abnegación, amor y sensibilidad. Dichas características no se aprenden en los libros. Los hijos son la mejor escuela.

En cierto modo, la razón por la que Dios nos hizo procreadores fue para darnos la oportunidad de crecer y, en cierto modo, entenderlo a él.

Suelo decir que mi vida tiene un antes y un después del nacimiento de mis dos hijos. Con Mery Alin, he aprendido a ver y entender muchas cosas que de otro modo no me habría sido posible; de hecho, todas mis investigaciones y escritos sobre la mujer surgieron fundamentalmente después de su nacimiento, cuando me puse a pensar en las oportunidades reales que tendría como ser humano. Con Alexis Joel, he experimentado lo que significa la admiración, el cariño incondicional y la frescura de alguien que está a tu lado constantemente exigiéndote que seas lo mejor de ti mismo porque alguien procura imitarte.

Los hijos son un obsequio de Dios para ayudarnos a ser mejores seres humanos. Es obvio que, en el proceso, también ellos deben recibir lo mejor de nosotros mismos. Es un puente de ida y vuelta, en el que padres e hijos se ayudan mutuamente a crecer.

¿Entiendes lo maravilloso de Dios al crear este diseño? ¿Estás siendo para tus hijos todo lo que Dios quiere que seas para ellos?

¿Cuándo tener hijos?

"Como saetas en mano del valiente, así son los hijos habidos en la juventud". Salmo 127:4.

Es preciso que estén presentes ciertas condiciones ambientales y psicológicas fundamentales para que se propicie la llegada de los hijos.

Para tener hijos, se necesita estabilidad emocional y, como consecuencia, mantener relaciones armoniosas y coherentes. Constituye un grave error pensar que una atmósfera de reyertas, incomprensiones e incompatibilidades se disipará por el "milagro" de la paternidad.

Es preciso, además, gozar de buena salud y tener hábitos de vida convenientes, de tal forma que exista la mayor seguridad de no traer hijos deficientes.

Es necesario gozar de idoneidad moral para educar a los descendientes.

Es preciso tener estabilidad económica suficiente para hacer frente a los requerimientos de alimentación, vestido, educación y vivienda adecuados.

Mientras no se den estas condiciones, será prudente postergar la procreación o evitar nuevos embarazos.

Se necesita un período de, al menos, dos o tres años para que una pareja de recién casados aprenda a vivir juntos y puedan construir una relación de estabilidad que les permita adaptarse adecuadamente.

Se comete un error cuando en medio del proceso de adaptación se concibe un hijo. En ese caso el hijo, en muchas ocasiones, entorpece el buen ajuste de los padres. Una pareja que no se ha adaptado de manera correcta y que de pronto se ve enfrentada al estrés de tener un hijo recién nacido a menudo experimenta momentos de gran tensión y, en algunos casos, de quiebre, simplemente porque no se esperó un poco.

Las aves dedican casi toda una estación del año a preparar el nido. Poco a poco van recogiendo ramitas y pequeñas motas de hierbas, que van acumulando para construir cuidadosamente su hogar. Recién cuando su morada está construida y es un lugar seguro, las aves conciben a sus polluelos. Si el mundo animal nos da un ejemplo así –que Dios mismo ha formado–, ¿por qué no hacerles caso?

Dedíquense por dos o tres años a construir su nido y luego, cuando el ambiente sea adecuado desde el punto de vista emocional y económico, es hora de traer un bebé. En dicho ambiente, la criatura gozará del privilegio de sentirse querido y aceptado; en otras condiciones, el mayor perjudicado será el niño.

¿Están creando las condiciones emocionales, sociales y ambientales adecuadas para tener un hijo? ¿Entienden lo que implica la paternidad responsable?

Para que nuestros hijos sean plenos

"Nada hay imposible para Dios". Lucas 1:37.

El mejor regalo que les puede hacer un padre a sus hijos es tener una buena relación con su esposa. La armonía con la madre de sus hijos les dará a estos la estabilidad que necesitan para desarrollarse.

Por muchos siglos, esto no se creyó ni aceptó. Muchos varones propiciaron una relación unilateral con los hijos, poniendo de lado a las madres, especialmente con sus descendientes varones.

La estabilidad social y psicológica de cada persona pasa por una buena relación primaria entre la madre y el padre. Cuando el matrimonio es sólido y estable, eso les provee a los hijos un marco referencial que les da las herramientas psicológicas necesarias para crecer bien.

Si, por el contrario, la relación entre los cónyuges es mala, esta tenderá a impactar negativamente en la vida de sus hijos, y dejará secuelas, aunque los progenitores se ocupen de que nos les falten los recursos para sobrevivir y hagan esfuerzos para compensar la falta de una buena relación entre ellos.

La conclusión es simple: si se quiere ser buen padre, es fundamental ser un buen esposo o esposa. La base de una buena familia es un buen matrimonio.

Muchas veces, en la consulta de parejas, les hago ver a los cónyuges la necesidad de buscar soluciones para sus vidas a fin de que puedan gozar del privilegio de ver crecer a sus hijos en armonía y paz.

Cuando Dios planeó la familia, ideó que el padre y la madre dieran un ejemplo de armonía a sus hijos. En la mente de Dios, se concebía una relación en la que marido y mujer mostrarían, en sus vidas, lo que es vivir el amor de manera plena y saludable.

Nunca fue el plan de Dios que el varón y la mujer actuasen con tal grado de egoísmo que pensaran solo en sí mismos.

Cuando una pareja no logra ponerse de acuerdo y vivir en armonía, a la larga los hijos son dañados y, en algunos casos, de manera irremediable.

Los hijos no piden venir a este mundo; es decisión de una pareja. Lo menos que pueden hacer, por justicia, es buscar la forma de hallar salida para sus problemas.

Soy de los que creen que con Dios todo es posible; aun los problemas conyugales más complejos pueden encontrar una salida con la ayuda de Dios... siempre y cuando estemos dispuestos a hacer nuestra parte.

¿Estás buscando la estabilidad con tu cónyuge? ¿Eres consciente del efecto de tu ejemplo sobre la vida de tus hijos?

Decálogo de un buen padre

"Como el padre se compadece de los hijos, se compadece Jehová de los que le temen". Salmo 103:13.

Un niño llena la casa de ruidos. Se altera la rutina y la familia vive a un ritmo distinto. He pensado que cuando uno se convierte en padre deberían hacerle llegar un decálogo que le indicara diez obligaciones básicas con la criatura que acaba de nacer. Lo siguiente es una idea de lo que podría ser aquel mandato, para no olvidar.

1. No olvides que amar es expresar, de todos los modos posibles, que tu hijo es importante y fundamental. Amar sin decir "te amo" es vacío y sin sentido.
2. Acuérdate de que tu hijo es un individuo con sus propias características personales; se parecerá a ti y a su madre, pero nunca será exactamente como eres. Recordarlo es fundamental para que no aniquiles la preciosa individualidad de la que está dotado.
3. No olvides que, aunque lo llamas hijo y lo consideras tuyo, no es tu pertenencia. Es una visita bendita que te trae alegría, pero Dios algún día te pedirá cuentas.
4. No olvides que también fuiste niño. Que tuviste que aprender errando y que muchos adultos tuvieron paciencia contigo.
5. Acuérdate de que la enseñanza más valiosa no se da con sermones ni exhortaciones sino con el ejemplo, que es lo único que finalmente se recuerda y sirve. Si dices una cosa y haces otra, estarás siendo el peor modelo que un hijo pueda tener.
6. Ama a su madre; es el mejor regalo que le puedes hacer a tu hijo. Que cuando recuerde su hogar, sienta que fue criado en un ambiente en el que el amor era la tónica y se respiraba aire de cielo.
7. Medita día tras día en los pasos que has de dar en tu vida; porque, aunque no lo creas, tus hijos intentarán dar los mismos pasos, por mucho que en algún momento no les guste tu forma de caminar por la vida.
8. Admira la belleza de la naturaleza, practica la armonía de la bondad, busca la amistad que ennoblece y sé un amante de la verdad. Esas serán las armas que tus hijos usarán para defenderse de la maldad, la desarmonía, el odio y la mentira.
9. No te alejes. Tus hijos necesitan que estés, que seas accesible y que tu cercanía sea el faro que los aliente a pedir ayuda cuando lo necesiten. La raspaduras más difíciles de curar son las del espíritu, y solo podrás percibirlas si estás a un paso de sus vidas.
10. Crea un ambiente de paz en tu hogar. Que tus hijos sientan que llegar a su casa es un remanso de tranquilidad en el que el amor, la alegría, la amistad y la cortesía son los pilares que le dan fuerza a todo.

¿Entiendes que solo con Dios es posible esto? ¿Estás dispuesto a pedir sabiduría?

Deber no transferible de los padres

"Las enseñaréis a vuestros hijos, hablando de ellas cuando te sientes en tu casa, cuando andes por el camino, cuando te acuestes, y cuando te levantes". Deuteronomio 11:19.

A menudo soy invitado para contestar preguntas de adolescentes en colegios o iglesias. Para alarma de los maestros y los pastores, la mayoría de las preguntas de los jóvenes giran en torno al sexo. En más de un caso, he tenido que calmar a los adultos que se sienten alarmados ante preguntas que ellos ni soñaron hacer a la edad de sus jóvenes pupilos. Suelo reírme de mis colegas, recordándoles que ellos también tuvieron las mismas inquietudes a esa edad, solo que se olvidaron o no preguntaron.

Lo interesante del asunto es que vivimos en otra época; en un momento de la historia en que hay más desinhibición para hablar y una actitud más natural para preguntar. En buena hora que así sea, aunque lo mejor sería que los jóvenes preguntaran en su hogar a sus propios padres. Pero, si no ha sido así, mejor que hagan sus preguntas en un ambiente cristiano, donde se les contestará teniendo como telón de fondo valores y principios no humanistas, sino bíblicos.

Me sorprende que a menudo los jóvenes confundan sexualidad con "genitalidad". Sin embargo, no es extraño en un contexto en el que esa es la idea que se ha transmitido. Lo real es que la sexualidad humana abarca casi todas las áreas de nuestra vida. La sexualidad implica mucho más que las diferencias físicas entre varones y mujeres. Va mucho más allá del acto físico sexual en el matrimonio. Es la expresión de la persona entera, que vive la sinfonía de la existencia humana.

Los cristianos necesitan tener una comprensión bíblica de la sexualidad. Comprender cabalmente nuestra sexualidad es esencial para determinar nuestras relaciones con las demás personas y para manejar apropiadamente los deseos físicos naturales que Dios nos dio. Con una comprensión bíblica del asunto, será posible entender el significado verdadero de la sexualidad y nos capacitará para rechazar las ideologías provenientes de una cultura que ha banalizado el tema sexual.

Vivimos en una sociedad que se ha vuelto más indulgente. Ha convertido el encuentro sexual en una relación casual, que se expresa en un acto físico sin tomar en cuenta a la persona integral, ni las consecuencias que un goce momentáneo pueden tener en la identidad de las personas. Ante este cuadro, no es extraño que haya disminuido el respeto a la persona y el egoísmo se haya convertido en moneda corriente en el contexto de las relaciones sexuales.

Los padres deben ser los primeros y más importantes educadores sexuales de los hijos.

¿Estás cumpliendo tu deber de formar e informar a tus hijos sobre este tema?

Tiempo de siembra

"Sembrad para vosotros en justicia, y segad para vosotros en misericordia".
Oseas 10:12.

La adolescencia no tiene por qué ser un período de crisis dramáticas. Muchos han sobreestimado este período, convirtiéndolo en algo más de lo que realmente es. El problema es que, en esta etapa, suele quedar en evidencia lo que se hizo bien o mal en los años anteriores. Si algo no fue bien desarrollado, siguiendo la ley de la siembra y la cosecha, evidentemente dará resultados negativos.

Aunque los hijos eligen por sí mismos y toman sus propias decisiones, es innegable que cada incidente en su vida los marca para lo que viene, a veces en una manera tan condicionante que se convierten en verdaderas profecías autocumplidas.

Un día le preguntaron a una anciana:

–¿Cómo hizo para tener hijos tan buenos?

–Su respuesta, simple y sencilla, fue:

–Me dediqué un día a la vez y a cada uno de ellos le di su tiempo, cuando podía aún hacer algo.

La última parte de la frase es clave: Hacer lo que hay que hacer cuando es tiempo.

Cuando un agricultor siembra, tiene que hacerlo en el momento apropiado, porque de otro modo pierde no solo semilla sino también tiempo y energía. Hay un momento para sembrar y otro para cosechar. La adolescencia no es tiempo de siembra sino de cosecha. La niñez es el momento en el que se plantan los valores más importantes en la vida de un joven. Si en esa época no hacemos lo que hay que hacer, no se pueden esperar milagros en la adolescencia.

Si los padres dedican a sus hijos pequeños sus mejores esfuerzos, verán compensados sus desvelos cuando estos ya sean adolescentes.

Algunos intentan hacer lo que no hicieron antes y, aunque, algunos todavía responden, a menudo es tarde. Hay que sembrar, podar, limpiar, abonar... en la niñez. Para que, cuando el hijo sea grande, dé los frutos que se esperan de él. Llegar tarde a la vida de un hijo no solo es fatal, sino también es una carga que se hace muy doloroso portar.

Un hijo es una fuente que hay que llenar; pero no es la adolescencia el momento, sino la infancia. La adolescencia ratifica lo que se hizo antes; ni más ni menos.

Siempre hay esperanza; no hay que cejar. Si no se hizo lo adecuado antes, no va a dañar el intentarlo; solo que hay que saber que va a ser más duro y más intenso.

¿Estás haciendo, como padre, lo correcto en el momento correcto? ¿Estás invirtiendo en tus hijos, dándoles el tiempo que necesitan para estar contigo?

Lazos familiares

"Porque yo sé que mandará a sus hijos y a su casa después de sí, que guarden el camino de Jehová, haciendo justicia y juicio, para que haga venir Jehová sobre Abraham lo que ha hablado acerca de él". Génesis 18:19.

Cada hogar es un universo con sus propias características. Cada familia construye un mundo de relaciones que van conformándose y modelándose en un proceso permanente.

Lo que hacen los consejeros matrimoniales es establecer patrones comunes a las distintas familias y construir elementos de juicio que les permitan elaborar soluciones conjuntas aplicables a esa familia en particular.

Sostener que cada familia debe comportarse de un modo u otro porque estadísticamente así se dan las condiciones es pueril. Existen antecedentes similares, pero en ningún caso iguales o idénticos. De allí que ninguna familia debe ser tomada como modelo o prototipo. Digamos que hay hogares que han llegado a mejores soluciones que otros. En ese sentido, hay familias mejor avenidas que otras; así de simple.

Siempre he desconfiado de los gurús que se alzan con soluciones mágicas. No hay magia en mantener una familia estable sino mucho trabajo. Una familia que quiere alcanzar estabilidad debe entender que hay que hacer un esfuerzo consistente en pulir aristas y hacer lo posible para que cada integrante alcance lo mejor de sí mismo en este proceso de llegar a convertirse en una persona plena.

Porque, finalmente, de eso se trata. Todos, en el fondo, estamos solos; lo que Erich Fromm llamaba "separados".[33] Es la vinculación familiar lo que nos ayuda a ser más plenos y lograr encontrarnos con lo mejor de nosotros mismos, a través de la contención y el amor incondicional que nos entregan quienes son parte de nuestro núcleo familiar.

De muchas formas, una familia es un refugio en el que somos protegidos, cuidados y acompañados. Ese vínculo no se borra nunca. Permanece aun cuando exista distancia entre los miembros de una familia.

Cuidar esos lazos es una responsabilidad superior. Es la prioridad fundamental de toda persona que quiere construir una familia. Cuando esos lazos se destruyen, también una parte de nosotros se echa abajo.

Muchos recurren a la oración para que los ayude a construir buenas familias; es algo lícito, pero es solo una parte. Hay otra que nos corresponde de manera exclusiva, y es establecer las prioridades adecuadas. Después de Dios, la familia; luego, todo lo demás.

¿Estás dándole a tu familia la prioridad que corresponde? ¿Son los lazos familiares un aspecto importante en tu vida?

Más extraño que un extraño

"Mírame y ten misericordia de mí, porque estoy solo y afligido". Salmo 25:16.

El 28 de agosto de 1913, el autor checo Franz Kafka escribió, en una carta, lo siguiente: "Vivo en medio de mi familia, entre las mejores y amorosas personas que se pueda imaginar, como alguien más extraño que un extraño. Con mi madre, en los últimos años, no he hablado, en promedio, más que veinte palabras por día; con mi padre, jamás intercambié otras palabras que las de saludo".

Cuando leí esta declaración, entendí la melancolía y la tristeza que había percibido en más de un escrito de este autor.

La paradoja es estar "entre las mejores y amorosas personas que se pueda imaginar" y, por el contrario, sentirse "más extraño que un extraño". Sin embargo, aunque esto parece haberle pasado solo a Kafka, en realidad es una descripción de lo que sucede en multitud de hogares, en los que muchos de sus miembros se sienten exiliados en su propio hogar.

La familia debería ser un lugar de refugio. El único lugar en el mundo donde verdaderamente nos sentimos amados, escuchados y contenidos. Sin embargo, lo paradójico es que esto no sucede en la vida de todos. Muchos sienten que su hogar les es hostil, solitario y amargo.

Hay conductas que no se aprenden en un aula sino en un hogar. Una de ellas es la expresión de afecto y la capacidad de comunicarse.

Muchos adultos se acercan a los niños y los jóvenes solo cuando han de reprenderlos; pero, aunque en ese momento hablen, eso no es comunicación significativa, porque carece de lo más importante: conexión emocional.

Es imposible comunicarse con "veinte palabras por día" u "otras palabras que las del saludo", como en el caso de Franz Kafka. Sin embargo, la realidad es que muchos padres precisamente es eso lo que hacen.

Los hijos necesitan tiempo de calidad. Es preciso que los padres dediquen tiempo para estar con ellos; para escuchar más y hablar menos.

De no ocurrir una comunicación significativa con los padres, los hijos, naturalmente, buscarán ser escuchados por extraños o por familiares que no son del núcleo inmediato de la familia. En algunos casos, esos adultos podrán ayudar; y en otros, no.

Sin embargo, muchos crecerán sin tener la posibilidad de ser escuchados y sintiéndose "más extraños que un extraño" y, lamentablemente, repetirán probablemente el ciclo con sus propios hijos.

¿Estás creando las condiciones de comunicación real con tus hijos? ¿Entiendes el valor de una comunicación verdadera?

Refugio

"Y anden sus hijos vagabundos, y mendiguen; y procuren su pan lejos de sus desolados hogares". Salmo 109:10.

Voy sobrevolando la Patagonia Argentina. Ante mis ojos, se extienden miles y miles de hectáreas de tierra semidesértica. De pronto, se ven algunos pequeños manchones verdes, que son una pequeña muestra de vegetación. No se observan lomas, ni cerros. Todo es infinitamente plano. Praderas que se pierden más allá de lo que la vista permite percibir. Vamos, además, bordeando el Océano Atlántico, y el azul profundo del mar forma un contraste imponente con la aridez de la zona.

De tanto en tanto, se observan poblados y pequeñas ciudades. No sé nada más que esos recuadros característicos desde la altura, pero son una muestra elocuente de la presencia de la vida humana. Se observan los caminos que invariablemente terminan en algún villorrio. Y, de pronto, pienso que es una buena metáfora de la vida familiar.

Puede haber un panorama desértico. Estar rodeado de un mar embravecido. Estar en medio de la nada, con un paisaje agreste y hostil; sin embargo, todos los caminos que realmente importan llevan a nuestra casa.

El hogar es el oasis que nos da la tranquilidad de encontrar un refugio frente a un ambiente que no es amigable.

El hogar nos provee la paz que necesitamos cuando todo a nuestro alrededor parece hundirse en el hostigamiento de una naturaleza hostil.

El hogar es el lugar donde podemos encontrar agua y alimento para el cuerpo, y también para el alma.

El hogar es nuestro paraíso en medio del desierto.

Muchas personas viven en el desierto de la soledad y la inanición de un mar embravecido que no les da paz. No tienen un hogar verdadero al cual llegar.

La familia debería ser el refugio para los corazones abatidos; el lugar donde nuestra mente pueda estar en paz y donde podemos recuperar las fuerzas para salir nuevamente a dar la pelea por la vida.

Es responsabilidad de los esposos hacer del hogar un lugar de refugio. Cuando el esposo trata a su esposa como una persona digna y su conducta es de respeto, cortesía, consideración y empatía, se crea un ambiente al cual querrán los hijos regresar, no importa cuan lejos esté. Cuando la esposa procura lo mismo para su esposo, tenemos un refugio de amor que es la salvaguardia para cualquier eventualidad hostil.

¿Estás haciendo de tu hogar un lugar en el que sea hermoso vivir?

Libres para elegir

"Estad, pues, firmes en la libertad con que Cristo nos hizo libres, y no estéis otra vez sujetos al yugo de la esclavitud". Gálatas 5:1.

Desde el instante en que tenemos hijos, nunca más podemos dormir tranquilos. Un hijo saca a pasear nuestro corazón. Con él van nuestras ansiedades y temores. Lo vemos jugar, cantar, llorar, reír, y vivimos tensos por la posibilidad de que algo les suceda que trunque sus sueños, sus ganas de vivir y sus esperanzas.

Vivimos junto a ellos los períodos difíciles y también los fáciles. Pasamos angustias y momentos de plena felicidad. Construimos juntos castillos de sueños y vivimos con el temor de que dichos anhelos se destruyan. Aunque tenemos planes para ellos, no siempre estos calzan con las ideas que ellos tienen para sí mismos.

Los hijos son una caja de Pandora... al final, nos queda solo la esperanza. Nos quedamos con el corazón pendiente de un hilo, esperando que lo que les hemos entregado sea suficiente como para tomar decisiones acertadas.

Cuando nuestra hija terminó la secundaria, viajó por un año a Australia a estudiar inglés. En el aeropuerto, antes de partir, me sumí en un silencio denso. Mi hija me preguntó, de pronto, a boca de jarro:

–¿Qué te pasa, papi?

Me quedé mirándola y le dije la verdad:

–Tengo miedo.

–¡Del avión! –me dijo divertida y sonriendo.

–No, hija. Miedo de que lo que hayamos hecho no sea suficiente para que tomes las mejores decisiones. Miedo de que en algo nos hayamos equivocado. Miedo de que sufras y no estemos a tu lado para consolarte.

¿Qué padre no siente lo mismo? Cuando son más pequeños, es más fácil. Confían en nosotros de una manera estremecedora. Sin embargo, cuando crecen no siempre podemos hacerles entender nuestras intenciones. En muchas ocasiones, actúan como si fuéramos sus enemigos o, al menos, personas no tan gratas.

Creo que Dios nos dio el don de la paternidad para enseñarnos la lección de lo que significa la delicada frontera entre la libre elección y la imposición.

Solo cuando nuestros hijos crezcan, podremos decir con total certeza si lo que hicimos en sus vidas fue lo mejor o no. Mientras tanto, debemos luchar denodadamente por encauzarlos sin anular su individualidad y guiarlos sin limitar su iniciativa. En esta tarea titánica, solo Dios es nuestro aliado y nos entiende perfectamente.

¿Estás dejando que tus hijos crezcan en libertad? ¿Entiendes que tu función de padre no es anular su capacidad de elegir?

Pasando la antorcha

"Oye, hijo mío, la instrucción de tu padre, y no abandones la enseñanza de tu madre". Proverbios 1:8, RVR 95.

El problema más serio en la transmisión de valores es que se usan métodos tan negativos, para enseñarlos a los hijos, que a menudo se les hace más mal que bien.

Es fundamental entender cómo actúa la mente humana y, en especial, la de los jóvenes. Cuando nos encontramos con jóvenes, ser duros y negativos provoca muy pocos resultados positivos. Es fundamental aprender a ser firmes, pero agradables.

Muchos padres cometen el error de estar continuamente machacando a sus hijos, una y otra vez, lo que deben y no deben hacer. Son como una pulga en el oído. No es bueno actuar como guardia o policía. Cuando un hijo hace algo incorrecto, es preferible esperar a que las cosas se calmen y luego, en un momento de quietud, hablarle.

Cuando un padre comienza a gritar o hablar en voz alta, sermonear volviéndose negativo con su niño o su adolescente, lo único que logra es que el que ha hecho lo malo no se responsabilice de su acción. No se puede imprimir valores a la fuerza en los hijos, especialmente si estos son adolescentes.

Es importante que los padres tengan el control; sin embargo, hay cosas que no se imponen. La autoridad paterna no se establece por decreto. Los padres deben ganarse el respeto de sus hijos. Su influencia paterna debe estar basada en el amor y la comprensión; de otro modo, se convertirá en un tirano que manejará a sus hijos de manera arbitraria y lo único que provocará es resentimiento.

No es posible meter por la fuerza, a los hijos, nuestros principios y valores; por el contrario, si intentamos hacerlo, finalmente terminarán rechazando todo. Si constantemente estamos restringiendo y obligando a nuestros hijos a hacer exactamente como les decimos, terminaremos perdiéndolos.

En este punto, es importante establecer un punto de equilibrio. Los padres que poseen una actitud liberal equivocada con respecto a no influir en sus hijos pueden causarles tanto daño como los que los obligan a seguirlos en todo.

Es muy fácil caer en métodos permisivos o demasiado estrictos con respecto a nuestros hijos. No es posible que andemos como un farol indicador todo el día, diciendo "no hagas esto", "no aquello", y así sucesivamente. La idea es formarlos para que ellos tomen sus propias decisiones y, más aún, para que no se dejen engatusar por individuos inescrupulosos que intentarán llevarlos, de una manera u otra, por sendas que obviamente no deseamos para ellos. Pero, deben tomar sus propias decisiones, y lo harán de manera adecuada si los hemos formado en forma positiva.

Tus métodos ¿son adecuados o inadecuados? ¿Saben tus hijos qué haces?

Métodos eficaces

"Sed, pues, imitadores de Dios como hijos amados". Efesios 5:1.

Ayer reflexionamos sobre la importancia de transmitir valores a nuestros hijos y la necesidad radical de hacerlo de tal forma que no provoquemos el efecto contrario del deseado.

La pregunta que quedó en el aire es: ¿Qué hacer? ¿Cómo logramos esa tarea de hacer que nuestros hijos finalmente acepten los mejores valores y principios?

En primer lugar: *Enseñe de manera positiva*, destacando lo positivo en vez de lo negativo. Cuando destacamos o enfatizamos las equivocaciones, provocamos desaliento en nuestros hijos y la sensación de que nunca lograrán hacer las cosas bien. Hay que destacar lo bueno; ser motivadores que alienten y no intimiden. Un niño o un joven que es constantemente criticado terminará desalentándose.

No olvide su propia experiencia. Muchos adultos actúan como si nunca hubieran sido niños y adolescentes. Les piden a los jóvenes lo que a ellos mismos les molestaba realizar. Solicitan acciones que, cuando ellos eran adolescentes, detestaban en sus padres. Recordar nuestro pasado nos hará ser sensibles a lo que ellos viven. Tampoco empiece con la cantinela: "En mi tiempo...", porque eso molesta.

No olvide que mucho de lo que se aprende se incorpora por imitación. Muchos padres olvidan que sus hijos los están contemplando siempre, y que una gran cantidad de lo que ellos son se ha formado por simple imitación.

¿Quiere que sus hijos tengan una actitud positiva frente a sus valores religiosos y morales? Pues bien, asuma usted mismo una actitud positiva frente a ellos; de otro modo, les estará dando una lección que los jóvenes suelen captar muy rápidamente. Los hijos son, en gran medida, el reflejo de lo que han visto en su hogar.

Estudie. Ser padre no es una tarea que se adquiere por genética, sino por aprendizaje. No es padre el que procrea sino el que guía y corrige. Pero, hay que estudiar. Lea, reflexione, consulte. Son tareas necesarias para una paternidad responsable.

El sabio Salomón afirma que: "El honrar al Señor es una firme esperanza que da seguridad a los hijos" (Prov. 14:26, DHH). Es decir, si queremos tener hijos que se sientan seguros, que sean positivos, nosotros, los adultos, somos los llamados a crear un clima de afecto en Dios; solo eso redundará en actitudes positivas.

Nuestra misión no es, prioritariamente, ser amigos de nuestros hijos, sino padres. La amistad viene después. Primero debemos ejercer un rol. Si jugamos nuestro papel de la mejor forma, todo lo demás es posible.

¿Estás siendo positivo o negativo en tu rol de padre? ¿Qué modelos ven tus hijos en tu vida cotidiana?

Partidos por la mitad

"Ante vuestra dureza de corazón, Moisés os permitió divorciaros de vuestras mujeres; pero desde el principio no fue así". Mateo 19:8, RV89.

Parecía ser un día como los demás. Nada hacía presagiar que se convertiría en el instante más dramático de toda mi vida.

Mi madre nos reunió a los cinco hermanos en la sala. En sus manos tenía una carta que se notaba que había sido leída una y otra vez. Estaba arrugada y ella la apretaba entre sus manos como si quisiera darse fuerzas para decirnos lo que tenía que decirnos.

–Su padre no vuelve –nos dijo mirándonos fijamente a cada uno.

Nos quedamos en silencio. En un primer instante, no entendimos. Él era camionero, así que no era una sorpresa que pronto no llegase en una fecha anunciada.

–No vuelve más. Nos abandonó –dijo ella, para rematar sus palabras.

Ahí nos quedamos mudos. Solo mi hermana de 5 años siguió jugueteando sin entender nada. El resto, rápidamente, pasamos del estupor al llanto.

Ese día me convertí en hijo de divorciados. Más bien, en hijo abandonado.

Han pasado los años. Ahora puedo contar esto sin que me produzca la desazón que en algún momento me causaba; sin embargo, las secuelas me han acompañado durante toda la vida. Durante mucho tiempo, viví con inseguridades producto de una situación tan traumática como esta.

Los adultos, en muchas ocasiones, no miden el impacto de sus acciones sobre sus hijos. Un divorcio, en particular, no solo destruye el desarrollo normal de un niño, sino también lo obliga a sentirse como aserrado por la mitad. De repente, niños que deberían estar jugando se ven sometidos a la presión de tomar decisiones y actitudes que no se condicen con su edad biológica.

En nuestro caso, cada uno de los hermanos vivimos el drama de manera distinta. Entre nosotros hubo droga, alcohol, promiscuidad, malas decisiones, inestabilidad emocional, etc. Y, sin duda, todo vinculado a una situación que no buscamos ni en nuestras peores pesadillas.

Si los padres entendieran mejor la conmoción que se va a producir, a largo plazo, en la vida de sus hijos, probablemente, más matrimonios entenderían que no existen problemas matrimoniales insolubles; solo hay personas que no están dispuestas a luchar para sacar adelante una relación difícil.

¿Estás entendiendo el impacto que tienen tus decisiones en la vida de tus hijos? ¿Estás haciendo todo lo posible para evitar un quiebre matrimonial que podría tener consecuencias desastrosas en la vida de tus hijos?

Estar presentes

¿Se olvidará la mujer de lo que dio a luz, para dejar de compadecerse del hijo de su vientre? ¡Aunque ella lo olvide, yo nunca me olvidaré de ti!" Isaías 49:15, RVR 95.

Llevo casi veinte años trabajando en la consejería de matrimonios en crisis. En todos estos años, he escuchado las más increíbles historias. Algunas situaciones me han provocado –literalmente– pesadillas; otras me han reconfortado, al ver cuán noble puede ser el ser humano cuando permite que la presencia de Dios inunde su vida. Creo estar preparado para enfrentar las situaciones más sórdidas y difíciles. Sin embargo, en todo este tiempo, hay algo que no logré entender ni aceptar, por mucho que tenga una explicación teórica en mi mente:

El divorcio –en muchos casos– es una cuestión inevitable con la que hay que aprender a vivir. Sin embargo, hay un hecho que no deja de sorprenderme en el contexto de esta situación tan difícil, como es la ruptura de un matrimonio, y es la actitud que muchos padres –especialmente varones– asumen hacia sus hijos.

Conozco a muchos varones que abandonan a sus familias de tal forma que no son capaces de darles ni un vaso de agua a sus hijos. En todo este contexto, las mujeres son las que a menudo se hacen cargo de los hijos y asumen el rol de proveedor exclusivo, y tienen que luchar lo indecible por sacarlos adelante.

Muchos varones son obligados por la justicia, y a regañadientes sueltan algún dinero para la manutención de sus hijos. Sin embargo, en el proceso no se hacen cargo de lo que significa criar a un niño.

Conozco casos de mujeres que caen en este mismo tipo de actitud, dejando el cuidado de sus hijos a su ex esposo, pero, son la minoría. La mayor parte de ellas asume que es cuestión de mujeres hacerse cargo de los hijos.

He trabajado durante veinte años con jóvenes universitarios, y más de una vez he escuchado preguntas que no solo parten el alma, sino también llenan de indignación: ¿Dónde estaba mi padre cuando más lo necesité? ¿Qué hacía él cuando yo precisaba que alguien estuviese conmigo mientras lloraba?

Un hijo no solo necesita pan. También necesita que alguien lo vea marcar su primer gol en una cancha, que un adulto amable le diga lo que significan los cambios que van ocurriendo en su cuerpo, que le cure una raspadura provocada por una caída, que lo aliente cuando se enamora. Un padre ausente provoca un dolor indescriptible en la vida de un hijo. Lamentablemente estos padres ausentes no se dan cuenta de que, a la larga, son ellos los que más pierden.

¿Estás presente en la vida de tus hijos? Aunque tu matrimonio no esté bien, ¿sienten tus hijos que no los has abandonado?

Difícil de asumir

"No se vuelven los padres para cuidar a sus hijos, por la debilidad de sus brazos". Jeremías 47:3.

Los hijos son un don de Dios que tenemos el deber de cuidar y proteger. Sin embargo, muchos hijos se ven desprotegidos cuando sus padres –en forma inmadura– los involucran en sus conflictos matrimoniales.

He visto a chicos y chicas con infancias truncadas porque los adultos que se comprometieron a protegerlos y cuidarlos los presionan para que tomen partido en conflictos que exceden su comprensión y capacidad. Es injusto que un hijo o una hija tengan que tomar partido a favor del padre o de la madre en un conflicto que no es suyo.

En los fracasos matrimoniales, muy pocos padres logran entender que el problema es entre adultos y no tienen por qué los niños verse arrastrados a una situación que no es de ellos. Lo mismo vale para adolescentes y jóvenes. He trabajado con universitarios la mayor parte de mi vida profesional. En muchas ocasiones, he escuchado historias tristes de jóvenes que se sienten frustrados al verse presionados para elegir un "bando" en la disputa de sus padres. Eso no es justo ni sabio.

Los hijos son hijos... aunque los padres se divorcien o se alejen uno del otro. Ellos deben decidir por sí mismos qué quieren hacer. Pero, no deberíamos presionarlos para que tomen decisiones en un plano que no les corresponde.

El mejor obsequio que pueden hacerle padres en conflicto a sus hijos es aclararles muy bien que ellos tienen un problema de adultos y que eso no significa que dejarán de amarlos o interesarse en ellos.

Un conflicto matrimonial, una separación o un divorcio es como partir a los hijos por la mitad. Su mundo se descalabra. Todo el entramado de seguridad emocional sobre el que se construye una vida se viene abajo. Si, además, el hijo o la hija se ve confrontado a tomar decisiones de partidismo afectivo, su vida se torna compleja y difícil.

Los padres en conflicto no deben involucrar a sus hijos. Predisponer a un hijo en contra del padre o de la madre es una torpeza que genera muchos problemas a futuro. El hijo seguirá siéndolo, no importa qué suceda con la vida de sus padres.

Cada hijo debe tomar sus propias decisiones y elegir qué conducta va a asumir frente al conflicto de sus padres, pero esa tiene que ser su propia decisión, no influenciada o presionada por sus padres. A veces, los padres solucionan sus problemas, pero cuando han obligado a sus hijos a tomar partido, dejan huellas afectivas difíciles de superar en la vida de ellos.

¿Estás dejando a tus hijos fuera de tus conflictos matrimoniales? ¿Estás entendiendo que tus hijos necesitan un padre y una madre?

Redes

"Porque todas sus redes serán rotas, y se entristecerán todos los que hacen viveros para peces". Isaías 19:10.

Las redes tienen una función: Atrapar dentro de ellas todos los peces que sea posible. Si alguno de los hilos de la red no funciona, esta no cumple su función.

Me crié junto al mar. A menudo, cuando era niño, iba a ayudar a los pescadores para lograr que me llevaran a algún paseo en bote. Una de sus tareas rutinarias era reparar redes. En algún momento, me pareció que todo ese trabajo de reparación de redes era inútil, hasta cuando entendí que dicha labor era vital para evitar que se invirtiera tiempo y recursos en algo que finalmente sería trabajo perdido. Salir al mar con redes destrozadas haría que los peces escaparan, y todo el esfuerzo no serviría de nada.

Muchas veces he pensado que el hogar es como una red de pescadores. Su función es cuidar que los peces no se pierdan en el mar de las inquietudes cotidianas. Para que esto ocurra, la red debe estar en buenas condiciones; de otra forma, no sirve.

Para que todo funcionara adecuadamente, los pescadores invertían su mejor tiempo en mantener su red en buenas condiciones.

Del mismo modo deben hacer el padre y la madre. Si quieren salvar a sus hijos y resguardarlos de tal modo que finalmente sean rescatados de un mar embravecido de valores distorsionados, una cultura permisiva o un medio ambiente amenazante, han de mantener la red-hogar de tal forma que sean capaces de contener a sus hijos.

Las estadísticas muestran que la mayoría de los jóvenes que caen en conductas autodestructivas (alcohol, drogas o promiscuidad), en delitos juveniles o en sociopatías, provienen de hogares cuyas redes se han roto. Hogares en los que no ha habido armonía entre los padres, o simplemente no han tenido padres. Hogares donde la frontera entre lo bueno y lo malo no fue defendida explícitamente, etc.

Proteger el matrimonio es una forma de cuidar a la familia. El mejor servicio que se les puede dar a los hijos es procurar la armonía en la pareja. Cuando los esposos viven en armonía, trasladan dicha condición a sus hijos, que crecen en un ambiente afectivamente protegido. Si, por otra parte, eso falla, la vida de los hijos corre un gran riesgo.

El amor y la consideración por el otro es una buena protección. También lo es el cultivar valores trascendentes y moralmente acordes con la voluntad de Dios. El hogar debe ser cuidado y protegido para que cumpla su función de contención.

¿Qué estás haciendo para proteger tu matrimonio? ¿Están las redes bien cuidadas?

La lección del trabajo

"Dulce es el sueño del trabajador, coma mucho, coma poco; pero al rico no le deja dormir la abundancia". Eclesiastés 5:12.

Hay verdades que nos cuesta admitir. No sé qué dirán ustedes los que leen, pero en mi caso suelo desconfiar más de la abundancia que de la escasez. He sido profesor universitario por más de quince años, y entre mis alumnos he visto más fracasos entre los que han tenido todo que entre aquellos que les ha faltado.

Cuando hay abundancia, las personas tienden a ser confiadas, y caen fácilmente en la presunción.

Los hijos que crecen en la abundancia a menudo son derrochadores, irresponsables y caprichosos. No saben medirse y suelen despreciar a todo aquel que tiene menos que ellos.

Muchos padres se esmeran por darles todo a sus hijos; sin embargo, fallan en darles lo que más necesitan: La necesidad de trabajar para obtener lo que precisan.

En la vida, nada es gratis. Eso lo aprendemos con dolor a medida que crecemos; sin embargo, muchos padres, en forma equivocada, dan indiscriminadamente a sus hijos sin pensar en que ese darles, en el fondo, es quitarles. Al darles todo sin medida, les quitan la posibilidad de aprender y crecer. Los privan de grandes lecciones que solo se logran cuando las personas son capaces de obtener lo que necesitan o desean por sí mismas.

Cuando nuestra hija tenía 7 años, quiso tener una bicicleta para montaña. Era la moda y todas sus amigas tenían una. Hicimos un trato. Le dijimos que trabajara y que, por cada peso que ella reuniera, le daríamos una cantidad igual. Conseguimos que alguien nos dejara alfajores a precio de comerciante. Así que, nuestra hija salía todos los viernes de tarde a las casas de los vecinos y de sus amigos y compañeros de colegio a ofrecerles los dulces. Se demoró un par de meses, pero lo hacía con entusiasmo. No tuvimos problemas para que lo hiciera y creo que aprendió lecciones valiosas que hasta hoy le duran. Sin embargo, el problema lo tuvimos con familiares, amigos y conocidos, que nos tildaban de avaros, inconscientes, aprovechadores y abusadores por hacer lo que hacíamos. Solo el tiempo nos ha dado la razón.

La abundancia daña cuando no va acompañada de la lección del trabajo. El sabio Salomón no se equivocaba cuando escribió este pensamiento; él mismo tuvo que experimentar un duro aprendizaje por ser hijo de rey.

¿Le estás dando todo lo que tu hijo necesita o lo estás malcriando? ¿Le das todo sin que tenga que ganarse nada?

Hijos que no parten

"No me deseches en el tiempo de la vejez; cuando mi fuerza se acabare no me desampares". Salmo 71:9.

Mis padres ya son ancianos. Hemos cruzado esa curva en la que los roles se invierten. Ahora son ellos los que me llaman para consultarme por algo que los deja perplejos. Ellos son los que procuran que esté en sus vidas para las situaciones difíciles que les toca enfrentar. Me he encontrado a mí mismo orientándolos no solo sobre trámites que deben realizar, sino también acerca de cómo actuar con algún nieto difícil, con una situación espiritual complicada o con algo cotidiano que los llena de perplejidad.

La vida es así, tarde o temprano nos volvemos niños. En algún momento de este proceso de la vida, tenemos que depender de aquellos que antes dependían de nosotros. En la ancianidad, se cierra un ciclo.

Suelo bromear a mis hijos diciéndoles, en relación con su madre, mi esposa:

–¡Trátenmela bien, que al final ustedes se van a ir con uno de 25 y yo me voy a quedar con una viejita de 60! No quiero a mi lado una mujer mañosa y llena de achaques por su culpa.

Mis hijos se ríen. Ellos la tratan bien, pero, acusan el recibo del mensaje.

Los hijos vienen para partir, pero no para irse. Es de esperar que se alejen físicamente de la vida de sus padres, pero que permanezcan constantemente a su lado.

Suelo abrazar mucho a mis hijos. Quiero darles todos los abrazos que no recibí de mi padre. Hace unos días, mi hijo, que comienza a vivir la plenitud borrascosa de la adolescencia, me dijo repentinamente:

-¿Por qué me abrazas tanto?

Me sonreí ante su muestra de virilidad y de adolescencia, y le contesté:

–¿Porque va a llegar un momento en el que no podré abrazarte todos los días, y quiero que no olvides que tu padre te abrazaba cada día.

Él sonrió, porque aunque es adolescente, y está en la etapa en la que prefiere los abrazos en privado y no frente a sus amigos o sus amigas, en el fondo capta el mensaje.

Los hijos vuelven a sus padres ancianos, cuando los padres jóvenes les prodigaron amor incondicional en el momento que era necesario. El amor que llega tarde no sana los recuerdos tristes. Los hijos tienden a retribuir todo el cariño de sus padres, cuando en el momento exacto lo sintieron de manera incondicional.

Un hijo es un tesoro y, como tal, hay que cuidarlo, pero también hay que hacer una inversión a futuro en su vida de tal modo que, como padres, podamos recibir el amor que ciertamente necesitemos cuando ya seamos ancianos.

¿Estás amando a tus hijos de manera incondicional hoy? ¿Lo saben ellos?

Un hijo no debe morir

"Corrige a tu hijo mientras aún hay esperanza; no te hagas cómplice de su muerte". Proverbios 19:18.

Cuando un hijo muere, muere con él parte de nosotros. Susana Roccatagliata escribió el libro *Un hijo no debe morir*.[34] Es la narración dramática de la muerte de su hijo y del proceso que siguió posteriormente para poder superar el duelo. Cuenta, además, una experiencia similar en la vida de otras personas que van dando detalles de su historia.

Los hijos no deberían partir antes que sus padres, no es natural, no es lógico y hasta cierto punto es cruel. Sin embargo, hoy más que nunca se presenta la realidad de cientos de familias que lloran la partida anticipada de sus hijos no solo por enfermedades, sino también por una serie de otras realidades que son parte de una cultura que no ha aprendido a respetar la vida. La droga, la imprudencia al conducir vehículos, la delincuencia, la promiscuidad, las enfermedades de transmisión sexual, el alcoholismo, la violencia de las pandillas, el suicidio sin sentido, etc., provocan más muertes que guerras y epidemias. Nunca antes, en la historia humana, tantos padres quedaron huérfanos de sus hijos.

Ningún padre en su sano juicio desea pasar por la dramática experiencia de ver morir a uno de sus hijos. Todos desean verlos crecer y desarrollarse de tal modo que nos hagan felices viendo cómo van repitiendo los ciclos normales de la existencia humana.

No hay otro ser en la tierra con la capacidad intelectual del ser humano; pero, del mismo modo, ningún ser utiliza su inteligencia en hacer tantas locuras. No se puede diluir un gramo de cocaína o heroína sin realizar todo un proceso químico que solo puede ser invención de mentes brillantes.

¿Cuál es el antídoto para evitar que nuestros hijos tomen el difícil camino del error suicida de la adicción o la violencia?

No hay respuestas fáciles, pero al menos hay elementos de juicio que nos pueden orientar. Uno de ellos es vivir el equilibrio del amor y las normas. Algunos padres dicen que aman a sus hijos, pero no les ponen límites, sin darse cuenta de que ese camino de la permisividad únicamente produce delincuentes. Otros, siguiendo la ley pendular, optan por aplicar la norma fría y legal, convirtiéndose en autoritarios y dictatoriales, sin percibir que esa forma de actuar genera rebeldes que terminan odiando no solo a sus padres sino también todo lo que ellos representan.

Los padres han de ser firmes sin dejar de amar, y amar sin dejar de ser firmes. Los hijos que viven en un ambiente en el que se combinan las reglas con el amor expresado de manera explícita están más protegidos que aquellos que simplemente viven en ambientes extremos.

¿Estás en el extremo de la permisividad o del autoritarismo? ¿Eres equilibrado?

Experiencias tempranas

"Dale buena educación al niño de hoy, y el viejo de mañana jamás la abandonara". Proverbios 22:6, DHH.

Las experiencias tempranas son aquellas que tuvimos en el período que va desde el nacimiento hasta los 7 años de edad. Dichas experiencias no son determinantes, pero crean condiciones que hacen que las personas tengan inclinaciones, tendencias, recuerdos y otras conductas que, de un modo u otro, influyen en lo que serán en el futuro.

Dos hermanas, desde muy pequeñas, fueron calificadas por sus padres de manera distinta. Cuando les preguntaban que serían de grandes una de ellas decía: "Profesora", y la otra respondía riendo: "Niña de la calle". Con el tiempo, esa broma familiar fue tomándose en serio. Al punto de que sus padres no dudaron de que la menor sería profesional y la mayor no lograría nada. Han pasado los años, y esa profecía de autocumplimiento se ha realizado con exactitud: una es profesora, y la otra no ha logrado nada importante en su vida; tiene un hogar mal formado, ha sufrido humillaciones y, paulatinamente, perdió las ganas de luchar.

Hay otras dos hermanas, con una experiencia similar a la anterior: una de ellas es una mujer muy hermosa e inteligente; sin embargo, anoréxica y con tendencias suicidas. Su madre siempre prefirió a la mayor: una mujer también hermosa, pero, rubia. La otra era blanca y de pelo oscuro. En los esquemas mentales de la madre, la belleza era sinónimo de ser rubio; así que, siempre consideró a una hija bonita y a la otra fea, y así las trató. Cuando conocí a aquella joven, su hermana acababa de ganar un concurso importante de belleza. La otra joven siempre compitió para poder ganar un lugar en la vida de su madre, así que se destacó en el ámbito intelectual, porque no creía tener competencia en el aspecto físico; aunque muy hermosa, se consideraba la mujer más fea de la tierra. Lamentablemente, la madre no reaccionó ni siquiera cuando su hija anoréxica se convirtió en drogadicta.

Los recuerdos penosos son integrados como parte de nuestra realidad. Las reminiscencias traumáticas producen gran dolor. Por esa causa, aprendemos métodos equivocados para hacer frente a la vida y formas inadecuadas de relacionarnos con otros. Eso modela nuestra personalidad y nuestro estilo de vida.

Es necesario buscar ayuda para reelaborar las experiencias que tuvimos; incluso es preciso enfrentarnos a aquellos problemas no resueltos que, de un modo u otro, limitan nuestra vida. Las experiencias tempranas nos condicionan, aunque no nos determinan.

Somos lo que somos por lo que ha sido nuestra infancia. Eso implica tomar esa etapa con mucho cuidado y poner atención a lo que fue nuestra experiencia temprana, porque allí están las claves para entender lo que somos hoy como adultos.

¿Eres consciente de las experiencias tempranas que están teniendo tus hijos o que ya tuvieron? ¿Eres consciente de tus propias experiencias y su influencia en ti?

Disciplina sí castigo, no

"Corrige a tu hijo y te hará vivir tranquilo, y te dará muchas satisfacciones". Proverbios 29:17, DHH.

Ser padres es para valientes, no para cobardes. Es una tarea para personas que se atreven a encarar su responsabilidad. No consiste solo en proveer para las necesidades materiales, sino también para el desarrollo integral de la persona. Aplicar disciplina es una de esas tareas.

A la hora de disciplinar, lo más recomendable es quitar al niño o al adolescente algo que le agrade. Para ello, los padres deben, con serenidad, haber hablado previamente con sus hijos y haber discutido cuáles serán las disciplinas ante lo que los padres consideren faltas, ya sean graves, medianas o pequeñas. El niño debe saber de antemano a qué se expone. Un chico debe aprender que sus acciones siempre tienen consecuencias; no es posible ir por allí como si las conductas no tuvieran ningún efecto sobre nuestras circunstancias. La vida no es así.

El psiquiatra Ross Campbell, en su libro *Si amas a tu hijo*,[35] sugiere que se debe hacer un contrato con los niños, en el que estén claramente establecidas las faltas y las consecuencias, y debe quedar en un lugar visible. El niño debe saber qué se considera falta en su hogar y debe, además, saber qué le espera ante esa falta. Así funciona la vida y, supuestamente, el hogar es un lugar de preparación para la vida.

Roger Dudley,[36] un educador cristiano, presenta los siguientes consejos específicos validos en el contexto de la disciplina:

En primer lugar, en lo posible se deben usar las consecuencias naturales de la acción antes que una penalidad arbitraria. Por ejemplo, nuestro hijo come algún alimento mal envasado habiéndosele dicho que no lo haga, y como consecuencia natural se enferma. Un padre poco sabio, ante esta falta, aplicará un castigo. Eso no tiene sentido; ya el dolor de estómago y la enfermedad son suficiente condena. El niño entenderá por experiencia propia las consecuencias.

La disciplina siempre debe aplicarse de manera serena y nunca en público. Muchos padres agreden la dignidad de sus hijos reprendiéndolos delante de sus amigos; eso no solo es humillante sino también produce un sentimiento contrario al que se pretende. Solo logramos resentimiento.

Los niños, los adolescentes y los jóvenes deben ver la justicia y el valor de la corrección; de otra manera, esta carecerá de sentido.

Mañana seguiremos viendo otras características de una correcta disciplina, por hoy basta preguntarse: ¿Estoy disciplinando o castigando a mis hijos? La disciplina que aplico ¿ayuda o no a mis hijos?

Disciplina de amor

"El perfecto amor hecha fuera el temor". 1 Juan 4:18.

Ayer hablamos de algunas características de una verdadera disciplina. Hoy reflexionaremos sobre otros aspectos también importantes.

La disciplina nunca debe ser aplicada para satisfacer las necesidades emocionales y las frustraciones del que corrige; por eso, nunca debe ser administrada cuando se está enojado. Una persona enojada, habitualmente, pierde control sobre sí misma. Si se está ofuscado, es mejor callar y no hacer nada.

No se debe aplicar la disciplina de manera apresurada. Hay que dar tiempo al ofensor para que dé a conocer su acción y sus motivos. Si demostramos confianza en el niño o el joven, a menudo actuará en concordancia; sin embargo, si lo tratamos como si fuera un delincuente, su conducta tenderá a ser la de una persona con problemas conductuales.

La disciplina no debe asociarse con lo que se espera que despierte sentimientos positivos. Por ejemplo, disciplinar con trabajo o con lo que a menudo hacen muchos padres poco atinados, condicionando su amor con frases como: "Si te portas mal, ya no te quiero". Eso no solo es erróneo, sino también crea un clima de inseguridad en el niño, que empieza a creer que el amor de los padres es condicional.

Debe guiarse al niño a aceptar su falta y encontrar perdón en Dios. Para padres cristianos, esto es vital. Si hacemos sentir a un niño solo como transgresor, le estamos enseñando que cuando nos equivocamos nunca hay salida. La vida nos enseña lo contrario: siempre hay una salida; nunca una situación es tan desesperante como para no encontrar ayuda.

La disciplina debe servir para que el niño entienda la verdadera fuerza de la voluntad. Esto se logrará en un clima en el que se estimule la confianza y se fortalezca el sentido del honor.

La disciplina no tiene como objetivo provocar miedo. Debe ser persuasiva, no coercitiva. Las conductas no cambian por el temor, ni siquiera con intimidaciones tan poderosos –aparentemente– como la pena de muerte. La persuasión suele ser el método más efectivo. La Biblia dice: "El perfecto amor hecha fuera el temor" (1 Juan 4:18).

El sabio Salomón escribió: "Corrige a tu hijo y te hará vivir tranquilo, y te dará muchas satisfacciones" (Prov. 29:17, DHH). Podríamos parafrasear negativamente el mismo proverbio, diciendo: "No corrijas a tu hijo, y te hará vivir intranquilo y tendrá muchas frustraciones". Evidentemente, esta tarea es para valientes, no para cobardes.

¿Estás corrigiendo con amor? ¿Te dejas llevar por la pasión o por la razón al corregir?

Amor sin violencia

"Y vosotros, padres, no provoquéis a ira a vuestros hijos, sino criadlos en disciplina y amonestación del Señor". Efesios 6:4.

La violencia abunda en nuestro mundo; eso lo sabemos todos. Sin embargo, la violencia menos comprensible y la más absurda es la de padres hacia hijos.

Los traen al mundo sin que estos lo pidan, y luego los maltratan de muchas formas. Muchos niños quedan marcados de por vida por causa de los golpes físicos y emocionales provocados por sus progenitores.

El que trae un niño a este mundo hace un compromiso tácito de amor y cuidado.

Algunos creen que solo es violencia cuando alguien golpea a un niño. Sin embargo, hay muchas formas de violencia; algunas formas son más pasivas y otras más agresivas, pero en todos los casos son lo mismo, al fin.

Es violencia cuando:

* Se grita y se exige de mala manera la obediencia.

* Se humilla y se estigmatiza a un niño con apodos o sobrenombres descalificadores.

* Se priva a un niño de sus necesidades básicas como comida, alojamiento o educación.

* Se arremete con golpes de puños o de pies, o con objetos contundentes.

* Se obliga a un niño o a un joven a realizar actividades que van en contra de su voluntad o son inmorales y abusadoras.

* No se respetan los espacios propios de un niño o sus etapas normales de desarrollo.

* Se lo obliga a trabajar o a ganarse la vida a una edad en que debería estar jugando o educándose.

Muchos padres consideran que tienen derechos inalienables sobre un hijo, pero no es así. Un hijo es un ser humano, que tiene derecho a sentir, pensar y disentir. Es una persona que merece respeto por el solo hecho de ser un ser humano.

Los padres no son dueños de sus hijos. Nadie puede ser dueño de una persona; eso es esclavitud. Los hijos tienen el derecho de esperar que sean amados y respetados por aquellos que les dieron la vida.

Dios es un Dios de paz. Quienes conocen a Dios deben llevar la armonía y la paz que hay en Dios hasta el interior de sus hogares y a la relación con sus hijos. Dios –nuestro padre– nunca nos maltrata; ese es el ejemplo que tenemos como padres.

¿Estás actuando como una verdadera madre o un verdadero padre, sin violentar de ningún modo a tus hijos?

Sin impunidad

"Los padres no morirán por los hijos, ni los hijos por los padres; cada uno morirá por su pecado". Deuteronomio 24:16.

* Nora es una mujer que ha sido abandonada por su esposo. Se ha quedado con cuatro adolescentes que cuidar. El mayor de ellos, en un acto de locura producto de la ingestión de drogas, intentó abusar de su hermana.

* Gabriela y Manuel han luchado por darles a sus hijos todo lo que ellos no tuvieron. De pronto un día, sin soñarlo siquiera, su hijo adolescente les comunica que es homosexual activo, y que ha elegido ese estilo de vida y no quiere intromisiones.

* María es madre de José, su único hijo. Quedó viuda poco después de nacer su hijo. La escucho consternado. Su hijo acaba de entrar en la cárcel acusado de robo.

* Yolanda tiene un buen hogar. Sin embargo, todo se derrumba el día en que le comunican que su hijo mayor será expulsado del colegio por cometer fraude en un examen.

Todos estos ejemplos son reales y podríamos estar horas contando casos similares. Padres cristianos que han criado a sus hijos con sus principios, que de pronto se dan cuenta de que sus hijos han ido por un sendero muy distinto del que ellos anhelaron para ellos.

¿Qué hacer frente a los errores de nuestros hijos? ¿Cómo podemos ayudar a nuestros hijos cuando sus equivocaciones son tan graves que parece muy difícil poder ayudarlos efectivamente?

No son preguntas fáciles de responder. Especialmente, porque hay situaciones que resultan ser tan aflictivas que no dan ganas de seguir adelante.

Una de las reacciones negativas de los padres es sentir culpabilidad. ¿Qué hice? ¿Qué dejé de hacer? Son preguntas que golpean con fuerza en la mente; sin embargo, son en gran parte inútiles. Porque la culpabilidad no va a ayudar a nuestros hijos.

Otra reacción no positiva es buscar culpables en situaciones externas a nuestros hijos. Culpar a las circunstancias o encontrar atenuantes. En general, tampoco ayudan.

Las personas toman decisiones. Hacer que los individuos se hagan responsables de sus propias acciones es, a menudo, la mejor forma de ayudar.

Muchos padres optan por cubrir los errores de sus hijos como si quisieran, en su abrazo, proteger a sus hijos, cuando en realidad les están enseñando a vivir impunemente. La libertad sin responsabilidad no sirve. Una persona debe aprender a hacerse cargo de lo que hace; de otro modo, nunca podrá crecer adecuadamente.

¿Estás dejando que tus hijos se responsabilicen de sus actos?

---

*Todos los nombres son ficticios.

¿Por qué nos casamos?

"El que encuentra esposa encuentra el bien y alcanza la benevolencia de Jehová". Proverbios 18:22.

Una estadística dada a conocer en octubre del año 2003 señala que, en los EE.UU., millones de personas en edad de casarse no desean hacerlo. Simplemente, desconfían del matrimonio.

Alguno dirá que es un fenómeno de la Posmodernidad. Sin embargo, el asunto es mucho más complejo. Denota una crisis de la institución matrimonial. Millones de personas están convencidas no solo de que el matrimonio las priva de su libertad, sino también de que corren graves riesgos de maltrato físico y emocional. Existe una desconfianza creciente en el matrimonio como una institución que pueda aportar algo a la vida humana.

Sin embargo, por otro lado, hay estudios que demuestran que la calidad de vida de quienes están casados es comparativamente mejor que la de los solteros. De hecho, el mayor índice de depresiones, intentos de suicidio y problemas de salud se da entre solteros, especialmente varones.

Todavía hay gente que se casa y, contra todos los pronósticos, seguirá haciéndolo en el futuro. Por una simple razón: es parte de un diseño de origen divino, y el ser humano responde a ese designio, aunque no esté plenamente consciente de él.

Nos casamos no solo porque necesitamos hacerlo por presión social o familiar; en realidad, lo hacemos porque, en el fondo, nos damos cuenta de que la soledad no es buena compañía y que, tarde o temprano, es preferible pasar las horas con un ser humano y no con una computadora conectado al ciberespacio o hablando con una mascota.

Cada ser humano nació para tener una contraparte. Los humanos –a diferencia de los animales– estamos creados para vivir en pareja. Necesitamos a alguien que nos escuche y nos dé su apoyo incondicional en las diferentes circunstancias que nos toca vivir. Sin el matrimonio existiríamos, pero nuestra calidad de vida se vería afectada.

Evidentemente, ante tanto fracaso matrimonial, muchos jóvenes reaccionan creyendo que la institución matrimonial es lo que está mal, cuando en realidad el problema es del ser humano que ha perdido sentido y rumbo para su existencia, afectando, a su paso, todo lo que toca.

¿Estás entendiendo la necesidad, por creación, que tienes del matrimonio? ¿Valoras a tu pareja como un don de Dios para tu vida?

Prioridades

"Así dice Jehová Rey de Israel, y su Redentor, Jehová de los ejércitos: Yo soy el primero". Isaías 44:6.

Amar es elegir. Quien ama decide dar lo mejor de sí mismo para la felicidad de aquel a quien ha convertido en el blanco de su amor.

Ese es el significado más profundo del amor. "Una relación –nos recuerda Martin Buber– significa elegir y ser elegido; es un encuentro a la vez activo y pasivo".[37]

Amar implica un acto de la voluntad. Cuando decidimos amar, iniciamos un proceso complejo y a la vez sencillo. Por una parte, demanda una característica superior del intelecto, que pone toda su energía al servicio de un bien superior, que es decidir dar lo mejor de sí mismo. Esto, en el ámbito de la relación, implica no pensar prioritariamente en sí mismo sino en el amado.

Elegir amar no es un acto de un solo momento, es una acción de todos los días. Es necesario constantemente elegir amar.

Elegir amar significa establecer prioridades. Es preciso poner por sobre todas las cosas a la persona que se ama. Quien decide amar tiene que entender que nada puede estar antes que el ser amado.

Para el matrimonio cristiano, las prioridades que emanan de la Biblia son claras: Dios en primer lugar, luego el cónyuge, a continuación los hijos, y finalmente el trabajo y todo lo demás.

Cuando las prioridades se trastocan, cambia el centro de gravedad del amor y algo más ocupa el lugar que debería tener Dios o el cónyuge. El amor exige prioridades claras. No se puede amar de otro modo.

El amor verdadero nunca equivoca el orden de prioridades. Amar significa elegir y ser elegido; dar y recibir; entregarse y acoger. Esa reciprocidad solo es posible en el contexto de un amor que no equivoca sus prioridades.

Quien ama lo hace sobre la base de entender que su cónyuge tiene que ocupar el mejor lugar después de Dios. Nada puede anteponérsele. Cuando esto no existe en la relación, el matrimonio no puede funcionar.

¿Estás poniendo a tu cónyuge en el lugar que le corresponde en el contexto del amor verdadero? ¿Vives tus prioridades de manera adecuada?

Confianza

"El corazón de su marido confía en ella y no carecerá de ganancias". Proverbios 31:11, RV95.

La confianza es una pieza clave en el entramado de todo matrimonio. Sin ella, la pareja se viene abajo. Es como la famosa piedra del ángulo que le daba estabilidad a una construcción. Cuando la sacaban del edificio, tarde o temprano este perdía equilibrio, y se desmoronaba.

Construir confianza es un proceso que lleva mucho tiempo y, al final, se construye día tras día de una manera imperceptible, pero inexorable. Es como acumular granos de arena que, unidos unos a otros, van consolidándose y haciéndose uno como el granito, que no es más que la unión de millones de granos de arena.

Un gesto, una actitud, una palabra, una acción, una pequeña infidencia, todo eso, de forma apenas perceptible, va construyendo la confianza. Va haciendo que dos personas desconocidas se vuelvan conocidas. Logra que historias que transcurrían por afluentes distintos, de pronto, se constituyan en un solo río.

Cuando hay confianza, hay seguridad. En un clima afectivo en el que un hombre y una mujer son capaces de confiar su vida al otro, puede realizarse un encuentro duradero, que sea como fortaleza frente a los embates de la vida.

Una esposa o un esposo que confía en su cónyuge lo revela en su forma de actuar, de mirar, de hablarle. Es imposible esconder la confianza.

Cuando no hay confianza, la relación de la pareja sufre un descalabro. Podrán pasar tiempo juntos, conversar, realizar actividades uno al lado del otro, pero la relación estará dañada en lo más trascendente. Cuando no hay confianza, se instala un virus en la relación, que tarde o temprano daña todo lo que se ha construido hasta ese instante. Cuando no hay confianza, las mismas bases de la relación son socavadas. A partir de ese momento, la inestabilidad será lo que alimentará la interacción de los dos. Será como haber puesto una casa sobre una isla flotante.

Todo matrimonio debe trabajar con tesón para construir una relación de confianza. Conscientemente, deben generar instancias que logren más y mayor confianza, entendiendo que esa actitud será, finalmente, la que le dará solidez y firmeza al matrimonio. La forma más segura de romper una relación es hacer algo que rompa el equilibrio de confianza. Cuando dos personas no confían una en la otra, la delicada frontera entre el amor y la sospecha se instala y termina por anegar todo.

¿Confías en tu cónyuge al grado de encomendarle –literalmente– tu vida? ¿Qué estás haciendo para ganarte la confianza de tu pareja todos los días?

El respeto que fomenta la devoción

"¡Yo soy de mi amado, y mi amado es mío!" Cantares 6:3.

Él es un hombre rudo. Ella, una mujer suave. No nos viene a la mente que sea el "uno para el otro"; sin embargo, no es necesario estar mucho tiempo al lado de ellos para darse cuenta de que se aman entrañablemente. Él no entiende totalmente los intereses de ella; no obstante, la trata con tal respeto que, al estar en su presencia, es posible entender que estamos ante personas que realmente se aman.

Patricia Allen, que aprendió después de un divorcio el duro camino de la comprensión de lo que debe hacerse en un matrimonio, dice que "el esposo ganará el respeto de su esposa cuando ponga los sentimientos de ella por encima de los propios, aun cuando esto signifique un claro compromiso de su derecho a que también se tengan en cuenta sus sentimientos. De igual manera, la esposa logrará que su compañero la proteja y la cuide si respeta sus ideas, pensamientos y opiniones, aun cuando sea ella quien tiene la razón, en tanto él se conduzca de manera ética en el trato que prodiga a su cuerpo y su dinero".[38]

Jesús estableció el principio de la equidad, al decir: "Todas las cosas que queráis que los hombres hagan con vosotros, así también haced vosotros con ellos" (Mat. 7:12). Es decir, si queremos respeto, debemos fomentarlo. Si queremos que nos aprecien y nos amen incondicionalmente, debemos hacer lo mismo con otros.

Los matrimonios que tienen éxito han aprendido a respetarse de tal modo que los sentimientos y las ideas de su cónyuge nunca son avasallados sino que –por el contrario– son apreciados y respetados. Esto no implica necesariamente estar de acuerdo en todo; sin embargo, hay un clima de respeto y equidad.

El respeto no se impone, se gana. Es resultado de una relación en la que prima la decisión de entender que el otro es una persona y, como tal, tiene su propia historia personal, sus propios sentimientos e ideas. Así lo aceptamos y así lo amamos.

Uno de los errores comunes en las relaciones matrimoniales es querer cambiar al otro. Desear que se parezca a mí en ideas, sentimientos y actitudes no solo es una falta de respeto, sino también implica una gran cuota de narcisismo, puesto que le estamos diciendo al otro que apreciamos únicamente aquello que se parezca a nosotros.

No me imagino a Jesús diciéndole a su esposa, si la hubiese tenido:

–Yo pienso de este modo, y en esta casa se hace lo que yo digo, así de simple.

¿Respetas a la esposa o al esposo que tienes? ¿Eres capaz de aceptar positivamente que sus ideas pueden y deben ser distintas de las tuyas? Cuando surge alguna desavenencia ¿eres capaz de escuchar en un clima de respeto y cordialidad?

Individuos, no maniquíes

"No fue encubierto de ti mi cuerpo, bien que en oculto fui formado, y entretejido en lo más profundo de la tierra". Salmo 139:15.

Suelo molestarme con los estereotipos, cualesquiera que sean. Un estereotipo es fijo y resulta inamovible.

Cada vez que escucho a alguien decir con total seguridad: "Los hombres son así o asá...", mi reacción es preguntar: ¿Conoces a todos los varones? En otras palabras, si te atreves a formular un concepto absoluto con tanta certeza, tienes que tener una evidencia lo suficientemente firme como para sustentar dicha opinión.

Un día, una persona que estaba junto a su esposa en la consulta, intentando excusarse, me dijo:

–Pero, pastor, usted tiene que entenderme, usted sabe que los varones somos medio brutos.

Conociendo los incidentes de violencia que había tenido hacia su esposa y sus hijos le respondí:

–Perdóname, yo soy varón, y lo que me dices es ofensivo. No metas a todo el género masculino en una conducta que tú has elegido voluntariamente.

Los estereotipos sirven para: a) excusar conductas equivocadas; b) librarse de responsabilidad; y c) inhibirse de pensar lógicamente. Todo estereotipo genera prejuicios y, cuando esto ocurre, la vida se vuelve algo rígido e inamovible.

Un porcentaje alto de lo que se cree de los varones es solo prejuicios generados por una cultura que incorpora ideas y creencias y las convierte en el elemento sobre el cual juzga la realidad.

Cada cultura y cada sociedad tienen sus propios prejuicios. Cada época, dentro de una misma cultura, genera sus propios estereotipos. Cada país, dentro de su propio contexto, genera ideas estereotipadas. Aun más, cada familia construye prejuicios familiares.

No creo en el individualismo, que es en esencia egoísmo. Pero, respeto profundamente la individualidad. Los prejuicios mueren en la vida del individuo. Lo que es verdad para muchos no tiene por qué ser cierto para el individuo.

Nadie es como dice el prejuicio de género. Todos somos, en algún sentido, diferentes. Entenderlo es la clave para la aceptación, que es el fundamento del amor verdadero.

¿Te guías por prejuicios de género o por el respeto a cada individuo? ¿Entiendes que Dios nos trata a las personas como si fueran maniquíes en serie sino como individuos?

Plan de vida

"El prudente se fija por dónde va". Proverbios 14:15.

Mis padres se conocieron apenas un par de meses y se casaron. Desde un comienzo, tuvieron problemas de relaciones, por una u otra razón. Quince años después, se divorciaron. ¿Habría sido distinta la situación si se hubieran conocido mejor? Es probable. Al menos, les habría dado más herramientas de juicio para tomar una mejor decisión.

La verdad es que cuando un matrimonio se casa no hay garantías de ningún tipo. Puede fracasar o no; sin embargo, mientras más se conocen, existen más probabilidades de aprender a relacionarse o, en el peor de los casos, anular el compromiso para bien de ambos.

Trabajo rodeado de universitarios, y vivo alarmado por lo superficiales que son algunos al relacionarse con otra persona con miras a formar un hogar. Formar un matrimonio es como construir un edificio. Hay que planificar cuidadosamente cada detalle. Y no me refiero a la boda en sí ni a la fiesta de celebración. Los buenos matrimonios –al igual que una hermosa construcción– son la suma de una multitud de pequeños detalles que, sumados uno a uno, conforman un entramado estable, sólido y que da la sensación perdurable de seguridad.

Siempre es posible empezar de nuevo. Hay algunas preguntas fundamentales que los matrimonios deben hacerse:

¿Cuál es nuestro plan de vida?

¿Qué es lo que mi cónyuge anhela más y cómo puedo ayudarlo?

¿Cuáles son los valores y principios morales que dirigen nuestra existencia?

¿Cómo puedo hacer más pleno a mi cónyuge sin anularme en el intento?

¿Qué modelo de hogar quiero que mis hijos tengan?

Es posible que algunas de estas preguntas no seamos capaces de contestarlas de manera profunda o, simplemente, no sepamos qué responder; sin embargo, deberíamos hacer un esfuerzo por buscar una respuesta coherente, que nos ayudara a tener claridad existencial. Al fin y al cabo, la vida humana no se nutre solo de alimentos concretos; también es fundamental que tenga sentido y propósito. Eso no se puede improvisar; hay que detenerse y planificar juntos.

¿Estás planificando tu vida matrimonial o simplemente te dejas llevar como en una riada sin sentido?

Administración de la vida

"Porque la sabiduría protege lo mismo que el dinero, pero la sabiduría tiene la ventaja de darle vida al sabio". Eclesiastés 7:12, DHH.

Intentaba hablar, pero, no podía. De pronto –mientras me estaba contando su drama– las lágrimas comenzaron a fluir de sus ojos sin que pudiera evitarlo. Una profesional exitosa, que repentinamente se veía en la disyuntiva de no poder confiar en su esposo. En una visita casual al banco, sin que se lo propusiera premeditadamente, se había dado cuenta de que todos los ahorros de la familia habían sido retirados tiempo atrás, sin que ella se enterara y sin que su esposo le avisara.

Cuando ella regresó a casa, increpó a su marido pidiéndole que le explicara qué había hecho con el dinero. El hombre –evidentemente nervioso– solamente atinó a decir que lo había sacado para hacer un negocio, pero que lo había perdido todo.

Su dolor más grande no se relacionaba con el dinero, sino con la actitud de un esposo que no solo despilfarraba los recursos de la familia, sino tampoco entendía que tenía un problema. No era la primera vez que había hecho algo así. En más de una ocasión, ella había cerrado o bloqueado una tarjeta de crédito o se había enterado de que, repentinamente, algún servicio básico se lo cortaban simplemente porque él no había pagado una cuenta.

He escuchado esta historia cientos de veces, que contada de diferentes maneras esconde solo un hecho: Mala administración de los recursos de la familia.

Una de las razones por las que muchos matrimonios se extravían es la incapacidad de vivir dentro de los recursos que tienen o por el derroche que hace uno de los dos, o ambos, de las entradas familiares.

El dinero es un medio. Pero, no es ilimitado. Es preciso administrarlo bien, de tal forma que su ausencia o su derroche no sea causa de conflicto familiar.

Las parejas que se casan hacen un pacto de convivencia que incluye el entender que todas las entradas del matrimonio son comunes. No hay dineros que pertenezcan a uno y no al otro. Es una relación que implica compartir no solo la cama... sino toda la vida, lo que ciertamente incluye los recursos a los que tienen acceso. Para que resulte en una convivencia adecuada, deben ponerse de acuerdo en la mutua administración de los bienes.

Una pareja sabia, conducida por el temor de Dios, no será dirigida por el egoísmo ni la ambición, sino por el deseo expreso de hacer la voluntad de Dios. Por lo tanto, en el uso de sus recursos, darán prioridad a no la acumulación avara, sino al uso de los recursos administrados de tal forma que sean un medio para vivir, y no una razón para vivir.

¿Quién dirige la administración de tus bienes familiares, la avaricia o el Espíritu de Dios? ¿Se consultan mutuamente para emplear el dinero? ¿Hacen una planificación?

Reciprocidad

"Por lo demás, cada uno de vosotros ame también a su mujer como a sí mismo; y la mujer respete a su marido". Efesios 5:23.

Los romanos introdujeron un concepto que hasta ahora permanece en los matrimonios occidentales: el consentimiento mutuo como base fundamental que valide una unión matrimonial. Varón y mujer han de estar de acuerdo. Incluso se introdujo en las liturgias cristianas el preguntarles tanto al marido como a la mujer si estaban de acuerdo en contraer matrimonio.

Sin embargo, eso que nos parece tan natural hoy no fue práctica del mundo antiguo. De hecho, desde tiempos bíblicos hasta la era de los romanos, y durante mucho tiempo más en varias sociedades no influenciadas por Roma, el matrimonio no era más que un contrato que se pactaba entre padres, o entre el padre o tutor de la mujer y el varón con el que se iba a casar. A la mujer nunca se le preguntaba su opinión al respecto. Se consideraba que ella no tenía derecho sobre sí misma y que no tenía derecho a opinar respecto de quién sería su esposo.

Se consideraba que la mujer solo tenía que tener hijos, y cuidar y administrar la casa. No valía más que en ese contexto. De hecho, las leyes que regían este tipo de contrato nupcial establecían claramente que se daba a la mujer como esposa para que concibiera "hijos legítimos". Lo que estaba implícito en dicho contrato es que, si ella no era capaz de concebir, el marido tenía derecho a repudiarla como esposa o a buscar otra mujer con el fin de tener hijos.

Hoy, esa costumbre nos parece horrible, pero la verdad es que se practicó durante siglos y, lamentablemente, aún sigue siendo práctica habitual en países árabes, algunos orientales y entre comunidades tribales africanas.

Hay ideas que tardan en morir, en parte porque están demasiado arraigadas y porque en muchos sentidos resulta más cómodo permanecer en un determinado *statu* quo que cambiar radicalmente las costumbres que discriminan a un sexo en favor de otro.

Una relación matrimonial es una relación consensuada, en la que un varón y una mujer deciden vivir juntos y mantener una relación de exclusividad que implica respeto, igualdad y compromiso mutuo de protegerse y ayudarse en todo. Ese fue el plan original de Dios, que los seres humanos se han encargado de tergiversar de muchas formas.

Se honra a Dios viviendo en el contexto de su voluntad. Y fue la voluntad divina que el varón y la mujer se trataran como iguales, con respeto y reciprocidad.

En su matrimonio, ¿hay igualdad y reciprocidad en todo?

Amar sin expresar no es amar

"El corazón alegre es una buena medicina, pero el espíritu triste seca los huesos". Proverbios 17:22, RVR95.

La vida no puede medirse en forma matemática. Los acontecimientos que nos suceden y las emociones que sentimos exceden con creces lo que podemos cuantificar y medir.

Como diría Emily Dickinson en uno de sus poemas: "Es tan pequeña cosa el llanto/ y cosa tan breve el suspiro.../ Mas por causas de ese tamaño/ hombres y mujeres morimos".

La vida humana es emoción. De hecho, los seres humanos somos los únicos que tenemos la capacidad de tener clara conciencia de lo que sentimos.

Muchas veces se intenta, con la fría teoría y la formalidad, anular la emoción y la expresión de la emoción, como en aquellas gélidas páginas de la historia que nos cuentan que, en algún momento, quien expresara alguna emoción en un período de Roma era expulsado de la ciudad. Se consideraba de mal gusto, incluso decirle a la esposa lo mucho que ella significaba para el marido. De allí viene –tal vez– esa manía de esconder la emoción, que los seres humanos tenemos.

Una vez le pregunté a una mujer acongojada por un matrimonio desastroso:

–¿Qué es lo que más quisiera de su esposo?

Ella me miró estudiando mi reacción, para ver si entendería lo que ella me diría, y luego me dijo casi susurrando:

–Solo me conformaría con que de pronto me abrazara y me dijera que yo soy importante para él.

Se puede soportar el dolor físico, la bancarrota económica, incluso la muerte de un ser amado, pero es casi insoportable vivir sin afecto. Las personas que se quedan sin expresión de amor se van secando en vida y terminan muriendo de tristeza.

Y no son grandes cosas las que hacen felices a las personas. Aunque se viva en palacios o en chozas, seguimos necesitando palabras amables, gestos cariñosos y que nos digan de vez en cuando que nos aman. Eso es alimento para el alma, lo que da la energía para seguir viviendo.

Dios creó el matrimonio para que las personas pudiesen experimentar todos los días la agradable sensación de saber que son importantes para otra persona. Dios nos dio brazos para abrazar y bocas para besar. Él nos hizo con esa capacidad de alegrarnos por las pequeñas cosas y por las grandes también.

¿Estás expresando lo que dices? ¿Estás diciendo que amas con la misma fuerza que manifiestas otras emociones?

Preparación

"No sabéis que los que corren en el estadio, todos a la verdad corren, pero uno solo se lleva el premio? Corred de tal manera que lo obtengáis". 1 Corintios 9:24.

Quienes escalan montañas hacen un enorme esfuerzo y realizan una preparación exhaustiva. Comienzan con ascensos a montes pequeños, y van remontando a más y más altura, a medida que van adquiriendo experiencia y destreza.

La preparación incluye adquirir habilidades tales como la utilización de herramientas e instrumentos, armado de carpas, utilización de nudos y cuerdas, nociones de primeros auxilios, conocimientos de alimentación y fisiología en situaciones extremas.

Además, hacen un estudio detallado de la montaña que van a escalar, investigando cuáles son las rutas más accesibles y las mejores formas de llegar a la cumbre.

Ningún escalador se lanzaría a la aventura de escalar una montaña sin tomar todas las precauciones del caso. Sería una locura lanzarse a dicha experiencia sin contar con los elementos apropiados ni la preparación correcta.

Lo contradictorio del asunto es que quienes escalan montañas dedican meses y a veces años para escalar una montaña, a fin de estar sobre la cima solo por un momento, a veces no más de algunos minutos.

Si para una aventura tan efímera varones y mujeres se preparan de manera tan ardua y exhaustiva, resulta contradictorio que para otras actividades mucho más radicales y trascendentales los seres humanos dediquen tan pocas energías y cuidado.

Muy pocos, por decir casi nadie, se prepara para el matrimonio con la conciencia de quien lo haría para ascender una alta cumbre.

Muchos llegan al matrimonio con tal grado de despreocupación y falta de preparación que no es extraño ver cómo tantos no solo no llegan a la cumbre, sino también fracasan en el camino.

El matrimonio exige preparación, estudio, experiencia y el desarrollo de destrezas altamente complejas, como la capacidad de comunicar asertivamente sin herir.

Muchos jóvenes que se acercan para que los una en matrimonio se alarman cuando les digo que no los voy a casar a menos que participen en un curso de preparación matrimonial, que usualmente dura tres meses. Me miran como si estuviera loco. Creen que el amor es suficiente y que no necesitan más preparación. Dicha presunción es tan absurda como si un escalador dijera que va a subir el Everest solo con su entusiasmo y amor por el deporte.

¿Te has preparado adecuadamente? ¿Has seguido aprendiendo?

No habré vivido en vano

"El ocuparse de la carne es muerte, pero el ocuparse del Espíritu es vida y paz". Romanos 8:6.

Mi poema preferido de Emily Dickinson dice: "Si consigo evitar/ que un corazón se rompa,/ no habré vivido en vano./ Si consigo aliviar/ el dolor de una vida/ o calmar una pena,/ o tan solo que vuelva el petirrojo/ desvalido a su nido,/ no habré vivido en vano".

Una de las características de la crisis de la mediana edad, que surge pasados los 40 años, tanto para varones como para mujeres, es encontrar un sentido para sus vidas. Es común encontrar a personas sumidas en profundas cavilaciones, examinando lo que han vivido y logrado con sus vidas.

El poema nos recuerda eso, el no "haber vivido en vano".

Una forma de no vivir en vano es vivir bien una relación de pareja. La familia provee oportunidades preciosas para aliviar un corazón sufriente, calmar un dolor, consolar una pena o contemplar azorados el vuelo del pajarillo desvalido que vuelve a su nido.

Muchas personas se pierden esa preciosa oportunidad porque, en su egoísmo, solo piensan en sí mismos o en otros ajenos a sus cónyuges y tus hijos.

El matrimonio es la oportunidad primaria para ser amables, cariñosos, corteses, abnegados y consoladores. La relación de pareja nos da la oportunidad básica para que nuestra vida tenga sentido.

Sentado al lado de una cama de hospital, vi llorar a un anciano. Creyendo que estaba dolorido por su enfermedad, le pregunté:

–¿Qué le duele?

El hombre, con ojos llorosos, me dijo:

–Me duele no haber abrazado a mis hijos. Me resulta insoportable la idea de que mi esposa se murió sin haber recibido de mi parte una palabra cariñosa o un gesto amable. Me duele la vida que he vivido.

Lo triste es que este diálogo no debería haberse dado nunca.

¿Estás viviendo una vida que vale la pena? ¿Estás abrazando, amando y consolando, empezando por los de tu casa?

Palabra de honor

"Cumple lo que prometes. Mejor es que no prometas, y no que prometas y no cumplas". Eclesiastés 5:4, 5.

En algún momento de la historia, existió la llamada "palabra de honor", donde no hacía falta documentos ni firmas notariales; bastaba la palabra y un apretón de mano, y era suficiente. Las personas comprometían su palabra y no rompían la promesa que habían hecho. Lamentablemente, eso no sucede más. Aún se encuentran personas fieles a su palabra; sin embargo, existen miles de personas que no cumplen lo que prometen. Para ellos, su palabra no es honor; es simplemente un decir, algo que de pronto les salió y fue simplemente una ocurrencia de momento.

Un matrimonio es un pacto entre dos personas y, para darle solemnidad y para que los individuos sientan el tremendo peso de lo que pactan y prometen, dicha promesa se solemniza frente a un altar religioso y en la presencia de testigos. En la mayoría de los países, además del compromiso eclesiástico, deben participar de una ceremonia civil que también es pública, en la que ambos realizan un contrato frente a un juez de paz que les hace firmar un acta legal, y los declara marido y mujer. Tanto protocolo ¿por qué? Por la simple razón de que no existe la "palabra de honor", y es necesario tomar resguardos para que las personas no olviden sus promesas, en las que comprometen deberes y obligaciones.

Los seres humanos tendemos a tener mala memoria. Prometemos, pero nos cuesta hacernos cargo de las promesas. Hace un tiempo, mientras firmaba un préstamo bancario, bromeé con la agente del banco y le dije:

–¿Podríamos sellar el pacto solamente con un apretón de manos?

–Oh, no –dijo ella riendo–, ni aunque fuera mi hijo. Solo confío en lo que está escrito y firmado legalmente.

Yo sonreí, ella lo hizo, pero en el fondo sentí que, si hemos llegado a eso, es porque millones de personas antes han quebrantado sus promesas.

Cuando tomo la decisión de no amar a mi esposa, rompo un pacto. Cuando la abandono, fallo a una promesa. Cuando estoy con ella únicamente en los momentos buenos y la dejo cuando las cosas se ponen feas, rompo mi palabra. Cuando soy violento, rompo la alianza. Cuando soy infiel, rompo la unión. Un pacto se renueva día tras día. Una alianza matrimonial es como un renuevo que renace cada primavera. No basta decir ante el altar: "Sí, prometo". Hay que decirlo todos los días. Si no, tal como dice la Biblia: "Mejor es que no prometas".

¿Estás reafirmando tu compromiso todos los días? ¿Prometes amar todos los días? ¿Cumples tu promesa?

El valor de cada uno

"Vosotros, pues, sois el cuerpo de Cristo, y miembros cada uno en particular". 1 Corintios 12:27.

En cierta ocasión, escuché a un predicador que desbordaba en palabras, pero poco contenido decir que el ser humano, si fuera reducido a los compuestos químicos de los que está formado, no valdría más que unos pocos clavos oxidados. Con dicha analogía –por cierto absurda–, pretendía hacernos sentir que los seres humanos somos "poca cosa".

Dicho orador, por muy erudito que fuera, cometió un terrible error. El ser humano es mucho más que un conjunto de compuestos químicos. De hecho, la dignidad del ser humano proviene precisamente de su unicidad. Ni todo el oro del mundo serviría para reemplazar a una persona. La ausencia de un solo individuo de este mundo es una pérdida irreparable. Ningún ser humano es idéntico a otro, ni siquiera aquellos que se parecen tanto que es difícil identificarlos, como los gemelos.

Por esa razón, uno de los valores más importantes que deben ser preservados en el interior del matrimonio es la individualidad, que se traduce en la capacidad de ser únicos e insustituibles. Cuando respetamos que nuestro cónyuge es único, nunca limitaremos su capacidad de opinar, sentir, disentir, crear, soñar, inventar y ser.

Muchos matrimonios están afectados por el Síndrome de la Individualidad Anulada. Cientos de maridos y esposas actúan de tal modo que manipulan a sus cónyuges para que ellos sean lo que ellos quieren. Simplemente, son personas que creen que las cosas van a funcionar mejor si uno de ellos piensa por los dos. Cuando esto sucede, lo que ocurre es que la relación se infantiliza y el cónyuge anulado pasa a convertirse en un niño cuyas opiniones no son consideradas valiosas o maduras.

El efecto es desastroso para la relación de pareja. Cuando uno piensa por los dos, al final terminan disminuyéndose, porque estarán en un nivel inferior de lo que son capaces de dar.

Por otro lado, cuando la persona va adquiriendo conciencia de que sus opiniones no son respetadas y paulatinamente va perdiendo el derecho a ser ella o él mismo, deviene una gran cuota de ansiedad y frustración, que termina, en el saldo final, siendo muy amarga y triste.

Nadie tiene derecho a coartar la libertad de nadie, y esto es más cierto en la relación de pareja, que supuestamente se sustenta en el amor, que es la más importante otorgadora de libertad que existe.

Quien anula a otro teniendo como excusa establecer una buena relación lo que hace, en la práctica, es simplemente asesinar al cónyuge convirtiéndolo en un maniquí a quien se puede dominar a voluntad. Eso no es amor; es, simplemente, orgullo disfrazado de amor.

¿Estás permitiendo que tu cónyuge sea plenamente libre? ¿Te sientes libre?

Todo está en la actitud

"Alabad a Jehová, porque él es bueno; porque para siempre es su misericordia". Salmo 107:1.

En la vida, la actitud es fundamental. Con una buena actitud, es posible lograr maravillas. Con una mala actitud es muy difícil salir adelante en cualquier empresa que se acometa.

El matrimonio, en muchos aspectos, es cuestión de actitud. Muchas características de nuestro cónyuge pueden no agradarnos; esto si no están en juego principios y valores fundamentales. Sin embargo, podemos aprender a vivir con ellas. De hecho, hay muchas cosas que en el diario vivir no nos agradan, pero de todos modos podemos seguir adelante, con la seguridad de que finalmente hay situaciones que podemos aprender a tolerarlas y, pese a todo, ser felices.

Cuando recibo a parejas en crisis, una de las primeras actividades que suelo darles para realizar es que escriban, en una página, todas las cosas que no les agradan de su pareja y, en otra, todas aquellas que sí les gustan. Es sintomático que cuanto más en crisis están menos se agradan mutuamente; lo contrario de lo que sucede en una pareja que ha aprendido a sortear las características negativas de una manera inteligente.

La teoría de la inteligencia emocional aplicada al matrimonio sugiere que una pareja será más estable en la medida en que las características positivas que les agradan del otro sea más y permitan compensar lo negativo que resulta desagradable.

A lo largo de los años, he aprendido que una actitud agradecida hace maravillas para mirar al otro de una forma diferente. Alabar es una forma de agradecer. Comience a agradecer a Dios por todas las características positivas que observa en su cónyuge; le garantizo que, con el tiempo, habrán más... solo empiece a agradecer a Dios lo que observa hoy, y dígalo a su cónyuge.

¿Sabe lo que va a pasar? Su actitud hacia su cónyuge va a cambiar, y eso hará aflorar en él o ella aquellas características que permanecen latentes, así como una flor, que solo con el sol abre sus pétalos para mostrar su belleza.

Es una regla de la psicología humana que cuando uno destaca aquellas características positivas logra finalmente que lo negativo vaya disminuyendo. Todos necesitan ser reconocidos. Empiece por agradecer a Dios por lo que tiene.

¿Qué características positivas, de su cónyuge puede destacar hoy para agradecer a Dios? ¿Qué características puede pensar para mañana?

No es una empresa

"Pero en el Señor, ni el varón es sin la mujer, ni la mujer sin el varón". 1 Corintios 11:11.

Una de las metáforas preferidas por muchas personas para referirse al matrimonio es decir que es una "empresa".

Sin embargo, por mucho que dicha analogía nos parezca verdad y que, en la repetición, hayamos llegado a creer que no tiene nada de malo formular un planteamiento así, lo cierto es que esconde algunos conceptos que son causa de la destrucción de muchos hogares y del sentido correcto de lo que es una pareja en el contexto de lo que Dios creó.

Para empezar, las empresas tienen motivaciones temporales. En otras palabras, sus objetivos son inmanentes a este mundo. Quieren producir para ganar, y lograr estabilidad económica y social, en el contexto de lo terreno. Sin embargo, el matrimonio, en sí mismo, es una institución que tiene objetivos –según el plan del Diseñador divino– que trascienden este mundo. Sus alcances son eternos. Sus consecuencias podrán medirse en la eternidad. Las personas casadas arriesgan su salvación al dejarse influenciar por su cónyuge o al tomar decisiones, en el contexto matrimonial, que impliquen alejarse o acercarse a Dios. No hay institución humana que tenga parangón con el matrimonio en lo que se refiere a influencia de "vida para vida".

Por otro lado, en toda empresa existe una organización piramidal, en la que hay un jefe y una cantidad de subordinados que tienen el objetivo de servir a los objetivos de la empresa, según los dictados de quien administra. Sin embargo, dicho criterio es contrario al concepto bíblico de que, en el Señor, "no hay varón ni mujer" (Gál. 3:28), o de que los que adoran a Cristo no aceptan el concepto de que uno es superior al otro (1 Cor. 11:11, 12); al contrario, se "someten unos a otros" (Efe. 5:21). No obstante, dicho concepto está tan profundamente arraigado que solemos referirnos a los maridos como "jefes de hogar", suponiendo que si él es el que manda, todos han de obedecerle. Pero, ese esquema distorsiona lo que Dios quiere.

Hay que cambiar la metáfora. Un matrimonio no es una "empresa" con metas temporales ni con una estructura piramidal. Una relación matrimonial es un pacto de ayuda mutua. Es una relación en la que el varón y la mujer deciden hacerse felices mutuamente. Es un nexo que tiene como objetivo que uno y otro procuren lo mejor para su pareja.

¿Entiendes realmente lo que significa estar casado? ¿Se tratan de tal forma entre ustedes que ninguno se siente disminuido en su valía como ser humano?

Trabajo y vida

"Mejor es comida de legumbres donde hay amor, que de buey engordado donde hay odio". Proverbios 15:17.

Muchos viven para trabajar, sin entender que hay que trabajar para vivir. En la búsqueda ansiosa de tener recursos para vivir, se olvidan de lo más precioso: vivir.

Cuando el trabajo –tanto para el marido como para la mujer– se convierte en lo prioritario, finalmente se quedan con trabajo, pero perdiendo todo lo demás: hijos, cónyuge, estabilidad emocional, amor.

Muchos están tan estresados por las obligaciones laborales que tienen que cumplir que van convirtiendo sus hogares en verdaderos pandemonios; en lugares donde solo se escuchan quejas, llantos, gritos y peleas. En ese contexto, el amor termina por enfriarse y finalmente se muere del todo.

El hogar debe ser un lugar agradable, al que no debemos llevar nuestras angustias laborales. Si no nos reponemos en nuestra casa, junto a los que amamos, luego la vida misma se convierte en una carga. Necesitamos volver a nuestro hogar, con los nuestros, para estar junto a ellos y tener momentos a solas para conversar, compartir y amar.

Cuando me encuentro frente a alguien que vive constantemente quejándose por lo que tiene que trabajar y por todo lo que tiene que hacer, invariablemente le pregunto:

–Si lo que haces no es por tu familia, y no te causa alegría, no vale la pena tanto esfuerzo. Al contrario, te vas a morir en vida.

El trabajo que impide la vida de familia, la dedicación al hogar, la atención al cónyuge y a los hijos no es una labor digna; al contrario, es una situación que termina esclavizando y, tarde o temprano, hace que la vida sea algo muy difícil de vivir.

El trabajo no debe ser lo más importante de la vida, aunque sea de enorme importancia realizarlo. Nada reemplazará nunca a los hijos, el cónyuge y la vida del hogar.

He conocido a personas que se halagan a sí mismas por el tipo de trabajo que tienen y por lo "importante" que es, aunque eso signifique estar largas jornadas alejadas de los suyos o temporadas enteras fuera de casa. Se autoconsuelan y autoengañan diciendo que es por sus familias; sin embargo, cuando he hablado con algunos de sus hijos, estos no ven lo que ellos observan. Al contrario, sienten con resentimiento que las labores que sus padres tienen los han privado de gozar de la compañía ya sea de sus madres o de sus padres. En el fondo, es una excusa que es autoengañadora.

Es mejor tener menos y vivir más que tener más y no vivir. Es preferible comer pan añejo en una casa donde hay alegría que tener ricos manjares y no tener con quién compartirlos.

¿Trabajas para vivir o vives para trabajar? ¿Qué piensan tu cónyuge y tus hijos?

No todo lo que parece es como es

"No juzguéis según las apariencias, sino juzgad con justo juicio". Juan 7:24.

A menudo, cuando viajo, llevo libros y leo en el camino. Veníamos con mi esposa desde el Paraguay. Estábamos a punto de llegar a la frontera con la Argentina; faltaban unos pocos kilómetros, cuando de pronto comencé a escuchar a una mujer que leía en voz alta. Iba en el asiento inmediatamente delante del mío. Por unos momentos intenté concentrarme en mi lectura, pero su voz y los constantes comentarios me hacían muy difícil poder seguir leyendo. Mi esposa me miraba cómo me movía de un lado al otro del asiento, fastidiado. Estaba a punto de decirle a la mujer que por favor leyera en voz baja, cuando de pronto se detuvo el ómnibus. Habíamos llegado a la frontera. Mientras nos deteníamos definitivamente, le comenté a mi esposa cómo podía haber gente tan insensible a los demás y que no pensara en que podría estar molestando a otros. Quería decirle unas cuantas cosas a la señora, para que considerara al resto.

Cuando nos disponíamos a bajar, nos pusimos en pie y, como la pareja que iba leyendo en voz alta estaba delante de nosotros, se pararon primero y comenzaron a salir. Lo primero que me llamó la atención es que el hombre usaba gafas. Luego, caminó poniendo su mano sobre el hombro de su esposa, pero no me pareció extraño.

Sin embargo, cuando llegó a la puerta, de pronto sacó un bastón de esos que se arman y que, inconfundiblemente, utilizan los ciegos.

De repente, como en un flash, armé toda la escena y comprendí lo que pasaba. En ese momento, me alegré de no haberle llamado la atención a la mujer y, a juzgar por el rostro de otros dos pasajeros que iban justo delante de ellos, es decir, recibiendo la lectura directamente en los oídos, no fui el único que sintió vergüenza y un gran alivio por no haber hablado.

A la vuelta, escuché completo el libro *Cartas para Claudia*, del psicólogo Jorge Bucay;[39] fue la primera vez que pude percibir un libro desde una perspectiva distinta, y debo admitir que me gustó.

Llevarnos por las apariencias, hacernos una impresión no teniendo todos los elementos de juicio, emitir una opinión sin considerar todos los factores, prejuzgar sin saber con exactitud lo que sucede... todas esas actitudes son tan comunes que llegamos a creer que son naturales, cuando en realidad representan un hábito que lo único que hace es entorpecer las relaciones interpersonales, y más cuando se producen dentro de un matrimonio.

¿Juzgas por las apariencias? ¿Te dejas llevar por impresiones? ¿Preguntas antes de tener un cuadro completo? ¿Permites que los prejuicios dominen tu mente?

El color del
vestido de novia

"Sobre toda cosa guardada, guarda tu corazón [mente]; porque de él mana la vida". Proverbios 4:23.

Aunque el color de las prendas nupciales varía de una cultura a otra, en Occidente generalmente se utiliza el blanco, en sus diferentes tonalidades.

El rojo fue usado por las novias en la Edad Media, a lo largo de todo el continente europeo; el negro se utilizó en Francia y en Inglaterra durante el siglo XIX por razones económicas y por la facilidad de mantenerlos limpios; y el color verde lo usaban las novias de Noruega. Actualmente, en Oriente, se casan de color rojo, ya que el blanco representa luto para ellos y no lo emplean para ceremonias festivas como nosotros.

También se dice que el color del vestido de novia representa algunas tradiciones y tiene distintos significados; por ejemplo, el blanco se asocia a la virginidad y la inocencia; y el amarillo, que es común en muchos países como los Estados Unidos e Inglaterra, se identifica con el Dios del amor y la abundancia.

La verdad es que el blanco se impuso en Occidente a partir de una moda que implantó la reina Victoria de Inglaterra, que se casó de blanco, y de allí se instauró una regla.

Sin embargo, es simplemente una tradición que nada tiene que ver con el verdadero sentido del matrimonio. Un símbolo que, en muchos casos, está cargado de mitos.

La verdadera inocencia no se lleva en el vestido. La castidad no es cuestión de colores sino de actitudes. Incluso, se comenzó a estilar que la mujeres deberían vestir de blanco y se esperaba que los varones utilizaran el color negro, porque se suponía que ellos si debían tener experiencia sexual, para "guiar" a la mujer. Esa idea errónea fue defendida hasta en círculos cristianos.

Una pareja debe formarse bajo el amparo del amor y de valores trascendentes. Y, si por alguna razón cometieron el error de relacionarse sexualmente antes del matrimonio, eso no significa que si reciben el perdón de Dios y su absolución (tira nuestro pecado al fondo del mar) no puedan usar el color blanco como señal de la restauración en Cristo.

A menudo, hemos convertido una moda en algo sacro, que nada tiene que ver con el sentido original de lo que Dios planeó para la vida humana. El blanco es solo un color; lo importante es de qué tinte estén cubiertos nuestra mente y nuestros valores.

¿Estás entendiendo que tu mente es la que debería ser santa y no meramente tu vestido? ¿Comprendes que el amor de Dios siempre nos restaura?

El puritanismo no es necesariamente pureza

"Todas las cosas son puras para los puros, mas para los corrompidos e incrédulos nada les es puro; pues hasta su mente y su conciencia están corrompidas". Tito 1:15.

El puritanismo le ha hecho un tremendo mal a la cultura cristiana. Los puritanos pensaron que serían mejores adoradores de Dios en la medida en que reprimían cualquier forma de expresión de goce y alegría relacionados con los sentidos.

Crearon una cultura que buscó, sistemáticamente, eliminar del ser humano cualquier vestigio de goce sensual. Miraron con sospecha comida, del arte y de su cuerpo.

Para lograr su propósito, controlaron todos los aspectos relativos a la vida cotidiana. Las ropas tenían que ser lúgubres, porque se pensó que los colores podrían confundir a las personas y alejarlas de Dios. Vestían de negro o de blanco, los colores considerados santos. Se privilegió la comida insípida, para no correr el riesgo de caer en la gula.

Se eliminó la música como expresión de alegría y se supuso que debía haber armonías solo relacionadas con la adoración. Al culto religioso se lo convirtió en una ceremonia fría, tristemente protocolar, en la que hasta los asientos tenían que ser incómodos, para que las personas no sintieran regocijo. Se eliminó la búsqueda de expresión estética en el arte y se buscó solo una expresión artística religiosa.

Se prohibió cualquier mención de la sexualidad y se consideró que su único fin era la procreación, y se inventaron las más absurdas situaciones para evitar que la pareja pudiese gozar de la experiencia de tocarse y sentir sus cuerpos; solo tenía que haber un fin: procreación, y nada más.

Se inundó el cristianismo protestante de ideas gnósticas, de la separación del cuerpo y el espíritu, entendiendo que lo corporal era malo y que había que doblegarlo a fuerza de trabajo, castigo y represión. Solo lo espiritual fue considerado digno de aprecio.

Hoy en día, en pleno siglo XXI, muchas personas –honestas, sin duda– siguen creyendo que eso es ser un "buen cristiano". Sin intentar ofender a nadie, solo podemos decir que aquella forma de expresión corresponde a "tristes cristianos", que no entendieron nunca que el goce sensual fue creado por Dios.

Fue Dios el que creó la diversidad de colores, sabores, olores y texturas. Dios se complace en la alegría. Lamentablemente, muchos cristianos han llevado el "puritanismo" (que no es lo mismo que pureza) a sus matrimonios, y los han convertido en un mundo de culpas y se han reprimido al punto de no ser capaces de gozar de la sensualidad creada por Dios mismo.

¿Será esa tu experiencia o es distinta?

Orgullosos
en la ignorancia

"Bienaventurado el hombre que halla la sabiduría, y que obtiene la inteligencia; porque su ganancia es mejor que la ganancia de la plata, y sus frutos más que el oro fino". Proverbios 3:13, 14.

La ignorancia es una excusa y, en muchas ocasiones, necedad encubierta. Muchos son orgullosos de lo que ignoran, y llegan a considerar que esa actitud es la correcta, sin darse cuenta de que es el preámbulo para toda una existencia cargada de mitos, boberías, prejuicios e ideas que traen confusión, sufrimiento y perversión.

Con ironía, el escritor francés François de la Rochefoucould sostiene que hay tres tipos de ignorancia: "No saber lo que debiera saberse, saber mal lo que se sabe y saber lo que no debiera saberse".

Cuando se es niño, es justificable que ciertas cosas se ignoren; pero, cuando se es adulto, "no saber lo que debiera saberse" es irresponsabilidad. Cada persona tiene el deber, consigo misma de descubrir qué es y qué no es correcto. Es preciso tener una actitud de constante búsqueda; de no quedarse estancado en ideas que pueden haber cambiado; de exponerse a la posibilidad de criticar los conceptos que se ha adquirido con el tiempo.

En una ocasión, impartíamos un estudio bíblico a una pareja de ancianos campesinos. En el material que utilizábamos para ilustrar un punto se hacía una mención a la experiencia de los astronautas en la luna. Cuando leí aquello, el hombre me miró y me dijo:

—¿Cómo es eso de que alguien fue a la luna?

Le di una explicación corta de los hechos, mencionando fechas y nombres. El hombre se quedó mirándome y, de pronto, me dijo:

—Quiero que se vaya de mi casa; no acepto que me cuenten mentiras.

Al recordarlo, me da risa, aunque en realidad la ignorancia es una tragedia.

También hay personas que buscan salir de la ignorancia, pero sin darse cuenta de que "conocen mal lo que dicen saber". Han buscado la información en el lugar equivocado y han obtenido una información tergiversada. Eso es tan nefasto como no saber.

Nadie nació sabiendo. De eso estamos seguros; pero, en la práctica, muchos actúan como si tuvieran todas las respuestas. Como si por el solo hecho de existir ya no tuviesen necesidad de descubrir nada, porque todo lo tendrían en su mente de manera natural.

Miguel de Unamuno solía decir que las personas que no leen son peligrosas, y he llegado a creerle; porque la ignorancia fomenta el fanatismo, la intolerancia, el extremismo, la tiranía y la sospecha al libre pensamiento. Crecer en pareja no es para ignorantes, sino para personas que están constantemente abiertas al aprendizaje.

¿Has aprendido algo nuevo hoy? Si no has aprendido nada, ¿no te habrás muerto?

El camino de la muerte

*"La mujer ajena habla con dulzura y su voz es más suave que el aceite;
pero termina siendo más amarga que el ajenjo y más cortante que una espada
de dos filos. Andar con ella conduce a la muerte". Proverbios 5:3-5.*

El adulterio es una lacra en la vida de muchos matrimonios. Sus efectos perduran por generaciones. En algunos casos, con resultados terriblemente desastrosos en las vidas de las personas que sufren sus consecuencias.

Nadie se convierte en adúltero de la noche a la mañana. Es un proceso lento. Al comienzo, hay racionalización, y la persona se autoengaña creyendo que sus razones son buenas. En esa fase del pecado, cuando aún no se ha llegado tan lejos como para tener relaciones sexuales con otra persona distinta del cónyuge, se dan ciertas licencias, miradas, conversaciones con cierto grado de intimidad, fantasías, comparaciones con el consorte, etc. Poco a poco se produce un compromiso tal hasta que llega el momento en que la situación es tan comprometedora que no es posible dar marcha atrás.

El arrepentimiento en estos casos, tal como en el caso de David, no evita las consecuencias que se producen en sus vidas. Cuando Salomón escribe estas líneas dirigidas a su hijo, sin duda, tenía en mente los desastres ocasionados por la conducta de su padre en la vida de sus hijos, donde hubo violación, incesto, adulterio, fornicación, asesinato, conspiración y violencia.

Cuando le dice al hijo que el adulterio "conduce a la muerte", está pensando en su tragedia familiar. Él mismo vivió una situación similar, en su propia vida. El problema nuestro es que nos cuesta creer en este tipo de consejos en los momentos en que estamos sumidos en la nebulosa de la sensualidad y el placer.

Hay muchas formas de morir. Una de ellas es matar la confianza y la seguridad que ofrece el matrimonio. El hijo que ve sucumbir su hogar a causa de una decisión poco sabia de su padre y, oportunamente, de su madre; muere a la ilusión de encontrar un sentido a su propia vida matrimonial. De hecho, a muchos de los hijos de adúlteros les cuesta mucho creer en la posibilidad de fidelidad en sus propias vidas de casados.

La vida es hermosa cuando decidimos que lo sea. No hay personas perfectas. Nunca encontraremos a un hombre y una mujer que sean perfectos maridos o esposas; sin embargo, podemos hacer personalmente nuestro mejor esfuerzo por ayudar a nuestro cónyuge a ser feliz. El mejor antídoto contra el adulterio es la plenitud y la felicidad. Un hombre o una mujer feliz no buscará compensar su falta de amor o felicidad en otra parte. En mi país suelen decir, que "el pollo que tiene maíz en su propio gallinero no va al cerco ajeno". El propósito de Dios no es únicamente librarnos del sufrimiento que es consecuencia inevitable del pecado, sino también salvarnos del pecado mismo.

¿Hay algo que debes corregir para no transitar este camino de muerte?

Fidelidad

"Y te desposaré conmigo en fidelidad". Oseas 2:20.

La fidelidad es, actualmente, un valor en crisis. No se considera esencial ser fiel como condición básica para que un matrimonio exista como tal. Al contrario, muchos ven como una "oxigenación", para la relación de pareja, algún adulterio de vez en cuando, siempre que no sea escandaloso...

Por otro lado, muchos confunden "fidelidad" con "aguante". Aguantar significa resistir una carga. La fidelidad significa algo mucho más creativo y activo. Para mantenerse fiel, es preciso estar alerta todos los días, no en un estado de pasividad. Es preciso crear, a cada momento, las condiciones que permitan que el otro se sienta bien y sea feliz. No importa que cambien las circunstancias, la fidelidad no está relacionada con condiciones ideales. Dios decide ser fiel, aunque las circunstancias sean adversas.

El amor verdadero solamente permanece en la fidelidad. Por eso, el Antiguo Testamento no conoce la palabra amor. Amor se dice, en hebreo "fiel". Quien ama es fiel; así de simple y también de complejo. Porque la fidelidad supone que la persona toma una decisión y se compromete con lo que ha decidido.

Pero hoy, cuando el divorcio y las separaciones son la norma, la palabra compromiso y fidelidad parecen estar fuera de foco. ¿Quién quiere ser fiel y comprometerse cuando es tan fácil romper una relación y comenzar otra?

Cuando nos comprometemos, no lo hacemos por un momento, sino para toda la vida. Pero, esa frase les parece a muchos como muy grande y muy abarcadora. Siguen aumentando las parejas que conviven sin casarse. Cuando a más de uno les pregunto por qué razón no se casan, simplemente arguyen que no quieren estar atados a una relación que no funcione; de ese modo, si las cosas se ponen mal, simplemente cortan, y listo.

Pero, no es tan simple. Con una actitud así, solo se crean las condiciones para no comprometerse. Y se forma un círculo vicioso: no se comprometen porque no quieren sufrir desilusiones, y sufren desilusiones porque no se han comprometido con un proyecto a largo plazo.

Los matrimonios que perduran en el tiempo son aquellos que toman una decisión: ser fieles y comprometerse uno con el otro, no importa las circunstancias que les toque vivir. No significa que no tendrán problemas, pero la actitud de compromiso que tienen los ayuda a sortear las problemáticas propias de cada día.

¿Estás comprometido para toda la vida y bajo cualquier circunstancia con tu cónyuge?

¿Cabeza de qué...?

"Dios gobierna". Salmo 59:13.

Hay expresiones que usamos tan a menudo que nos parecen normales aun cuando no nos damos el trabajo de examinarlas críticamente.

Una de ellas es la frase: "Cabeza de la familia" o "cabeza del hogar". Dichas palabras son utilizadas casi exclusivamente para referirlas a los maridos. Se hacen excepciones a la regla imperante cuando el esposo muere o abandona a su familia; en ese caso, jueces, políticos y líderes religiosos están dispuestos –excepcionalmente– a llamar a la mujer de esa forma.

No obstante su uso, la expresión denota un prejuicio: supone que el varón, por naturaleza, es el que está llamado a ejercer el rol de autoridad, dominio y sujeción en la familia. Aun más, se supone que este modelo que sujeta a un ser humano a otro es lo que debería gobernar el "buen vivir" de los hogares.

Evidentemente, esta expresión surge como una extrapolación de la frase paulina: "El marido es cabeza de la mujer" (Efe. 5:23). Sin embargo, aunque supuestamente tiene una base bíblica, en realidad creo que es una distorsión del significado original. Cuando Pablo usa esta expresión, lo hace en el contexto griego (Éfeso era una ciudad griega) y, en realidad, supone un extraordinario elogio para la mujer, que era considerada por los habitantes de Éfeso como un ser sin valor intrínseco. Pablo dice –contrariamente al prejuicio de su época– que la mujer es tan valiosa que el marido debe ser cabeza, es decir, estar dispuesto al martirio, al sufrimiento y aun al olvido de sí mismo por su esposa. Concepto absolutamente revolucionario para su momento histórico.

En ningún caso Pablo quiso afirmar que el marido era el que mandaba, el que pensaba o aquel a quien había que seguir ciegamente. Esa no es una idea paulina ni bíblica. Solo se puede llegar a esas conclusiones torciendo las Escrituras o leyéndolas fuera del contexto histórico o textual.

El ideal bíblico planteado en el Génesis y distorsionado por el pecado pero recuperado en Cristo sostiene que, en una relación de pareja, la única jerarquía es la de Dios. Dios es la autoridad máxima, ante la cual deben doblegarse tanto el varón como la mujer. En ningún versículo bíblico de Génesis 1 y 2 es posible encontrar la idea de que el varón gobierna y la mujer obedece. Y, si se supone que Cristo restaura y la Tierra Nueva es la recomposición de lo que Dios hizo en el origen, el proceso se inicia hoy, no mañana. Creer en la Tierra Nueva sin comenzar con el cambio hoy, en realidad, es no creer.

¿Entiendes que en un hogar cristiano no hay lugar para jerarquías?

Santas tradiciones - 1

"Mirad que nadie os engañe por medio de filosofías y huecas sutilezas,
según en las tradiciones de los hombres, conforme a los rudimentos del mundo,
y no según Cristo". Colosenses 2:8.

He participado en cientos de bodas, y he aprendido que lo que más complica a las parejas es cumplir con las "santas tradiciones". Hay tantas cosas que se hacen en las bodas que se consideran sacrosantas, que cuando alguien promueve algo distinto se levantan voces oponiéndose de una manera irracional a algo que surgió en algún momento por idea de alguien y que terminó imponiéndose, al comienzo como una moda, y posteriormente como una tradición inamovible. Por ejemplo:

La marcha nupcial: Fue un invento que tuvo su origen en el matrimonio de la reina Victoria de Inglaterra con el príncipe Federico Guillermo en el año 1858, quienes eligieron dichos temas para su unión, y luego estos se convirtieron en la moda de allí en más.

Los anillos: Son un símbolo que se remonta a la antigua Grecia. Constituían el máximo recipiente de poder, por causa de su forma circular; símbolo de eternidad y unidad. En los primeros tiempos, el varón regalaba a su mujer un anillo hecho de tallos; luego, la idea derivó hasta llegar al oro, símbolo de la nobleza y la durabilidad del compromiso. Debía llevarse en el dedo anular de la mano izquierda; pues, como se creía en la antigua Grecia, la vena de ese dedo se comunica directamente con el corazón.

El vestido de novia: He escuchado tantos y tantos argumentos absurdos sobre el color blanco que daría para un artículo completo. Muy pocos saben que el color blanco fue impuesto por la reina Victoria, quien eligió dicho tono en vez del tradicional plateado que ocupaba la realeza, por una cuestión que tenía que ver con sus preconceptos sobre la sexualidad. Una novia podría casarse de rojo, celeste o azul, y no por eso dejaría de ser pura y bella.

El velo: Es un antiguo resabio de la cultura oriental, tal como el vestido blanco simboliza virginidad, modestia e inocencia. El velo protegía a la novia de malos espíritus que la asechaban ese día. Si es así: ¿Por qué los varones no deberían utilizar un velo también, si se supone que ellos también han de llegar vírgenes al matrimonio?

Mañana repasaremos algunas otras de las "santas tradiciones", pero valga, a manera de reflexión: ¿Cuántas de estas tradiciones reflejan el verdadero espíritu del matrimonio expresado en la Biblia? ¿Por qué deberíamos hacer de esas tradiciones algo fijo, inamovible y sacro, si no lo son? Tal vez vaya siendo hora de que nos concentremos en lo más importante, que es finalmente la relación de amor y fidelidad de la pareja que hace un pacto sagrado ante Dios; lo demás es adorno superfluo.

Santas tradiciones - 2

"¿Por qué también vosotros quebrantáis el mandamiento de Dios por vuestra tradición?" Mateo 15:3.

Ayer vimos algunas de las "santas tradiciones" que, en muchos casos, dividen a las familias y complican a los novios a la hora de casarse, perdiendo de vista el verdadero sentido bíblico del matrimonio. A continuación, algunos otros ejemplos:

* *Padrinos*: Fue una costumbre que se instauró entre los bárbaros y otros pueblos europeos, donde el novio acudía a secuestrar a la novia acompañado por un amigo, quien montaba guardia para el rapto. Ahora no se raptan las novias, pero, en algunos lugares, si no hay padrino no se realiza la boda... y nadie sabe por qué.

* *Entrega de la novia por parte del padre*: Antes, la novia iba acompañada por sus posesiones; luego se instauró lo del padre, como un símbolo de la conformidad y la bendición del progenitor. Sin embargo, esta es una costumbre con un tinte netamente machista. En las bodas que dirijo, convenzo a la mayoría de las parejas de que pasen con su madre y con el padre; después de todo, ellos son los que entregan a un hijo para ganar una hija... y ambos han participado en el proceso de desarrollo del hijo.

* *Los varones, de negro; las mujeres, de blanco*: La moda la impuso la reina Victoria, que suponía que la mujer debía ser virgen para el matrimonio. No se esperaba lo mismo del varón; es más, se suponía que debía tener alguna experiencia sexual para "guiar" a la futura esposa. Dicho concepto no solo es ajeno a la Biblia, que habla en contra de la fornicación (relaciones sexuales fuera del matrimonio), sino también propone desigualdad entre el varón y la mujer, todo lo contrario al plan original de Dios.

* *Votos matrimoniales*: En algunos lugares, los votos matrimoniales se han convertido en toda una tradición, a los cuales no se les puede cambiar ni un ápice, porque se considera que es la única forma válida de pacto matrimonial. Lo que pocos saben es que los votos matrimoniales se crearon a partir de la fórmula introducida en el año 1522 en el Misal de la Iglesia Anglicana de Inglaterra. ¿Qué de malo hay que una pareja cree sus propios votos? Suelo hacer, en mis encuentros matrimoniales, que a la hora de hacer la renovación de votos cada pareja cree los propios. Suele ser una experiencia realmente hermosa e inolvidable.

Las tradiciones nunca deberían construirse sobre la base de supuestos antibíblicos y tampoco deberían convertirse en inamovibles. Dios nos hizo con la capacidad de pensar; es nuestro el derecho y el deber de obrar con inteligencia. Lo más preciado de un matrimonio es que se realice según los preceptos de las intenciones originales de Dios; todo lo demás solo es un añadido prescindible.

¿Vives sobre la base de tradiciones o de principios bíblicos universales?

El origen de nuestros conflictos

"Porque del corazón salen los malos pensamientos, los homicidios, los adulterios, las fornicaciones, los hurtos, los falsos testimonios, las blasfemias. Estas cosas son las que contaminan al hombre; pero el comer con las manos sin lavar no contamina al hombre". Mateo 15:19, 20.

Las computadoras son máquinas extraordinarias. Nos permiten hacer miles de tareas que antes llevaban mucho tiempo o consumían muchos recursos. Hoy es prácticamente imposible pensar la vida contemporánea sin la presencia de estos sofisticados aparatos. Sin embargo, por muy rápidos que sean, las computadoras no pueden hacer algo distinto de la información que tengan contenida. El programa que tienen instalado las condiciona.

Los seres humanos no somos máquinas; sin embargo, tenemos semejanzas sutiles, pero no menos radicales. Resulta muy difícil que alguien actúe en forma distinta a los condicionamientos mentales que tiene. Las ideas, los conceptos, los prejuicios, las ignorancias y los conocimientos condicionan lo que las personas finalmente son. Eso ya lo sabía Cristo, quien usó una imagen metafórica para transmitir el mismo concepto. Habló del "corazón", que era la forma habitual, en el mundo antiguo, para referirse a la mente, como el lugar de donde procedían las conductas.

Cuesta entender que toda acción, antes de serlo, es pensamiento. Nadie realiza un acto por casualidad ni de la noche a la mañana. Para que pueda obrar de un determinado modo, se dan pasos, a veces leves y constantes, que finalmente generan las condiciones que permiten actuar de una determinada manera. La mente es la generadora de conductas. Si alimentamos nuestros pensamientos de ideas erróneas o superficiales, del mismo modo tenderá a ser nuestra conducta.

Creo que por esa razón, finalmente, creo que la vida matrimonial y la estabilidad de la familia pasan por un cambio en la educación que genere nuevas formas de enfrentar las mismas situaciones cotidianas, pero con una actitud distinta.

Una idea errada puede contaminar la vida y llevarnos a obrar de una forma equivocada. Si actuamos como si fuéramos inmunes a las ideas, no seremos capaces de entender hasta qué punto podemos desviarnos de lo correcto. Así como las computadoras tienen instalados antivirus que las mantienen limpios de programas dañinos, nosotros debemos estar atentos a no ser controlados por ideas que finalmente nos lleven a conductas que nos alejen de Dios y de los principios correctos.

La salvaguardia para mantenernos protegidos es nutrir nuestra mente de alimentos, mentales que nos mantengan atentos a cualquier concepto extraño a los principios otorgados por Dios. El mejor contenido para nuestra mente es, sin duda, la Palabra de Dios y luego libros de autores cristianos comprometidos con una cosmovisión bíblica.

¿Estás alimentando tu mente con conceptos que puedan ayudarte en la construcción de tu matrimonio y tu familia?

Por las razones equivocadas

"Y esto pido en oración, que vuestro amor abunde aun más y más en ciencia y en todo conocimiento". Filipenses 1:9.

Los embarazos no deseados entre adolescentes han aumentado de manera pandémica. Es como si la revolución sexual hubiese traído una secuela de falta de sentido común y cada vez haya más jóvenes dispuestos a afectar el resto de su vida simplemente porque no fueron capaces de contenerse.

Sin embargo, aunado a este fenómeno cada vez más extendido, hay otro que es el de presionar u obligar a que los jóvenes que se embarazan se casen. Muchos consideran que el matrimonio viene a salvar el honor de la situación, y pone un manto de legalidad sobre algo que no lo ha tenido desde el principio.

A riesgo de que algún adulto que lea estas páginas se escandalice, quiero decirle que es un error creer que el matrimonio ayudará a una pareja inmadura a madurar. Obligar a una pareja que se está esperando a un hijo a casarse, y de ese modo sentirnos mejor salvando las apariencias, es una equivocación que trae nefastas consecuencias.

A menudo, los matrimonios gestados en estas circunstancias no solo duran poco tiempo, sino también producen secuelas mucho más graves que el traer a un niño no planificado a este mundo.

Las parejas que están esperando un hijo siendo adolescentes o jóvenes sin mucho sentido de la responsabilidad, a menudo, no están preparadas ni física ni psicológicamente para afrontar un matrimonio. En muchos casos, la situación simplemente se vuelve insoportable.

Es lógico que los padres crean que es la solución. Pero, no la es a largo plazo. Las parejas deben formarse por las razones correctas, y un hijo no planificado no es una buena razón para formalizar una unión matrimonial; al contrario, es un error.

La razón que vale es entender que la otra persona es lo más importante en mi vida y que, pase lo que pase, estaré en condiciones de apoyarla y ayudarla porque se convertirá en una extensión de mí mismo. Desear la felicidad del otro y trabajar para que sea una persona plena es lo único que hace posible un matrimonio.

Sin embargo, a menudo lo que se logra con esas uniones matrimoniales por causa de un embarazo no planificado es que los jóvenes sientan que están siendo encerrados de por vida en una prisión que no quieren estar. No es suficiente decir que toda conducta trae consecuencias; en ese caso, los resultados suelen ser más dañinos que la solución que se pretendía lograr.

¿Estás entendiendo las razones correctas por las que se debería formar un matrimonio? ¿Qué harías si te vieras enfrentando a una situación como la descrita?

Dependencia
económica

"El que ama el dinero, no se saciará de dinero; y el que ama el mucho tener, no sacará fruto. También esto es vanidad". Eclesiastés 5:10.

Una mujer, con tristeza, me contaba en una consulta:
–Llevo veinte años casada, y nunca he podido disponer de un mísero peso para mí.
Habiendo escuchado esto muchas veces, le dije:
–¿Qué hace cuando necesita comprar algo?
–Tengo que rogar. Si necesito un par de zapatos o ropa, o incluso lo más elemental, como es comprar utensilios de aseo o toallas higiénicas, tengo que pedirle a él y darle cuanta exacta de qué voy a comprar.
La miré con tristeza, y luego le pregunté:
¿Alguna vez ha tenido algún trabajo remunerado?
Ella me miró con un dejo de nostalgia, y me dijo:
–Nunca él me ha permitido trabajar. Constantemente me dice que me da todo lo que me hace falta, que no necesito salir a trabajar.
Esta conversación parece salida de algún diálogo medieval, pero, lamentablemente, no lo es. La he escuchado más de una vez en diferentes tonos y con distintas palabras. Una forma de abuso muy común tiene que ver con el control del dinero.
La investigadora y psicóloga Clara Coria señala, en uno de sus libros: "La persona dependiente económicamente, igual que la persona enferma –física o psíquicamente– es una persona limitada, y las limitaciones restringen su capacidad de acción".[40]
Lo más común es que muchas mujeres se vean restringidas en sus posibilidades simplemente porque no pueden tener recursos para poder disponer por propia voluntad.
Eso, que parece ser algo común, es tremendamente dañino para una relación de pareja. Termina infantilizando la convivencia, al grado de que la mujer deja de ser un interlocutor adulto válido y se convierte en una "hija", lo que ciertamente no es sano en un matrimonio. Al contrario, hablar de "matrimonio", en este contexto, es absurdo.
Una pareja sana administra sus recursos de manera conjunta. Cada uno dispone de dinero para gastos personales y nunca hay control de otro por medio de la dependencia económica. Eso es abuso. Y eso es así, aunque sea uno solo el que recibe sueldo.

¿Estás entendiendo que esto es delicado? Un mal manejo de este asunto destruye el matrimonio y la convivencia sana entre dos adultos.

Dios aborrece la violencia

"Jehová prueba al justo; pero al malo y al que ama la violencia, su alma los aborrece". Salmo 11:5.

Sucedió en la ciudad de Calama, en la República de Chile, pero, bien podría haber ocurrido en cualquier país latinoamericano. Una mujer fue golpeada a patadas y puñetazos por su ex esposo, y también por su hijo de 19 años, en plena vía pública.

La mujer había decidido abandonar a su marido tras dos décadas de un tortuoso matrimonio marcado por la violencia intrafamiliar. Sin embargo, a un año de haber dado ese paso tan significativo, su ex pareja y su hijo le propinaron una golpiza salvaje en plena calle y ante la presencia de otras personas, algunos de los cuales, contra la lógica imperante, intervinieron.

Fui testigo de algo similar en una feria pública del Ecuador; habría al menos trescientas personas observando, pero esta vez nadie intervino. Cuando quise hacerlo, una persona me retuvo diciendo:

—Es el marido; no intervenga.

Estos casos se han salido de cauce y han ocurrido en plena calle. Pero, ¿qué sucede con la infinidad de situaciones violentas que ocurren en el interior de tantos hogares?

El 95% de las personas víctimas de violencia intrafamiliar son mujeres y niñas. A menudo tendemos a minimizar el asunto, sin entender la gravedad del hecho. En muchas ocasiones, se sostiene que es un problema privado, que debe resolver la familia. Sin embargo, aunque el argumento parece ser convincente, no es correcto.

Violentar a otra persona es un delito, no un exabrupto momentáneo. Toda actividad ilícita lo es, sea efectuada en privado o en público. Por mucho que una persona haya realizado una acción delictiva en la intimidad de su hogar, eso no quita que siga siendo un acto ilegal. Amparar dicha actitud con el argumento de la privacidad es, simplemente, convertirse en cómplice de una violación a la ley.

Dios es un Dios de paz. El texto de hoy nos dice que él "aborrece la violencia". Es posible comprender que alguien que no ama al Señor y no tiene principios cristianos en su vida pueda actuar de manera ilícita. Pero ¿cómo entender que personas cristianas sean violentas con sus familias? Si eso ocurre, dichos individuos de hecho no son cristianos, por mucho que digan lo contrario. A Cristo se lo vive en la práctica, no en la teoría.

¿Cómo tratas a tu esposa? ¿Qué crees que pensará Dios de las acciones violentas? ¿Qué justificación podrás darle a Dios si violentas a tu familia?

¿Qué significa arrepentimiento?

"Deje el impío su camino, y el hombre inicuo sus pensamientos, y vuélvase a Jehová, el cual tendrá de él misericordia, y al Dios nuestro, el cual será amplio en perdonar". Isaías 55:7.

Hay palabras que solemos usar con liviandad sin entender el sentido de lo que implican. Una de esas expresiones es: "Arrepentimiento".

Muchos consideran que es suficiente acercarse compungidos para decir:

–¿Podrías disculparme, por favor? Me siento mal por lo que hice.

Pero, no es tan fácil el asunto. Ojalá lo fuera. El arrepentimiento es una actitud que solo puede producirse dentro de ciertas condiciones, y el perdón pleno, auténtico y real debe considerar dichos factores.

Lo primero es RESTAURAR. El principio bíblico es claro. Si alguien robó y se arrepiente... devuelva lo robado. El arrepentimiento implica restauración (Lev. 6:4).

Luego hay que COMPENSAR. Si lo que he hecho causa algún daño, devolver no es suficiente. También hay que buscar la forma de compensación frente al daño que se ha producido. El ejemplo de Zaqueo es aleccionador: al darse cuenta de que su maldad había dañado, devolvió cuatro por uno (Luc. 19:8).

Por otro lado, arrepentirse es CAMBIAR. Si alguien dice que se arrepiente debe mostrar que ha cambiado de rumbo. De hecho, la palabra en su original griego está asociada a "cambio de mente". El principio bíblico está expresado en el versículo que llama explícitamente a dejar los viejos caminos (Isa. 55:7). Volver a la conducta de la cual se ha "arrepentido" solo demuestra que la persona no ha sido honesta.

Finalmente, arrepentirse implica NO EVITAR LAS CONSECUENCIAS. Cuando uno realiza una acción, siempre viene una reacción que es ineludible. El perdón no elimina las consecuencias. Dios perdonó el pecado de David, pero le dijo claramente que no podría evitar la violencia en su familia como consecuencia de su pecado (2 Sam. 12:10). Sin duda, cuando se obra mal, uno quisiera que lo hecho se borrara y que las personas a las que ha defraudado simplemente dieron vuelta la página y no mencionaran más el asunto. Pero, no funciona así en la realidad. Necesitamos entender que lo que realizamos tiene consecuencias, nos guste o no.

Todo esto es arrepentirse y es parte de un proceso mucho más complejo que solo sentirse mal porque se ha obrado mal. De hecho, muchas veces se supone que el sentimiento de malestar es causa suficiente para obtener el perdón; pero, lamentablemente, no lo es. Es fundamental dar muestras patentes de que se ha obrado arrepentido. Un falso arrepentimiento es tan dañino como la mala acción realizada.

¿Estás arrepentido realmente? ¿Has experimentado este proceso de arrepentimiento?

Agradece por amar

"Dad gracias en todo". 1 Tesalonicenses 5:18.

Agradece cada instante la dicha de saber que alguien te espera y que al pronunciar tu nombre, enuncia un sonido que le produce una inmensa alegría. Agradece por la gracia de saberte especial para alguien. Agradece por el valor que le agrega, a tu persona, el saberte amado. La dicha se produce al agradecer el don del amor.

Quien va por la vida respirando sin amar es simple fuelle que funciona sin sentido. El amor nos introduce en una esfera divina; en un ámbito tan extraordinario que nos vuelve seres especiales. Cuando amamos, comemos pan celestial, manjar de dioses, y por eso el amor hace renacer en nosotros lo mejor.

De allí que "amor" sea la palabra más utilizada en todos los idiomas. De un modo u otro, nos conecta a todos los seres humanos, porque nos pone en una dimensión totalmente diferente de la habitual. Sin embargo, todo ese maravilloso don se diluye cuando nuestra actitud no es agradecida.

El agradecimiento es la capacidad de reconocer que algo ocurre por un milagro especial. Es la facultad que nos hace ser sensibles a lo que recibimos como un don de otros. A veces vivimos tan enfrascados en nuestras luchas cotidianas que olvidamos el gesto agradecido del que entiende que la vida no es simplemente desenvolvimiento de máquinas que van por allí trabajando, comiendo y sobreviviendo.

Los que aman, sin duda, lo hacen de manera incondicional. El amor no espera nada a cambio. Sin embargo, cuando el receptor de su afecto responde con una actitud agradecida, dicho gesto es como combustible para su fuego. Es la energía que hace que el amor perdure con mayor calidez y entusiasmo.

Muchas parejas hermosas han sido destruidas por falta de gratitud. Muchos han dejado que el amor se apague, simplemente por que han supuesto que lo que reciben lo merecen, sin comprender que el amor es un regalo que se otorga por voluntad.

Agradecer al que nos ama es el ingrediente que hace que la vida de pareja se nutra constantemente de vitalidad y fuerza. Quien no agradece se condena a sí mismo a ver que su amor se va diluyendo en la rutina, la frustración y el desencanto.

Comienza tu día agradeciendo a la persona que te ama. Hazle saber lo mucho que significa para ti su amor. Confíale lo tremendamente importante que es para tu vida el saber que te aman. Tres prioridades hay en la vida de la pareja: Agradece, agradece y agradece.

¿Estás agradeciendo de manera explícita, para que tu pareja entienda?

La necesidad de aprender

"Al ver esto, lo grabé en mi mente; lo vi y aprendí esta lección". Proverbios 24:32, DHH.

He trabajado casi toda mi vida pastoral con jóvenes. En el transcurso de estos años, he visto a muchos fracasar en el amor. Jóvenes exitosos en algunos aspectos de sus vidas han demostrado ser realmente ineficientes cuando se trata de cuestiones de relaciones interpersonales con una pareja.

Las causas que explican este fenómeno son muchas, pero sin duda la más significativa tiene que ver con las raíces. El modelo del hogar paterno es fundamental para las habilidades que se desarrollan o no en el interior de una relación de pareja.

A amar se aprende fundamentalmente por imitación. Muchos vieron a sus padres darse muestras de cariño de manera espontánea y comunicar de una manera explícita cuán importante era su pareja para su vida. Sin embargo, muchas parejas simplemente no aprendieron a hacerlo, y multitud de jóvenes lo único que vieron en sus casas fue una formalidad fría y desapasionada. Incluso, algunos vieron cómo sus padres se agredían mutuamente, lo que hizo que crecieran desconfiando de la posibilidad de amar.

Lo que no se aprende no surge por generación espontánea. Es preciso que se tomen algunas decisiones. Una de ellas es que, si no tuvimos modelos adecuados, hay que hacer esfuerzos para encontrar a personas que puedan mostrarnos un modelo diferente. Hay que reconocer que se es deficiente y, a partir de ese reconocimiento, solicitar ayuda. Darse cuenta del problema y estar dispuesto a pedir ayuda es, a menudo, la mitad de la solución.

En muchas ocasiones, las personas excusan sus faltas de habilidades en función de lo que no tuvieron, pero esa es una pobre excusa. Si alguien se da cuenta de que tiene una falencia y no busca ayuda suma, a su falta de habilidad, un problema más, que es la pasividad, lo que a la postre crea hábito y no le sirve para salir efectivamente de su problema.

Solo se aprende aprendiendo. Y no es un juego de palabras. La vida afectiva se desarrolla en la medida en que se pone en práctica. Somos más conscientes de nuestros afectos, emociones y sentimientos mientras los vamos reconociendo. El admitir algo hoy me crea las condiciones para dar un paso mañana.

A amar, se aprende. Y, como todo aprendizaje, tendrá sus momentos agradables, en los que todo irá a pedir de boca; y, en otros instantes, será como ir cuesta arriba con una pesada mochila sobre los hombros.

¿Has aprendido a amar verdaderamente? ¿Sabes expresar tu afecto y tu amor de forma que tu pareja lo entienda con claridad? ¿Entiendes que si no sabes necesitas pedir ayuda?

Nada es lo que parece

"Dios ve no como el hombre ve, pues el hombre mira la apariencia exterior, pero el SEÑOR mira el corazón". 1 Samuel 16:7, Biblia de las Américas.

En una de sus frases más famosas, Antoine de Saint-Exupéry dice: "He aquí mi secreto. Es muy simple: no se ve bien sino con el corazón. Lo esencial es invisible a los ojos".[41] Y es verdad, nada es lo que aparente ser.

Nada es lo que parece, ni lo más sórdido ni lo más sublime. Cada paisaje y situación esconden lo que el ojo descuidado nunca ve. Una simple mirada no ve; hace falta develar la realidad, hurgar detrás de bambalinas, sacar el polvo que impide que nuestra vida se deslumbre y asombre. Lo mejor siempre está cubierto con una capa de superficialidades que necesitan sacarse para ver con claridad.

Hasta el hecho más insignificante es más de lo que parece. Vivimos de ilusiones. Nuestros ojos viven de engaños y nuestra mente asiste a una obra de teatro permanente; a una comedia en la que los actores son mucho más de lo que representan.

Basta un paseo a orillas del mar para darnos cuenta de que las olas, en realidad, pretenden solo distraernos con su rumor constante para impedirnos ver toda la riqueza que esconde debajo de sus aguas.

Hay verdad en el silencio y mentiras en el sonido. La oscuridad revela tanto como el color; y hasta la luz blanca, que parece cristalina y transparente, esconde un espléndido espectro.

El rostro que aparece sonriente y feliz puede bien esconder una tormenta.

Hay más, en la realidad, de lo que percibimos; mucho más, que nuestra imaginación no alcanza a entender. El desafío es no conformarnos, no quedarnos satisfechos con el discurso inconcluso de la luz, el color y la imagen. No dejarnos persuadir por el silencio y la voz.

La verdad, lo esencial, a menudo está escondido de nuestros ojos.

Lo que hay que entender es que "muchos de nosotros hemos erigido elaboradas fachadas, porque estamos convencidos de que si la gente nos viese alguna vez como nosotros nos vemos a nosotros mismos el espectáculo los repulsaría".[42]

Lo que hacen esposo y esposa es dedicar toda la vida a develar el secreto que se esconde detrás de la sonrisa, del silencio, de la mirada, de la voz, del cuerpo. Es la tarea más hermosa a la que hemos sido llamados, tener la oportunidad de conocer realmente, al menos, a una persona en el mundo.

¿Estás dándote el tiempo de conocer realmente? ¿Entiendes que todos somos, en algún sentido un misterio que develar?

Respeto a la emoción ajena

"Cuando el arca de Jehová llegó a la ciudad de David, aconteció que Mical hija de Saúl miró desde una ventana, y vio al rey David que saltaba y danzaba delante de Jehová; y le menospreció en su corazón". 2 Samuel 6:16.

En una ocasión, la escritora francesa George Sand sentenció: "Dios ha puesto el placer tan cerca del dolor que muchas veces se llora de alegría". Una forma de decir que las emociones humanas son contradictorias.

Muchas personas no tienen las reacciones que se espera como normales frente a ciertos incidentes de la vida diaria. Un amigo mío cada vez que se pone nervioso se pone a reír. Se ha metido en problemas por reírse de situaciones en la que se espera que esté serio, como el anuncio de la enfermedad grave de alguien, por ejemplo. Otra persona que conozco suele tener estados de ánimo totalmente diferentes de un momento a otro. Podemos estar riéndonos a carcajadas de un chiste, pero luego él estará ensimismado y callado, como si hubiese recibido la noticia más dramática de su vida. Una amiga es conocida porque cada vez que se ríe mucho termina llorando. ¿Podemos explicar eso? Es probable que algún psicólogo intente *psicologizar* dichas conductas, pero lo real es que todo aquello solo es reflejo de la complejidad del ser humano.

Todas las personas casadas saben que han de lidiar no solo con el carácter y la personalidad del cónyuge sino también con sus estados de ánimo. Muchos estados anímicos no son pensados ni decididos previamente. Las personas llegan a ser como son por la combinación de muchos factores, en los que se mezclan incidentes personales, traumas, conflictos, percepciones, capacidades, intereses, creencias, historia familiar, etc.

Se comete un error cuando un marido o una esposa juzga a su cónyuge en función de lo que para él o ella es emocionante. No todos nos enojamos, alegramos, entristecemos o nos dolemos por las mismas razones, ni de la misma forma. Lo que enoja a uno puede serle indiferente al otro; lo que para uno es causa de alegría para el otro puede ser razón de espanto; lo que para uno es causal de tristeza para el otro puede no solo. Eso no es malo. Lo injusto es que pretendamos que el otro tiene que sentir como yo siento. El respeto consiste en entender que no todos tenemos que sentir las mismas emociones, al mismo tiempo y de la misma forma. Somos distintos. El que no comprenda ni acepte esto, simplemente, estará condenando su relación conyugal al fracaso.

El error de Mical fue juzgar la emoción de su esposo a la luz de sus propias emociones. Ella sentía de un modo distinto; no tenía derecho a imponer lo mismo a David. Es un ejemplo de lo que ocurre cuando no tenemos respeto a la emoción ajena.

¿Estás respetando las emociones de tu cónyuge? ¿Entiendes que tiene derecho a ser distinto(a) a ti? ¿Estás tratando de imponer tu forma de emocionarte?

Los que juntos nos comunicábamos dulcemente

"No me afrentó un enemigo, lo cual yo habría soportado; ni se alzó contra mí el que me aborrecía, porque me habría ocultado de él; sino tú, hombre, al parecer íntimo mío; mi guía y mi familiar; que juntos comunicábamos dulcemente los secretos, y andábamos en amistad en la casa de Dios". Salmo 55:12-14.

Entró en la oficina con unos grandes lentes de sol, que le ocultaban los ojos. No dije nada. Más de una vez había visto a una mujer que, después de haber llorado mucho, no deseaba que se le notaran las ojeras profundas dejadas por su llanto. Poco a poco, comenzó a hablar. Miraba hacia el suelo. Tenía en sus manos un pañuelo que apretaba una y otra vez. Sus palabras me sonaban como incoherencias. No iba al punto. Pero, no la apuraba. Tenía que darle tiempo para que hablara. De pronto, me dijo:

—Al principio, creí que era una mentira. Que no era verdad. Que aquello no me podía estar pasando a mí. Había escuchado más de un relato al respecto, pero no podía aceptar que fuese verdad en mi caso. Cuando me pegó, fue como si mi mundo se viniera abajo repentinamente.

De un momento a otro, todo lo que me había dicho adquirió sentido.

—Yo lo veía irritable. Pero de pronto, un día, simplemente arremetió contra mí como si fuera su peor enemigo, y me golpeó con los puños y los pies hasta dejarme enteramente amoratada. No le importaron mis gritos ni el llanto de los niños, que vieron todo. Ahora no sé qué hacer. Vivo atemorizada. En cualquier momento creo que va a actuar igual que aquel día. Simplemente, estoy tan angustiada que no sé qué hacer.

Quisiera que esta historia me la hubiese contado un desconocido. Pero, no fue así. Conocía perfectamente a aquella mujer. Era una de mis feligresas y su esposo uno de los líderes de la iglesia.

Hay un pecado que durante mucho tiempo se ha mantenido oculto, y es el de la violencia de los esposos contra las esposas. Violencia que comienza con insultos y acoso psicológico, y paulatinamente se convierte en agresión física.

Cuando alguien agrede a su cónyuge, está —de hecho— rompiendo los votos matrimoniales. Al casarnos, elegimos y prometemos cuidar, proteger, amar y respetar.

La violencia verbal y física rompe esa barrera y produce un quiebre en la pareja que, finalmente —sin ayuda externa— los lleva al descalabro.

Las personas no asumen esta actitud de la noche a la mañana. Se va incubando en el tiempo y luego aflora. En cada caso, quien padece algo así, debe pedir ayuda.

¿Estás atravesando algo similar? Si es así, pide ayuda. ¿Conoces una situación similar en algún conocido? Entonces, ofrece ayuda. En ambos casos, la ayuda externa es lo que permite que las personas salgan de estas situaciones.

¿Qué puedes hacer para que la violencia no anide en tu hogar?

El juego
de las palabras

"Si alguno cree ser religioso, pero no sabe poner freno a su lengua, se enga-
ña a sí mismo y su religión no sirve de nada". Santiago 1:26, (DHH).

—Veo que te compraste un vestido nuevo; ¿no había alguno que estuviera a la moda?

—Es linda esa camisa; solo que hace que se te noten los diez kilos de más.

Frases hirientes. Expresiones dichas como chistes. Intenciones ocultas detrás de alguna palabra que parece cariñosa, pero que en realidad esconde un ataque.

Todos hemos sufrido, de una forma u otra, por expresiones que nos degradan o humillan.

Muchas veces, dichas frases vienen precedidas por palabras –aparentemente– bien intencionadas:

—¿Puedo serte franco?

— Te voy a decir esto porque realmente te tengo cariño.

Con dichas frases, muchos se sienten autorizados a decir lo que se les venga en gana, sin medir las consecuencias que dichas palabras pueden tener en la mente de otra persona.

Incluso, en lo que se ha dado en llamar "crítica constructiva", se esconden insultos, agravios o crueldades, que se amparan en una "buena intención".

En el matrimonio, muchos se sienten con derecho a decirles a sus cónyuges las palabras que quieran. Pero, al contrario de lo que se piensa, muchas veces lo que decimos sí daña. De hecho, muchos especialistas señalan que, a largo plazo, los agravios, los insultos y la violencia verbal son más dañinos, para el equilibrio emocional de una persona, que un golpe.

A veces, incluso, se suele ser más cuidadoso para hablar con personas extrañas que con aquellos que viven a nuestro lado en la familia. Cada palabra impacta en forma negativa o positiva en la vida de otros. No existen vocablos neutros. Siempre están cargados de alguna intención o sentido.

Los chistes crueles o las burlas verbales suelen ser desastrosos para la estabilidad matrimonial. De hecho, he aprendido con los años que la calidad de una relación marital está directamente relacionada con el tipo de bromas que se hacen. Si lo que se dice pretende conscientemente provocar una ofensa o algún agravio, eso es antesala de situaciones que, a la larga, terminarán deteriorando –a veces definitivamente– una relación.

¿Diría Jesús lo que acabo de decir? Si Cristo estuviera casado, ¿le expresaría de ese modo su molestia a su cónyuge?

¿Qué tipo de palabras estás usando con tu pareja? ¿Usas las expresiones que quisieras oír dirigidas a ti?

287

Comunicación real

"Tus labios como hilo de grana, y tu habla hermosa". Cantares 4:3.

En cierta ocasión, mientras era estudiante, me vi afligido por causas económicas y, con mucho dolor, decidí vender algunos de mis libros. Pasé un largo rato decidiendo cuáles podrían ser prescindibles y cuáles podría reponer más fácilmente. Cuando tomé la decisión me dirigí, al lugar donde compraban libros usados, para ofrecerlos. No tuve problemas para venderlos, salvo por uno, que la dueña de la librería objetó, y me dijo que difícilmente vendería un libro con un título así. El libro en cuestión era *Casados pero felices*, de Tim LaHaye.[43] Ella, con sarcasmo me dijo:

—O se casan o son felices, pero una cosa y otra no van juntas.

Aún recuerdo el incidente, en parte, porque esa actitud escéptica sigue estando viva en la mente de muchas personas. Muchos se extrañan ante una pareja feliz y realizada en su vida matrimonial, y su extrañeza es mayor cuando saben que dicha pareja lleva años de matrimonio. Muchos sienten que ser feliz en pareja es una utopía y que permanecer casados es algo muy difícil. Lo paradójico es que todavía hay personas que apuestan por la vida de casados.

Lo que produce desazón es que a muchos no les parezca raro que una pareja después de seis meses o un año de casados esté o en vías de separación o ya separados. Lo consideran algo natural, sin cuestionarse qué de malo hay detrás.

Una de las razones del desencuentro de las parejas, que culmina en separación, es la falta o ausencia de comunicación real. Muy pocos logran comprender que si los esposos no se comunican, forzosamente, deja de haber relación.

Cuando llega algún matrimonio a la consulta con graves problemas de comunicación, les preguntó: ¿Qué pasó con el noviazgo? Muchas veces me miran con un tanto de sorna, para decir que aquello fue solo una ilusión. Lo cierto es que una de las razones por las que se pierde la comunicación es que se pierden algunos de los hábitos del noviazgo.

Los jóvenes enamorados continuamente están diciendo explícitamente que se aman. Aprenden a compartir sus sueños, esperanzas e ilusiones. Trazan juntos planes para el futuro y establecen metas. También comparten los momentos poco felices, con sus preocupaciones, tristezas y frustraciones. Es extraordinario cómo aprenden a interpretar los silencios y los gestos. Están continuamente pendientes del amado, para hacerlo sentir feliz. Cuando eso se pierde, se dinamita la posibilidad de mantener una buena comunicación. La buena noticia es que siempre es posible volver a empezar.

¿Aún continuas con las actitudes que tenías en el noviazgo o ya las perdiste?

Comunicación
sin estereotipos

"Entonces Abigail tomó luego doscientos panes, dos cueros de vino, cinco ovejas guisadas, cinco medidas de grano tostado, cien racimos de uvas pasas, y doscientos panes de higos secos, y lo cargó todo en asnos". 1 Samuel 25:18.

Se sugiere que la manera de comunicarse de los varones difiere radicalmente de la de las mujeres. Se afirma que comunicar es, para las mujeres, un medio para obtener compañerismo, "es compartir algo de sí mismas: sus sueños, aspiraciones, problemas y satisfacciones, su diario vivir. Para los hombres, en cambio, la comunicación tiene propósitos prácticos: resolver problemas prácticos, dar consejos o establecer planes".[44]

Las generalizaciones suelen ser peligrosas, porque se puede deducir, de ellas, conceptos errados. Aunque para muchas personas la declaración anterior es cierta, el error es suponer, a partir de esa observación empírica, que los varones y las mujeres, son por esencia así.

La realidad es que ese fenómeno de tener una distinta forma de comunicarse no se produce porque la naturaleza masculina o la femenina estén determinadas a ser de un modo u otro, sino porque la educación y los modelos que se presentan a la mayoría de las personas reflejan este comportamiento.

Me rebelo ante el pensamiento de que Dios formó a los varones para comunicar cuestiones prácticas y a las mujeres para expresar emociones. Ese estereotipo ha servido de base para interpretaciones que han sido el fundamento de una mala relación entre los sexos y, en general, de la subyugación unilateral de la mujer hacia el varón.

Muchos han creído que el varón está más dotado para las cuestiones prácticas: por esa razón, se supone que naturalmente tendría una capacidad natural para gobernar, dirigir y liderar. La mujer, por ende, siendo más emocional, estaría mejor tratada en un contexto en el que fuera gobernada, dirigida y liderada. Este concepto necio sigue repitiéndose aun en boca de personas que se llaman cristianas, y que no perciben que dicha argumentación lo único que logra es hacer perdurar las consecuencias horrorosas del pecado y su secuela de discriminación, maltrato y dolor.

Lo cierto es que mujeres y varones pueden aprender a expresarse tanto en el nivel emocional como en el práctico. Una u otra forma de ser no es prerrogativa exclusiva de un sexo. Conozco a varones que son capaces de dar a conocer sus emociones y sentimientos como también a mujeres que solo se comunican en el nivel práctico, y no han aprendido la comunicación emocional.

¿Falla de la naturaleza? No, distinta formación, y punto final.

Cuando los estereotipos dirigen la relación entre el varón y la mujer, tarde o temprano se termina viviendo lejos de la voluntad de Dios y siendo menos de lo que se podría ser para vivir de manera plena.

¿Estás aprendiendo a comunicarte de manera efectiva y sin estereotipos?

Atender a lo escondido

"Porque no hay nada oculto que no haya de ser manifestado; ni escondido, que no haya de salir a luz". Marcos 4:22.

En 22 años de casado, he asistido con mi esposa a varios encuentros matrimoniales, pero en más de una ocasión me he atragantado con tanta "dulzura" y "expresiones empalagosas" que hacen creer que el matrimonio se resuelve bien solo con flores y chocolates.

¿Está su matrimonio mal? Entonces, llévele flores a su señora. ¿No hay buena comunicación? Lleve a su esposa a comer a un restaurante elegante. ¿Pelean mucho y por cualquier cosa? Pues, llévele un chocolate a su esposa; eso siempre les gusta.

A riesgo de parecer aguafiestas, diré que todas esas recomendaciones son necedades elaboradas por personas que tienen "complejo de avestruz"; es decir, que no se preocupan por buscar solución a los problemas de fondo, sino que prefieren esconder la cabeza en la enseñanza de cuestiones intrascendentes.

No digo que una flor, una salida a comer afuera y un chocolate no sean buena idea, pero lo son en el contexto de una buena relación, no para solucionar cuestiones de fondo de la relación de una pareja.

Al contrario, estas "soluciones" a menudo resultan insultantes, porque tratan a las mujeres como si fueran simplemente seres caprichosos, que con una flor o un chocolate tendrían que calmarse y convertirse en criaturas dóciles e infantilmente controlables.

Un matrimonio es una relación compleja. Hay cientos de factores que son parte del proceso de deterioro de la convivencia matrimonial. La única vía posible para encontrar solución a los problemas que van en desmedro de la pareja es atender los conflictos profundos; ir a las bases de las situaciones y resolver lo que no está a la vista, pero que es la que causa los problemas.

Evidentemente, es mucho más sencillo comprar un ramo de rosas rojas que detenerse a pensar: ¿Qué responsabilidad tengo yo en todo lo que está pasando? ¿Qué actitudes debería cambiar para que fuera posible solucionar nuestras diferencias?

Siempre es más fácil pensar que el otro tiene la culpa del deterioro de una relación que pararse frente al espejo de la conciencia a examinar descarnadamente en qué nos estamos equivocando y qué cambios profundos debemos hacer.

De hecho, la mayor parte de los problemas matrimoniales se solucionarían con un autoexamen y con la disposición a buscar una solución efectiva para lo que deteriora la relación. Eso puede significar cambios profundos o asumir que se han cometido errores. Incluso, puede implicar la necesidad de buscar ayuda con especialistas.

¿Estás indagando en lo profundo o te quedas con respuestas superficiales?

Me duele no amarte

"Mejor es reprensión manifiesta que amor oculto". Proverbios 27:5.

Cuando Mery y yo estábamos de novios, nos escribíamos todos los días. A nadie se le habría ocurrido decir que estábamos haciendo algo malo. Al contrario, cuando alguien se llegaba a enterar, nos miraba con una mezcla de alegría y envidia. Tenemos varios paquetes de esas cartas. Un día, mi hija los encontró y pidió leerlos, y le dejamos leer algunas de esas líneas que eran tan nuestras. De una de esas cartas, es lo siguiente:

"Me duele no amarte, porque amarte ha sido el aire que me ha dado aliento para vivir. Si no te tuviera, mi vida sería solo supervivencia y existiría anclado a cada instante en tu sonrisa. Ver tu rostro cada mañana es comenzar el día ejerciendo el privilegio de ver el sol directamente a los ojos, sin temor a quedar ciego. Tu vida, tus sueños, tus sonrisas, todo me recuerda a un amanecer extraordinario sobre el horizonte. Pleno de colores extraordinarios. Lleno de formas iluminadas".

¿No les da cierta envidia?

El amor a los 18 años tiene una frescura que no debería perderse nunca. Lamentablemente, muchos matrimonios dejan apagar esa llama del amor por la rutina y la falta de iniciativa.

El amor, para subsistir en el tiempo, necesita cuidados tan esmerados como una planta delicada. No basta con regarla, hay que ponerle el agua justa para no ahogarla ni dejarla secarse. Necesita nutrientes que le permitan renovar sus raíces. Hay que ponerla al sol, pero, cuidando que la luz que reciba sea la suficiente para no dañarla. Nadie anda a las patadas con una planta, ni arranca sus hojas de manera descuidada.

Las cartas de amor que se acaban después del matrimonio demuestran que no se está alimentando la relación en forma suficiente. Aun más, se necesitan más palabras amables y gestos de amor cuando se está casado que antes. Iniciar una relación es fácil; mantenerla en el tiempo es lo arduo.

El amor necesita expresión. Sin expresión, se muere. Hay que decir que se ama, todos los días y cada momento que sea necesario.

Algunos se casan y se olvidan de las flores, de las palabras bonitas, de las tarjetas, de los chocolates, de los perfumes y de todas las expresiones de cariño que tenían antes del matrimonio. Es como si, después de haber alcanzado el objetivo, ya no hubiera más que conquistar. Pero es un error. El amor es una montaña que hay que subirla todos los días.

¿Cuándo fue la última vez que le dijiste a tu esposa lo mucho que ella significa para ti? ¿Hace cuánto que no le expresas a tu esposo que lo amas incondicionalmente? ¿Qué mutuo regalo se hicieron últimamente para expresar su amor?

Remedio para el alma

"El amor cubrirá todas las faltas". Proverbios 10:12.

Las heridas que no vemos son, a menudo, las más dolorosas. Esas llagas escondidas están bajo la epidermis de sueños y frustraciones que hemos acumulado a lo largo de la vida.

Toda persona esconde algún dolor profundo. A veces somos conscientes de ello, y en muchas ocasiones no. Muchos lo asumen como parte de su existencia y muchos otros lo niegan; lo cierto es que nadie está exento de sufrir. Todo ser humano lleva, en sí, la huella de algún hecho que lo ha marcado.

Cuando nos enamoramos, lo hacemos también con la ilusión de que la persona que es el objeto de nuestro amor nos ayudará a curar esas heridas que están en nosotros. Y en muchas ocasiones es así.

Conocí a una pareja muy hermosa, en la que él había tenido algunos episodios psiquiátricos muy dramáticos en su juventud, que le habían dejado huellas emocionales profundas. Solía ser desconfiado, distante, incluso hasta brusco. La gente solía alejarse de él por temor. Sin embargo, cuando se enamoró y fue correspondido, sufrió una transformación. Ella logró, con su cariño, despertar lo mejor de él. Alguna vez conversamos, y él me dijo emocionado:

–Ella le dio sentido a mi vida. Mis heridas quedaron en el pasado; soy otra persona.

Y de verdad lo es. Alguien que siente que el amor lo ha convertido en una persona diferente.

El texto bíblico dice que el "el amor cubrirá todas las faltas" (Prov. 10:12). A menudo lo interpretamos en el sentido de que el amor perdona y logra redimir a las personas, y es cierto. Sin embargo, también es posible otra lectura, en el sentido de que el amor cubre nuestras necesidades más profundas, nos da en algún sentido "aquello que nos falta".

La vida nos pone en situaciones en las que somos heridos en contra de nuestra voluntad. Esas heridas nos convierten en osos asustados, que atacan por temor a ser heridos nuevamente. Pero el amor produce el efecto de hacer que las personas se sientan confiadas, que abriguen esperanzas, que sueñen con que todo es posible.

El amor es el mejor bálsamo para nuestras emociones. El amor es el mejor antidepresivo y ansiolítico que conozco. Quien ama y es amado se siente en paz, y eso es un argumento conclusivo y definitivo a favor del amor.

¿Sientes que el amor que estás experimentando cubre tus heridas? ¿Amas de tal modo que tu vida tiene paz?

Honestidad
y sentido común

"¿Quién de nosotros habitará con las llamas eternas?

El que camina en justicia y habla lo recto". Isaías 33:14, 15.

Muchas parejas confunden "comunicación" con "franqueza". Sin embargo, una cosa y otra no necesariamente son lo mismo. Algunas personas suelen creer que decir lo que piensan sin consideración por los sentimientos de otros es hablar con honestidad. Sin embargo, ese tipo de accionar lo único que logra es que lo que se quiere decir realmente no llegue a la mente de la persona con la que hablamos. La reacción que provoca el escuchar la supuesta "verdad" le impide oír el mensaje, y eso no es comunicación.

Para comunicarse de manera adecuada, es básico reconocer y respetar a la persona con la que se pretende realizar la comunicación. Por otro lado, un buen mensaje dado en un momento inoportuno no sirve; es preciso esperar el momento adecuado. Puedes tener algo muy importante que decir, pero a las dos de la mañana, mientras tu cónyuge está tratando de dormir, no es bueno decir nada.

Por otro lado, es importante el tono en el que se dicen las cosas. La agresividad para decir ciertos mensajes lo único que logra es que no se reciba una correcta información. Agredir, insultar, humillar o burlarse no es relación; es nada más y nada menos que agresión. Y, en el contexto de una situación de violencia, comunicar se convierte en algo muy difícil.

Finalmente, es básico decir lo que se quiere decir con claridad, no pretendiendo que el cónyuge se convierta en un adivino de lo que el otro quiere decir. Muchos malos entendidos se evitarían si las personas dijeran lo que tienen que decir sin ambigüedades y siempre considerando lo que el otro puede sentir al respecto.

La comunicación siempre es un puente de ida y vuelta. No es posible que uno solo hable y el otro sea un receptor pasivo. Comunicar es una acción dinámica, que necesita la participación de al menos dos personas. Si no hay contribución de ambos, no hay diálogo sino monólogo.

Para que la pareja pueda comunicarse, necesita tiempo. Mi esposa y yo separamos todas las semanas un tiempo exclusivo para nosotros dos. Es nuestro momento para hablar. Es lo que mantiene aceitada nuestra relación y evita fricciones. Sabemos que tenemos un tiempo exclusivo para estar solos y decirnos lo que queremos. Si más matrimonios hicieran lo mismo, probablemente tendríamos menos malos entendidos y más personas dispuestas a entender al otro.

¿Dedicas tiempo de calidad para estar con tu cónyuge y dialogar?

Se enoja porque quiere

"No te apresures en tu espíritu a enojarte; porque el enojo reposa en el seno de los necios". Eclesiastés 7:9.

Muchas de las excusas de los matrimonios que fracasan están relacionadas con el enojo y el manejo de la ira. Solemos creer que esta emoción es involuntaria e impredecible. Muchos justifican sus acciones sosteniendo que, al estar enojados, actuaron fuera de sí y no son responsables. Permítanme discrepar. El enojo no es una acción involuntaria. NOS ENOJAMOS PORQUE QUEREMOS HACERLO.

La ira, es simplemente, una reacción provocada por nuestra elección personal. Es verdad que hay ocasiones en los que el enojo está completamente justificado: la reacción frente a una injusticia o ante un acto de crueldad de otra persona hacia alguien incapaz de defenderse.

¿Cuál es el problema? No es la emoción del enojo en sí, sino lo que decidimos a partir de ella y lo que pretendemos justificar por la ira.

Tengo derecho a que ciertas cosas me molesten. En otras palabras, puedo decidir enojarme por algo que no me agrada. Lo que hago después es la diferencia.

Si me enojo y a continuación soy violento el enojo es solo una excusa.

Si luego de enojarme, rompo objetos, digo palabrotas, golpeo a alguien o me emborracho, no tiene nada que ver el enojo; es solo lo que yo decido a continuación.

Jesús se enojó. ¡Claro que lo hizo! ¿Cuál fue la diferencia? Cristo no agredió a nadie. Nunca dijo palabras soeces como reacción frente a algo que le molestó. No fue violento. No rompió objetos.

¿Y la ocasión en que entró en el Templo? Sí, volcó las mesas de los cambistas, pero aun así demostró cortesía con las personas. No las agredió, y produjo tal impacto que las personas nunca se refirieron a él como un hombre violento; al contrario, lo que provocó fue que los dignatarios le tuviesen miedo y la gente lo buscase por "cuanto todo el pueblo estaba admirado de su doctrina" (Mar. 11:18). Jesús se enojó, pero siguió amando.

La diferencia con Cristo es que nosotros nos enojamos, y en ese mismo instante comenzamos a odiar.

El sabio Salomón es aún más drástico; sostiene que el "enojo reposa en el seno de los necios" (Ecl. 7:9). Evidentemente, no es un elogio.

La invitación es a que dejemos de excusar nuestras conductas por el enojo. Simplemente, aceptemos que nos enojamos porque queremos, y que las conductas que tenemos a partir de la ira son nuestra total responsabilidad, no del enojo.

¿Estás controlando tus acciones motivadas por la ira?

Espejos

"Oh Israel, confía en Jehová; Él es tu ayuda y tu escudo". Salmo 115:9.

La vida se vuelve a veces insoportable.

Muchos sienten que viven cada día con un peso enorme sobre sus hombros.

Esa sensación de agobio la han sentido la mayor parte de las personas, al menos una vez en la vida. No hay nada de malo en dicha situación, salvo el peligro latente de que algo transitorio se convierta en permanente.

Para quienes pierden la esperanza, la vida se convierte solo en supervivencia. Emprenden la jornada del día sin más ánimo que el de saberse con vida y con la obligación de cumplir ciertas expectativas.

En ocasiones, algunos matrimonios se dan cuenta de que lo que experimentan es solamente una sombra de lo que esperaban. Se acuerdan de sus sueños de juventud y les da pena no haber logrado lo que se proponían. Cuando dicha situación se convierte en algo de todos los días, muchos comienzan a experimentar la sensación de estar en un túnel del que no saldrán, que a cada paso se vuelve cada vez más oscuro y en el cual no se percibe ninguna luz al final del sendero.

Para vivir, se necesita esperanza. Para estar en pareja, es preciso tener la seguridad de que las situaciones difíciles son solo un bache en el camino y que de algún modo van a ser superadas. Cuando se llega a creer que no es posible salir, la pareja comienza a sumirse en un estado de desesperanza que hace difícil no solo emprender la jornada sino también mantener la relación.

¿Cómo salir de una situación así? ¿Qué hacer frente a la desesperanza?

No es fácil, pero es posible salir.

El elemento fundamental es encontrar un sentido. Es como un barco en un mar agitado. No importa cuán malo esté el tiempo, si el capitán sabe hacia dónde está el puerto, se mantendrá navegando contra viento y marea. Si se pierde, las posibilidades de salir son pocas. Lo más probable es que andará en círculos y sin mucha esperanza de salir.

Encontrar un sentido, un hacia dónde dirigirse, es lo primordial. Si una pareja no es capaz de hacerlo por sí mismas necesitan ayuda, para que otra persona los guíe en ese camino de descubrimiento; otro ser humano, que no esté involucrado afectivamente con ellos, que pueda servirles de espejo para que puedan reencontrar el rumbo; un pastor, una pareja adulta estable, un médico, un educador, alguien que pueda guiarlos.

¿Necesitas salir a buscar ayuda? ¿Estás perdido? ¿Sientes que estás dentro del túnel y no sabes cómo salir? ¿Qué tal si sales a buscar a alguien que te sirva de espejo?

Inválidos emocionales

"Jesús lloró". Juan 11:35.

"Intimidad" es una palabra que asusta. Produce el efecto de un arma que nos apunta directamente al pecho. Nos hace sentir vulnerables.

Quienes más le temen son los varones. La masculinidad es formada, culturalmente, con desapego a la intimidad; al contrario de lo que sucede con las mujeres, que desde pequeñas se las forma para vivir la vida íntima sin ambigüedades ni vergüenza.

Los machos suelen rehuir todo aquello que implique compromisos emocionales profundos. Cuando una mujer comienza a insistir en que el varón abra su mente para revelar sus emociones más profundas, a menudo se encuentra con un muro de roca, que busca huir de algo que no sabe cómo manejar. En el tipo de formación que se imparte a los niños del sexo masculino, la intimidad emocional es algo que se deja de lado, incluso por los mismos padres, que suelen tratar de manera distinta a sus hijos de diferente sexo.

Sin embargo, ninguna pareja logrará avanzar en su vida afectiva si no se da tiempo para la intimidad. Personas que han tenido una historia diferente hasta el momento de conocerse necesitan intimidad para mantenerse leales y estables en su relación.

Muchos varones confunden intimidad con encuentro sexual, y no necesariamente es lo mismo ni va junto. Abrir las emociones es un acto de entrega. Implica hacernos vulnerables al expresar lo que realmente somos, sin las máscaras que aprendemos a ponernos.

El llegar a la intimidad emocional demanda tiempo y un proceso en el que las personas van pasando de una etapa de desconfianza y descubrimiento a una en la que prima la lealtad y la convicción de que la intimidad no será nunca utilizada en su contra.

Muchos varones han sido formados en la creencia de que demostrar intimidad emocional es signo de debilidad. Lo real es lo contrario. Las personas que no aprenden a expresar lo que realmente sienten, en el fondo, son cobardes, porque no se atreven a mostrar quiénes son por temor al rechazo o a que sus emociones sean mal interpretadas o mal utilizadas.

Cuando se junta un grupo de varones, generalmente hablan de cosas que son epidérmicas; en otras palabras, se concentran en todo aquello que sea externo y que no implique ningún compromiso de tipo emocional. Las conversaciones están llenas de detalles sobre deporte, política, vehículos y mujeres, pero, nada que implique decir lo que se siente realmente, aquello podría ser interpretado como debilidad.

Este tipo de formación no solo es una tontería, sino también, en la práctica, convierte a muchos varones en inválidos emocionales.

¿Eres un inválido emocional? ¿Necesitas aprender a experimentar la intimidad emocional? ¿Entiendes la importancia de la intimidad emocional para la relación de pareja?

Para siempre

"Conservaos en el amor de Dios, esperando la misericordia de nuestro Señor Jesucristo para vida eterna". Judas 1:21.

A muchos les cuesta proyectar sus vidas más allá de este mundo. Les es difícil creer que es posible que algunas de las bendiciones de esta tierra puedan continuar en la Tierra Nueva de la promesa.

Una de esas reticencias tiene que ver con el matrimonio.

Muchos teólogos –basados en conceptos no bíblicos– sostienen que cuando Cristo, venga y sea renovada y transformada esta tierra, el matrimonio tal como lo conocemos hoy será abolido. Dicho concepto se ha construido sobre la base de un prejuicio introducido en el cristianismo de la mano de autores dualistas como Agustín de Hipona y Tomás de Aquino, a quienes les parecía un absurdo la resurrección corporal y un mundo celestial donde hubiesen personas de carne y hueso.

Sin embargo, no hay argumentos bíblicos que hagan pensar en una resurrección incorpórea.

Por otra parte, algunos que están viviendo relaciones de pareja infelices no quieren saber de nada que signifique proyectar fuera de este mundo sus amarguras terrenas. No obstante, eso es simplemente una situación excepcional, producto del pecado.

Lo cierto es que Dios hizo el matrimonio para que, en condiciones favorables, persistiera para siempre.

Anhelo un mundo en el que continuaré amando sin temor a ningún factor externo a Mery, esa amiga maravillosa que me ha brindado la oportunidad de crecer amando.

Si no hubiese entrado el pecado en este mundo, sin duda, la primera pareja y todas las que hubiesen venido después se mantendrían unidas por la eternidad. En un contexto en el que las relaciones de pareja son tan precarias, este pensamiento aparece como absurdo; sin embargo, la lógica de Dios no es la nuestra, y el pretendió algo diferente desde un inicio.

¿Estás siendo el tipo de persona que puede ser amado eternamente? ¿Estás viviendo de tal modo que tu cónyuge desee vivir junto a ti para siempre, no solo hasta que la muerte los separe?

Sentimientos encontrados

"Ha de oírse aún voz de gozo y de alegría; voz de desposado y voz de desposada". Jeremías 33:11.

Siempre me ha llamado la atención y me ha impresionado la gente que llora en las bodas, especialmente mujeres.

Lloran las madres, que ven a sus hijas y sus hijos partir hacia una etapa nueva. Lloran las amigas, que saben que a partir de ese instante todo será diferente. Lloran las hermanas, que ven partir a quien las ha acompañado durante toda su vida. Lloran las novias, por estar participando de un sueño acariciado. Lloran las viudas, que recuerdan sus propias bodas. Lloran las solteras, que no encuentran pareja, y quisieran estar ellas en el lugar de la que se casa. Lloran las despechadas, que ven a un novio que quisieran que hubiese sido el suyo. Lloran las suegras, porque temen que a sus hijos o a sus hijas nadie los trate igual que ellas. Lloran las abuelas, porque se dan cuenta de cómo ha pasado el tiempo. Lo mismo les sucede a todos los varones... pero ellos –machos recios– lloran para adentro, pero igual lloran.

Están también los que lloran porque saben que el matrimonio es una tarea difícil. Lloran los que han fracasado. Lloran los que se dan cuenta de que sus malas decisiones los han llevado a un punto en el que es muy difícil no padecer consecuencias negativas. Lloran quienes ya no tienen esperanza. Lloran los abandonados. Lloran las víctimas de la violencia que se esconde detrás de fachadas de cortesía pública, pero de abuso íntimo. Lloran todos aquellos que pusieron sus esperanzas en el matrimonio y van viendo de qué manera ellas se les diluyen en el mar embravecido de las amarguras.

Sin duda, las celebraciones matrimoniales evocan sentimientos encontrados. Ojalá todo fuera sonrisas, pero, eso es mucho pedir; la realidad es otra. Las bodas son una de esas ceremonias que obligan a todos a replantearse el sentido de sus vidas y lo que han logrado hasta ese momento. Obliga a las personas a volverse hacia sí mismas para observar un cuadro que no todas las veces es agradable contemplar.

Es uno de esos momentos en que dejamos de lado lo contingente y habitual, y nos concentramos –aunque sea por un momento– en lo verdaderamente importante. Nos recuerda que la vida es compleja y, en muchas ocasiones, enmarañada por situaciones que escapan a nuestra voluntad y por otras que hemos creado nosotros.

Dios quisiera que todos rieran de alegría; que las bodas fueran un momento de dicha que celebrara la esperanza, la confianza en el futuro y el contemplar el renacimiento constante del amor.

¿Qué hay en tu vida hoy: alegría o tristeza? ¿Qué sentimientos te evocan una boda? ¿Hay algo que puedas hacer para remediar la melancolía?

Por su nombre

"El corazón de su marido está en ella confiado". Proverbios 31:10.

Soledad* vino a verme apenas conteniendo su ansiedad. Constantemente apretaba un pañuelo que tenía en sus manos. Hacía algunos meses se había casado, y estaba viviendo una situación que no podía sostener. Su esposo, Alfredo, no confiaba en ella. Continuamente le preguntaba dónde había estado, con quién, incluso en ocasiones lo había sorprendido oliendo algunas de sus ropas. Ella siempre supo que él era celoso; pero, cuando eran novios, lo consideró solo una muestra de amor. Se convenció de que él la amaba tanto que no podía dejar de pensar en ella en ningún momento. Pero, ahora, después de poco más de seis meses de casada, la situación se le volvía insoportable.

Los celos que parecen ser una muestra de amor, en realidad demuestran una situación compleja, que está asociada a la inseguridad y a la falta de autoestima. Es fácil confundir las actitudes del celoso con muestras de amor, cuando en realidad lo que presentan es una desviación de la personalidad que, en muchos casos, es simplemente reflejo de alguien que no aprendió a confiar.

La relación de pareja se basa en la confianza. Cuando no hay motivos para desconfiar, los celos son un impedimento para que la relación se desarrolle de manera estable y armoniosa. Al contrario, en el contexto de una relación en la que los celos son la tónica, la pareja únicamente verá entorpecida su capacidad de desarrollarse de tal forma que uno y otro se perciban a sí mismos como personas adultas, que participan de una relación consensuada.

Los celos asfixian la relación. Una persona celosa no pone límites a su desconfianza, convirtiendo, en muchos casos, su conducta en una paranoia que trae muchas horas de amargura y tristeza, especialmente al que es celado sin ningún motivo.

Incluso los celosos llegan a celar acerca de las relaciones que, se suponen, son naturales: padres, hijos, amigos o compañeros de trabajo. En el fondo, sienten celos de cualquiera que, de algún modo, nuble el interés de su cónyuge hacia él o ella. Lo que los celosos no logran entender es que es precisamente su actitud la que hace surgir la desesperanza, el desapego y, finalmente, la ruptura. Su conducta se convierte en profecía autocumplida. Sus peores temores se cumplen, por su culpa. En el Antiguo Testamento apedreaban a los celosos; ¿cuántos durarían hoy?

¿Sientes celos en relación con tu cónyuge? ¿Estás asesinando, con tu actitud, tu relación de pareja?

---

* Los nombres han sido cambiados.

Según el cristal

"Cada uno mire cómo sobreedifica". 1 Corintios 3:10.

Perdí la cuenta de todos los matrimonios que he atendido a lo largo de estos 18 años que llevo orientado parejas. He escuchado de todo, al grado de que ya no me asombra nada. De algún modo, las distintas experiencias me han preparado para las dificultades que debo enfrentar.

En todo este tiempo, he escuchado las más distintas definiciones en torno al matrimonio, dichas en distintos tonos y con los más variados rostros.

Una mujer me dijo, en cierta ocasión:

—Para mí, el matrimonio es algo muy difícil; no sé cómo algunos pueden soportarlo.

Y lo decía en serio y con un rostro que denotaba una gran tensión.

Un hombre que se acababa de divorciar me dijo:

—Para mí el matrimonio es un infierno; el que lo inventó estaba demente.

Luego soltó una sarta de improperios e insultos en contra de su ex esposa y sus hijos. Sus labios destilaban odio y veneno.

Otro hombre, con una profunda fe en Dios me dijo:

—El matrimonio es una constante fiesta de alegría.

Me quedé mudo, porque sabía que había sufrido dificultades económicas hasta ser llevado a la quiebra, y que uno de sus hijos más pequeños sufría de un retardo sin remedio.

Al pedirle que me aclarara lo que me había dicho en el contexto de lo que había sido su vida, con un rostro lleno de tranquilidad y con una gran convicción, me dijo:

—Descubrir a mi esposa fue un regalo del Cielo. Ella me ha dado ánimo para seguir todo este tiempo. No importa cuán mal esté o cuán difícil sea vivir cada día, sé que cuando estoy a su lado todo pareciera ubicarse en su lugar correcto. Ella es mi sostén. La que me da alegría a cada instante. Además, sé que ella es un don de Dios, que quiso alegrarme la existencia poniéndola a mi lado.

Otra persona, una creyente convertida me dijo:

—Para mí, no hay algo más importante en la vida que mi matrimonio. Es lo más trascendente que tengo entre manos.

Y se le notaba en la forma de mirar a su esposo y la manera en que se enlazaban las manos.

¿Qué produce la diferencia entre una persona y otra? De todos los factores que he estudiado, creo que la actitud es fundamental. La forma en que decidimos visualizar la realidad condiciona nuestra manera de relacionarnos con lo que nos rodea, y eso, ciertamente, incluye al cónyuge.

¿Qué actitud tienes frente a la vida cotidiana? ¿Qué actitud tienes frente a tu cónyuge?

El último día

"Enséñanos de tal modo a contar nuestros días, que traigamos al corazón sabiduría". Salmo 90:12.

Si supieras con certeza que hoy es el último día de tu vida, ¿qué harías?

Esa pregunta dramática se me ha cruzado más de una vez por la cabeza. Las respuestas que me he dado a mí mismo han sido variadas, tan distintas como situaciones tengo que enfrentar.

En algunos momentos he pensado que buscaría la forma de ir al lugar que he soñado con viajar toda mi vida (pero, tal vez 24 horas no me alcanzarían para llegar hasta Tahití). O quizá me sentaría y comería helados hasta hartarme, sin pensar en calorías ni sobrepeso. O me pondría a llamar a gente que he querido saludar desde hace mucho; solo que mi saludo sonaría medio extraño, como una despedida.

Me ha tocado acompañar a parejas o a familias que tienen que despedir a un moribundo. De hecho, he debido servir de mediador, y nunca he visto a alguien preocupado por viajes, comidas o llamadas telefónicas. Lo único que he sentido es una urgencia enorme por arreglar diferencias, malos entendidos, y expresar a su familia y su pareja cuánto ellos han significado en su vida. En esos momentos, abundan las lágrimas, los pedidos de perdón y las reconciliaciones, aunque lleguen momentos antes de ir al cementerio.

Alguien dijo en cierta ocasión: "Vive cada día como si fuera el último de tu vida, porque bien puede serlo".

Si supiera que hoy es mi último día, me acercaría a mi esposa y le diría cuánto la amo. Le expresaría que me faltarían palabras para describir todo lo que ella ha significado para mi vida en todos estos años.

Si supiera que hoy es mi último día, abrazaría a Mery Alin y a Alexis Joel, y les diría que lo más hermoso de ser su padre es que ellos han sido la luz que ha iluminado mi vida de esperanza.

Si supiera que hoy es mi último día, haría lo importante, que es recordar que al fin de cuentas lo único que nos queda de valioso son las personas que nos rodean y que hacen de nuestra vida algo llevadero.

Si supiera que hoy es mi último día, le diría a Dios que estoy feliz de saber que la vida tiene sentido porque Jesucristo nos hizo libres para elegir.

Si tan solo viviéramos cada día como si fuera el último, ¿no crees que la vida de todos los seres humanos sería distinta en algún sentido?

¿Sabe tu cónyuge cuán importante es para ti? ¿Les dijiste a tus hijos cuánto los amas? ¿Hay algo que necesitas arreglar con alguien?

Reciprocidad

¡Qué hermosa eres, amor mío, qué hermosa eres! [...] ¡Qué hermoso eres, amor mío, qué hermoso eres!" Cantares 1:15, 16, DHH.

Muchos viven frustrados porque sienten que no existe equidad en su relación. Dan, pero no reciben lo mismo. Las parejas que sostienen su relación en forma unilateral, pretendiendo que deben recibir sin dar nada a cambio, están condenadas a la desdicha y la frustración. Muchos hablan del matrimonio como de un contrato, siguiendo la idea que instauró en Occidente Rousseau. En cierto modo lo es; es un compromiso en el que ambas partes se comprometen a dar de manera recíproca para la felicidad del otro.

Al casarse, la pareja hace un compromiso que es idéntico para ambas partes. La relación matrimonial se basa en un acuerdo no unilateral, sino en un "mutuo acuerdo", que se sustenta sobre tres cláusulas básicas de convivencia: "El matrimonio de mutuo acuerdo combina la química (deseo sexual), la compatibilidad (atracción intelectual) y la capacidad para comunicarse en forma explícita o tácita aquello que uno desea o rechaza".[45] Si alguno de estos elementos falta, como un taburete de tres patas, el matrimonio se desploma.

En Cantares, el esposo y la esposa se prodigan los mismos elogios; no hacen diferencias, ni hay subordinación de uno hacia el otro. Son dos personas que han decidido amarse y, por lo tanto basan su relación en la reciprocidad.

El recibir comienza con el dar. No es al revés. Muchos matrimonios se construyen sobre el egoísmo. El deseo de recibir sin dar logra que, finalmente, una de las partes se canse y no quiera seguir en ese juego de falta de compromiso. He visto más matrimonios fallar por falta de reciprocidad que por cualquier otra cosa.

Una mujer me dijo, en cierta ocasión:

—Estoy cansada. Me cansé de ser la única que aporta a este matrimonio.

Hasta Dios tiene un límite. La figura más recurrente en la Biblia es de Dios "casado" con su "pueblo". Sin embargo, aunque el Señor hace todo de su parte, llega un momento en que también se detiene, y dice: "Basta, se acabó, esto no va más". Ese momento, que lo anunciamos escatológicamente, tiene un sentido; Dios no puede seguir eternamente en una relación en la que no hay reciprocidad.

Todos los días deberíamos evaluar si nuestra relación está o no sustentada sobre la base de entregar. Si así no fuera el caso, tarde o temprano el que no recibe a cambio lo mismo que da terminará hastiándose.

¿Hay equidad en la relación que mantienes con tu cónyuge? ¿Sientes que recibes lo mismo que das? ¿Qué puedes hacer para mejorar la situación?

La amada inmóvil

"Los días de nuestra edad son setenta años; y si en los más robustos son ochenta años, con todo, su fortaleza es molestia y trabajo, porque pronto pasan, y volamos". Salmo 90:10.

Cuando se ama de verdad, el dolor de la pérdida es indescriptible.

El poeta mexicano Amado Nervo escribió el libro *La amada inmóvil*[46] en recuerdo de quien fuera su compañera Ana Dailliez, quien murió el año 1912 de fiebre tifoidea.

Es un libro desgarrador, de aquel que, habiendo amado de verdad, siente la cruda soledad al ver que la presencia de la amada ya no está. En el poema "¿Qué más me da?", escrito solo a un mes de su muerte, dice:

"¡Con ella, todo; sin ella, nada! / Para qué viajes, / cielos, paisajes. / ¡Qué importan soles en la jornada! / Qué más me da / la ciudad loca, la mar rizada, / el valle plácido, la cima helada, / ¡si ya conmigo mi amor no está! / Qué más me da..."

Cuando muere un ser amado, se pierde el rumbo. Es como si de pronto hubiese que armar todo un entramado de sentido y significado. Es un volver a empezar. Es replantearse toda la vida.

En el poema "Lejanía", escrito siete meses después:

"¡Parece mentira que hayas existido! / Te veo tan lejos... / Tu mirada, tu voz, tu sonrisa, / me llegan del fondo de un pasado inmenso..."

Dos años después, escribía el poema "Indestructible", que dice:

"Desde que te perdí, / mi vida se va pasando / piadosamente pensando / en ti".

He escuchado, a lo largo de los años, expresiones similares, no dichas como un poeta, por quienes han perdido a su esposo o a su esposa.

Una de las cosas más trágicas que me ha tocado vivir es observar la sensación de tristeza de quienes no dijeron esas palabras de amor y cariño cuando a quien amaban vivía con ellos. Luego, cuando la muerte los ha visitado, sienten una profunda pena y un duelo interminable, por no haber sido lo suficientemente explícitos en su cariño hacia la persona amada.

La vida es corta; el recuerdo es más largo. Como dice el salmista: "Los días de nuestra edad son setenta años; y si en los más robustos son ochenta años, con todo, su fortaleza es molestia y trabajo, porque pronto pasan, y volamos" (Sal. 90:10).

Pasa el tiempo. Llega la muerte en el momento menos esperado.

Hay que amar, pero también decir que se ama, todos los días de la vida del amado. No sabes si hoy puede ser la última vez que abraces a tu cónyuge. Que tus palabras sean sazonadas con amor; pueden ser las últimas que escuche la persona que dices amar.

¿Estás entendiendo que amar es algo de todo momento?

Autoengaños

"Y no engañe ninguno a su prójimo, sino temed a vuestro Dios; porque yo soy Jehová vuestro Dios". Levítico 25:17.

Una ley de 1775 establecía que las novias no podían maquillarse para la boda, porque eso estaba considerado como una trampa, y el matrimonio no sería legítimo porque el novio habría sido atrapado con engaño.

Al margen de que nos haga reír o no esta práctica tan infantil, lo cierto es que muchas personas se casan con engaño.

Una situación que me ha tocado experimentar de un modo u otro es la de aquellos jóvenes que se unen a la iglesia mediante el bautismo solo con el propósito de conseguir la autorización de los padres cristianos del novio o de la novia, y de paso poder casarse en una ceremonia religiosa, reservada a menudo para personas de la misma filiación religiosa.

Sin embargo, una vez conseguido el propósito de casarse, la mayoría opta por renegar de los compromisos hechos con Dios y la iglesia mediante la ceremonia bautismal.

En muchos aspectos, este es un engaño doble. Jóvenes ansiosos por haber encontrado a alguien que suponen su "alma gemela" no ven las evidencias de la mentira, y se autoengañan pensando que la otra persona es honesta en sus propósitos. A menudo, he visto a jóvenes y señoritas frustrados tras la boda, al ver que sus cónyuges son muy distintos de lo que prometieron ser. En muchos casos, la constatación del artificio hace que muchos comiencen a desconfiar de sus cónyuges en otros aspectos de su vida.

Quien se acerca a la iglesia con el fin de conseguir un novio o una novia está equivocando el camino. Con Dios no se juega. El que hace una promesa de bautismo realiza un compromiso con un ser divino, no con un humano.

No vale la pena comenzar un matrimonio sobre la base del engaño. Quien atrapa a otro poniéndose una máscara cosmética de santidad con el fin de hacerle sentir que de verdad cree con total honestidad en los principios y las doctrinas que su pareja sustenta, pero que en el fondo es únicamente una máscara, tarde o temprano no solo hará infeliz a su pareja, sino tampoco él o ella será pleno, porque se verá limitado por una forma de vida que no es la que ha elegido conscientemente. De hecho, la religión no es una aceptación pasiva de una multitud de doctrinas, sino que es una forma de vida que permea toda la existencia en todos los aspectos.

¿Eres honesto tu cónyuge? ¿Entiendes que con Dios no se juega? ¿Sabes que el autoengaño es el más cruel de los engaños, porque se lo hace a uno mismo?

Honestamente

"Andemos como de día, honestamente". Romanos 13:13.

Un amigo comerciante tiene como lema de su vida: "La honestidad es el mejor negocio". Y realmente le va bien. La gente confía en él y sabe que cuando compra un producto es exactamente como el que ha descrito.

Muchos se casan con alguien confiando en que están "adquiriendo" un "producto", cuando en realidad es otro. En muchas ocasiones, he escuchado frases como:

–Pensé que era otra persona, pero estaba engañada.

–Me equivoqué al juzgarlo, creí que era distinto.

–No es la mujer con la cual creía estar casándome.

Las consecuencias de estas frases son, en muchos casos, el preámbulo de un quiebre. Prenuncian que aquel matrimonio va directo al fracaso.

La coherencia consiste en que no hay contradicción entre el discurso hablado y el vivido. En otras palabras, se mantiene coherencia cuando la persona mantiene la misma conducta en privado y en público.

Sin embargo, muchos juegan al juego de la "conquista". Buscan impresionar a la persona con la que quieren casarse, mostrándose de un determinado modo que resulte atractivo. Sin embargo, cuando ya han logrado su objetivo, optan por ser tal como son. Es muy difícil vivir una parodia permanentemente. Resulta complejo no ser auténtico. Tarde o temprano, queda en evidencia lo que las personas son realmente.

En relación con el matrimonio, es injusto al final para ambos el no ser tal como se es. Mostrar una cosa y ser otra es dañino para la relación. Se pierde confianza, que es la base fundamental de la relación. Las personas terminan no creyendo en el otro. Aunque el otro cambie o diga que de ahora en más será transparente, es lícito que su pareja desconfíe... es el precio del engaño.

La mejor forma de solidificar una relación es ser honesto. La capacidad de decir: "soy esto y no otra cosa", puede ser algo doloroso a veces, especialmente cuando hay que admitir determinadas falencias o errores, pero a la larga es mejor.

Por otro lado, todos tenemos derecho a esperar que las personas con las que nos vamos a relacionar sean totalmente honestas con nosotros. Es lo mínimo que esperamos, especialmente de aquellos con los que hemos de compartir la vida.

¿Eres totalmente honesto u honesta? ¿Entiendes el daño de la mentira?

¿Hay alguna edad fácil?

"De los pecados de mi juventud, y de mis rebeliones, no te acuerdes; Conforme a tu misericordia acuérdate de mí, por tu bondad, oh Jehová". Salmo 25:7.

Los hijos son una tremenda bendición y alegría, pero también son un gran dolor de cabeza.

¿Has viajado en un auto con dos adolescentes en una carretera por siete mil kilómetros? Pues, es una experiencia alucinante y también, algo así como una tortura inventada para generar en nosotros una cuota de paciencia sobrehumana.

En nuestras últimas vacaciones, tomamos el auto y atravesamos casi toda la República de Chile de norte a sur. El paisaje era hermoso, pero el ambiente en el interior del automóvil era, de a ratos, tan tenso que parecía que podría ahogarnos.

No me entiendan mal: amo a mis hijos; son dos personas extraordinarias y en muchos aspectos son admirables, pero la mayor tiene, en este momento, 20 años y el menor 15. En muchas ocasiones son tiernos, amables y simpáticos, pero en otros momentos son porfiados, inestables y caprichosos. Actúan como la mayoría de los adolescentes a su edad. No les puedo pedir menos.

La mayoría de las veces parecen tener tanta hambre que se comerían un buey, si pudieran. Necesitan veinte horas de sueño para... continuar cansados. Les preocupan asuntos que a menudo, cuando los escucho, me parecen extraterrestres. Conocen más de algunos artistas de cine que de personajes históricos claves de nuestra civilización.

He tenido que releer el libro que escribí para adolescentes... cuando mis hijos eran niños,[47] y de verdad creo que en buena hora lo escribí, porque si no me sentiría más perdido de lo que a veces me siento.

Pero esa es la ley de la vida. Le comenté a mi madre al pasar lo que me ocurría con mis hijos y, con una sonrisa de satisfacción, me dijo:

–¡Ahora sabes lo que yo sentí contigo cuando tenías esa edad!

Fue como una bofetada. Me estaba haciendo recordar que los ciclos se repiten, que ellos no son ni más ni menos que lo que fui yo a su edad.

Luego me alegré al saber que esa etapa pasará, y serán adultos... y vendrán otros desafíos con ellos y con nosotros mismos.

La vida no es estática. En cada momento, cambiamos. En todo instante, estamos en crisis. Ojalá no lo olvidemos, para estar al lado de nuestros hijos y no pedirles más de lo que pueden dar. Sé por experiencia que los adultos tenemos mala memoria y tendemos a olvidar lo que fue nuestra propia adolescencia... mi madre me lo recordó.

¿Estás dando todo de ti para ponerte en el lugar de tus hijos? ¿Entienden tus hijos que los amas pese a todos los cambios que están ocurriendo en sus vidas?

Divorcio y adolescencia

"No reprendas al anciano, sino exhórtale como a padre; a los más jóvenes, como a hermanos". 1 Timoteo 5:1.

Las reacciones de un adolescente frente al divorcio de sus padres incluyen: problemas disciplinarios; dependencia emocional de sus amigos; rebelión contra los adultos; depresión; sentimientos de angustia; pérdida de confianza propia; sentimientos de culpa; resentimiento; inseguridad; incapacidad para concentrarse; problemas de autoconcepto; sentimientos de soledad; ira contenida; temor; desvinculación emocional, que impide compromisos afectivos; ansiedad; incapacidad para confiar en alguien; cinismo; vergüenza; actitudes cohibidas, etc.

La mayoría de los adultos que se relacionan con el adolescente simplemente no son conscientes de este efecto, y suelen atribuirlo a conductas normales. Sin embargo, un adolescente no tiene por qué ser un "niño terrible". Millones de jóvenes viven su adolescencia como una etapa más de sus vidas, sin hacer un drama. Quienes más dramatizan son los adultos.

¿Cómo ayudar a un adolescente cuyos padres se han divorciado o están en vías de hacerlo? En primer lugar, no deberíamos convertirnos en jueces. Deberíamos ponernos en su lugar y pensar cuál sería nuestra reacción si se nos acabara de un momento a otro la seguridad que ofrece un matrimonio estable y el tener un hogar del cual estar orgulloso.

Los adolescentes de hogares divorciados necesitan saber que es posible confiar en alguien. Judith Wallerstein[48] descubrió que los jóvenes que recibieron ayuda de un adulto no desarrollaron problemas sociales como aquellos que fueron dejados solos.

El adolescente de padres divorciados necesita que los adultos de su entorno le den afecto y lo hagan sentir seguro.

Es importante acompañarlos en sus relaciones afectivas y en sus primeras experiencias amorosas, para que no sufran ansiedad creyendo o esperando que van a fracasar al igual que lo hicieron sus padres.

Muchos adultos creen que el joven debe ser inmune frente a la situación que está viviendo. Pero, eso es absurdo. El joven necesariamente experimentará una serie de emociones que ahondarán más la ya difícil adolescencia. Si tuviésemos que resumir en una expresión lo que se espera de los adultos en esta crisis, la palabra debería ser COMPRENSIÓN: capacidad para ponerse en el lugar de una persona que está asustada y temerosa frente al futuro por una situación que no está en sus manos controlar o evitar. Cuando los adultos actúan de este modo, sí podemos esperar que muchos jóvenes vivan el divorcio con menos dolor y puedan salir airosos, y no terminen aniquilados por algo que ninguno de ellos buscó.

¿Cómo tratas a los jóvenes hijos de divorciados? ¿Tienes la suficiente madurez para entender su inmenso dolor y sentimiento de inestabilidad?

Llegar a los 40

"¿Vuestro padre, el anciano que dijisteis, lo pasa bien?" Génesis 43:27.

Es difícil esta edad. Se está en la media vida. No se es joven, pero tampoco viejo. Se está a medio camino entre la juventud y la ancianidad. Muchas cosas pasan en esa etapa. Muchos temores se acumulan. Mucha tensión viene a la vida.

Por esa razón, me sorprendió el enterarme hace poco que los sexólogos opinan que cuando la pareja está en mejores condiciones de vivir su sexualidad de una manera plena es precisamente en esa etapa. Pareciera paradójico, pero a menudo me encuentro con cuadros totalmente diferentes con las personas que atiendo.

Los sexólogos opinan que en esta etapa la vida sexual es menos impulsiva y, al no centrarse en el rendimiento (que es la manía de la juventud), la pareja puede llegar a una mejor y más profunda comunicación física y emocional. Es decir, es la mejor edad para pasarlo bien. ¿Por qué no sucede así con muchas parejas?

Hay más tranquilidad económica y laboral. Tienen más tiempo libre para la intimidad porque los hijos, al estar más grandes, ya no dependen tanto de ellos. ¿Qué sucede que algunos no viven esta situación de ventaja?

Muchas parejas no logran gozar con plenitud porque viven obsesionadas por la decrepitud y el paso de los años. Creen absurdamente que, al perder lozanía en sus cuerpos, automáticamente dejarán de ser deseadas por su pareja. Esto les sucede a varones y a mujeres, aunque son las últimas quienes se atreven a plantearlo más a menudo.

Otro factor negativo es vivir una rutina aplastante, y no darse tiempo para la fantasía y la innovación.

Existen dos cosas que hay que tener en cuenta. No podemos impedir el envejecimiento. Lo más que podemos hacer es cultivar hábitos de vida que impidan que dicha situación natural sea menos invasora.

Y con respecto a la rutina, es algo con lo que podemos siempre hacer algo. Dejarnos llevar por un estilo de vida que no sufre alteraciones de ningún tipo es simplemente dejarse dormir en los laureles. La vida es demasiado hermosa como para dejar que la rutina nos aniquile las ganas de vivir.

Una pareja inteligente planificará momentos de esparcimiento, juego y fantasía. Salirse de los esquemas cotidianos e inventar nuevas formas de vivir el día no solo hace bien; es necesario y fundamental no solo para tener una vida sexual estimulante, sino también para tener ganas de vivir.

¿Estás dotando a tu día de nuevas formas de enfrentar la vida? ¿Te estás dejando aplastar por la rutina?

Sentimientos versus principios

"Las moscas muertas hacen heder y dan mal olor al perfume del perfumista; así una pequeña locura al que es estimado como sabio y honrable".
Eclesiastés 10:1.

Una persona puede vivir treinta años una vida de completa paz, y luego hacer una acción absurda que dure diez minutos y echar por la borda todo el tiempo que vivió tranquilo. El ejemplo que presenta Salomón es muy gráfico en su metáfora. Basta una sola mosca en el perfume para estropear todo.

Hace algunos años, conversaba con un reo convicto en una cárcel de alta seguridad. Él me decía, con palabras tristes y angustiosas:

–He revivido miles de veces ese momento. Me persigue como en una pesadilla. Conozco cada instante de esos diez minutos. Muchas veces me he dicho a mí mismo: ¿Por qué no tomaste otra decisión? Si tan solo hubiese hecho otra cosa no estaría aquí, condenado por 25 años, la mayor parte de mi vida productiva.

Al escucharlo, me estremecí al pensar en cómo podemos afectarnos el resto de la vida por una decisión que implica vivir algo por tan solo unos minutos. La decisión de él finalmente derivó en el asesinato de su esposa. Se arrepentía todos los días, pero su arrepentimiento no servía para evitar las consecuencias ni para revivirla a ella.

¿Cómo estar alerta constantemente para que no nos ocurra que por un momento lloremos todo el resto de existencia que nos queda?

Hay dos formas de encarar la vida: una existencia regida por sentimientos y emociones, y otra gobernada por principios y valores.

Quien se deja guiar por los sentimientos se convierte, a la larga, en esclavo de sus emociones. Pierde la capacidad de controlarse a sí mismo. Por ese camino se llega cuando dejamos que los sentimientos primen por sobre la razón.

Quien se deja gobernar por principios controla su vida sobre la base de valores trascendentes y universales. No permite que los sentimientos prevalezcan. Vive basado en el deber y no en el sentir.

La primera forma es la típica de una naturaleza contaminada por el pecado, que actúa –siguiendo las palabras de Pablo– sobre la base de la "carne" y no del "Espíritu" (Gál. 5:16).

Los que actúan basados en principios entienden que la naturaleza pecaminosa nos hace obrar de manera necia y que necesitamos el control de Dios sobre nosotros. Saben bien que sin Dios no es posible vivir fundamentados en valores y principios. Es la respuesta de la fe. Son los frutos de quien se entrega de tal modo que ahora no vive él sino Cristo (Gál. 2:20).

¿Sobre qué base gobiernas tu vida: por sentimientos o por principios?

El juego de la seducción

"Por eso voy a seducirla; la llevaré al desierto y hablaré a su corazón".
Oseas 2:14.

Hay palabras que están cargadas con una significación negativa, aunque su sentido no tendría por qué ser así. Uno de esos vocablos es "seducción".

La expresión tiene la connotación de atraer, así como un imán atrae a un metal. Se la usa casi exclusivamente en un contexto sexual, aunque puede bien utilizársela en otros ámbitos; por ejemplo, cuando un profesor seduce a sus alumnos con una clase atractiva.

He escuchado a más de un profeso cristiano referirse desdeñosamente a la seducción como algo maligno en sí. Eso es simplemente una exageración que confunde las cosas.

De hecho, cuando una pareja está felizmente casada, tanto el esposo como la esposa deben aprender a usar el juego de la seducción. El que un varón sea invitado de diversas formas a tener vida sexual es algo que produce una gran cuota de alegría y felicidad en el interior de la pareja. Del mismo modo, si una esposa es cortejada de tal forma que su esposo se esmera en demostrarle cuán importante es ella, se sentirá no solo deseada sino también alegremente hermosa.

La seducción es necesaria y fundamental. Una pareja de esposos que no juegan el hermoso juego de seducirse mutuamente corre el riesgo de estropear su relación convirtiéndola en algo rutinario, carente de vida y fofo.

¿Cómo seducir? Comiencen pensando en lo que le agrada al otro. Utilicen la ropa adecuada... una esposa no va a acostarse con un abrigo o la cabeza llena de ruleros si quiere que el esposo se fije en ella.

Hay pueblos mal llamados "primitivos", que enseñan el arte de la seducción. Lamentablemente, en la sociedad occidental reprimida por conceptos cristianos distorsionados eso no se ha transmitido; al contrario, se ha presentado la sexualidad con un manto de sospecha. Sin embargo, ese es un exceso que nada tiene que ver con el hermoso diseño creado por Dios.

Seducir es un arte y dejarse seducir es una cortesía amorosa. Quienes viven con plenitud esta sensación de atrapar y sentirse atrapados en una red de amor hacen de sus vidas algo agradable y nunca rutinario.

¿Estás practicando el juego de la seducción? ¿Entiendes la importancia de hacer sentir a tu cónyuge como una persona deseable y atractiva?

El fin
del camino

"Hay camino que parece derecho al hombre, pero su fin es camino de muerte". Proverbios 16:25.

¿Cómo se produce un adulterio? ¿De qué manera una persona fiel se convierte en infiel?

A menudo se hace aparecer el adulterio como algo que se produce de un día para otro. Sin embargo, ese concepto es falso. Nadie se convierte en adúltero de un momento a otro. Es un proceso que paulatinamente va transformando a una persona.

Es como un efecto dominó: Se inicia cuando alguien permite determinadas conductas o actitudes en su vida que propician y generan procesos que, posteriormente, culminan en la infidelidad. Ese recorrido puede durar –solapadamente– años.

¿Qué hace posible el proceso? Los factores son varios. El primero es la racionalización. Se buscan argumentos racionales y lógicos que convenzan a la persona de que lo que está haciendo no es tan malo como habitualmente se piensa.

En el contexto de racionalizar las conductas, la mente comienza a admitir, como válidas, ideas y conductas que en otro momento ni siquiera pensaría como posible. Poco a poco va jugando con ideas, conceptos y situaciones que crean las condiciones para poder actuar posteriormente. Es decir, en el momento en que se permite a la mente jugar con una acción pecaminosa, se inicia un proceso que, tarde o temprano, culminará en una acción.

Luego de la racionalización, viene el flirteo; el jugar con palabras, gestos y actitudes poco adecuadas con una persona que no es nuestro cónyuge. Eso genera el clima emocional propicio para que se dé el siguiente paso.

Se busca intencionalmente intimidad emocional. Convertimos a esa persona en confidente de nuestra vida y, al mismo tiempo, nos alejamos emocionalmente de quien debería ser el confidente natural: el cónyuge.

Una vez rota esa barrera emocional, es muy fácil caer en el adulterio. De ahí en más, es cosa de tiempo para que se produzca el encuentro sexual.

En el caso de muchos cristianos, todo este proceso va acompañado de un alejamiento progresivo y sostenido de Dios. Poco a poco, la persona se convierte en un individuo que parece no necesitar del poder divino, cuando en realidad, al sentir eso, es cuando más necesitado está.

Este proceso puede durar años. Pero, si no se decide hacer cambios profundos para no racionalizar y mantenerse unido vivencialmente a Dios, es casi imposible detener un adulterio. Es como un tobogán. Hay un momento para regresar, pero llega un instante en el que no hay vuelta atrás.

¿Cómo está tu vida en este proceso? ¿Permites la racionalización de tus actos?

Una forma cruel de ser

"¿Por qué te olvidas completamente de nosotros y nos abandonas tan largo tiempo?" Lamentaciones 5:20.

Hay diferentes tipos de abandono. En el interior de la pareja o en el común del lenguaje cotidiano, suele hablarse solo de cuando una persona deja a otra.

Sin embargo, no se necesita abandonar físicamente al cónyuge para no estar con él. En realidad, es más fácil manejar el abandono físico que otras formas de abandono más sutiles y, por eso mismo, más complejas a la hora de enfrentarlas.

Cuando una persona es abandonada, sufre un shock similar al que se produce cuando alguien querido muere.

No obstante, por doloroso que sea, en muy pocos casos el abandono es imprevisto; la mayoría de las personas da señales de lo que está planeando desde mucho tiempo antes.

El abandono supone no preocupación por las necesidades físicas, emocionales, intelectuales y psicoespirituales del otro. El actuar como si lo que le pasa al cónyuge no fuera importante o simplemente no existiera es una cruel forma de abandono que, en muchos casos –producto del dolor y la frustración–, termina enfermando y dañando gravemente al que es abandonado.

Otra forma de abandono es concentrarse en algo bueno pero que aparezca como algo superior a la relación de pareja. Muchos se ocupan tanto de su trabajo que dejan a sus cónyuges y sus hijos en un plano secundario. A la hora de rendir cuentas, su excusa es que eso es necesario, pero el mensaje que se transmite es: "Ustedes no son tan importantes para mí". Incluso alguien podrá concentrarse en una experiencia religiosa y, aun así, dejar a su familia con el pretexto de que lo espiritual es más importante. Sigue el mismo patrón del adicto al trabajo: una cosa buena convertida, por exceso, en algo nocivo.

En realidad, el que abandona pero no se va físicamente produce un daño mayor, porque mantiene a su cónyuge y a sus hijos en vilo, expectantes de saber en qué momento habrán de recuperar al padre o la madre ausente.

Cierta vez conversé con un hombre que, amargamente, me decía:

–Me preocupé de que no les faltara nada, pero mientras tanto no les di mi presencia, y ahora ya es tarde: soy un desconocido para ellos.

Las prioridades deberían ayudarnos a establecer con claridad que, cuando nos casamos, la pareja y los hijos ocupan el primer lugar después de Dios. Todo lo demás es secundario, después del cónyuge y de la familia. Es verdad que no es el orden que se enseña habitualmente, pero, cuando sea la hora de dejar el trabajo, ¿quién nos habrá quedado?

¿Qué recuerdos tendrán nuestros hijos de nuestro paso por sus vidas?

Las causas no asumidas del divorcio

"Os conjuro, oh doncellas de Jerusalén, que no despertéis ni hagáis velar al amor, hasta que quiera". Cantares 8:4.

Se sentó pesadamente frente a mí en un sillón y, dando un suspiro, me dijo:
–Mi esposo quiere divorciarse.

He escuchado lo mismo más veces de lo que quisiera. Hombres y mujeres de todas las edades, posiciones sociales, profesiones y niveles de espiritualidad. El divorcio es una de las tragedias más dramáticas de nuestro mundo contemporáneo.

Muchos creen que el divorcio es una experiencia que pasa y que luego la vida se torna para mejor; no obstante, los estudios de Judith Wallerstein, la mayor especialista mundial sobre el tema, contradicen dicha suposición. Ella sostiene, después de seguir a 60 parejas de divorciados por 25 años, que "el divorcio es engañoso. Legalmente es un hecho aislado, pero psicológicamente es una cadena –en ocasiones, una cadena interminable– de acontecimientos, readaptaciones y relaciones cambiantes a lo largo del tiempo; un proceso que cambia para siempre las vidas de las personas involucradas en él".49

¿Cuál es la causa más profunda del divorcio? Al margen de situaciones de aprendizaje y de convivencia por modelos aprendidos en el hogar y en el entorno en el que adquirimos nuestros valores fundamentales, Jesús, con la sencillez que lo caracteriza, simplemente dice: "Por la dureza de vuestro corazón Moisés os permitió repudiar a vuestras mujeres; mas al principio no fue así" (Mat. 19:8).

Jesús traslada el problema del divorcio al meollo del accionar humano; a la capacidad de decidir y pensar. El divorcio es, en primer lugar, una acción motivada por una decisión, y eso nos lleva a otro asunto: el amor es una decisión nacida en la voluntad. "Sin elección, la palabra amor no tiene sentido".50

Cuando miré a la mujer que tenía frente a mí, le pregunte:
–¿Por qué razón tu marido quiere divorciarse?

Ella me miró y, entre sollozos, sencillamente me dijo:
–No sé, simplemente porque lo decidió.

Las personas que deciden mantenerse unidas en el estado matrimonial lo hacen sobre la base de una decisión. Deciden seguir amando pese a cualquier circunstancia. El amor es "un acto de la voluntad, de decisión de dedicar toda nuestra vida a la de otra persona".51 No hay matrimonios insalvables; solo personas que no quieren salvarlo.

¿Estás decidiendo amar? ¿Qué haces para mantener una relación de compromiso con tu cónyuge? ¿Amas por decisión o por emoción? ¿Decides cada día amar?

Una nueva oportunidad

"Pero el amor cubrirá todas las faltas". Proverbios 10:12.

Una de las cosas hermosas de la vida es que siempre es posible comenzar de nuevo. Aun la muerte no es el final del proceso para los cristianos que ponen su esperanza en una nueva vida.

He visto matrimonios renacer de las cenizas. He observado cómo logran reconstruir sus vidas y salir fortalecidas de las crisis a parejas que, en algún momento, se destetaron y pensaron seriamente en el divorcio o en la separación. Como dijera alguna vez Nietzsche, "lo que no te mata te fortalece". He visto el milagro de la transformación, de parejas desgastadas y prácticamente destruidas, en relaciones constructivas y felices.

Cuando llega el invierno, parece que nunca más volverá a brillar el sol. Sin embargo, cuando menos lo esperamos, el horizonte se cubre de luz. Mi estación preferida es la primavera, cuando las ramas de los árboles se van cubriendo de nuevos brotes, y las praderas y los jardines se cubren con esa sinfonía de colores que son las flores. Es la forma que tiene Dios de decirnos que siempre hay un nuevo comienzo.

Para que una pareja se destruya completamente, uno de los dos o ambos deben dejar caer los brazos y no luchar más. Mientras exista alguien dispuesto a batallar para que la relación resulte, existe esperanza de poder salir adelante.

Comenzar de nuevo es apostar por la esperanza. Sin duda, es posible que surjan dudas, pero si se actúa de manera honesta y se reconoce con claridad las equivocaciones del pasado, es posible que esa situación crítica se convierta en un momento constructivo que a la pareja le permita crecer y madurar.

El amor, cuando es de origen divino, puede renovar y hacer que las situaciones más difíciles se convierte en experiencias de vida constructivas. El sabio escribió que: "El amor cubrirá todas las faltas" (Prov. 10:12). Eso es de acción divina. Es un milagro que viene de Dios, que propicia que las personas puedan obrar de manera distinta de lo que indican sus inclinaciones, raciocinio o cultura.

Muchas parejas se casan pensando que, si no "resulta" su relación, pueden divorciarse y continuar su vida con otra persona. Empezar una relación así es, simplemente, no hacerse fuerte. Las personas maduras luchan denodadamente para que las cosas resulten. Los buenos matrimonios no se construyen al azar sino en el contexto de personas que todos los días dan la batalla para que resulte. Todo lo bueno siempre cuesta.

¿Estás dando lo mejor de ti para lograr que la relación funcione? ¿Sigues adelante a pesar de que, por momentos, tus fuerzas flaquean?

Ni dominio ni poder

"La mujer no tiene potestad sobre su propio cuerpo, sino el marido; ni tampoco tiene el marido dominio sobre su propio cuerpo, sino la mujer". 1 Corintios 7:4.

Muchas personas desean honestamente entender por qué razón han fracasado en sus matrimonios. De hecho, nadie en su sano juicio se casa con el objetivo de fracasar.

Sin embargo, no basta el querer tener éxito; es fundamental asumir algunas actitudes vitales y tomar decisiones cruciales para poder elegir de manera coherente, y de ese modo tener como consecuencia una vida matrimonial exitosa.

El triunfo matrimonial es consecuencia de una serie de actitudes y valores asumidos de manera inteligente.

Por ejemplo, el deseo de dominio sobre el cónyuge, que a menudo se relaciona directamente con el orgullo, está en la raíz de muchos fracasos. Quien quiere dominar, controlar o mandar debe, en la práctica, tratar a su cónyuge como un ser inferior. Muchas mujeres son infantilizadas por sus esposos. Es decir, son tratadas como personas incapaces de decidir y actuar de manera coherente y adulta. Muchos varones actúan como si su sexo les diera la capacidad de tener todas las respuestas.

Siempre me asombra que la consejería matrimonial a menudo es solicitada por mujeres que, en su mayoría tienen menos culpa en el deterioro de sus matrimonios que sus maridos.

Del mismo modo, a los seminarios y encuentros matrimoniales que solemos dirigir, la mayoría de los varones va un poco a la fuerza y sin sentir realmente que sea una actividad en la que deban estar. Allí entran a tallar aspectos culturales, de los cuales el deseo de dominio es el más universalmente extendido.

La relación de pareja no se debe construir sobre la dicotomía de dominador-dominado, o jefe-subalterno o padre-hija. Esas relaciones son jerárquicas y no están basadas en una estructura de poder compartido ni igualitario.

Cuando un marido manda y espera que su esposa lo obedezca, con dicha actitud destruye el verdadero significado del matrimonio, que no se basa en una relación de dominio sino de complementación y acuerdo entre partes iguales.

Muchos fracasos están directamente relacionados con la actitud que los cónyuges asumen entre sí. El dominio y la jerarquía es el peor lugar para que florezca el amor. El versículo de hoy es claro: Ambos tienen los mismos derechos y deberes.

¿Está tu relación matrimonial marcada por el dominio o por el acuerdo? ¿Tratas a tu esposa como a un igual o como un ser inferior? ¿Te sientes, como mujer, participando de una relación equilibrada o sientes que eres tratada como una niña?

Las pequeñas acciones

"¡Cazadnos las zorras, las zorras pequeñas que echan a perder las viñas; nuestras viñas están en cierne!" Cantares 2:15.

La vida humana toma caminos, a veces, inexplicables. Siempre sorprende cuando alguien que se perfilaba en un rumbo, de pronto cambia de manera aparentemente abrupta. Quienes contemplamos desde afuera solemos decir: "Sufrió un cambio radical" o "De pronto, cambió totalmente".

No obstante, aunque estas frases solemos decirlas con cierta convicción, la realidad es mucho más compleja. Lo cierto es que nadie cambia de la noche a la mañana. Siempre las transformaciones son precedidas por un proceso lento e inexorable en el tiempo.

Poco a poco, vamos deslizando pequeñas e imperceptibles variaciones que, en su conjunto, configuran una gran alteración. Son actos nimios que, sumados, forman un destino. Como pequeños granos de arena que en solitario no significan mucho, pero acumulados forman una inmensa duna.

Los matrimonios son como una gran ciudad. Ninguna metrópolis se construye de la noche a la mañana. Al comienzo, algunas han comenzado sin ningún plan pretrazado, como pequeños villorrios que se van armando lentamente, hasta alcanzar proporciones gigantescas, sin que los habitantes iniciales se lo hayan propuesto expresamente.

Tal vez los matrimonios tendrían más cuidado si entendieran que a cada momento construyen su futuro. Cada hábito edifica un destino. Cada minuto marca los minutos que vendrán. Cada instante condiciona los momentos siguientes.

La complejidad de la vida se relaciona con el carácter, que es la suma de pequeños hábitos que, repetidos una y otra vez, forman un perfil que modela a una persona. Un matrimonio se construye con pequeños acontecimientos que, repetidos una y otra vez, conforman la esencia de una relación.

Una pareja edifica su futuro en la vida cotidiana. Si hoy se permiten algo aparentemente pueril, mañana eso mismo puede ser la causa de su fracaso.

En las parejas en crisis siempre hay una constante: sus problemas no comenzaron de un día a otro. Se fueron construyendo lentamente. En un proceso que llevó tiempo y constancia.

Así que hay que dejar de asombrarse de que algunos –aparentemente– tengan cambios abruptos. De hecho, muchas crisis se gestan con años de anticipación, algunas veces sin estar plenamente conscientes de ello.

¿Son tus hábitos de vida los mejores para construir un futuro matrimonial exitoso? ¿Estás atento a los pequeños actos de la vida cotidiana?

Compromiso

"Así hablad y así haced como los que habéis de ser juzgados por la ley de la libertad". Santiago 2:12.

Muchos transmiten la idea de que no necesitan "un papel" para vivenciar su experiencia de amor como pareja. Incluso algunos presentan la idea de que un documento legal lo único que vendría a lograr es enturbiar las relaciones de esa pareja.

Hay quienes creen así, a juzgar por las miles de personas que viven en concubinato o en parejas de hecho, pero sin ningún respaldo legal para sus uniones de facto. El problema es que no se alcanza a captar el impacto real que dicha situación tiene para el varón y la mujer que están en una relación tal.

La relación de pareja se basa en la confianza y en el compromiso. Cuando no se quiere hacer un testimonio público y legal de la relación que se tiene, el mensaje que se envía es equívoco. Les están diciendo a todos y a sí mismos: "Nos amamos, pero no tanto como para comprometernos" o "Lo nuestro es vivir juntos, pero, al menor problema podemos separarnos; total, no estamos casados".

Paradójicamente, quienes mantienen este tipo de relación y se niegan sistemáticamente a hacerla legal son mayoritariamente varones. Con el tiempo, muchas mujeres han dejado de creer en el matrimonio, y consideran que es mucho riesgo y que es preferible estar así.

Lo que no alcanzan a captar las personas que asumen esta postura frente al matrimonio es que para que una relación se estabilice en el tiempo, y adquiera solidez y equilibrio, precisa señales claras de compromiso y lealtad, y eso se da solo cuando buscamos el amparo de una situación legal que nos proteja.

Alguna vez me han replicado que en el antiguo Israel no existía un compromiso legal, y que eso fue invento occidental. En realidad, afirmar eso es ignorar que lo que no existían eran registros nacionales de la uniones matrimoniales ni de los hijos que nacían, pero, en todo clan había alguien encargado de llevar claramente la cuenta de los ancestros y de las uniones matrimoniales. Por otro lado, la boda era, en sí misma, el paso legal que se daba para casarse. Nadie iniciaba un matrimonio sin pasar por esta ceremonia, a la que se le asignaba un gran valor legal.

Un matrimonio que no llega a validar su relación bajo el amparo legal se convierte, con el tiempo, en una vinculación débil, que no resistirá los embates de situaciones difíciles. Es verdad que el registro legal no será la panacea, en sí mismo, para proteger al matrimonio de algún problema que finalice en ruptura, pero también es cierto que, con el tiempo, las uniones conyugales legales tienden a permanecer más y con mayor lealtad.

Si amas realmente, ¿qué impide que te comprometas totalmente? ¿Es el temor al compromiso evidencia de una debilidad de tu carácter?

Crisis familiares - 1

"Yo y mi casa serviremos a Jehová". Josué 24:15.

No hay institución social más importante que la familia. Origina la vida biológica del individuo y es el lugar en el que se forma la vida moral, mental, social y emocional de las personas. Sin embargo, cada vez hay más familias en crisis. ¿Qué factores nos han conducido a esta situación? ¿Qué cambios sociales ocurridos en estas últimas décadas han afectado adversamente a la familia?

El concepto de casamiento y el incremento del divorcio. En la actualidad, hay menos personas dispuestas a casarse y a permanecer casadas que en años pasados. Si observamos el cine contemporáneo, se ha transmitido la idea de que el matrimonio no funciona, que es una institución del pasado, que debemos cohabitar "hasta que el amor dure"; luego, si el asunto no resulta, buscaremos a otro. Las parejas ocasionales, la promiscuidad sexual y el fracaso de los matrimonios es mostrado como algo normal, y eso de algún modo responde a las ideas que se tienen del hogar y la familia hoy.

El trabajo de las mujeres fuera del hogar. A fines del siglo XIX, menos de una de cada cinco mujeres estadounidenses trabajaban fuera del hogar (y la mayoría de las que lo hacían eran solteras). Actualmente, más del cincuenta por ciento de todas las mujeres con hijos menores de 18 años trabaja fuera, y hay poderosas razones económicas y sociales que lo explican. Es prácticamente imposible subsistir sin el trabajo de ambos miembros de la pareja. Sin embargo, numerosos expertos consideran que este fenómeno afecta la personalidad de los hijos –dejados largas horas en las guarderías– e incluso incide en el incremento de divorcios. Muchos hijos criados por la "niñera electrónica" o el televisor, y dejados muchas horas del día solos y sin ningún control, muestran las huellas de esta situación en la adolescencia.

Las presiones económicas. Gran número de familias se ven abrumadas por el doble azote de la inflación y el desempleo. Todas las familias –sin importar su posición económica– viven en una sociedad de consumo y en una atmósfera competitiva; esto hace que muchos se impongan cargas financieras innecesarias, que restan tiempo para atender el hogar y cultivar los valores espirituales.

Relajación moral. El cuadro es alarmante. Los materiales pornográficos, los programas televisivos saturados de violencia y de escenas indignas, el tráfico de drogas y el mayor consumo de bebidas alcohólicas, la merma de la fe religiosa acompañada de una búsqueda egoísta del placer son elementos que han golpeado y siguen golpeando con fuerza los cimientos mismos del hogar.

Frente a estos hechos, lo único que nos queda es priorizar la familia y buscar la ayuda de Dios, quien es el único que nos dará poder para tener la capacidad enfrentar los tremendos desafíos que se imponen a la familia de hoy. Solo Dios tiene el poder para darnos fuerza y ayudarnos plenamente.

Crisis familiares - 2

"Todo lo que el hombre sembrare, eso también segará". Gálatas 6:7.

Muchos son los que se preguntan: ¿Cómo evitar las crisis familiares? ¿Cómo tener hogares estables en los tiempos en que vivimos? La respuesta no es fácil, pero al menos se pueden señalar algunos hechos fundamentales que, de ser respetados, producirán una diferencia en los hogares.

En primer lugar, **fe en Dios**. Numerosos estudios prueban que las familias más estables son aquellas que cultivan una religión sana y consecuente. Esta fe es especialmente valiosa cuando llega la adversidad: pérdida del trabajo, enfermedad, un hijo descarriado, la muerte de algún miembro de la familia... La fe sostiene, fortalece e infunde esperanza.

Los padres son los responsables de promover, en el hogar, la confianza en Dios. La lectura de la Biblia, momentos para orar, conversaciones sobre temas espirituales, asistencia a una iglesia, etc., son conductas que ponen una barrera contra influencias perniciosas en el hogar.

En segundo lugar, **lealtad y dedicación al hogar**. Nick Stinnett y John DeFrain efectuaron, en 1985, una investigación acerca de los puntos fuertes de las familias estables. Participaron más de tres mil familias, y se encontró que una de las características sobresalientes de una familia de éxito es la dedicación al hogar por parte de cada uno de sus miembros. Esto significa la inversión de tiempo, energía e inteligencia para satisfacer las necesidades de la familia.

En tercer lugar, **pasar tiempo juntos**. Otro investigador realizó un estudio semejante. Le preguntó a una gran cantidad de familias estables: ¿Cuál es la razón por la cual están unidos y felices? Sin excepción, cada miembro de las familias entrevistadas dio la misma respuesta: "Hacemos muchas cosas juntos". Ya sea trabajando, jugando, asistiendo a servicios religiosos, comiendo, paseando o realizando otra actividad.

En cuarto lugar, **comunicación efectiva**. Los psicólogos saben que la buena comunicación ayuda a crear un sentido de pertenencia, suaviza las frustraciones y resuelve muchos problemas pequeños antes de que se vuelvan grandes. La comunicación auténtica no es un accidente. Es el fruto de una planificación cuidadosa, del amor mutuo y de una perseverancia inteligente. Para que sea efectiva, la comunicación ha de ser clara y positiva.

Finalmente, **expresión de afecto**. Las familias estables expresan su mutuo compromiso y amor de muchas formas. Los hijos de familias estables no dudan de que sus padres los aman. Ven no solo muestras de afecto entre ellos, sino permanentemente se les está recordando lo valiosos que son y cuánto son amados.

No se llega a ninguna parte si no se da un paso al menos. ¿Estás haciendo lo que debes?

Condición previa

"Pero sin fe es imposible agradar a Dios; porque es necesario que el que se acerca a Dios crea que le hay, y que es galardonador de los que le buscan".
Hebreos 11:6.

Muchos se autoengañan creyendo que si algunas cosas no se solucionaron antes de casarse, se solucionarán después de casados. Pero, lamentablemente, no es así; a menudo esas características que no fueron resueltas antes, después de la boda, tienden a profundizarse.

Eso no quiere decir que una persona debe casarse con alguien sin ningún defecto, porque eso simplemente sería una situación imposible. Sin embargo, hay situaciones que tienen que ser enfrentadas antes, y se deben tomar decisiones aunque signifique ser radical en las opciones.

Pero ¿qué hago si ya me casé?

En ese caso, hay que hacer un análisis realista del matrimonio. Primero, hay que luchar hasta donde sea posible para solucionar la situación que hace difícil esa relación conyugal.

En ese caso, el poder de Dios es crucial. Dios puede hacer, por las personas, lo que ningún ser humano puede hacer, pero se han de dar dos condiciones previas; sin eso no es posible, ni siquiera para la Deidad actuar:

a. La persona debe querer cambiar por voluntad propia. Dios nunca obrará en la vida de una persona que sistemáticamente se niega a la acción divina. Este es un punto conflictivo, porque algunas personas –sinceramente equivocadas– creen que la oración intercesora tiene poder, en sí misma, para cambiar a otros seres humanos, pero eso no dice la Biblia. Dios no obra en contra de la voluntad de las personas, y ese es un hecho incuestionable. Si Dios actuara en contra de los deseos de alguien, simplemente estaría actuando de una manera injusta.

b. El segundo punto no es menos difícil: Dios hace por el ser humano únicamente lo que las personas no pueden hacer por sí mismas. Lo que nos corresponde a nosotros, como seres humanos, es nuestra tarea, y de nadie más.

A esto es a lo que llamamos una situación realista.

Situaciones como el alcoholismo, la drogadicción, la violencia, la infidelidad reiterada, la irresponsabilidad económica para con la familia o desviaciones sexuales, cuando no se solucionan, y las personas no están dispuestas a solicitar ayuda y dejarse influenciar por la Deidad, no tienen solución. Seguir en una relación conyugal bajo esas condiciones resulta sencillamente irresponsable, especialmente si hay niños.

¿Qué está sucediendo con situaciones graves en tu matrimonio? ¿Estás dispuesto a hacer tu parte y dejar que Dios haga la suya?

Deslealtad

"No cometerás adulterio". Éxodo 20:14.

Ayer reflexionamos sobre las causas que se profundizan en el interior de una relación de pareja cuando no se solucionan antes. Dijimos que mantener un matrimonio cuando se dan condiciones de riesgo implica irresponsabilidad, especialmente cuando hay niños. Hoy vamos a ahondar en dicho concepto.

Dios señala, en su Palabra, dos razones básicas para el divorcio: una es el adulterio (Mat. 5:32) y otra es que un no cristiano no esté dispuesto a vivir con alguien que acepta a Cristo (1 Cor. 7:15).

Sin embargo, la expresión "adulterio" tiene un sentido más amplio que el que habitualmente se presenta cuando se habla del tema.

Lo que se sostiene tradicionalmente es que Mateo 5:32 y 19:9 hablan del divorcio en el contexto del adulterio. Al examinar con más cuidado la palabra que utiliza el texto griego para "adulterio", descubrimos que es *porneia*, que puede también traducirse como "inmoralidad" o "deslealtad". Catherine Clark Kroeger y Nancy Nason-Clark sostienen que "esta palabra [*porneia*] puede significar cualquier tipo de conducta o acción sexual inapropiada, como fornicación, adulterio, prostitución o abuso sexual".[52] Eso implica que la expresión contempla algo mucho más que el adulterio entendido como la relación sexual con una persona distinta del cónyuge. Eso amplía el concepto tradicional al respecto.

Craig S. Keener traduce la palabra porneia como inmoralidad. Según este autor, esta expresión implica "cualquier tipo de pecado sexual, excepto cuando el contexto señala un tipo particular".[53] El contexto de estos dos versículos no señalan con claridad a qué tipo de "inmoralidad" se refiere. El párrafo y los versículos aledaños no establecen necesariamente que se refiera exclusivamente a relaciones sexuales fuera del matrimonio. De hecho, el uso de la expresión denota que "cualquier tipo de deslealtad perpetrada por las personas ya casadas es adulterio. El tipo de inmoralidad que es accionado repetidamente también implica adulterio".[54]

Por lo tanto, si vamos a ser fieles con el texto, cuando una persona rompe su compromiso matrimonial abandonando al otro, violentándolo, sometiéndolo a abusos sexuales, o cualquier otra conducta de deslealtad, estaría en una situación de adulterio.

No obstante, esto, creo que cualquier problema puede ser solucionado en el interior de un matrimonio, incluso el "adulterio", en todas sus formas.

¿Qué estás haciendo para proteger tu matrimonio de cualquier deslealtad?

Una bomba atómica

"Me dijo otra vez Jehová: 'Ve, ama a una mujer amada de su compañero, aunque adúltera, como el amor de Jehová para los hijos de Israel, los cuales miran a dioses ajenos, y aman tortas de pasa". Oseas 3:1.

El adulterio es el equivalente a una bomba atómica en el interior de un matrimonio. El dolor es indescriptible. Las consecuencias de dicha acción son terribles en sus efectos y malestares que provoca.

Sin embargo, sin minimizar las implicaciones desastrosas para la pareja, no creo que el adulterio sea en sí mismo el fin de un matrimonio. Pocos alcanzan a percibir que esta acción –por muy nociva que nos pueda parecer– es el síntoma de una serie de situaciones y hechos que, agrupados en el tiempo, conforman una tendencia que lleva a este desenlace. No es la causa, sino la evidencia de que algo no está bien en la persona y en la pareja.

Nadie se convierte en adúltero de la noche a la mañana. Primero ha de pasar por un proceso que incluye justificación, autoengaño, racionalización y permitirse a sí mismo acciones impropias, que al comienzo solo fueron pequeñas escaramuzas en el terreno de lo prohibido, pero que de pronto se convirtieron en una forma de actuar.

El texto de hoy menciona una situación fuera de lo común. Un esposo, Oseas, va en busca de su esposa, Gomer, quien no solo ha cometido adulterio en más de una ocasión sino también ahora convive con otra persona.

Él va, con la intención profesa de perdonar y recibir. Va con dolor, con angustia, pero con un espíritu de conciliación que solo puede nacer del amor.

El amor verdadero perdona. Está dispuesto a ir más allá de lo lógico y prudente, para ofrecer perdón incondicional.

El amor verdadero únicamente nace de Dios y quien lo vive está dispuesto a olvidar y avanzar en un proceso que no está exento de dolor, pero que al final puede ser reconstituyente de la vida.

Sin duda, no es fácil. Un matrimonio que ha experimentado un episodio de adulterio debe atravesar por un proceso de restauración. Sin embargo, por muy doloroso que sea, es posible salir adelante.

El amor restaura hasta las heridas más profundas, esas que no son visibles pero que causan más molestia que las úlceras visibles del cuerpo. El amor puede convertir, finalmente, el dolor en un canto triunfal, que haga a las personas mejores y más misericordiosas con el que se equivoca. Lo que hace posible cualquier restauración es el amor incondicional de Dios, que enseña a amar.

¿Estás aferrado a Dios para que te guíe diariamente por el camino de la pureza? ¿Podrías perdonar una traición hoy? ¿Estás cuidando tu vida matrimonial?

Efecto dominó

"No cometerás adulterio". Éxodo 20:14.

Cuando elegimos, no solo optamos por nosotros mismos, también elegimos para y por otros, pues nuestra elección siempre afecta a otro directa o indirectamente.

Además, nuestras elecciones particulares crean una imagen de cómo creo que ante idénticas circunstancias otros debieran actuar. En otras palabras, nos convertimos, con nuestras decisiones, en paradigmas y modelos de lo que consideramos que es el accionar correcto para esa situación en particular.

Probablemente, si entendiéramos el impacto que cada decisión nuestra tiene sobre la vida de otros, pensaríamos más de una vez antes de actuar. El adulterio produce un efecto dominó, porque afecta directa e indirectamente a todos los que se relacionan con la pareja del que decide ser infiel.

Afecta al cónyuge que no ha caído, que tendrá un nudo en el estómago que le impedirá durante mucho tiempo volver a confiar en otras personas. Arrastrará sobre sí la sombra de una traición; un velo de tristeza que no se borrará fácilmente.

Afecta a los hijos, que de ahí en adelante marcarán sus vidas en un antes y un después. Será muy difícil que logren olvidar, porque un adulterio no solo es una ingratitud hacia el esposo o la esposa, sino también es un cuchillo que se clava directamente en el corazón de la confianza y la lealtad.

Afecta a los amigos, que repentinamente se ven ante la terrible disyuntiva de seguir actuando como amigos, pero a la vez condenar lo que definitivamente no está bien.

Afecta a las personas con las que nos relacionamos, porque no sabrán cómo tratar al ofensor sin dejar de mostrar compasión por el ofendido.

Si pudiésemos medir con plena conciencia, y con anterioridad a los hechos, cuán dramático es el efecto de nuestras decisiones, es probable que muchos cuidarían lo que hacen.

Es una pena que un momento de placer y desenfreno tenga un sabor tan amargo y lamentable al final. El horror está solapado detrás de la traición. La infidelidad es un atentado a la dignidad del cónyuge y una forma burda de huir de nuestros miedos.

Luego, ninguna excusa o racionalización sirve para explicar por qué tantos han de sufrir. Es muy difícil compensar las heridas que deja una infidelidad.

Muchas razones y excusas esbozadas por los adúlteros son como balbuceos en la voz de un niño; simplemente, no sirven como explicación. Son sonidos monocordes, que son inútiles para excusar tanto dolor.

¿Eres consciente de los efectos de las decisiones que estás tomando hoy?

Excusas pecaminosas

"Si un hombre cometiere adulterio con la mujer de su prójimo, el adúltero y la adúltera indefectiblemente serán muertos". Levítico 20:10.

La infidelidad matrimonial ha existido desde los inicios de este mundo. No es algo nuevo ni debería asombrarnos que ocurra. Lo extraordinario de estos días es cómo cada vez se van asumiendo actitudes que simplemente hacen que la frontera entre lo bueno y lo malo se vuelve cada vez más difícil de distinguir.

Un empresario ávido de ganancias creó un sitio de Internet, en Alemania, que ofrece un servicio de "excusas" para personas que desean cometer alguna infidelidad. Por la suma que ellos cobran, inventan viajes de negocios, reuniones hasta tarde en la oficina, y hasta trofeos y premios, si la excusa es que tuvo que viajar a buscar un galardón por su trabajo. Dan un teléfono, y una secretaria previamente aleccionada brinda toda la información falsa que la esposa o el esposo necesita para quedarse tranquilo.

Si lo precisan para alguna emergencia, la secretaria amablemente le avisa al infiel o le deja un recado que él puede recibir. Se envían cartas de invitación con membretes convincentes, se inventan viajes en avión con los pasajes falsos respectivos, etc. Todo, con tal de que la persona infiel pueda vivir su adulterio sin ser "estorbado" con la molestia de tener que dar explicaciones de su comportamiento.

Lo alarmante de la situación es que, lo que nació como una idea loca, se ha convertido en un negocio redondo y cada vez son más las personas que pagan dichos servicios que le aseguran –previo contrato– la más absoluta reserva. La invención de una coartada convincente está asegurada por expertos en mentir y engañar.

Varones y mujeres por igual contratan dichos servicios, y un comité de "creativos mentirosos" los ayuda a crear las coartadas más convincentes. Muchos están felices por esta iniciativa, porque pueden tener una salida "honorable" para algo que no lo es.

La infidelidad y el adulterio son comparables al asesinato del pacto de convivencia que una pareja ha hecho. Cuando alguien no entiende el valor que tiene una relación de pareja, fácilmente tiende a relativizar su comportamiento o a buscar excusas que le permitan vivir con su acción pecaminosa.

Llámeselo como sea, el adulterio es un acto de traición. Es una acción que no le da estabilidad a una relación de pareja. La base de un matrimonio es la confianza, y el entender que ambos son importantes y valiosos el uno para el otro. El adulterio barre con ese ideal y convierte al pacto en algo sin sentido.

¿Estás entendiendo el verdadero valor del pacto matrimonial? ¿Entiendes que inventar excusas para justificar una infidelidad no es nada más ni nada menos que un autoengaño, además de ser una traición?

Al matadero

"Así lo rindió, con la suavidad de sus muchas palabras, y lo sedujo con la zalamería de sus labios. Al punto se marchó tras ella, como va el buey al degolladero o como va el necio a prisión para ser castigado; como el ave que se arroja contra la red, sin saber que va a perder la vida hasta que la saeta traspasa su corazón". Proverbios 7:21-23,RVR 95.

El adulterio es una tragedia dramática para un matrimonio. Rompe la confianza y genera un clima de rechazo, traición e insensibilidad frente al dolor de la pareja.

Sin embargo, hay algunos mitos que es necesario erradicar en relación con esta lacra de la conducta matrimonial. Algunas de las muchas ideas tergiversadas que se transmiten son:

El adulterio le da sal y pimienta a una relación: Este argumento no solo me parece una necedad, sino también es una forma de evadir la responsabilidad frente a la traición a la pareja. Un adulterio no le da sal ni pimienta a una relación; al contrario, es como sal en una herida o arena en el tanque de gasolina. Lo único que se logra con el adulterio es herir a muchas personas en el camino: padres, hijos, cónyuges, amigos, conocidos. Todos, de alguna forma, son afectados.

El adúltero lo es en un momento de locura: Este el mito que quieren hacernos creer los adúlteros, especialmente porque quieren aparecer como víctimas de situaciones que no han provocado o porque quieren vivir con ese momento de "locura". La verdad es que los adulterios se gestan a largo plazo. Sé, con certeza, que algunos de mis alumnos adolescentes o jóvenes adultos son potenciales adúlteros. Su vida de promiscuidad crea las condiciones para que, de grandes, se dejen llevar por una vida de hábitos adquiridos.

La parte que no comete adulterio es, en general, culpable: Esta excusa la he escuchado muchas veces, y aunque creo que en un mínimo de situaciones la parte "inocente" ha realizado acciones que han propiciado un adulterio, el adúltero es el que toma la decisión de serlo. Nadie lo obliga a relacionarse sexualmente con alguien que no es su cónyuge. El adulterio se trama, se planifica y se maquina; eso no es casual y no tiene que ver con la conducta del cónyuge.

La razón por la que se comete adulterio es por la falta de compromiso sexual: También, en la mente popular folclórica, este mito está presente de una forma u otra. Sin embargo, muchas investigaciones al respecto demuestran que la mayoría de los adúlteros no inician estas relaciones indebidas por apetencia sexual o insatisfacción sexual, sino más bien por falta de compromiso emocional con su pareja, por sentirse desvalorizados como personas o por problemas no resueltos relacionados con aceptación de sí mismos o incapacidad para mantener relaciones afectivas con un alto grado de compromiso.

El primer paso para superar algunas situaciones torcidas es eliminar los mitos. Las ideas equivocadas llevan paulatinamente a una conducta errónea. Dios espera que actuemos bien, pero el actuar bien parte, en primer lugar, por "pensar bien" (Rom. 12:2).

¿Te estás dejando guiar por mitos o por un conocimiento real de las cosas?

Primero, la mente

"Oísteis que fue dicho: No cometerás adulterio. Pero yo os digo que cualquiera que mira a una mujer para codiciarla, ya adulteró con ella en su corazón". Mateo 5:27.

Jesús rompe los mitos de su tiempo. El adulterio era, en tiempos de Cristo, una cuestión de tipo legal. Si alguien era acusado de un acto tal, debía haber por lo menos tres testigos que avalaran la acusación. Algo muy difícil en todos los tiempos. Sin embargo, era una cuestión que siempre favorecía a los varones; porque, en el caso del varón, bastaba que este sospechara de adulterio, y podía acusar a su mujer.

El mandamiento bíblico era muy claro: "No cometerás adulterio" (Éxo. 20:14; Deut. 5:18). Por otro lado, la ley contemplaba que si un varón y una mujer eran acusados de adulterio debían ser condenados a muerte ambos, varón y mujer (Lev. 20:10).

Ahora viene Jesús, e irrumpe con otra interpretación. Los varones, en tiempos de Cristo, solían jugar con la codicia. Normalmente, las ropas de las mujeres eran holgadas y no daban lugar a mostrar partes de su cuerpo. En algunos casos, andaban con el rostro cubierto con un velo. Así que, era muy común conversaciones en las que varones jugaran con la idea de descubrir el cuerpo de una mujer. Algo no muy diferente de lo que sucede hoy en algunas conversaciones de oficina o de esquina.

Está explícito, en el planteamiento de Cristo, que el adulterio no es solo la acción física de tener relaciones sexuales con una persona ajena al cónyuge. También es una cuestión de la mente. Algo de lo que expresa en Mateo 15:19 al decir que del "corazón" salen los malos pensamientos, algunos de los cuales son "los adulterios".

¿Por qué Jesús hila tan fino? ¿Por qué pone sobre los hombros de la humanidad una carga tal? Simplemente, porque como Creador conoce la naturaleza humana. Dios sabe muy bien que todo acto pecaminoso, antes de ser tal, es primero pensamiento.

La mente que no es controlada se pervierte fácilmente y termina realizando, en la acción concreta, lo que en algún momento solo fue pensamiento. Podríamos decir que, si cuidamos los pensamientos, estamos cuidando las futuras acciones.

Los chistes de doble sentido, las expresiones soeces, las conversaciones banales, las miradas cargadas de intención lasciva y los ambientes promiscuos son la antesala de los adulterios. Es deber de todos controlar lo que pensamos; eso servirá como contenedor de acciones pecaminosas. Nadie se convierte en adúltero de la noche a la mañana; primero, jugó con la idea e hizo que aquella idea se convirtiera en un pensamiento recurrente. Luego, la acción no es difícil.

¿Qué pasa por tu mente? Si alguien develase lo que piensas, ¿te avergonzarías?

No es de la noche a la mañana

"Los hijos de mi madre se airaron contra mí; me pusieron a guardar las viñas. Y mi viña, que era mía, no guardé". Cantares 1:6.

* Luís* lleva casado treinta años con la misma mujer. Siempre ha sido fiel. Semanas antes de jubilarse, se enreda con otra mujer y termina –finalmente– abandonando a su desolada esposa.

* Germán, pastor que por más de 25 años mantiene una imagen ética irreprochable, con dos hijos y un –ilusoriamente– buen matrimonio. Un día, comunica que está viviendo una relación adúltera y deja a su esposa.

* Alejandra, madre de tres hijos, una mujer de su casa, cuidadosa en el vestir y aparentemente fiel a su marido, un día conoce a alguien y, sin proponérselo, se enreda en una relación infiel. Termina dejando a sus hijos y a su esposo, ante la estupefacción de todos lo que la conocían de siempre.

En todas las ocasiones en que me ha tocado tratar estos casos, una sola pregunta late en mi mente: ¿Por qué sucede esto? ¿Qué hace que, repentinamente, varones y mujeres dejen todo lo que han tenido hasta allí e inicien una nueva experiencia?

Iniciar esta nueva etapa supone romper con todo: familia, amigos, trabajo, iglesia y comunidad. No les importa nada. Lo único que pasa por sus mentes es la necesidad de iniciar esta nueva relación.

Una cosa he aprendido a lo largo de estos años de tratar con cientos de parejas: ninguna relación adúltera se inicia de la noche a la mañana. Es probable que las personas no lo perciban conscientemente, pero se van dando señales y evidencias de que se avanza inexorablemente hacia una nueva relación.

Un adulterio se fragua en más o menos ocho años. En ese tiempo, se acumulan tensiones, se encuentran cientos de detalles por los cuales estar descontentos con la pareja, no se resuelven problemas –especialmente de índole afectivo– y todo eso, aunado a un proceso natural de deterioro o desgaste de la relación, hace que las personas de pronto se deslumbren por otro individuo que les ofrece la cuota de aventura, riesgo y novedad que hace rato se ha perdido en su matrimonio. De allí al adulterio, hay un paso.

Nadie puede decir "de esta agua no beberé"; lo que hay que hacer es cuidar "la propia viña": remover las hierbas malas, preparar la tierra, poner suficiente abono, echar agua, podar; en otras palabras, hay que cultivar la relación todos los días. De otra forma, se muere.

¿Estás cuidando verdaderamente tu matrimonio? ¿Estás velando para que no echen raíces odiosidades, malos entendidos y sentimientos no expresados?

---

* Todos los nombres son ficticios.

El árido silencio

"Enmudecí con silencio, me callé aun respecto de lo bueno, pero se agravó mi dolor". Salmo 39:2.

El problema de muchos matrimonios no es lo que dicen sino lo que callan.

Hablar es un ejercicio relativamente fácil, si se habla de trivialidades y asuntos de poca monta. El diálogo se hace espeso y difícil cuando el asunto implica tomar decisiones dolorosas o transmitir esas emociones que tenemos aprisionadas en el pecho y que no terminan de salir para darnos un respiro.

Lo más común es que las personas opten por callar, para evitar decir lo que realmente quisieran expresar, sin percatarse de que ese silencio opresivo resulta, a la larga, una cadena muy difícil de cargar.

Se habla en monosílabos, en oraciones apenas terminadas y acompañando el proceso de miradas escrutadoras, esperando siempre el momento oportuno, como linces a punto de caer sobre su presa. Miradas que el tiempo torna melancólicas y carentes de brillo.

El discurso que no se pronuncia hiere el alma como mil alfileres que clavaran cada palabra en una pizarra sensible y abierta en nuestra piel.

Lo que se calla mata, porque termina envenenando la vida; haciendo que las aguas cristalinas del amor se conviertan en oscuros pantanos, donde la vida hiede y se instala el miasma silencioso de la palabra atragantada.

Nunca deja de sorprenderme cuántos silencios separan a algunas parejas. De cuántas palabras se han privado. Han dejado que el silencio se instale en sus vidas, produciendo una profunda sima abismal entre ellos.

Las parejas que comienzan a dejar fluir sus silencios comienzan a hablar. A decir a borbotones lo que ha estado escondido en su mente. Y, aunque repentinamente todo ese silencio estalle como un volcán, soltando lava y rocas incandescentes, al pasar la violencia de la erupción volverá la calma y resurgirá la vida.

Una palabra, tan sólo una, puede ser el desencadenante que permita salir de ese silencio triste.

Así que, el problema no es lo que se dice sino lo que se calla, porque tarde o temprano el silencio tiene el sonido frío e implacable de la muerte. Antes de que eso suceda: ¡Habla! Deja salir esas palabras una a una. Permite que tu mente se libre de esos vocablos que están allí enquistados y que tu cónyuge necesita escuchar.

¿Cuántos silencios se han instalado en tu vida? ¿Qué estás haciendo para hablar?

Si de ti depende

"En cuanto dependa de vosotros, estad en paz con todos los hombres".
Romanos 12:18.

Ante los conflictos matrimoniales, el consejo más recibido y dado es:
–¡Ten paciencia!

Sin embargo, por muy buena que pueda parecer dicha recomendación, aun la paciencia tiene un límite, tal como nos recuerda la Biblia al decirnos que Dios, en algún momento, vendrá a poner fin a los descalabros del pecado.

En muchas ocasiones, recomendamos "paciencia" como una forma de no enfrentar los problemas reales que las personas están padeciendo. Lo que la mayoría de las personas necesita no es necesariamente paciencia, sino la claridad necesaria para poder entender de dónde proceden sus dificultades y la valentía para salir de ellas.

He escuchado esta recomendación aun en las situaciones más grotescas:

* Una mujer viene a verme acongojada porque su esposo ha abusado sexualmente de su hijo. El pastor, con quien habló primero, le dijo: "Tenga paciencia, todos los seres humanos alguna vez se equivocan".

* Otra señora, angustiada, me cuenta que el esposo la golpea por las situaciones más absurdas. Cuando habló con la madre de él, para tener a una persona como aliada, ella le dice: "Ten paciencia, mi esposo también era así, pero cambió".

* Un varón, líder de iglesia, se acerca triste para contarme que su esposa le ha confesado que está viviendo una relación adúltera. Ella le ha dicho, en un tono más bien sarcástico: "Tienes que tener paciencia, hasta que se me pase; ¿no eres acaso cristiano?"

Todos estos ejemplos demuestran que no entendemos con claridad la paciencia. Esta palabra se ha convertido en un término mal utilizado y manipulado. Paciencia es la "ciencia de crear paz". Pero ¿hasta donde es posible? El versículo dice: "En cuanto dependa de vosotros, estad en paz con todos los hombres" (Rom. 12:18). ¿Y si no depende de nosotros? ¿Y si la otra persona rebasa las posibilidades reales de encontrar paz? ¿Qué tal si la paciencia no alcanza?

Todo tiene un límite. A quienes suelen recomendar paciencia normalmente les cuesta mucho ponerse en el lugar de la otra persona. Es muy fácil recomendarle a una mujer golpeada que tenga paciencia si no tienes que volver al lado del golpeador, como en su caso. Es muy sencillo decirle a alguien que tenga paciencia si no tienes que ver a tu hijo sufrir como consecuencia de un abuso.

¿Entiendes que la paciencia tiene un límite? ¿Comprendes que no hay que abusar de la paciencia?

Camas separadas

"Que la esposa no se separe del marido; y si se separa, quédese sin casar, o reconcíliese con su marido; y que el marido no abandone a su mujer". 1 Corintios 7:10-11.

Una antigua canción popular hablaba del fenómeno de las "camas separadas", refiriéndose a los matrimonios que viven separados bajo el mismo techo.

Este fenómeno es cada vez más común. Parejas que no son capaces de solucionar sus problemas y optan por un "arreglo" que suponga vidas independientes, pero que no tengan ningún contacto marital.

Esta opción pareciera ser una solución; pero, en realidad, es nada más que un callejón sin salida. Es la vieja estrategia de no buscar solución a los problemas hurgando en la raíz misma de ellos, para dar con soluciones que sean realmente trascendentes.

Quienes generalmente eligen las camas separadas son mujeres. Muchas de ellas, porque se aburren de ser consideradas objetos sexuales pero sin ser consideradas, de hecho, para nada más. Algunas son maltratadas verbal y físicamente durante el día, y se espera de ellas que sean complacientes sexualmente.

No comparto el fondo de la separación bajo el mismo techo, pero puedo entender la impotencia de aquellas personas que no ven una salida a su problema. Muchos se enfrentan al Síndrome del Túnel, que consiste en vivir constantemente con la sensación de que no hay salida y que en el horizonte solo se avizora oscuridad.

Aunque parece ser una salida a un problema más grave, en realidad, no lo es. Es, simplemente, una postergación ya sea de un divorcio o de la búsqueda de ayuda para la reconciliación. En realidad, es una mentira encubierta por un techo.

Vivir bajo el mismo techo, pero tener vidas independientes, es siempre fuente de tensión, celos, incomprensiones, malos ratos, peleas, frialdad, indiferencia... todo lo cual solo complica más la relación.

Únicamente el enfrentar los problemas con honestidad y transparencia, buscando ayuda cuando no se ha sido capaz de salir solo, es lo que dará esperanza a la pareja.

Una pareja que realmente desea salir buscará la atención de un consejero matrimonial calificado. Luego, si no hay solución y es necesario para que las personas sanen heridas y logren reponerse, o está en juego su estabilidad física y psicológica, en ese caso será necesario el recurso extremo de la separación, pero no bajo el mismo techo; de otro modo, no sirve.

¿Estás buscando solución a tus problemas? ¿Realmente sientes que estás haciendo todo de tu parte para no llegar a tomar medidas extremas?

Una cuestión de actitud

"No os ha sobrevenido ninguna prueba que no sea humana; pero fiel es Dios, que no os dejará ser probados más de lo que podéis resistir, sino que dará también juntamente con la prueba la salida, para que podáis soportarla". 1 Corintios 10:13, RV95.

Muchas situaciones perturban a las personas. En especial, el temor a sufrir, enfermarse, perder el trabajo; sin embargo, la mayor fuente de placer y displacer, de seguridad y temor, es la relación de pareja.

Si la vida matrimonial va bien, parece que todo marcha sobre ruedas. No obstante, si la relación de pareja no funciona, todo se pone oscuro y se ve mal. Es como si no hubiera término medio.

El matrimonio desestructura, porque nos empuja a replantearnos muchas situaciones de nuestra vida.

Nadie, en su sano juicio, planifica que la vida le salga mal. Todos esperamos ser las excepciones y que nuestras bodas sean el comienzo de un proceso de bienestar permanente.

Cuando el matrimonio comienza a fallar, en algún sentido comenzamos a temer que nuestros sueños se enturbien o que no se cumplan, lo cual produce mucha desazón y desesperanza.

Sin embargo, hay que entender que no hay matrimonio que no pase por situaciones difíciles. No hay personas cuyas vidas transcurran sin altibajos.

El secreto para salir adelante es no desesperarse, y concentrarse en las soluciones y no en los problemas. Todo tiene solución (aun la muerte, para un cristiano). Los matrimonios fracasan cuando uno de los dos o ambos bajan los brazos y dejan de luchar. Mientras tanto, es posible continuar, entendiendo que tarde o temprano, con una actitud diferente, terminarán encontrando la solución.

En el fondo, el problema es de actitud. La forma en que enfrentamos las situaciones difíciles condiciona su solución. Si somos derrotistas, tenderemos a mirar todo con lentes oscuros. Si somos optimistas, encontraremos puntos positivos aun en las peores situaciones y, finalmente, terminaremos dando con una solución aceptable.

Las personas derrotistas siempre ven los problemas más graves de lo que son. No porque los problemas sean tan graves, sino porque no pueden verlos de otra forma. Cuando se usan lentes oscuros, no es posible ver claro.

¿Con qué actitud enfrentas los problemas? ¿Qué tipo de lentes usas: claros u oscuros?

El secreto a voces

"Si tuviereis fe como un grano de mostaza, diréis á este monte: Pásate de aquí allá: y se pasará: y nada os será imposible". Mateo 17:20, RVA.

Hoy, parece estar de moda estar divorciado. La gente suele creer que es un estado normal. Sin embargo, a diferencia de lo que se cree, no es la fragilidad de las leyes lo que hace débil el matrimonio, sino los principios que las sustentan.

Soy de los que creen que hay una crisis de responsabilidad y compromiso en nuestro mundo. Muchas personas se casan sin entender lo que significa. Sienten que, al menor conflicto, el divorcio es la única opción viable. Sin embargo, muchas de las razones que se aducen para terminar la vida matrimonial no son más que excusas.

Solo en el contexto de agresiones graves, donde está en riesgo la vida, y en adulterios permanentes, donde la infidelidad es el pan de cada día, es posible pensar en divorcio. En la mayoría de los casos, simplemente la situación es que no se ha buscado la ayuda necesaria ni se han asumido los problemas personales.

Muchas personas suelen huir de las dificultades, creyendo que de esa forma se van a resolver. Muchos divorcios son, en realidad, huida. El miedo a enfrentar los conflictos en busca de una solución ha hecho que muchísimas personas, simplemente, opten por la salida del rompimiento del compromiso.

Pero, no hay problemas insolubles, sino personas que no han querido seguir luchando. Todas las dificultades conyugales tienen solución –incluyendo la violencia y el adulterio–; solo que las personas tienen que estar dispuestas a pagar el precio de lo que significa encontrar una solución. No es simplemente reconocer culpas, sino admitir cómo se ha dado el proceso y descubrir, con la ayuda de un especialista, las razones que lo llevaron a ser violento o adúltero.

No existe incompatibilidad, sino egoísmo. No hay indiferencia, sino orgullo. No hay disfunción sexual, sino personas que no han buscado ayuda. En los años que llevo como orientador matrimonial, he visto a matrimonios resurgir, como el ave fénix, desde las cenizas. Si alguno viera hoy a alguno de esos matrimonios, estoy seguro de que muchos no podrían creer que algunos de ellos alguna vez estuvieron al borde de la separación.

La voluntad, la responsabilidad, el compromiso y la fe en Dios producen maravillas. Quien decide elegir sin echarle la culpa a las circunstancias; el que se hace cargo de lo que hace; el que se compromete día tras día con la persona con la cual se casó; y, en forma especial, el que ejerce una fe viva y real en un Dios vivo, no necesita divorciarse. Tiene en sus manos el secreto de la vida conyugal exitosa.

¿Estás pensando en una salida fácil o te vas a atrever a buscar ayuda? ¿Cuán comprometido estás con tu cónyuge y con el matrimonio?

Excusas

"Sabed que vuestro pecado os alcanzará". Números 32:23.

Cuando alguien obra de manera inadecuada, tenemos la tendencia a excusar; es una propensión muy humana.

Solemos ser tan creativos para inventar excusas que gastamos muchas energías intentando justificar lo injustificable. Si simplemente fuéramos honestos con lo que hicimos, enfrentándonos a nuestros errores, podríamos sufrir menos y, al final, pasaríamos mejor por los conflictos a los que nos enfrentamos.

Toda acción trae una reacción. Es una ley de la naturaleza. Es imposible que podamos eludirla.

Sin embargo, actuamos de tal forma que pretendemos que lo que hacemos no tenga los resultados que son propios de lo que realizamos. Dicha actitud no solo es ilógica, sino también a menudo nos mete en más problemas que soluciones. Eludir, alejarnos o excusar son formas infantiles de actuar.

Muchos matrimonios y relaciones de parejas se destruyen y socavan porque, cuando tienen que dar la cara por algo que hicieron, simplemente, inventan una excusa.

Las excusas son como tornillos gastados: sirven para sostener la estructura, pero, tarde o temprano, terminarán quebrándose y cayendo junto con todo el edificio.

La verdad es siempre más sólida. Cuando alguien da la cara y dice: "Me equivoqué, perdónenme, voy a intentar remediar todo lo que pueda el daño que hice", es a la postre una persona mucho más confiable.

Es imposible que un ser humano no se equivoque. Sin embargo, es posible que al error se le acumulen excusas, y eso sí hace del error algo necio, porque teniendo la oportunidad de enmendar intenta simplemente huir de las consecuencias de la acción que ha realizado.

Muchas personas están dispuestas a perdonar el error, pero no las excusas. A la mayoría de las personas les molesta menos la acción realizada que las argucias que se hacen para taparla.

Es verdad ese dicho de que "el camino al infierno está pavimentado de excusas". Cuando una persona tiene que ocultar con más excusas lo que ha hecho, su vida finalmente se vuelve una situación insostenible; es cosa de tiempo para que se revele lo que ha hecho.

¿Estás siendo honesto con tu esposa(o)? ¿Eres lo suficientemente honesto para decir: "Me equivoqué dime qué puedo hacer para remediar lo que hice"?

Los hijos del divorcio

"Yo aborrezco el divorcio –dice el Señor, Dios de Israel". Malaquías 2:16, NVI.

Las grandes víctimas del divorcio son los hijos. Es como partirlos literalmente en dos. Repentinamente, niños y niñas se ven confrontados en forma abrupta a una sensación de inseguridad tal que nada les parece cierto o valedero.

El hijo de padres divorciados se ve obligado a parcelar su cariño y, a menudo, a perder el amor de alguno de sus progenitores. Es así, aun cuando algunos sostengan que desde la distancia los sigan amando; pero, en realidad, para un adolescente y en general para cualquier ser humano, el amor de lejos, platónico, no causa efecto.

Se ama estando al lado en los momentos claves, dando la palabra justa y el consejo oportuno cuando es preciso; abrazando en el dolor, cuando las lágrimas afloran y no cuando estas se han ido.

El divorcio es como una bomba en la conciencia afectiva de un niño. Aun cuando en algún caso pueda justificarse, eso no evita el daño. Nada reemplaza a un ser humano que debiera estar y no está cuando se lo necesita; ni siquiera Dios, que muchas veces y constantemente actúa en y a través de la humanidad finita.

"El divorcio es una crisis que afecta a la pareja, a los hijos, a los parientes, a los amigos y a los socios de los negocios. Los cambios que se producen como resultado del divorcio son causa de sentimientos de fracaso por parte de los dos, marido y mujer, y desequilibran a todos los afectados. Los niños experimentan toda una serie de emociones. Algunos se encuentran con que no solamente pierden al cónyuge, sino también, con él, a otras personas significativas en su vida".[55]

El divorcio produce una reacción en cadena. Su acción se traduce en sentimientos encontrados de alivio cuando la situación ha sido insostenible, pero de aflicción por tener que enfrentar la existencia en términos de incertidumbre e inestabilidad.

Los hijos de divorciados llevan una marca invisible sobre sus frentes. Una señal que indica que, de algún modo u otro, han sido afectados irremediablemente por decisiones que no tomaron.

Si más padres se dieran cuenta exacta del efecto real que sus decisiones tendrán sobre la vida de sus hijos, probablemente muchos más buscarían establecer treguas que les permitan buscar ayuda y, finalmente, encontrar la forma de solucionar sus desavenencias.

No hay problemas matrimoniales que no se puedan solucionar; solo personas tozudas que dejaron de creer en la posibilidad del cambio.

¿Estás haciendo todo lo posible para que tu matrimonio no encalle en el divorcio?
¿Eres consciente de lo que tus decisiones implican para tus hijos?

Para situaciones insostenibles

"Por la dureza de nuestro corazón Moisés os permitió repudiar a vuestras mujeres; mas al principio no fue así". Mateo 19:8.

El divorcio es una salida para situaciones insostenibles. No soluciona los problemas de fondo, pero al menos crea las condiciones para que las personas puedan tener un respiro para problemas que las asfixian o que las anulan para pensar con cordura. De hecho, no creo que el divorcio sea en sí una solución, pero al menos permite que personas que están en riesgo de vida o de equilibrio psicológico puedan pensar que hay salida para sus dificultades.

Muchas personas sostienen *per se* que están en contra del divorcio cualquiera que sea la circunstancia, y suelen recomendar a las parejas que deben volver con su cónyuge, no importa qué situación esté viviendo, porque hicieron una promesa de por vida y, por lo tanto, tienen que estar atados permanentemente a esa promesa.

Para afirmar esa aseveración, sostienen en forma tajante el versículo: "lo que Dios juntó, no lo separe el hombre" (Mat. 19:6). El principio es válido. Sin embargo, ¿y si Dios nos los unió? ¿Qué tal si Dios no tuvo nada que ver en esta unión? ¿Qué hacer si las personas se dan cuenta de que fueron guiadas por sus propios caprichos, ignorancias y debilidades? ¿Qué tal si no eligieron correctamente?

No creo que Dios una en matrimonio a personas que son violentas; que agraden, anulan y humillan al cónyuge. No hay vínculo entre el caos y Dios.

Alguno dirá:

–Eso es problema de ellos, no de Dios.

Entonces, si esto es así, no involucremos a la Deidad en algo en lo que no tiene nada que ver. Un sector del cristianismo, que defiende la postura antidivorcio contra viento y marea, suele olvidar que, en muchos matrimonios, lo que hay son víctimas y victimarios; y que a la larga, de esas relaciones, surgen familias y generaciones marcadas por conductas que tienden a repetir en ciclos.

Cuando la vida está en riesgo; cuando las personas ven alteradas sus vidas emocionales y psicológicas, el divorcio no solo es necesario sino también saludable.

Eso no significa que deban casarse de nuevo, porque el nuevo matrimonio, bíblicamente, es permitido solo en el contexto del adulterio y el deceso del cónyuge. Sin embargo, al menos protegerá algo mucho más valioso que el matrimonio mismo, y que es la vida y la calidad de vida.

¿Estás entendiendo que algunos matrimonios pueden no ser necesariamente idea de Dios? ¿Entiendes que no tienes derecho a juzgar a otras personas?

Institución en crisis

"Así que no os angustiéis por el día de mañana, porque el día de mañana traerá su propia preocupación. Basta a cada día su propio mal". Mateo 6:34, RV95.

Muchas investigaciones sostienen que, aproximadamente, un cincuenta por ciento de los matrimonios del mundo se rompen. No sé con total exactitud cuán fidedignos son estos datos; sin embargo, no hay duda de que algo muy malo, en relación con el matrimonio, está pasando. Cada vez es más común encontrar personas que son separadas, divorciadas o que, simplemente, no quieren casarse por temor a sufrir algún fracaso.

Es probable que alguien piense que esto no es nuevo. Siempre ha habido conflictos matrimoniales y personas que no se llevan ciento por ciento bien. Eso es verdad. También podemos conceder que las comunicaciones, que nos traen tanta información día tras día, en cierto modo nos hacen estar más conscientes de un problema que antes se tendía a ocultar. Sin embargo, por mucho que tengamos aprehensiones respecto de las cifras, no podemos obviar que hay una tendencia a considerar el matrimonio como una institución cada vez más débil.

Muchos consideran al matrimonio como una institución obsoleta, un vejestorio del pasado, que se niega a morir. Las feministas radicales consideran que la relación matrimonial es uno de los bastiones del machismo y la discriminación de la mujer.

Pero, aunque hay millones de hogares en los que impera el machismo más cruel e irracional, no todos los hogares se organizan en torno al varón. Por otro lado, si bien es posible percibir un deterioro en la situación matrimonial, aún hay miles de personas que cada semana se casan, señal de que no está muerta la institución, como algunos querrían.

En tiempos de crisis, siempre surgen los agoreros y los contadores derrotistas de desastres. Siempre hay personas dispuestas a creer lo peor. Lamentablemente, da la sensación de que los que cuentan historias de terror tienen más impacto y mayor poder de persuasión, porque hay más tendencia a creerles.

La institución matrimonial está en dificultades, sin duda. ¿Vamos a quedarnos a llorar como plañideras y a lamentar que esto sea así? Es una posibilidad, pero no nos va a llevar a ninguna parte.

Es necesario que dejemos el discurso de la desesperanza y trabajemos por mejorar –a partir de nuestra experiencia–, y empecemos a creer que es posible construir matrimonios estables y prósperos.

Cientos de millones de personas gozan de matrimonios armónicos, señal de que se puede. Muchos han logrado superar sus problemas, evidencia de que es posible cambiar. Miles han logrado sortear las crisis y convertirse en matrimonios estables, lo que indica que es factible experimentar la alegría del matrimonio.

¿Quieres seguir llorando o vas a creer y trabajar para tener un matrimonio estable?

Solo para valientes

"De la ayuda mutua no os olvidéis". Hebreos 3:16.

La mayoría de las personas que se acercan a pedir ayuda son mujeres. Es extraño que un varón venga a decir que su matrimonio está mal. De cien personas que van a un consejero, solo tres o cuatro son varones. ¿Por qué? ¿De dónde viene ese miedo a exponer frente a otra persona que algo tan vital de la vida no está funcionando?

Los factores pueden ser varios: Ignorancia, miedo, temor a sentirse vulnerables y mitos. Sin embargo, creo que el factor más gravitante tiene que ver fundamentalmente con ideas aprendidas.

En síntesis, es una cuestión de educación. No tiene nada que ver con que se es genéticamente varón. Simplemente, somos parte de una sociedad que considera que los varones no deberían tener ciertos conflictos, o al menos no deberían dar la sensación de debilidad con la que se asocia el tener que pedir ayuda.

Pedir ayuda demanda una mayor cuota de valor que el seguir como se está. Quienes se atreven a buscar a alguien para pedir ayuda han debido sortear un sinnúmero de presiones mentales y sociales.

¿Por qué los varones no buscan ayuda? Porque se les ha enseñado al menos dos necedades que van en contra de toda lógica:

Lo primero es la creencia de que admitir que se tiene problemas matrimoniales es reconocer, ante la comunidad masculina, que se ha errado. Que no "se han llevado bien puestos los pantalones" y que, en algún aspecto, se ha demostrado tener "poca hombría". Esa metáfora es tan poco inteligente que refutarla parece ser un mecanismo absurdo; solo se puede echar por tierra su silogismo falso afirmando que el ser humano que supuestamente no tiene problemas, en cualquier índole de cosas, demostraría con ese solo hecho que no pertenece a la humanidad.

Lo segundo es la opinión de que los problemas matrimoniales son cuestiones de mujeres. En otras palabras, si algo no funciona, es porque la mujer no ha hecho todo lo posible; o simplemente, si hay que pedir ayuda, que la pida ella, porque en realidad a la mujer es a la que hay que ayudar. Es más "emocional", "emotiva" o "exagerada". Evidentemente, esta es una necedad derivada de la anterior, pero no por eso deja de ser repetida, incluso por mujeres. La verdad es que, si esto fuera cierto, nadie debería casarse, especialmente varones, porque estarían en un área fuera de su competencia.

Un matrimonio se construye, mantiene y destruye entre dos, especialmente cuando uno de los dos no quiere pedir ayuda... cuando es necesario.

¿No será hora de que consideres que, si no has sido capaz de solucionar algo en tu matrimonio hasta aquí, necesitas pedir ayuda?

Preparación para el invierno

"Por la pereza se cae la techumbre, y por cruzarse de brazos hay goteras en la casa". Eclesiastés 10:18, RV95.

Muchos matrimonios sucumben por la pereza; por el dejar caer los brazos y no trabajar.

Una vez, una amiga psicóloga me dijo:

—Si yo hubiese sabido que iba a ser tan difícil mantener un matrimonio en el tiempo, no sé si me habría casado.

No le respondí, pero en el fondo pensé lo mismo. Una relación conyugal necesita trabajo continuo y esfuerzo denodado. Nadie logra salir airoso de una relación manteniendo una vinculación inestable y fugaz.

Como dice el versículo de hoy, cuando llega el invierno se observa la negligencia en proteger y cuidar la casa en el momento adecuado.

En la primavera y el verano de todo matrimonio, es preciso cuidar la relación, para que cuando venga el invierno el techo no esté lleno de goteras.

Si nos cruzamos de brazos, no podremos evitar equivocarnos y terminamos, tarde o temprano, siendo afectados por una situación que nos desborda.

El matrimonio no es para perezosos. Las personas que no invierten tiempo, recursos, energía y afectos en el matrimonio, tarde o temprano terminan creando las condiciones para que la relación se deteriore.

Uno de los ejercicios que hago realizar a las parejas en crisis es:

a. Hacer un listado del tiempo que se invierte en jugar, conversar y comer juntos como pareja. Deben poner la cantidad exacta de minutos.

b. Hacer una comparación del tiempo que pasan en otras actividades, trabajo, amigos, recreación (que incluye televisión) y ocio.

Una de las cosas sorprendentes es que muchas de las parejas en crisis no dialogan, no realizan actividades juntos, no juegan y no participan en actividades de crecimiento personal juntos. No es casual que tengan crisis.

Me gusta pensar que la relación es como una planta delicada, que hay que cuidar. Para que dé flores y prospere en el tiempo, hay que trabajar proveyéndole los nutrientes adecuados, quitar las malezas y podar a tiempo. Solo así es posible esperar que resulte algo bueno. Lo mismo sucede con el matrimonio: si no se invierte, no se recibe.

¿Cuánto tiempo dedicas a estar con tu cónyuge? ¿Tiene comparación con todo lo otro que realizas?

Importancia radical

"En la multitud de consejeros está la victoria". Proverbios 24:6.

En el mundo antiguo, el matrimonio se realizaba por motivos económicos, sociales o políticos. No se esperaba que los novios se casaran por amor. En muchos casos, los novios nunca se veían sino hasta el día de la boda.

Esa sola idea hoy parecería una película de terror para la mayoría de los jóvenes en edad de casarse. Sin embargo, muchas parejas se han ido al polo contrario, porque hoy se da el fenómeno de que ni siquiera se considera a la familia de origen a la hora de formar el matrimonio. Se supone que no es importante.

Lo real es que, si bien es cierto, la pareja que se casa debe independizarse totalmente de sus padres y familiares para formar su propio hogar, eso no significa que no deban pedir consejos. La Biblia señala que "en la multitud de consejeros está la victoria" (Prov. 24:6). En otras palabras, si te guías solo por tu opinión, tarde o temprano vas a fracasar.

Un antiguo dicho afirma que "aun un enano ve más que un gigante, si se sube a los hombros de este". Es muy extraño que un padre o un familiar directo tenga malas intenciones para con sus hijos o sus parientes. Si se los consulta con un espíritu de humildad, simplemente para que nos den una perspectiva más amplia de la que tenemos nosotros, sin duda, podremos visualizar otros puntos de vista que quizá nos libren de cometer errores.

Hace poco, una pareja se me acercó para que los casara. Les dije que no los casaría a menos que participaran en un curso prematrimonial. Estuvieron de acuerdo, pero me preguntaron cuánto dura. Les respondí que tres meses, y que soy inflexible. Si faltan una semana –a menos que sea justificado–, no los caso. El joven se quedó mirándome sorprendido y me dijo:

Pero, pastor, ¿para qué tanto? Pensé que nos iba a dar un consejito y ya era suficiente.

Le respondí que el matrimonio es un proyecto tremendamente delicado y que, a menos que se tenga la convicción de su importancia y se haga lo que se debe hacer de manera ordenada y dándose tiempo para decidir adecuadamente, no es posible que prospere.

Al final, no llegamos a un acuerdo. Prefirieron buscar a otro pastor menos exigente. Lo lamentable es que muchos no le dan la importancia que tiene. No hay empresa más importante que el matrimonio y la familia. ¿No deberíamos actuar en consonancia?

¿Entiendes la importancia del matrimonio? ¿Te juegas realmente por él?

Ni con una pluma

"No me afrentó un enemigo, lo cual habría soportado; ni se alzó contra mí el que me aborrecía, porque me hubiera ocultado de él; sino tú, hombre, al parecer íntimo mío, mi guía y mi familiar". Salmo 55:12, 13.

Hasta bien entrado el siglo XIX existía, en muchas partes de Inglaterra y Norteamérica, la regla de que un esposo podía golpear a su esposa con una vara, siempre y cuando esta no fuera más ancha que el pulgar de un varón.

Hoy no existe esta costumbre perversa; sin embargo, la idea de que la esposa está para servir y obedecer al marido, y de que él tiene derecho a pegarle y amedrentarla, no es algo totalmente del pasado. Sigue estando presente esta práctica habitual no solo en países en los que las mujeres carecen de derechos, como las sociedades árabes fundamentalistas, sino también entre cristianos profesos.

He servido como pastor toda mi vida en Sudamérica, y he visto más casos de violencia contra la mujer de los que hubiese querido. Muchas de las situaciones sucedían en hogares de cristianos que asistían regularmente a la iglesia y que incluso tenían cargos eclesiásticos.

¿Por qué un varón llega a golpear a su esposa? ¿Qué hace que se rompa el pacto de cuidado mutuo y respeto?

Las causas son varias; desde una educación machista hasta el egoísmo de alguien caprichoso, que no tolera un "No" como respuesta. Lo que si es cierto, y no hay dudas, es que cuando alguien, que ha prometido cuidar, proteger y amar, agrede y violenta a la persona con la que está unido en matrimonio rompe el pacto que unió sus vidas.

La transgresión del pacto de respeto y cuidado mutuo es básica para sostener que aquella relación ya no existe. De hecho, cuando alguien golpea a otro, simplemente dejó de ser el esposo y amante que debía ser.

La violencia no es el plan de Dios; por el contrario, la Biblia sostiene, con toda claridad, que Dios aborrece la violencia en todas sus formas.

No hay justificación para humillar, agredir y violentar. Un cristiano practicante no tiene ningún punto a favor para justificar una conducta violenta. Un no cristiano puede aducir problemas de cultura y formación, pero aun así sigue siendo una excusa para una conducta que ha elegido.

El matrimonio y la pareja deben ser cuidados y protegidos a todo precio. Cuando alguien bien intencionado sostiene que, aunque haya violencia, hay que mantener el matrimonio, pide algo más allá de la lógica y el sentido común, porque en el contexto de la violencia hay otro principio superior al matrimonio, que es la vida. Poner en riesgo la vida simplemente porque hay que mantener el matrimonio no es lógico ni prudente.

¿Ha habido situaciones de violencia entre ustedes? ¿Has pedido ayuda?

Un monstruo de varias cabezas

"Dios mío, líbrame de la mano del impío, de manos del perverso y violento". Salmo 71:4.

Por mucho tiempo se ha transmitido la idea de que la violencia intrafamiliar es golpear al cónyuge. Sin embargo, esa es una visión restringida del problema.

También es violencia:

La agresión psicológica. Hay muchos que no golpean a sus esposas o esposos; sin embargo, la constante humillación, los insultos, los desmerecimientos, la falta de reconocimiento y la agresión verbal son, sin duda, una forma de violencia tan dañina como la violencia física.

El abandono. Algunos no golpean ni humillan, pero abandonan. Es, también, un acto de violencia. El dejar a esposa e hijos en desamparo es una acción violenta, que trae mucho dolor a quienes se ven enfrentados a dicha situación.

El romper objetos valiosos. Conocí a una mujer que nunca fue golpeada por su marido, pero cada vez que quería dañarla le rompía algún objeto que para ella era muy querido o valioso. Su mayor dolor fue cuando él, en un arrebato de furia, le quemó todas las cartas y las fotografías que guardaba de su padre ya fallecido. Esto puede trasladarse a plantas o, incluso, a mascotas. Es una violencia vicaria, que causa tanto daño como lo anterior.

Manipulación económica. Es una forma de violencia muy común en muchos lugares. Varones que no le dan a su familia los recursos suficientes para sobrevivir y humillan constantemente a sus esposas para que les rueguen por algo de dinero para la subsistencia. Esta es una forma de violencia que causa mucho daño y resentimiento.

Agresión sexual. Muchos varones se consideran con derechos sexuales inalienables en el interior del matrimonio. Se olvidan de que la vida sexual es consensuada y de común acuerdo. Cada vez que esto no sucede se está ante un delito que, en muchos países, está tipificado como "violación marital".

Manipulación espiritual. Un rasgo típico de algunos cristianos violentos es manipular espiritualmente a sus cónyuges con expresiones tales como: "Dios no te va a escuchar ni ayudar"; "Dios me autorizó para hacer lo que hago"; "Dios dice que soy el que mando y que tú debes obedecerme aunque no te guste".

Todo esto es violencia. Quien realiza cualesquiera de estas acciones rompe el pacto matrimonial de ayuda, respeto y amor. Quien rompe el pacto matrimonial no puede esperar que la otra persona se mantenga a su lado solo porque un documento dice que es su cónyuge.

¿Has caído en algunas de estas conductas? ¿Pediste ayuda?

Ni aunque sea el alcalde

"Apártate del mal, y haz el bien; busca la paz, y síguela". Salmo 34:1.

El 8 de febrero del año 2001, los periódicos informaban que el alcalde de Miami, Joe Carollo, fue encarcelado durante una noche en la prisión por golpear a su esposa.

María Ledon Carollo declaró a la policía que su esposo la golpeó en la cabeza con una tetera de terracota. Por este hecho, su esposo fue acusado de agresión simple. Luego de una audiencia, fue puesto en libertad bajo fianza.

Una de sus hijas llamó desesperada a la policía, diciendo:

—¡Vengan a ayudar! Mi padre está lastimando a mi madre.

Cuando llegaron a la casa, encontraron a la esposa de Carollo con un chichón del tamaño de una pelota de golf en la sien izquierda y al alcalde con dos arañazos detrás de la oreja izquierda.

La esposa quiso presentar cargos, pero luego cambió de opinión. No obstante, la policía decidió presentar los cargos de todas formas.

Los abogados intentaron impedir que el hombre pasara una noche en la cárcel, pero el juez King Leban rechazó la petición, aduciendo que:

—No veo ninguna razón para tratar al señor Carollo de forma diferente del resto del mundo.

El caso solamente saltó a los medios de comunicación por el cargo político y la calidad de personaje público; sin embargo, este hecho es, lamentablemente, el pan de cada día en millones de hogares alrededor del mundo, en los que se considera la violencia como un hecho "normal" e incluso "hasta deseable" en la relación de una pareja.

La agresión, en cualesquiera de sus formas, es una muestra evidente de una grave distorsión de los valores fundamentales relativos al matrimonio.

Estar casado significa hacer un voto de protección y cuidado hacia el ser amado. Eso implica que nunca, bajo ninguna circunstancia, se obrará de tal modo que el cónyuge se sepa herido, violentado o agredido. Cuando eso se produce, la relación se rompe. En muchos casos, es simplemente señal evidente de deterioro.

Es inaceptable cualquier forma de violencia en un matrimonio. Nada lo justifica.

¿Cómo tratas a tu esposa? ¿Qué expresiones utilizas para discutir con tu esposo?

Lo que mantiene fuerte a la pareja

"Las muchas aguas no podrán apagar el amor". Cantares 8:7.

Le pregunté a una pareja que llevaba más de cuarenta años casados la razón de su éxito matrimonial. Ella, mirando a su esposo con respeto y picardía, me dijo:

–Es algo mucho más profundo que la inteligencia o la capacidad nuestra de amar.

Y, sonriendo, me dijeron:

–Ya vas a entender algún día.

Ser feliz es la consecuencia de un proceso. Para muchos, la felicidad matrimonial se logra con una gran cuota de sacrificio personal e inteligencia.

Se necesita hacer sacrificios para poder comprender la situación vital que vive nuestro cónyuge o para ceder nuestros propios deseos. Por amor a nuestro cónyuge, muchas veces dejamos a un lado nuestros anhelos personales y ayudamos a nuestra pareja a que logre sus aspiraciones.

Además, es verdad que se necesita inteligencia, especialmente emocional, para vivir día tras día al lado de una persona que es distinta en tantos aspectos a nosotros.

Sin embargo, ninguna de estas dos razones explica de manera profunda la verdadera naturaleza del éxito matrimonial. En realidad, lo que permite que unos tengan éxito mientras que otros fracasan es la presencia de un Poder transformador y renovador que es sobrenatural.

El verdadero amor proviene de una Fuente que no es humana. "Dios es amor" (1 Juan 4:8) –nos dice Juan–, y esta pequeña y profunda verdad es la clave de todo el asunto. Si Dios está con nosotros, simplemente, la vida adquiere otro cariz. La presencia del amor que nace de Dios es lo que le da al matrimonio estabilidad y desarrollo en el tiempo, ante los avatares de las circunstancias.

Temple Gairdner escribió: "Para que yo pueda acercarme a ella, acércame más a ti que a ella; para que yo pueda conocerla a ella, hazme conocerte a ti más que a ella; para que yo pueda amarla con el perfecto amor de un corazón perfectamente íntegro, hazme amarte a ti más de lo que la amo a ella y más que a cualquier otra cosa.

"Para que nada pueda interponerse entre ella y yo, sé tú entre nosotros cada momento. Para que podamos estar constantemente juntos, atráenos a una separada soledad contigo. Y, cuando nos encontremos pecho a pecho, oh Dios, permite que sea sobre el tuyo propio".[56] Esa es la clave. Eso es lo que aquella pareja de ancianos quiso trasmitirme.

¿Está Dios presente en tu matrimonio? ¿Se gozan en invitarlo diariamente a su casa y a su relación? Su amor mutuo ¿les brinda verdadera alegría?

La Fuente del amor

"El que no ama no ha conocido a Dios, porque Dios es amor". 1 Juan 4:8.

Amar es muy arduo. Es un trabajo de ocupación permanente. No se puede amar sin esfuerzo. Tal vez, en el contexto romántico que existe en torno al amor, sea posible representarlo como un aliento espontáneo; pero, no sale en forma natural. Es contra la naturaleza amar. Amar supone un esfuerzo de la voluntad, que se entrega plenamente. El amor sin entrega es mero sentimentalismo. El fracaso de hoy, en torno al amor, es suponer que es una acción intercambiable; un efecto de decisiones pasajeras, de situaciones que nos abordan y nos anegan sin ningún tipo de acción consciente.

El amor verdadero es un permanente decidir. Ser amado es más fácil que amar. El primero recibe, el segundo da. Ese dar significa "darse" a sí mismo y renunciar. Por esa razón, sin decisión constante y voluntaria, no es posible amar.

Estamos tan imbuidos con el amor estilo Romeo y Julieta que no nos damos cuenta de que el amor es como mantener un bote a flote aunque vengan vientos huracanados. Es una tarea en la que no hay jornada de ocho horas sino una tarea de toda la vida.

Sin embargo, ¿quién es apto para esta tarea? ¿Quién puede realmente amar con esa capacidad todos los días? Allí entramos en un problema. Amar es arduo; pero, el ser humano no puede hacerlo de manera natural. La Biblia dice que nadie es justo (Rom. 3:10) o, dicho de manera poética, dice que "el corazón del hombre se inclina al mal" (Gén. 8:21, RVR 95). Eso implica que lo natural en el ser humano es actuar por motivos egoístas y pecaminosos. En ese contexto, amar es una utopía.

Por esa razón, la Biblia sostiene que el amor es un don (1 Cor. 13); un regalo que viene del cielo; una capacidad que da Dios. Para amar de verdad, se necesita que una pareja esté conectada vivencialmente a Dios, quien le dará la capacidad de amar.

Por lo tanto, la decisión continua y permanente que debemos hacer es mantenernos unidos a Dios, quien nos dará una capacidad que no nos surge de manera espontánea. Esto sucede porque el amor verdadero es dar, no recibir. Es renuncia a sí mismo por otro. Eso se produce únicamente como un milagro de Dios.

Es el sentido de lo que expresa la Palabra de Dios: "El que no ama no ha conocido a Dios, porque Dios es amor" (1 Juan 4:8). En otras palabras, sin Dios no se puede amar; al menos, con un amor real, auténtico y libre de pasiones desestabilizadoras. Si Dios es la Fuente del amor, solo se amará en la medida en que los seres humanos estén unidos a ese Manantial del cual fluirá la capacidad de amar.

¿Estás decidiendo todos los días unirte a Dios? ¿Tienes una relación vivencial y permanente con Dios? ¿Oras? ¿Lees su Palabra?

El amor que calla

"Altivez de ojos, y orgullo de corazón, y pensamiento de impíos, son peca-do". Proverbios 21:4.

Como una planta delicada, el amor necesita un ambiente especialmente protegido para florecer.

No se echan piedras al jardín ni a la maceta. Las flores no crecen ahogadas por malezas. También es preciso regarlas y darles suficiente abono para que vivan rebosantes.

En la pareja, hay algunas "piedras" o "malezas" que hacen que el amor muera. Una de las más dañinas es el orgullo.

A la mente orgullosa le cuesta mucho entender el verdadero sentido del amor.

El orgullo genera una serie de otras actitudes que provocan la muerte lenta y sostenida de la buena relación de una pareja.

El orgullo es hermano directo del egoísmo y la vanidad. Una persona orgullosa no acepta razones ni escucha. Cuando se es orgulloso, se tiene la convicción de que se poseen todas las respuestas. Se está ajeno a la reprensión y la capacidad de reaccionar.

No es una característica pasajera ni tampoco menor. Es un rasgo de personalidad elegido y que, finalmente –como un virus–, termina por enfermar cualquier relación interpersonal.

Para que una pareja funcione, se necesita humildad, que es una de las características del amor (Gál. 5:23). Sin una actitud de mansedumbre, no es posible amar de verdad. Una persona orgullosa no acepta mirarse a sí misma para cambiar. En el contexto del orgullo, solo se produce dolor y sufrimiento. El amor puro y verdadero solamente florece en el contexto de la humildad. Tal como dice el sabio: "Recompensa de la humildad y del temor del Señor son las riquezas, la honra y la vida" (Prov. 21:4, NVI).

La autora francesa Philippe Gerfaut escribió: "Cuando el orgullo grita, es que el amor calla". En otras palabras, cuando se deja fluir el orgullo, el amor se evapora, deja de estar, y la relación de pareja se muere lenta e inexorablemente.

Cuando Dios obra, por su Espíritu Santo, en la vida de las personas, una de las evidencias de su presencia es la actitud que se asume frente a sí mismo y a los demás. Si se es orgulloso, altanero, soberbio, vanidoso, egoísta, es señal de que Dios no está transformando a esa persona y de que el Espíritu está impedido de hacer su trabajo de restauración. El resultado final es que aquel individuo podrá sentir, pero no amar de verdad.

¿Qué motiva tu accionar? ¿Crees ser movido por el orgullo o por la humildad? ¿Estás permitiendo que el Espíritu Santo te transforme para amar?

Armonía

"Mirad cuán bueno y cuán delicioso es habitar los hermanos juntos en armonía!" Salmo 133:1.

"Armonía" es una de esas palabras que evoca muchas cosas a la vez. Solemos hablar de ella cuando escuchamos una hermosa melodía sin disonancias, desafinaciones ni pérdida de ritmo. También la usamos para admirar la combinación de ropas de alguien que ha elegido cuidadosamente su indumentaria.

Sin embargo, uno de sus usos más comunes está asociado con las relaciones humanas, donde se busca que exista una "armonía" tal que impida que las personas se agredan y no lleguen a acuerdos.

Se supone que existe armonía cuando dos o más personas logran llegar a algún tipo de entendimiento que les permita actuar con cordura, sin agresiones, violencias ni imposiciones.

Cuando dos personas viven en armonía, se nota por la forma en que se tratan mutuamente y por la manera en que enfrentan los conflictos inevitables que surgen en las relaciones humanas.

El mismo concepto se ha trasladado al matrimonio. Se espera que haya armonía en la relación de la pareja. Cuando el esposo y la esposa son capaces de hablar sin violentarse, se habla de que existe armonía entre ellos. Cuando una mujer y un varón que viven juntos se tratan con respeto, consideración y un alto grado de empatía por las necesidades del otro, estamos ante la presencia de una pareja que vive en armonía.

Sin embargo, dicha relación no se consigue de la noche a la mañana. De la misma forma en que una orquesta debe ensayar una y otra vez la misma pieza musical para lograr plena armonía, una pareja tiene que volver, en muchas ocasiones, sobre sus pasos, para aprender a tratarse de tal modo que sean capaces de expresar empatía, respeto y consideración por el otro. Eso no se aprende en la escuela, sino en la voluntad diaria de llevar armonía a una relación.

La religión es un factor básico de armonía. Provee a la pareja una dinámica distinta. Les da una visión distinta de sí mismos y del otro. Cuando sabemos que somos criaturas de Dios, creados con un propósito trascendente, tendemos a tratar al otro de una manera diferente, considerando que es especial.

No es casual que muchos estudios muestren que existe mayor estabilidad y armonía en matrimonios profundamente religiosos que en otros en los que la religión es un agregado sin importancia en sus vidas.

¿Cuál es la base de armonía en tu matrimonio? ¿Existe armonía en tu vida?

Vislumbre de Dios

"Dios es amor". 1 Juan 4:8.

El amor tiene algo de misterioso. Produce una sensación extraña. Esa mezcla de estar participando de algo tan humano, pero a la vez con un sabor divino de eternidad, como ninguna otra experiencia accesible a la humanidad.

Probablemente por esa razón, los que a menudo han descrito con mayor propiedad el amor han sido los poetas, quienes, dotados de una visión que va más allá de lo cotidiano, han sabido captar esa mezcla de divinidad y humanidad que hay en la dimensión del amor.

Es la palabra más utilizada en todos los idiomas y existen expresiones gestuales de uso más o menos universal que identifican el amor.

Un publicista neoyorquino hizo famoso un símbolo que se venía asociando con el amor, pero que terminó por adquirir universalidad: el corazón de color rojo, que pasó a simbolizar el amor en todos los idiomas.

No hay ser humano que no haya vivido alguna experiencia de amor. Produce emociones que son entendidas por todos.

Lo misterioso del amor se refiere, fundamentalmente, a que aunque vive en el presente se proyecta a la eternidad. Nadie ama creyendo que dejará de hacerlo. Ninguna persona promete amar creyendo que el amor será pasajero. Al amar, se respira aire de eternidad.

La sola mención del amor nos proyecta hacia algo que escapa a la comprensión humana. Por eso resulta curioso pensar que haya personas que crean que sobre el amor no hay mucho que aprender, cuando en realidad, al poseer las características que le son propias, se encuentra en una dimensión que apenas alcanzamos a percibir.

De hecho, la Biblia dice simplemente; "Dios es amor" (1 Juan 4:8), y pone un sello a todas las pretensiones humanas de llegar a entender en forma cabal el amor en toda su plenitud. Amar es una emoción que nos conecta directamente con la Deidad; toda vez que, cuando amamos, vislumbramos de cerca la luz de Dios. Es la forma que Dios tiene de revelar su esencia más profunda.

Por esa razón, el amor no es un asunto de poca monta; es el meollo, el centro y fondo de toda la esencia humana. Sin amor, se existe, pero no se vive. El amor da sentido a la existencia, porque amar es todo.

¿Amas de verdad? ¿Entiendes la relación que existe entre el amor y Dios?

El matrimonio: un plan de Dios

"El Espíritu de Dios me hizo; y el soplo del Omnipotente me dio vida". Job 33:4.

El matrimonio es un pacto entre dos personas que se aman en el que no solo participan un varón y una mujer sino también Dios.

En la relación conyugal, una pareja se acepta mutuamente, y hace un compromiso de fidelidad y amor de por vida. La seriedad de su compromiso hace que sea ratificado ante la presencia de Dios.

Aunque muchos han querido creer que el matrimonio es una invención evolucionada del ser humano, lo cierto es que es una institución creada por Dios mismo.

Dios nos dio la capacidad de amar y también, en su diseño, creó el matrimonio como una forma de equilibrio para la raza humana. Los seres humanos necesitamos la relación de pareja tanto como precisamos el comer o el beber. Es necesario para nuestra supervivencia. Es fundamental para el equilibrio emocional y físico.

Aunque hay algunas personas que optan –debido a diversas circunstancias– por el celibato y la vida solitaria, eso es una excepción a la regla. Es una opción que nada tiene que ver con el diseño original.

Dios crea el diseño y otorga la capacidad de amar. El amor es un don que proviene directamente de Dios (1 Juan 4:8). Las expresiones de cariño y dulzura son, simplemente, una manifestación de la presencia de la Deidad en nosotros (Gál. 5:22).

La imagen preferida de la Biblia para ilustrar el matrimonio es la unión mística y simbólica entre Cristo y la iglesia. Se espera, y se supone, que entre esposo y esposa exista el mismo vínculo de unión que Jesucristo mantiene con su iglesia.

El amor incondicional, la entrega, el sacrificio y la abnegación es lo que caracteriza la unión de Cristo con su iglesia. Es el tipo de relación que Dios espera que exista entre esposo y esposa. Un vínculo en el que no haya lugar para el egoísmo, el orgullo y la impaciencia.

Para que esto exista, la pareja debe invitar a Dios a que sea el tercero invitado a la fiesta. Dios debería ser el visitante más asiduo de toda relación matrimonial. Una pareja que desea alcanzar el ideal de Dios no puede dejar a Dios fuera de sus vidas; al contrario, la Deidad debe convertirse en la base y el sustento de toda su relación. Cuando dejamos a Dios fuera... sencillamente, empezamos a vivir una falsificación del amor, que no es real y, a la larga, resulta frustrante. Solo la presencia de Dios garantiza que la vida matrimonial prospere.

¿Estás invitando a Dios a vivir en tu vida matrimonial? ¿Es Dios el personaje más importante en tu vida?

El único fundamento

"Todo aquel que viene a mí y oye mis palabras y las hace [...]. Semejante es al hombre que al edificar una casa, cavó y ahondó y puso los cimientos sobre la roca. Y cuando vino una inundación, el torrente golpeó con ímpetu contra aquella casa, y no la pudo mover, porque había sido bien construida". Lucas 6: 47, 48.

El matrimonio es hermoso cuando se ama y más bello cuando se cree. Los esposos que se aman traen continuamente aire de primavera a sus vidas. Sin embargo, aquellos que además creen en Dios traen el infinito para llenar sus existencias de sentido.
Solo la presencia viva de Jesús puede hacer que dos seres desconocidos uno para el otro puedan amarse sin recriminaciones y con total aceptación.
Solo el Espíritu divino puede hacer que mentes finitas se compenetren con algo que supera sus vidas: el amor.
Sin Dios, todos nuestros intentos de amor son mera pantomima, que convence pero no perdura; que engaña, pero que a la postre se revela en farsa.
Cuando Dios no está, presente el matrimonio se construye sobre arena. El divorcio deviene con facilidad; porque, en realidad, sin Dios nunca han estado unidos de verdad.
La gracia final de la relación conyugal y de la vida está en construir sobre la roca y hacer de Dios nuestro puerto de refugio. Solo así se podrá salir airoso de los embates intempestivos de circunstancias malas. Solo de ese modo podremos ser librados del mal que nace de una conciencia sin sentido, sin derrotero, vacía.
Los matrimonios que no construyen sobre Dios son como cáscaras vacías. No importa cuán sofisticados y bellos se vean por fuera, por dentro están vacíos; sin sustancia, sin nada que les permita decir: "Esto bien vale la pena".
Dios provee sentido. Da al ser humano la capacidad de amar, que no es otra cosa que vivir permanentemente en gozo, en paz, en bondad, en dominio propio, en abnegación y confianza.
Sin Dios, se tiene matrimonio, pero no hay nada de lo que el amor ofrece. La seguridad solo la da el amor que nace de Dios.
Muchos van por la vida construyendo relaciones basadas en su inteligencia, en sus aprendizajes, en sus expectativas y habilidades. Sin embargo, eso son simplemente malabarismos en la cuerda floja de la existencia sin sentido. Tarde o temprano se pierde el escuálido equilibrio, y terminan azotados sobre una acera fría y sin vida. La calle de los divorcios está llena de presuntuosos que pretendieron vivir sin Dios.

¿Estás construyendo tu vida sobre Dios o sobre la arena? ¿Qué guía tu vida cotidiana? ¿Con qué alumbras tu camino? Dios ¿es el invitado prioritario en tu vida?

Alguien
que no nos falla

"¿Se olvidará la mujer de lo que dio a luz, para dejar de compadecerse del hijo de su vientre? ¡Aunque ella olvide, yo nunca me olvidaré de ti!" Isaías 49:15.

Este versículo es sorprendente en su significado y aplicación. Es una de esas promesas que expresan el sentido más profundo de la misericordia y el amor divinos.

El amor de una madre suele ser puesto como el ejemplo paradigmático del amor. Se suele pensar que es el más impactante modelo de lo que significa amar realmente. Se lo considera un amor puro. Se supone que nada hay que supere a dicho amor.

Lo cierto es que hay madres que asesinan hijos y otras que simplemente los abandonan o los maltratan, al grado de dejarles secuelas emocionales y físicas que invalidan de por vida.

Sin embargo, el versículo nos dice que aun cuando esto ocurra y el vínculo que no debería romperse de la relación madre/hijo esté deteriorado, aún hay un amor más grande, y es el amor de Dios.

Muchos matrimonios sucumben a la frustración y la tristeza de constatar que quienes se comprometieron a ser fieles, amorosos y tiernos se convirtieron, con el tiempo, en infieles, déspotas y desconsiderados. Miles de varones y mujeres que prometieron fidelidad eterna simplemente dejaron que sus impulsos naturales los llevaran a un punto sin retorno.

A numerosas personas, el único consuelo que les queda es acercarse a Dios, quien nunca falla. El Señor no nos abandona. Él no nos pone en una situación en la que no podamos elegir de forma adecuada. Dios siempre espera que tomemos la mejor decisión, y esta siempre se relaciona con el amor.

Ojalá nunca tuviésemos que escuchar a alguien llorar amargamente por sentir que la persona a la que amaba le ha fallado. Ser traicionado por el esposo o la esposa, por el padre o la madre, produce un dolor indescriptible, que sumerge a la persona herida en un gran escepticismo respecto de la posibilidad real de amar y ser amado.

Podemos estar fallando sin que nos demos cuenta, por abandono de nuestras obligaciones, por indiferencia hacia las necesidades de aquel que espera que lo atendamos, por descuidar pequeños detalles que a hacen la felicidad de la vida cotidiana, por ocuparnos exclusivamente en nuestras necesidades, en desmedro de las de nuestro cónyuge, etc. Todos somos culpables en algún sentido, por omisión por o transgresión. Hacer una autoevaluación en este sentido es más difícil que criticar.

¿Estás viviendo el tipo de relación con la que tu cónyuge sueña? ¿Eres consciente de las necesidades de tu pareja? ¿Estás haciendo el esfuerzo para que tu cónyuge se sienta amado y respetado sin condiciones?

Perdonar es un milagro

"Sin mí nada podéis hacer". Juan 15:5, RVA.

El perdón –en última instancia– es un milagro. Es resultado de una acción que no nace naturalmente del ser humano.

El perdón conlleva la idea de olvido, restauración y un nuevo comienzo. Eso, simplemente, no es posible solamente con el ejercicio de la voluntad. Se precisa una fuerza mayor.

De allí que, en la mente popular, se haya creado el dicho: "Yo perdono, pero, no olvido". En otras palabras: "Te otorgo la absolución frente a lo que has hecho, pero, nunca más volveré a confiar en ti y nada será igual".

Una de las razones por las que tantos matrimonios fracasan es por no enfrentar adecuadamente el tema del perdón.

Es verdad que para que el perdón sea efectivo tiene que otorgarse en el momento justo, y eso es distinto en cada persona. El tiempo de uno no es el mismo del otro.

No obstante, también es cierto que, si no hay perdón total, el que no perdona irá por la vida llevando un lastre que le impedirá crecer y desarrollarse.

Es común que personas que no perdonan se vuelvan amargadas, resentidas y estén llenas de conflictos interpersonales. Es el resultado lógico de no sanar y tener una úlcera emocional permanentemente supurando. No perdonar es equivalente a un temor que seguirá afectando a menos que sea extirpado completamente.

El texto de hoy nos recuerda un principio básico: Sin el poder divino, no podemos hacer nada y mucho menos perdonar.

¿Eres incapaz de perdonar? No te sientas mal por eso; reconocerlo es el primer paso para lograr salir del pozo pantanoso del resentimiento. Ve a Dios y, honestamente, dile tu condición, y Dios hará en y por ti lo que nadie puede hacer.

Engañarse a sí mismo creyendo que se perdona cuando, en realidad, no se es capaz de olvidar, comenzar de nuevo y restaurar la relación con otros, es simplemente un autoengaño. El perdón olvida, restaura, y es un nuevo comienzo. Esto no implica que el proceso de restauración sea fácil, pero el perdón lo hace posible.

En un matrimonio, perdonar no es fácil, pero tampoco es imposible. Dios, que tiene el poder de transformación, puede darnos una nueva perspectiva y la capacidad de perdonar... incluso cuando el ofensor no dé evidencias suficientes de arrepentimiento.

¿Estás perdonando o simplemente acumulas resentimiento? ¿Te has librado del virus de la amargura absolviendo a tú cónyuge de su culpa? ¿Estás yendo a Dios en oración para que te dé el poder suficiente para perdonar?

Cambio constante y permanente

"Por tanto, nosotros, mirando a cara descubierta como en un espejo la gloria del Señor, somos transformados de gloria en gloria en la misma imagen, como por el Espíritu del Señor". 2 Corintios 3:18.

Algunas personas actúan de tal forma que parece creyeran que todo el mundo debe adaptarse a ellos. Suelen decir: "¡Yo soy así!"

Y, con esa afirmación, están exclamando: "Me tienen que tolerar".

Pero, el asunto no es tan sencillo como parece. El ser humano es el único de todos los seres que necesita un alto grado de tolerancia para poder vivir de manera equilibrada. Es cierto que las personas también tienen que aprender a no ser tan duramente exigentes con los demás; sin embargo, todo tiene un límite.

Una cosa es aceptar que alguien sea distraído, o que tenga problemas para concentrarse o simplemente que no le guste jugar fútbol. Otra muy distinta es que los demás tengan que aceptar como natural que sea una persona desconsiderada, hiriente, indiferente, orgullosa, violenta, mal hablada, testaruda, impertinente o sucia.

En muchos matrimonios, algunos actúan como si se les debiera –por el solo hecho de estar casados– tolerar todo lo que hacen. Algunas personas exclaman ante la reacción de otros y dicen:

"¡Pero si estoy en mi casa!"

Sí, es cierto. Pero ese argumento es válido SOLAMENTE SI VIVES SOLO. Si no hay nadie a tu lado, haz lo que quieras. Pero, si decidiste casarte el asunto cambia. En ese caso, deben existir normas mínimas de convivencia que garanticen que todos los miembros de una pareja o de una familia sean considerados.

Algunos son atropelladores, desconsiderados, descorteses, crueles, indiferentes, y pretenden que los demás acepten su conducta como si eso no fuera importante, o porque es el deber de ellos soportarlo. Pero, no es así.

El cristianismo supone cambios. Aquel que dice que "es así" está sosteniendo tácitamente que no puede cambiar y que, simplemente, el Espíritu Santo carece de poder para transformarlo. En dicho caso, el solo hablar de Cristo carece de sentido. Un cristiano no se conforma con ser simplemente "así"; está buscando constantemente la forma de cambiar.

Quien tiene una conducta de desconsideración hacia los demás, y sostiene que dicha conducta es definitiva en su vida, debe hacer dos cosas: primero, revisar sus conceptos cristianos, porque dichas ideas no proceden de Cristo; y, segundo, renovar su vida, porque de otro modo estará condenado al infierno de lo estático y muerto.

¿Estás dejando que el Espíritu Santo modifique tu vida? ¿Estás permitiendo que el Señor modele tu vida para ser transformado día tras día?

Una nueva oportunidad

"Venid luego, dice Jehová, y estemos a cuenta: si vuestros pecados fueren como la grana, como la nieve serán emblanquecidos; si fueren rojos como el carmesí, vendrán a ser como blanca lana". Isaías 1:18.

He estado muchas veces en la ciudad de Buenos Aires. Es una ciudad cosmopolita, que posee lugares extraordinarios que me encantan; pero, como toda *megapolis*, también tiene delincuencia e inseguridad. Tenía que dirigirme al Aeropuerto Internacional de Ezeiza, más o menos a una hora y media desde el lugar en donde estaba. Busqué un taxi. Me habían advertido que tomara algunas precauciones, contándome toda suerte de historias sobre taxistas. Me acerqué a un anciano chofer de taxi y pactamos el viaje.

Mientras íbamos en el camino, de pronto me preguntó a qué me dedicaba. Le contesté que era pastor, profesor universitario y, además, consejero matrimonial. El hombre me respondió diciendo:

–Ustedes sí que deben tener trabajo en días como los que vivimos.

Hablamos un poco y, repentinamente, el hombre me preguntó si podía hacerme una consulta profesional. Asentí, y en pocos instantes me estaba contando toda una problemática familiar que incluía episodios de violencia, rebeldía de los hijos, falta de comunicación con su esposa, y un gran sentimiento de culpa y soledad.

Lo escuché con atención, pidiéndole alguno que otro detalle. Luego, le di mi parecer y le sugerí algunos pasos que tenía que dar, empezando por reunir a sus hijos y su esposa, y pedir perdón por lo que había hecho y, además, dar muestras evidentes de que estaba arrepentido. A continuación, le presenté algunas sugerencias al respecto.

El hombre me escuchó en silencio y, con las lágrimas que fluían por su rostro, me dijo:

–Es la primera vez en mi vida que le cuento a alguien esto. Muchas gracias.

Yo sonreí y le dije:

–Alguna vez había que comenzar. Además, siempre hay posibilidades de empezar de nuevo.

Los últimos diez minutos le hablé de Jesús y de su poder redentor.

Cuando llegamos al aeropuerto, quiso devolverme el valor del pasaje, pero yo no acepté, y me preguntó con un gesto casi infantil: ¿Me permite abrazarlo.

Y ese hombre, que tenía edad para ser mi abuelo, un duro taxista de Buenos Aires, acostumbrado a gritar y a ser desconfiado, me abrazó llorando y me dijo:

–Dios es grande. Él lo envió.

Cada vez que me suceden incidentes como este pienso que una de las maravillas de la Providencia es que siempre nos da a todos los seres humanos una nueva oportunidad.

¿Entiendes que Dios quiere darte todos los días un nuevo comienzo?

El cielo en la tierra

"Enjugará Dios toda lágrima de los ojos de ellos; y ya no habrá muerte, ni habrá más llanto, ni clamor, ni dolor; porque las primeras cosas pasaron".
Apocalipsis 21:4.

Emily Dickinson escribió un pequeño poema titulado "El cielo en la tierra", que dice:

"Quien no halla el cielo aquí, en la tierra, / no lo encontrará, después, más arriba. / La residencia de Dios está a mi lado / y es su ajuar el amor".

Muchos viven pensando que el cielo es un acto compensatorio. Dios dará, en el cielo, lo que no hemos logrado en la tierra. Eso es razonable hasta cierto punto. La Biblia nos da la promesa de que, en el cielo, "Los ojos de los ciegos serán abiertos, y los oídos de los sordos se abrirán. Entonces el cojo saltará como un ciervo, y cantará la lengua del mudo" (Isa. 35:5, 6). También dice claramente que: "Enjugará Dios toda lágrima de los ojos de ellos; y ya no habrá muerte, ni habrá más llanto, ni clamor, ni dolor; porque las primeras cosas pasaron" (Apoc. 21:4).

Sin embargo, hay ciertos aspectos que deberíamos empezar a gozar desde ahora, anticipadamente. Por ejemplo, la paz que ofrece la salvación y la justicia de Cristo debería ser un valor indeclinable de todo cristiano. También la armonía que se ofrece a todo creyente en un contexto de paz, donde ya está todo a cuentas con Dios.

Lo que muchos no alcanzan a entender o no logran experimentar es que el cielo debe respirarse en nuestro hogar, a partir de la relación que establecemos con los que amamos. El amor nos da una vislumbre imperfecta de lo que será la perfección del cielo. Amando, logramos comprender lo que será vivir en un mundo en el que todo será plenitud.

Si no logramos experimentar esa dicha anticipada, algo no funciona bien en nuestra relación conyugal y familiar. Dios tiene poder para transformar los corazones de todos los que incondicionalmente entregan sus vidas a él. Dios puede convertir los desiertos de soledad en vergeles de compañía. Él puede hacer que donde haya tormenta de celos, envidias y rencores surjan bonanzas de armonía, confianza y abnegación. Él tiene poder para hacer que lo más oscuro se vuelva claro y transparente. Sin embargo, no puede obrar a la fuerza. Los seres humanos debemos permitirle que actúe.

Si un hogar no está viviendo un Edén anticipado, no es por falta de poder de parte de Dios; es porque de un modo u otro no le hemos permitido a Dios que sea el que cambie nuestras vidas. El Espíritu Santo tiene el mismo poder de ayer para hacer que los hogares habiten "juntos en armonía" (Sal. 133:1). Pero, debemos dejarlo actuar.

¿Se vive el cielo en tu hogar? ¿Hay un Edén anticipado? ¿Qué debes hacer que no estás haciendo?

Sin imposibles

"Entonces verán las gentes tu justicia, y todos los reyes tu gloria; y te será puesto un nombre nuevo, que la boca de Jehová nombrará". Isaías 62:2.

No planifiqué intencionalmente ser orientador familiar y consejero de parejas. Las cosas fueron sucediendo sin que lo pidiera. De pronto, un día un amigo vino a verme con su esposa; me pidieron consejo, y se los di. Luego, vino otra persona, y otra y otra. Han pasado ya 18 años, y han sido tantas las parejas que ya perdí la cuenta. En muchos momentos, me ha entrado pánico. He leído todo cuanto ha llegado a mis manos del tema. Asisto a cuanto seminario puedo. Tomo cursos universitarios. Consulto a profesionales en el área. Participo en congresos. Sin embargo, siempre siento que cada pareja es nueva, que están frente a mí con un problema que es parecido a todos los demás, pero único, tan de ellos que es como un rompecabezas que tenemos que armar entre todos.

En todos estos años, he aprendido al menos dos cosas:

* Cada pareja es un universo único.
* Todas las parejas pueden encontrar solución a sus problemas.

Tendemos a creer que las personas son iguales, pero no es cierto. La Biblia enseña que cada individuo es único. Por esa razón, Dios hará algo especial: nos dará "un nombre nuevo" (Isa. 62:2). Todo el mundo sabrá quiénes somos, porque ese nombre reseñará una característica única, que nadie tendrá. Cuando se forma una pareja, no es un matrimonio más. Son dos personas únicas, que realizan un pacto que es único. Es tan de ellos que es irrepetible. Su historia no es la de nadie más.

Por otro lado, no creo en los problemas insolubles. Solo sé de personas que tiraron la toalla y bajaron los brazos. Dejaron de luchar. Se cansaron de intentarlo. O no tocaron la puerta adecuada. La Biblia señala que "lo que es imposible para los hombres, es posible para Dios". (Luc. 18:27). Podemos no tener las respuestas; pero, si confiamos en Dios y seguimos sus instrucciones, saldremos del embrollo en que estemos, aunque en el momento no sepamos cómo.

He visto a parejas resucitar de las cenizas y volver a amarse con ternura. He tenido el privilegio de ser testigo de las más increíbles reconciliaciones. He contemplado, con los ojos llenos de lágrimas, cómo padres les piden perdón a sus hijos y vuelven a comenzar. He llorado de alegría al ver a padres volver a los brazos de sus hijos y sus esposas. No creo en los imposibles. Sin Dios, nada es posible; con Dios, todo es posible. Así de simple y maravilloso.

¿Sientes que tu problema es insoluble? ¿Crees que hiciste todo? ¿Golpeaste la puerta correcta? ¿Está Dios ayudándote?

El centro de tu vida

"Aquel que a Dios, teme saldrá bien de todo". Eclesiastés 7:18.

Hay promesas de la Biblia sencillas en su expresión pero extraordinarias en sus implicaciones. A menudo, los seres humanos nos metemos en embrollos de los cuales después nos arrepentimos. En muchas ocasiones, las situaciones en las que estamos parecen tan complejas que no sabemos qué hacer; sin embargo, Dios tiene soluciones donde nosotros no vemos ninguna. Él ve lo que no vemos y puede solucionar lo que para nosotros no tiene solución.

La condición para que Dios esté de nuestro lado, obrando a nuestro favor, es solo una: Temerlo. No es una linda palabra en español, porque es una expresión que asociamos con el miedo. Sin embargo, esa no es la connotación que tiene en hebreo. Para el pensamiento del Antiguo Testamento, "temer a Dios" es sinónimo de aceptar entregar nuestra vida en sus manos. Es la comprensión de quien sabe que él tiene un poder que nunca lograríamos comprender por nosotros mismos. En realidad, necesitaremos toda la eternidad para comenzar a entenderlo.

Con Dios de nuestra parte, es posible salir "bien de todo". ¿Por qué? Simplemente, porque Dios nos orienta hacia las mejores soluciones y nos brinda la oportunidad de ver lo que nosotros no vemos.

Muchas parejas y muchas familias pasan por momentos realmente angustiantes. Es imposible que no suceda. El dolor, la enfermedad y situaciones ajenas a nuestra voluntad ponen a prueba la fe y la confianza en Dios. Sin embargo, si desarrollamos el hábito de confiar, cuando vengan los momentos malos estaremos en condiciones de salir airosos y robustecidos.

La religión no cambia necesariamente la realidad; nos permite verla de una forma distinta.

El elemento principal que necesita una pareja para salir adelante y dejar atrás los conflictos es aprender a confiar en el poder de Dios. Eso se logra no solo orando y estudiando su Palabra, sino también ejerciendo acciones concretas de fe que nos hagan no dar un paso hasta no estar seguro de que contamos con la bendición de Dios.

Eso implica que Dios no debe ser un convidado de piedra en la relación de pareja, sino, por el contrario, debe ser el centro sobre el cual gire toda la vida. Sin Dios, la vida misma carece de sentido.

Dios ¿es el centro de tu vida marital y familiar? ¿Qué estás haciendo para que lo sea?

Vivir el milagro diariamente

"Ciertamente no hay hombre justo en la tierra, que haga el bien y nunca peque". Eclesiastés 7:20.

En todas las épocas ha habido personas que buscaron explicar la presencia del mal y del bien. Se han creado las más disparatadas teorías que, de mano de la historia, la sociología, la educación y la filosofía han intentado mostrar cómo es que el ser humano actúa mal en muchas ocasiones.

La respuesta que da la Biblia no suele ser la más popular, especialmente en círculos académicos. Sin embargo, para quienes somos creyentes, es la que responde mejor a nuestros interrogantes acerca del mal.

Todos los seres humanos heredamos la tendencia hacia el mal. Eso significa que todos los habitantes de esta tierra nacen marcados por una naturaleza que tiende hacia el mal y no naturalmente hacia el bien. Esto implica consecuencias de todo tipo en la existencia del ser humano. Los libros de historia dan fe de que, en todas las edades, los seres humanos han actuado de maneras equivocadas.

¿Qué implicaciones prácticas tiene esto para el matrimonio y la familia? Una consecuencia notable es que los seres humanos luchan por ser coherentes entre lo que deciden y lo que efectivamente hacen.

Todo ser humano se ha planteado la paradoja de Pablo: "Porque lo que hago, no lo entiendo; pues no hago lo que quiero, sino lo que aborrezco, eso hago". (Rom. 7:15). Una cosa es lo que decimos que queremos hacer y otra lo que efectivamente hacemos. En muchos casos, hay una contradicción evidente entre la teoría y la práctica.

Dios sabe esto. Por eso nos dice que sin él nada podemos hacer (Juan 15:5). Ningún matrimonio puede perdurar en el tiempo si no es dirigido por Dios. Esa verdad –que constituye el centro de la experiencia cristiana– es olvidada por muchos, y los resultados están a la vista: parejas de cristianos que terminan en divorcio o que viven incidentes de violencia, infidelidad y abandono.

¿Qué hace Dios por las parejas, que parece tan imprescindible? Pues, cambia a las personas. Solo Dios tiene el poder de transformar. Como dice el profeta, solo Jehová puede darnos un corazón y un espíritu nuevos. El es el único que puede quitarnos el "corazón de piedra" y darnos un corazón de "carne" (Eze. 11:19). Es el milagro de la conversión, que solo el poder divino puede obrar. Cuando hay conversión, los matrimonios que estaban llenos de ira, celos, violencia, infidelidad, incomunicación y abandono se convierten en pacíficos, confiados, ponderados, fieles, comunicativos y comprometidos. Dios hace el milagro y, para vivir en pareja, se necesita esa maravillosa gracia todos los días.

¿Estás dejando que Dios sea el motor de cambio en tu vida?

Poder

"Por lo tanto, haced morir lo terrenal en vuestros miembros: fornicación, impureza, bajas pasiones, malos deseos y la avaricia, que es idolatría. A causa de estas cosas viene la ira de Dios sobre los rebeldes. En ellas anduvisteis también vosotros en otro tiempo cuando vivíais entre ellos". Colosenses 3:5-7.

Cuando Pablo escribió estas palabras a los cristianos de la ciudad griega de Colosas, no escondió lo que ellos habían sido; sin embargo, habla de la conducta de ellos en pasado. Y eso es precisamente lo que significa ser cristiano: romper con la vida antigua y nacer a una vida nueva.

En estos versículos, el apóstol menciona varios pecados relacionados con la sexualidad: Fornicación, es decir, relaciones sexuales fuera del matrimonio. Impureza, expresión que se utilizaba para referirse a conductas sexuales desviadas (bestialismo, por mencionar algo). Bajas pasiones, una forma diplomática para señalar la lascivia. Malos deseos, es decir, acciones sexuales fuera de lo normal (homosexualidad, por ejemplo).

Todos estos pecados resultan ser aberrantes para quienes guían sus vidas por un modelo de conducta apegado a los ideales divinos y al diseño producido por el Creador en su origen. Sin embargo, lo extraordinario del planteamiento del apóstol es la esperanza que presenta. Todos los que vivían dicha forma de conducta desviada cambiaron por acción del poder de Dios obrando en sus vidas.

En muchas ocasiones, en mis diálogos y entrevistas con parejas y jóvenes con conflictos con su sexualidad, me he encontrado con gente desesperanzada; personas que se sentían incapaces de superar hábitos que los mantenían en una constante sensación de fracaso. No era que no lo intentaban; simplemente, se veían limitadas por su frágil voluntad.

Recuerdo la sensación de desilusión que tuve la primera vez que me enfrenté con una persona con tendencias homosexuales. Por ser inexperto, recurrí a una psicóloga amiga, esposa de un pastor de experiencia y con una larga trayectoria como consejera. Luego de escucharme, me dijo:

–No creo que los puedas ayudar. No creo que esas personas tengan posibilidad de cambiar.

Percibí no solo una gran homofobia sino también una actitud de desesperanza ante el propio impacto del evangelio. Cuando me dirigía a casa, pensaba para mí: ¿Cómo es posible que ella pueda ayudar a las personas a salir de sus problemas si no cree que puedan salir? ¿Cómo puede llamarse cristiana y no creer en el poder del evangelio?

Creo que el evangelio "es poder de Dios para salvación a todo aquel que cree" (Rom. 1:16). Quien cree tiene a su favor un poder extraordinario que puede hacerlo distinto.

¿Hay algo que necesitas llevar a Dios para que cambie en tu vida? ¿Hay alguna conducta de la que te avergüenzas y necesitas llevar a Dios para que te transforme?

Puntos de referencia

"El justo florecerá como la palmera; crecerá como cedro en el Líbano".
Salmo 92:12.

En Oriente Medio, hasta el día de hoy, los dos árboles característicos son la palmera y el cedro del Líbano. Son árboles que crecen muy altos y que se pueden ver a gran distancia.

Cuando el salmista está describiendo al justo de esta manera, lo que está haciendo es presentar un hecho fundamental: el que es justo siempre será reconocido; se verá a gran distancia y crecerá alto.

Por otro lado, son árboles que tienen una resistencia mucho mayor que otros árboles que crecen en condiciones mejores y, por ende, son más delicados. La palmera y el cedro se caracterizan por vivir en medio de ambientes muy inhóspitos. Sometidos a grandes temperaturas, mucho sol y poca agua, de todos modos logran florecer y crecer imponentes.

La analogía con el justo es la misma. Vivir de una manera justa no significa que todas las cosas se darán de una manera fácil; suele ser todo lo contrario: los ambientes fáciles a menudo no crean resistencia, sino debilidad. Lo contrario de lo que sucede cuando la fe, los principios y los valores son sometidos a prueba.

Creo que también es una buena analogía metafórica para ser utilizada en relación con el matrimonio. Cuando una pareja actúa justamente se convierte en punto de referencia para otros. Es vista desde lejos y otros comienzan a seguir su huella.

De la misma forma, un matrimonio que es capaz de vivir situaciones difíciles y sale airoso se fortalece para el futuro y puede, finalmente, hundir sus raíces a mayor profundidad y con el tiempo termina teniendo una mejor relación.

Para vivir en justicia, es necesario vivir bajo principios y valores justos. El único que proporciona esa garantía es Dios, que otorga a cada persona lo que Pablo llama los "frutos de justicia" (Fil. 1:11). Él hace personas nuevas y renovadas. Él transforma.

Por otro lado, solamente Dios es el que da la fortaleza necesaria (Fil. 4:13). Él nos da las fuerzas para continuar cuando las circunstancias son tan difíciles que pareciera que no es posible hacerlo.

¿Estás buscando la justicia de Dios? ¿Estás apoyando tu flaqueza en la fortaleza de Dios? ¿Es tu matrimonio justo?

Buenas noticias

"No tendrá temor de malas noticias; su corazón está firme, confiado en Jehová". Salmo 112:7.

Hace años, cuando uno recibía un telegrama, se le aceleraba el corazón. Esa pequeña misiva podía ocultar un mensaje de gozo o, simplemente, en pocas palabras, robarnos toda nuestra tranquilidad. Era el preanuncio de lágrimas o de sonrisas. Tenía el inmenso poder de provocar hilarantes carcajadas o sofocantes sollozos.

Ya no se reciben telegramas, al menos con el volumen de antes. Han sido reemplazados por el teléfono, el celular, el *chat* o el correo electrónico, medios mucho más rápidos pero, en cierto modo, más brutalmente sorprendentes. Eso, porque cuando se recibía un telegrama se tenía, al menos, la posibilidad de prepararse psicológicamente antes de abrirlo. Ahora, solo se levanta el teléfono y alguien del otro lado sin anestesia, nos dice lo que tiene que decirnos; o, cuando recibimos un e-mail, solo con el toque del *mouse* podemos, con un clic, vernos colmados de emociones incontrolables.

Las malas noticias nos vuelven vulnerables. Nos hacen temer lo peor y mirar la vida con una actitud de incertidumbre. La buena noticia es que la confianza en Dios provee una base suficiente como para poder vivir en una actitud confiada y tranquila. La religión no cambia las circunstancias, pero nos ayuda a mirar la realidad de una forma distinta. Nos da la capacidad de visualizar los problemas y las dificultades con una visión esperanzadora.

Las familias y los matrimonios que tienen a Dios como el elemento fundamental de sus vidas son capaces de afrontar las dificultades más complejas con una actitud diferente. El saberse acompañados por un Dios extraordinario les da fuerzas para enfrentar cualquier cosa que suceda.

He visto a familias y matrimonios resurgir de las cenizas al haber confiado en Dios. Pero, también he visto a personas hundirse con los problemas por no tener ninguna esperanza. La soledad de los que no creen es muy amarga. Produce una sensación de vacío que no es comparable con nada.

El mejor favor que pueden hacerse a sí mismas las parejas es confiar en Dios. Es el factor que puede producir la diferencia entre una vida con sentido y otra sin orientación. La presencia del Señor otorga la capacidad de visualizar las dificultades de otra forma.

Invitar a Cristo a la vida es darse a sí mismo una oportunidad de oro para progresar en un camino no libre de problemas, pero al menos con la sensación de no estar solo y con la de que, certeza que siempre con Dios, al final del túnel está la salida.

¿Estás invitando a Dios a tu vida? ¿Estás protegiendo tu matrimonio y tu familia con la presencia activa de Dios?

Jane Fonda
pide su divorcio

"Si algún hermano tiene una mujer que no sea creyente, y ella consiente en vivir con él, no la abandone. Y si una mujer tiene marido que no sea creyente, y él consiente en vivir con ella, no lo abandone". 1 Corintios 7:12, 13.

En el mes de abril del año 2001, la actriz y empresaria Jane Fonda presentó una solicitud de divorcio para poner fin a su matrimonio con el fundador de CNN, Ted Turner.

Esto no resulta muy extraño en el mundo del espectáculo y las comunicaciones, donde muchas personas que tienen éxito en el cine, la televisión y la farándula fracasan estrepitosamente en su vida conyugal. Lo novedoso de este caso es las razones esgrimidas para la separación. Turner afirmó que la ruptura matrimonial se debió, en parte, a que ella decidió convertirse al cristianismo.

En una entrevista concedida a la revista *The New Yorker*, Ted Turner afirmó que: "Ella simplemente llegó a casa y dijo: 'Me convertí en una cristiana'. Antes que eso, ella no era una persona religiosa. Ese fue un gran cambio; un anuncio así de parte de tu esposa de varios años. Es sorpresivo".

Parece extraño en un mundo en el que lo religioso no parece tener una gravitación tan importante en la vida de las personas. Sin embargo, a juzgar por esta situación, aún siguen pesando algunas conductas.

Cuando la religión es asumida como un estilo de vida que tiene hondo significado en todos los aspectos de la existencia, es muy difícil que no afecte al entorno. Una de las razones que presenta la Biblia para admitir el divorcio es, precisamente, la imposibilidad de que un no cristiano y un cristiano puedan vivir juntos, más por la intolerancia de quien no tiene a Cristo en su vida que por causa del creyente. De hecho, Pablo es explícito en señalar que, mientras el no cristiano lo permita, hay que quedarse a su lado, en tanto eso pueda servir como medio para su salvación.

No es fácil vivir con alguien que no tiene los mismos principios. Sin embargo, Dios puede dar las fuerzas para que lo difícil se haga más llevadero. Dos personas que no creen en lo mismo suelen vivir vidas diferentes. En muchos casos, la convivencia se vuelve algo complicado, por los estilos de vida.

Nadie tiene derecho a convertirse en juez de la vida de otro ser humano, menos si no está en los zapatos de él, experimentando la situación que le toca vivir. De todos modos, Cristo puede dar fortaleza, pero no puede obligar a un no cristiano a ser tolerante...

¿Estás dejando que Cristo te fortalezca en tu vida con un no cristiano? ¿Entiendes que debes quedarte a su lado hasta que sea posible?

El camino del bien

"Sobre toda cosa guardada, guarda tu corazón; porque de él mana la vida. Aparta de ti la perversidad de la boca, y aleja de ti la iniquidad de los labios. Tus ojos miren lo recto, y diríjanse tus párpados hacia lo que tienes delante. Examina la senda de tus pies, y todos tus caminos sean rectos. No te desvíes a la derecha ni a la izquierda; aparta tu pie del mal". Proverbios 4:23-27.

La Biblia suele ser directiva en sus consejos; en otras palabras, no se anda con rodeos: va directamente al grano.

Una persona que quiere vivir una vida plena en todo sentido, incluyendo un buen matrimonio, tiene que entender que existe una ley que es ineludible: todo lo que sembramos, eso cosechamos, ni más ni menos.

Una vida consagrada a lo bueno siempre produce buenos frutos. El texto de hoy invita, en primer lugar, a "cuidar la mente", porque de ella "mana la vida". Lo que pensamos nos posee. Lo que sucede en el interior de nuestra vida es lo que da forma a nuestra conducta.

¿Cómo cuido mi mente? El autor del proverbio señala cuatro principios:

a. *Apartar la perversidad de la boca.* En otras palabras, alimentar tus labios de expresiones ligadas a lo bueno.

b. *Mirar lo que es recto.* Dicho de otro modo, alimentar la mente con aquello que sea edificante.

c. *Considerar lo que hacemos.* Es decir, buscar "caminos correctos". Siempre es posible elegir lo mejor.

d. *No apartarse de la senda del bien.* El énfasis es "ni a izquierda ni a derecha"; es decir, mantenerse en una forma de actuar que esté unida a lo bueno y sin extremos. En otras palabras, búsqueda de equilibrio.

Con estos consejos, no puede haber equívoco. Siempre seremos felices, si los seguimos.

Muchos matrimonios fracasan porque dejaron de alimentar su mente con lo correcto y lo sano. Sus malas conductas solo han sido extensión de lo que ha sucedido en sus pensamientos.

Elegir el camino del bien es optar por la vida. Cuando elegimos este sendero, lo que hacemos tendrá sentido y la vida adquirirá una dimensión distinta. Somos nosotros los que elegimos; Dios nunca nos impondrá su propia senda.

¿Estás cuidando tu mente? ¿Entiendes que, al hacerlo, estarás protegiendo, entre otras cosas, tu matrimonio? ¿Estás eligiendo el camino del bien en todo lo que emprendes?

Matrimonios gastados

"El casado tiene cuidado de las cosas del mundo, de cómo agradar a su mujer". 1 Corintios 7:33.

Llevan años casados. Parecería que todo está dado para que sean felices. Sus hijos son adolescentes y, aunque tienen algunas dificultades propias de su edad, en realidad, no dan problemas. No tienen grandes deudas. Han aprendido a vivir dentro de sus recursos. Sin embargo, aunque todo parece estar bien, en realidad, algo no funciona. Sus conversaciones son rutinarias. Ninguno de los dos espera que el pasar algún tiempo con el otro pueda ser gratificante. No planean actividades juntos y su vida sexual –más bien escasa– no es ni emocionante ni suele tener la pasión de los primeros años.

Esa es, en síntesis, la experiencia de millones de parejas. He escuchado la historia más veces de las que soy capaz de recordar. Con diversas palabras y con tonos distintos, muchas personas suelen creer que su vida matrimonial es algo más que aburrida.

Son relaciones gastadas, en las que el cariño ha sido reemplazado por una fría sensación de que hay que mantenerse en esa relación porque no hay algo más. En el fondo, se sienten aprisionados en un estilo de vida del cual no saben cómo salir. Son relaciones incompletas y marcadas por un rictus de amargura muy bien disimulada.

Para quienes han llegado a esta etapa, es difícil volver a recuperar el encanto y la sensación de enamoramiento que gozaron cuando estaban en plena etapa de conquista o de descubrimiento mutuo. Llegar a ser amantes y recuperar, en parte, el gozo de saberse únicos y deseables para el otro, representa, en muchos casos, una cuesta demasiado difícil de subir.

La buena noticia es que no tiene por qué ser así. No importa cuán gastada esté una relación, se puede volver a recuperar. Sin embargo, es necesario rectificar y realizar algunas acciones radicales. Lo que hace que una pareja se recupere es volver a ser amigos; recuperar el tiempo perdido y volverse compinches que gusten de estar con el otro.

¿Qué hacer?: Solo hagan tiempo para estar juntos. No discutan por tonterías y busquen hacer cosas que a ambos les agraden: ver una buena película, comentar un libro, salir a pasear a la costanera, visitar un lugar histórico, jugar un juego de mesa... no solo oren; orar sin acción no produce reacción. Oren para que el Señor les dé paciencia a fin de cerrar la boca; para que les dé poder con el propósito de ser corteses y amables. El resto háganlo ustedes, y recuperarán la dimensión que están perdiendo.

¿Quieres comenzar hoy? Párate y ve a hablar con tu cónyuge, ¡ya!

No podemos escondernos

"Has escudriñado mi andar y mi reposo, y todos mis caminos te son conocidos". Salmo 139:3.

Muchas veces actuamos como si nuestras acciones fueran desconocidas para Dios. Obramos como si estuviésemos solo ante la presencia de nuestra conciencia.

Pero la realidad no es así.

Dios no es un convidado de piedra en nuestra vida. No es posible que podamos creer que él está ausente de lo que nos pasa. Al contrario, si creemos en la omnipresencia de Dios, sabremos con certeza que Dios siempre es testigo de todo lo que sucede pasa. No podemos escapar al escrutinio de su presencia.

Es probable que, si obráramos entendiendo que Dios siempre está presente, muchas de las acciones que realizamos tendrían otro cariz. Sabríamos con certeza que no podemos escondernos.

Siempre me ha sorprendido la conducta de quienes tienen una vida doble: una actuación pública decente y normal; pero, en la intimidad de su hogar, viven algo totalmente diferente. Lo más extraño es que muchos de ellos honestamente creen en Dios y, sin embargo, actúan como si en realidad la Deidad fuera un cuento infantil.

Si alguien dice que ama a Dios, esa creencia debería reflejarse en su vida particular y, en especial, en el tipo de relación que establece con sus hijos, con su esposa y con los familiares que, de un modo u otro, tienen conexión con él.

Sostener que se cree en Dios, pero sostener una vida privada desconectada de los principios trascendentes a los que se adhiere es, en la práctica, no creer.

Una persona honesta consigo misma será coherente. Tendrá un discurso homogéneo entre lo privado y lo público.

Si los hijos y el cónyuge no creen lo que decimos con nuestros labios, estamos en un serio aprieto. En realidad, cuando no hay conexión entre lo privado y lo público, estamos ante la presencia de un engaño y una mentira. Y bien es sabido que los mentirosos no heredarán el reino de los cielos (Ver Apoc. 21:8), con justa razón, porque no son ni lo uno ni lo otro.

Lamentablemente, muchas personas viven un discurso doble, una cosa en la intimidad de sus hogares y otra en la vida fuera del hogar. No es extraño que, en un ambiente así, los hijos opten por otro estilo de vida o terminen despreciando a sus padres y todo lo que ellos representan.

Si vives autoengañándote, ¿no crees que ya es hora de ser honesto contigo mismo? ¿Hasta cuando te vas a engañar? ¿Cuándo tus hijos podrán ver una vida distinta?

Espiritualizar la vida

"Cuando soy débil soy fuerte". 2 Corintios 12:10.

Existe una tendencia muy marcada, en muchas personas religiosas, a "espiritualizar" la vida y los problemas cotidianos.

Es muy común que, cuando trato a una pareja con serias dificultades matrimoniales, uno de los dos o ambos sostengan que sus problemas se solucionarán solo con oración y la acción del Espíritu Santo. Creo que ese es un engaño que, sustentado durante tanto tiempo por dirigentes religiosos, es un peligro para la estabilidad de la vida matrimonial.

Traté, hace un tiempo, a una mujer que había sido manipulada por su esposo para declararse culpable de una situación en la que, en realidad, era víctima. El hombre manejó de tal modo la situación que hizo aparecer ante todos como si su esposa hubiese sido adúltera, cuando en realidad nunca hubo adulterio. Cuando alguna vez hablé con el padre, un dirigente religioso respetado de la comunidad, él sostuvo en forma tajante que la única solución para el problema de su hijo era orar más y ayunar.

En algún momento de la conversación, quise hacerle ver que él, como padre, también era parte del problema, al haber traspasado a su hijo nociones equivocadas de la vida y de la religión. Ante esa aseveración, simplemente, volvió a la vieja cantinela: "El poder de Dios es más fuerte". El hijo se divorció, se volvió a casar y abandonó a su mujer, cuyo único pecado fue dejarse manipular, y ser victima de extorsión y maltrato.

No me entiendan mal. Creo en Dios y en su poder. Sin embargo, hay un principio bíblico fundamental: Dios nunca interviene contra la voluntad humana, y nunca actúa en lo que no le corresponde hacer. Si algo tiene que hacer el ser humano, él deja que lo haga, y no interviene. La acción divina interviene en lo que no puede hacer el ser humano por sí mismo. Cuando "reconoces tu debilidad" y tu impotencia para actuar, él hace lo que tú no puedes.

Consultar a un especialista no es falta de fe; de lo contrario, deberíamos esperar que nadie consulte a ningún médico, abogado, arquitecto, ingeniero, etc.; todo habría que resolverlo orando, situación que en sí misma es absurda.

"A Dios orando y con el mazo dando", reza el dicho popular, lo que significa: "Haz tu parte y, cuando ya no seas capaz me toca a mí". Cuando tú haces lo posible, Dios hace lo imposible.

Espiritualizar la vida es una forma de negación de responsabilidad individual y no hacer lo que, por definición, hay que hacer: Hacerse cargo de las consecuencias de las propias acciones y darles solución cuando es posible.

¿Estás espiritualizando la vida? ¿Estás haciendo tu parte?

Una fecha para decir: te amo

"Y dio a luz a su hijo primogénito, y lo envolvió en pañales, y lo acostó en un pesebre, porque no había lugar para ellos en el mesón". Lucas 2:7.

Pareciera una paradoja, pero la fecha del año en la que más suicidios se producen en el ámbito mundial es en la Navidad. Miles de personas angustiadas por la soledad o la frustración de una vida que no les satisface se quitan la vida.

La razón fundamental está relacionada con la Navidad. Es una de las fiestas de Occidente que se centra fundamentalmente en la familia. Es el momento del encuentro, el instante cuando los hijos se reúnen con sus padres cuando estos están lejos.

Nuestra hija estuvo las últimas tres navidades fuera de casa, en el extranjero, trabajando en la venta de libros y creciendo en su vida profesional. Aunque sabemos que las experiencias fueron hermosas para ella, cuando llegó la Navidad sin nuestra hija sentíamos que la mesa estaba vacía... aunque estaba llena de personas: amigos y vecinos que se habían reunido en nuestra casa para celebrar juntos.

En casa hemos creado una tradición, y es olvidarnos de los obsequios de Navidad. Los dejamos para otros momentos del año, cuando menos se esperan. En las fiestas, nos concentramos en dialogar; en darnos el mayor regalo de todos: nuestra mutua presencia. Conversamos de lo que ha sido el año que ha pasado. Agradecemos a Dios por lo que ha hecho por nosotros en los meses anteriores. Nos pedimos perdón, si algo ha quedado pendiente. Nos abrazamos y besamos, con la seguridad de que la familia es nuestro núcleo más importante en la tierra. Luego, reflexionamos sobre Jesús y lo invitamos a que viva un año más en nuestras vidas.

La cena de Navidad es una ocasión feliz, no solo por una comida apetitosa y algunos manjares exquisitos, sino porque la alegría de estar juntos nos recuerda lo maravilloso de tenernos unos a otros.

Tal vez deberíamos evitar que el centro de la fiesta navideña sean los obsequios, que de algún modo opacan la belleza del momento, al margen de que a todos nos gusta recibir regalos.

El mejor regalo que le podemos hacer a nuestro cónyuge es recordarle de algún modo lo importante que es para nosotros. Nuestros hijos nunca olvidarán que, en su casa, en las navidades, los padres hacían un gran esfuerzo por abrazarlos y decirles cuán importantes eran en sus vidas. Ese regalo lo llevarán por todos lados.

¿Les estás diciendo a tu cónyuge y a tu familia cuánto los amas? Tal vez hoy sea un día propicio.

Prioridades

"Buscad primeramente el reino de Dios y su justicia, y todas estas cosas os serán añadidas". Mateo 6:33.

¿Cuál es la voluntad de Dios para mi vida?

Esta pregunta, dicha en diversos tonos y circunstancias, es la consulta más realizada a los pastores y los líderes cristianos. Las personas parecieran querer tener a un Dios que les estuviera diciendo a cada paso qué deben o no deben realizar. Sin embargo, hay una sola respuesta:¡DIOS QUIERE QUE TE SALVES! La voluntad de Dios es sola y exclusivamente que puedas gozar de la bendición de la salvación.

Cuando suelo dar esa respuesta, invariablemente las personas se quedan mirándome como diciendo:

–¡Eso lo sé! ¡Lo que quiero saber es qué decisión tengo que tomar en el contexto de lo que estoy viviendo!

Pues, muy simple, aquella decisión que te acerque más a la salvación. Lo que Dios quiere que elijas es lo que te pueda permitir llegar a vivir la experiencia de la vida eterna. Cada decisión que tomamos en el día, por muy pequeña que sea, tiene incidencia en lo que hace a nuestra salvación. No es que nos justifiquen por obras delante de Dios, pero crean las condiciones para que tomemos decisiones que nos acerquen o nos alejen del gran y único cometido de Dios, que es cambiar las circunstancias terribles de este mundo y producir "un cielo nuevo y una tierra nueva".

En el contexto de las relaciones de pareja, la pregunta va dirigida a establecer qué decisión es la más acertada para poder llegar a tener una vinculación más estrecha con Dios. Muchas veces, la relación matrimonial se convierte en un escollo para llegar al cielo.

Muchos privilegian el vínculo marital antes que su relación estrecha y permanente con Dios, sin darse cuenta de que, por ese camino, tienen pan para hoy y hambre para mañana... El porvenir que realmente interesa es el cielo prometido.

Por otro lado, al establecer prioridades equivocadas, muchos pueden llegar a suplantar el lugar de Dios por un ser humano, lo que no solo es ilógico sino también nocivo.

El plan de salvación está trazado, ganado y realizado. Lo único que es preciso es que nosotros –los seres humanos– nos atrevamos a creer que es posible llegar, con la gracia de Dios dándonos la fuerza y la fortaleza que se precisan en esta lucha.

¿Estás estableciendo las prioridades adecuadas? ¿Es tu cónyuge o eres tú mismo una piedra de tropiezo para llegar al cielo?

Amor de madre

"Pero ¿acaso una madre olvida o deja de amar a su propio hijo? Pues aunque ella lo olvide, yo no te olvidaré". Isaías 49:15, DHH.

La realidad supera con creces a la ficción. Los relatos de cosas que ocurren a veces son tan increíbles que parece difícil aceptar que realmente les sucedieron a personas de carne y hueso.

Una mujer, en México, vivía junto a su familia en una localidad rural sin agua corriente, luz ni las comodidades mínimas que se suponen en una sociedad moderna.

Estando embarazada, comenzó el trabajo de parto estando acompañada solo por un hijo pequeño. Cuando estaba dando a luz, se dio cuenta de que el bebé venía con problemas y que no lograría salir de manera natural. Temiendo que podría perder a su hijo, se dirigió a duras penas a la cocina, bebió un par de vasos de licor y tomó un cuchillo de cocinar. Luego, se dirigió a la habitación y se hizo varios cortes en el vientre, hasta lograr sacar a su hijo.

Es el primer caso documentado de una mujer que se realiza una cesárea a sí misma. El hijo pequeño fue a buscar a una vecina que vivía a unos kilómetros y que era enfermera. Lo más extraordinario es que no solo sobrevivió el bebé sino también la mujer.

¿Podría alguien más hacer algo semejante?

Cuando leí la historia, me pareció un invento extraño de algún periodista sin noticias, pero me quedé boquiabierto cuando comprobé que la historia venía de una publicación médica especializada y escrita por el médico que la atendió más tarde en el hospital, y que decidió dar a conocer este caso como algo insólito en la historia de la medicina.

El amor de una madre es extraño e incomprensible. Sin embargo, no es instintivo; es una elección que se hace conscientemente. Por esa razón, también hay mujeres que atentan contra la vida de sus hijos.

Dios creó la maternidad y le entregó a la mujer una capacidad tan grande para amar que el amor de una mujer por sus hijos es motivo habitual de cantos, poesías e historias.

Lo extraordinario del mensaje bíblico es que cuando Dios quiere comparar su amor por su pueblo con algo que sea comprensible lo hace usando como analogía a una madre. Sin embargo, el amor de Dios es mucho mayor; tan incondicional que nunca nos deja ni nos abandona por ninguna razón.

Los hijos son un don de Dios. Nos son entregados solo para que entendamos que Dios nos ama tanto que está dispuesto a cualquier sacrificio con tal de vernos vivir.

¿Eres consciente de cuánto te ama Dios? ¿Comprendes que el amor de Dios es incondicional?

Un Dios que no olvida

"Pues aun vuestros cabellos están todos contados. Así que, no temáis; más valéis vosotros que muchos pajarillos". Mateo 10:30, 31.

En marzo de 2004, los periódicos del mundo lanzaron una historia increíble, de esas que parecen tomadas de libros de cuentos, pero que son reales.

Una mujer fue acompañando a uno de sus hijos a una fiesta de cumpleaños. Cuando estaba allí, de pronto vio a una pequeña de 6 años, y su corazón se aceleró. Atrajo a la niña y, fingiendo que esta tenía un chicle en el pelo, le extrajo algunos cabellos. Al otro día llevó esos cabellos a una clínica y pidió que se le hiciera un análisis de ADN, comparándolo con ella. El resultado: aquella niña era su hija.

Lo sorprendente del caso es que, seis años antes, su casa sufrió un incendio. Cuando las llamas estaban quemando su casa, ella corrió a sacar a sus dos hijos fuera del lugar. Luego, regresó por su bebé, que tenía solo 10 días de vida, y no la encontró en su cuna. La obligaron a salir de la vivienda en llamas. La policía y los bomberos dictaminaron que la niña recién nacida había muerto en el incendio. Supusieron que la razón por la que no quedaron restos fue porque la niña era demasiado pequeña.

Sin embargo, lo real era que una conocida provocó a propósito el incendio y, en medio de la confusión, secuestró a la niña y la crió como si fuera hija suya.

¿Cómo pudo saber esta mujer que esa niña era hija suya, si la había visto tan solo diez días y siendo un bebé? Al comparar las fotografías de la niña de 6 años con una fotografía de la pequeña a pocos días de nacer, es casi imposible detectar que son la misma persona.

¿Intuición? ¿Sexto sentido? No sé; lo único de lo que estoy seguro es que si un ser humano puede reconocer a un hijo aun cuando hayan pasado años, y el hijo haya cambiado tanto que es casi irreconocible, Dios tiene una capacidad infinitamente superior de reconocer a sus hijos. No importa cuán deteriorados, cambiados y transformados estén, Dios tiene la capacidad de reconocernos. Ese es el mensaje más hermoso de la Biblia.

A veces blasfemamos al suponer que Dios nos olvida. Él nunca, nunca lo hace; al contrario, siempre estamos presentes en su mente. Dios nos conoce hasta en los más mínimos detalles. Somos los seres más importantes para él; el sacrificio de Cristo es la mejor demostración.

¿Entiendes lo importante que eres para Dios? ¿Sabes lo valioso que eres a la vista de Dios, que es capaz de reconocerte aun cuando tú mismo no te reconozcas?

De una sola mano

"Y de una sangre ha hecho todo el linaje de los hombres, para que habiten sobre toda la faz de la tierra; y les ha prefijado el orden de los tiempos, y los límites de su habitación ". Hechos 17:26.

Todo el mundo esconde aspectos de su vida que no revela con mucha facilidad a quienes están a su lado: dolores, frustraciones, traumas, errores, sinsabores, y también anhelos, sueños y aspiraciones. Elementos fundamentales de la trama humana, pero, que se resguardan con celo del ojo ajeno.

Todo el mundo, en algún momento, desnuda sus recuerdos y deja ver sus miedos más profundos. Lo hace con pavor, porque desnudarse emocionalmente es una de las tareas más difíciles que enfrentan los seres humanos. Nos exponemos a ser vulnerables y quedamos –en cierto sentido– a merced de quien nos escucha.

Todo el mundo, en algún momento, ha tenido tal hambre de afecto que ha implorado por un poco de cariño, así como un bebé extiende sus brazos para pedir protección y ternura.

Todo el mundo ha llorado lágrimas silenciosas, de esas que nadie ve. Lágrimas que muestran nuestra fragilidad e incapacidad de resolver todos los problemas que nos toca vivir.

Así que, en cierto modo, los dolores que sentimos y las alegrías que nos rebasan nos hermanan con todo el mundo. Nos hacen parte de una especie única que, en muchos aspectos, nos hace precariamente necesitados.

La razón de fondo es que procedemos de una sola Mente creadora. Un solo diseño, con las variantes genéticas e históricas que hacen que seamos individuos, pero al final similares, por los dolores y las alegrías que nos inundan.

Por esa razón, alegar que Dios no existe no solo es absurdo sino también va en contra de la evidencia que se refleja en el parecido que tenemos los seres humanos unos con otros.

En su diseño, Dios nos hizo de tal modo que no solo necesitamos construir puentes que nos acerquen a una persona que se convierta en nuestro compañero o compañera de la vida, sino también podemos comprender y empatizar con los dolores y las alegrías de todo el mundo.

La pareja está dentro de un diseño divino, realizado para que podamos sentirnos comprendidos y escuchados, y de paso, para capacitarnos y comprender a otros... más allá de nuestro cónyuge... empezando por los hijos.

¿Entiendes que somos de un solo linaje? ¿Comprendes cuánto necesitamos ser entendidos de un modo u otro, aunque sea por una sola persona?

Peor que un incrédulo

"Porque si alguno no provee para los suyos, y mayormente para los de su casa, ha negado la fe, y es peor que un incrédulo". 1 Timoteo 5:8.

* Sonia lloraba en silencio frente a mí. Me acababa de contar cómo había sido maltratada de palabra y con golpes por su esposo, director del grupo religioso al que asistían. Su mayor problema en ese momento era con Dios, y la pregunta acuciante en su mente era:

–¿Cómo es posible que Dios permita esto, si él es un líder religioso?

Los nombres podrían multiplicarse con cientos de historias similares, donde cambian los protagonistas, pero los hechos son más o menos similares. Santos en público, ogros en privado. Llevo décadas trabajando con matrimonios, y no deja de sorprenderme una actitud que, lamentablemente, es más común de lo que estamos dispuestos a admitir: la vida doble de quienes tienen un discurso en la iglesia y otro en su hogar.

He visto pastores, líderes de iglesia, laicos y personas que se muestran comprometidos con la fe y con los principios religiosos, que tienen una conducta pública intachable, pero que en la intimidad de su hogar y en las relaciones familiares cotidianas se muestran totalmente distintos de como se supone.

Quienes obran de ese modo son "peores que los incrédulos" –según la expresión de Pablo–, porque al menos quienes no conocen a Cristo tienen el atenuante de que no hay valores supremos que guíen sus vidas. Sin embargo, para una persona que se proclama seguidora de Jesucristo, una conducta inconsecuente en el interior de su hogar es incomprensible e inexcusable.

La fe no se vive en actitudes religiosas formales solamente. Una vida religiosa que no esté relacionada con las actividades diarias y cotidianas no tiene sentido. Es, simplemente, una actitud de hipocresía vivir una conducta en público y otra en privado.

Una religión vital y profunda estará vinculada con cada aspecto de la vida. Si Cristo no es una realidad existencial en cada momento de mi día me autoengaño y, de paso, engaño a los demás. Esto tiene más importancia en la intimidad del hogar, donde los hijos y los cónyuges son testigos de nuestra vida. En dicho lugar, es preciso que vivamos plenamente lo que sostenemos en público, porque la sensibilidad es mayor. Creerán en nuestras palabras en la medida en que se vean reflejadas en actos concretos de religiosidad práctica.

Hay suficientes teorías; ahora es preciso que la doctrina sea expresada vivencialmente. Si esto no ocurre, cualquier cosa que digamos carecerá de valor. De hecho, lo que no se vive simplemente no existe... por mucho que esté en nuestros labios.

¿Estás siendo coherente con lo que crees? Si hoy les preguntaran a tus hijos qué tipo de vida llevas en relación con lo que crees, ¿qué responderían?

---

* Los nombres son ficticios

Lo más importante

"Jehová solo le guió, y con él no hubo dios extraño". Deuteronomio 32:12.

Mery es la persona más importante en mi vida. Es mi amiga, mi confidente, mi amante, mi compañera y mi esposa; la madre de nuestros hijos, la extensión de mí mismo.

Cuando no estoy a su lado, algo me falta. Es como si no supiera respirar sin su presencia. No sé realmente qué haría con mi vida si ella no estuviera.

He compartido algunos de los momentos más importantes de mi existencia junto a ella. Hace un par de meses, cumplimos 22 años de casados; fuimos amigos durante 4 años y novios 1 año. Eso significa que he estado más tiempo con ella que el tiempo que estuve al lado de mis padres y mis hermanos; por ese hecho, ella es la persona más importante en mi vida, incluso más que mi familia más cercana.

Ese es, precisamente, el plan de Dios para el matrimonio: que la pareja entienda que su relación de pareja debe ser tan sólida que todo lo que exista se pueda vislumbrar a través de dicha experiencia vital.

Hemos tenido momentos difíciles y muchos instantes agradables. Los dos primeros años de matrimonio fueron muy peliagudos, tal vez los más complicados de toda nuestra vida matrimonial. Aprender a vivir juntos no fue fácil, y aún hoy a veces nos desencontramos.

No ha sido fácil. Hemos aprendido a hacer acuerdos. Entendimos, hace mucho, que la relación que establecimos como marido y mujer no tendría futuro a menos que tuviésemos una vida espiritual profunda e individual con Dios.

El secreto de nuestro éxito no es nuestra capacidad ni los cientos de libros que hemos leído, ni las muchas horas dedicadas a escuchar a otro... Solo hemos llegado hasta aquí porque, en el trayecto, hemos contado con la bendición incondicional de Dios. De hecho, Dios es el más interesado en que nuestras vidas matrimoniales tengan un buen resultado, porque si fracasamos no solo atentamos contra nuestra propia felicidad, sino también contra la de nuestros hijos.

Por eso, el fin del discurso es: Haz de Dios tu primer amigo. Convierte la relación con Dios en algo esencial, porque es lo único que los capacitará para ser un matrimonio que sorte las diferentes dificultades en las que les toque que estar.

Hemos envejecido juntos. Es hermoso sentir su mano, en las mañanas, junto a las mías cuando despierto. Es agradable saber que es la última persona que contemplo al ir a dormir. Vivo feliz en el diseño de Dios. ¡Qué buen diseñador es Dios!

¿Estás haciendo de Dios tu primera prioridad? ¿Entiendes las consecuencias, en tu vida matrimonial, de no dedicar tiempo a la devoción personal?

Nuestra es la decisión

"Pero si no quieren servir al Señor, elijan hoy a quién van a servir: si a los dioses a los que sus antepasados servían a orillas del Éufrates, o a los dioses de los amorreos que viven en esta tierra. Por mi parte, mi familia y yo serviremos al Señor". Josué 24:15, DHH.

Los años pasan... y como dice la canción, "nos vamos poniendo viejos". O, como dijera el verso de Pablo Neruda: "Nosotros, los de antes, ya no somos los mismos". El tiempo es inexorable, no perdona.

Hemos llegado al final de un largo año. Ciertamente, tuvimos nuestros momentos malos y buenos. Algunos instantes nos dejaron confundidos, porque nada es totalmente negro o blanco; en realidad, en la vida, muchos períodos son grises o claroscuros.

Durante este año, hemos reflexionado en muchos aspectos del matrimonio. Hemos intentando cubrir muchos aspectos relevantes de nuestra vida matrimonial. Seguramente algunos conceptos sirvieron para reafirmar ideas que ya estaban incorporadas vivencialmente. Otras nociones quizá significaron un choque con lo que veníamos entendiendo hasta ese instante. Y, sin duda, hubo ideas que consideramos innecesarias y hasta irrelevantes. Así es la vida, y de ese modo somos.

Hoy pensé: de todo lo que he escrito, ¿qué es lo más importante? No es fácil responder, más aún cuando los escritores nos enamoramos de las palabras que escribimos y nos cuesta ser objetivos; es como si a un padre se le pide que elija entre uno de sus hijos.

En fin, hay una idea que es el hilo conductor de todo lo que hemos pretendido transmitir. Somos parte de un diseño planificado por un Dios que no improvisa. Dicho esquema en el que hemos sido creados tiene un solo propósito: Que amemos. En otras palabras, hemos sido formados por un Dios que la Biblia define sobre la base del amor (1 Juan 4:8), con el fin de que amemos.

El ser humano no puede existir sin amor. Sin amar, sería como pedirle a una planta que existiera sin clorofila. Es parte de nuestra constitución esencial el amar. Dios nos diseñó así. Somos parte de una construcción inteligente, en la que un Ser divino nos hizo para un determinado propósito.

Dios creó el matrimonio porque entendió que su criatura no podría ser de otra forma. La felicidad se relaciona directamente con tener la capacidad de vivir a la altura del diseño.

El matrimonio es un invento magnífico, pero, Dios no impone nada. Él quiere que elijamos amar porque sabe que, de esa forma, seremos más plenos y alcanzaremos el sentido pleno para nuestras vidas. Sin embargo, es nuestra la decisión de vivir o no dentro del diseño que Dios creó.

Dios quiere guiarnos, porque sabe que fuimos "diseñados para amar"; ¿estás dispuesto(a) a vivir el plan de Dios para tu vida? ¿Deseas vivir plenamente el diseño?

Referencias bibliográficas

[1] Friedrich Nietzsche, *Humano, demasiado humano: Un libro para espíritus libres* (trad. Edmundo Fernández G. y Enrique López C.; Madrid: Edimat Libros, 1998), p. 231.

[2] *Ibíd.*, p. 229.

[3] John M. Gottman y Nan Silver, *Siete reglas de oro para vivir en pareja* (trad. Sonia Tapia; Barcelona: Plaza & Janes Editores, 2000), p. 35.

[4] Patricia Allen y Sandra Harmon, *Cómo vivir juntos y disfrutarlo* (trad. Delia Lavenan; Buenos Aires: Javier Vergara Editor, 1999), p. 56.

[5] Tim y Beverly LaHaye, y Mike Yorkey, *El acto matrimonial después de los cuarenta: Hacer el amor de por vida* (Miami: Editorial Unilit, 2002).

[6] Gottman y Silver, *Siete reglas de oro para vivir en pareja*, pp. 41-63.

[7] *Ibíd.*, p. 83.

[8] José Ortega y Gasset, *Meditaciones del Quijote* (1914), en *Obras completas de José Ortega y Gasset* (6ª. ed.; Madrid: Revista de Occidente, 1963), t. 1, p. 322.

[9] Miguel Ángel Núñez, *Amar es todo* (Buenos Aires: New Life, 1995).

[10] John Powell, *¿Por qué temo decirte quién soy?* (Santander: Editorial Sal Terra, 1989), p. 71.

[11] Will Durant, *The Story of Philosophy* (New York: Washington Square Press, 1963).

[12] Gottman y Silver, *Siete reglas de oro para vivir en pareja*, pp. 115-143.

[13] Powell, *¿Por qué temo decirte quién soy?*

[14] Sitio de la BBC de Londres, información del 20 de septiembre de 2002: http://news.bbc.co.uk/hi/spanish/science/newsid_2269000/2269902.stm

[15] Jaime Barylko, *El miedo a los hijos* (Buenos Aires: Emecé Editores, 1992).

[16] Boris Cyrulnik, *La maravilla del dolor* (Buenos Aires: Gránica, 2001), p. 10.

[17] Enrique Evans y Marco Antonio de la Parra, *La sexualidad secreta de los hombres: Los hombres no somos obvios...* (Santiago: Grijalbo, 2000), p. 113.

[18] Marilyn Yalom, *Historia de la esposa* (trad. Marcelo Covían; Barcelona: Ediciones Salamandra, 2003), p. 170.

[19] Roberto Rosenzvaig, *El placer de estar contigo* (Santiago: Grijalbo, 2003).

[20] Harold Kushner, *El Señor es mi pastor: La sabiduría reparadora del Salmo 23* (trad. Mariano García; Buenos Aires: Emecé Editores, 2003), p. 28.

[21] Lisa Graham McMinn, *Cómo criar hijas fuertes* (trad., Omayra Ortiz; Miami: Editorial Vida, 2003), p. 73.

[22] Helen Fisher, *El primer sexo: Las capacidades innatas de las mujeres y cómo están cambiando el mundo* (trad., Eva Rodríguez H. y Pilar Vásquez; Madrid: Taurus, 2000).

[23] Jorge y Nibia Mayer, *El hogar que yo soñé* (Nampa: Pacific Press Publishing Association, 2003), p. 27.

[24] Pedro Valletta, "Por poco", 35 años, Macul;. "Santiago en 100 palabras", *Cuentos breves en el metro* (Santiago de Chile. Primer lugar 2002).

[25] Josh McDowell, *Mitos de la educación sexual* (Terrassa, Barcelona: Editorial Clie, 1992), p. 32.

[26] Walter Trobisch, *Iniciación al amor* (Salamanca: Ediciones Sígueme, 1981), p. 74.

[27] Revolucionaron el mundo al publicar el libro *La respuesta sexual humana* (Buenos Aires: Intermédica, 1966).

[28] Evans y de la Parra, *La sexualidad secreta de los hombres*, p. 28.

[29] *Ibíd.*, p. 121.

[30] Publicado en el diario *Las Últimas Noticias* (Rep. de Chile). Viernes 7 de noviembre de 2003.

[31] Bo Coolsaet, *El pincel del amor: Vida y obra del pene* (Madrid: Galaxia Gutemberg/Círculo de lectores, 1999).

[32] Eve Ensler, *Monólogos de la vagina* (trad., Anna Plata; adap., Diana Paris; Barcelona: Editorial Planeta, 2000), p. 11.

[33] La expresión de Fromm es "separatidad". Erich Fromm, *El arte de amar* (Buenos Aires: Ediciones Paidós, 1980).

[34] Susana Rocatagliatta, *Un hijo no debe morir* (Santiago: Grijalbo, 2000).

[35] Ross Campbell, *Si amas a tu hijo* (Minneapolis: Betania, 1985).

[36] Roger Dudley, *Why Teenagers Reject Religion: and What to do About it* (Washington: Review and Herald, 1978).

[37] Martin Buber, *Yo y tú* (Buenos Aires: Galatea Nueva Visión, 1967), p. 17.

[38] Allen y Harmon, *Cómo vivir juntos y disfrutarlo*, p. 51.

[39] Jorge Bucay, *Cartas a Claudia* (Buenos Aires: Nuevo Extremo, 2002).

[40] Clara Coria, *El sexo oculto del dinero: Formas de la dependencia femenina* (Buenos Aires: Ediciones Paidós, 2001), p. 45.

[41] Antoine Saint-Exupery, *El principito* (Santiago: Pehuén Editores, 1984), p. 96.

[42] Alan McGinnis, *La amistad* (El Paso, TX: Editorial Mundo Hispano, 1987), p. 30.

[43] Tim LaHaye, *Casados, pero felices* (Miami: Editorial Unilit, 1986).

[44] Mayer, *El hogar que yo soñé*, pp. 39, 40.

[45] Allen y Harmon, *Cómo vivir juntos y disfrutarlo*, p. 82.

[46] Amado Nervo, *La amada inmóvil*, en *Poesías completas* (México: Editorial Nueva España, 1944).

[47] Miguel Ángel Núñez, *Espejo para un adolescente* (Buenos Aires: ACES, 1995).

[48] Judith Wallerstein, Julia Lewis y Sandra Blakeslee, *El legado inesperado del divorcio* (Buenos Aires: Editorial Atlantida, 2000).

[49] Judith Wallerstein y Sandra Blakeslee, *Padres e hijos después del divorcio* (Buenos Aires: Javier Vergara Editor, 1990), p. 15.

[50] Francis Schaeffer, *Génesis en el espacio y en el tiempo* (Barcelona: Ediciones Evangélicas Europeas, 1974), p. 73.

[51] Fromm, *El arte de amar*, pp. 29, 30.

[52] Catherine Kroeger y Nancy Nason-Clark, *No place for Abuse: Biblical & Practical Resources to Counteract Domestic Violence* (Downers Grove: InterVarsity Press, 2001), p. 137.

[53] Craig S. Keener, *And Marries Another: Divorce and Remarriage in the Teaching of the New Testament* (Peabody: Hendrickson Publishers, 1991), p. 31.

[54] *Ibíd.*

[55] Norman Wright, *Cómo aconsejar en situaciones de crisis* (Barcelona: Editorial Clie, 1990), p. 212.

[56] Temple Gairdner, citado por David y Vera Mace, *In the Presence of God* (Philadelphia: The Westminster Press, 1985), p. 63.

Made in the USA
Columbia, SC
11 February 2025

53716236R00207